21 世纪高等学校物流管理与物流工程规划教材

配送中心管理理论与实务

主　编　程洪海
副主编　刘华群

清华大学出版社
北京交通大学出版社
·北京·

内容简介

全书共十章，内容包括：配送中心概述、配送中心作业流程、配送中心其他作业流程、配送中心经营管理、配送线路管理、库存控制、配送成本和价格管理、配送中心信息管理、配送质量管理及物流配送的新趋势。

本书在编写过程中注重以下特色：理论联系实际，侧重培养配送中心运营的实际业务和技能操作；注重图、表、文的有机结合；体例新颖，精心安排了本章要点、开篇案例、课后练习、实训操作、案例分析等多个模块，有助于提高学生学习的积极性。

本书适合作为高等学校物流工程、物流管理、交通运输等专业的教材，也可以作为物流理论研究者、物流规划设计及运营管理人员的专业参考书。还可以作为连锁企业、分销企业等物流企业配送人员的培训教材和业务手册。

图书在版编目(CIP)数据

配送中心管理理论与实务/程洪海主编. —北京：清华大学出版社；北京交通大学出版社，2010.11（2017.7 重印）

（21 世纪高等学校物流管理与物流工程规划教材）

ISBN 978-7-5121-0394-8

Ⅰ. ①配… Ⅱ. ①程… Ⅲ. ①物流－配送中心－企业管理－高等学校－教材 Ⅳ. ①F253

中国版本图书馆 CIP 数据核字（2010）第 218490 号

责任编辑：郭东青

出版发行：清 华 大 学 出 版 社　　邮编：100084　　电话：010-62776969
　　　　　北京交通大学出版社　　邮编：100044　　电话：010-51686414

印 刷 者：北京泽宇印刷有限公司

经　　销：全国新华书店

开　　本：185mm×260mm　　印张：17　　字数：424 千字

版　　次：2011 年 1 月第 1 版　　2017 年 7 月第 2 次印刷

书　　号：ISBN 978-7-5121-0394-8/F・758

印　　数：4 001～4 500 册　　定价：26.00 元

本书如有质量问题，请向北京交通大学出版社质监组反映。对您的意见和批评，我们表示欢迎和感谢。

投诉电话：010-51686043，51686008；传真：010-62225406；E-mail：press@bjtu.edu.cn。

前　言

随着经济全球化进程的加快和科学技术的飞速发展，现代物流理论和技术已在发达国家得到了广泛的应用和发展，产生了巨大的经济和社会效益。而物流产业将成为我国21世纪重要产业和国民经济新的增长点，成为我国最有发展前景的行业。未来的十年里，我国城市和企业的国际竞争力将主要体现在物流运营能力上。

配送中心是指从供应者手中接受多种大量的货物，进行倒装、分类、保管、流通加工和情报处理等作业，然后按照众多需要者的订货要求备齐货物，以令人满意的服务水平进行配送的设施。它是配送网络中的枢纽，由于投资巨大，运营过程存在一定的风险。所以，配送中心运营管理的效果对物流系统的影响是巨大的。

目前配送中心在国内的发展很迅速，管理经验等也在不断地提升，但是和欧洲等发达国家相比，我国的配送中心还处于较低层次的发展水平，依然存在着诸多制约其发展的瓶颈，像在配送中心的货物配送比例、配送规模、配送技巧、配送管理思想和现代化等领域，都需要进一步提高。

出于各种考虑，几所高校的教师及行业内一些工作多年的管理者共同编写这门教材，希望能够为培养物流管理人才作出一些努力。本书由程洪海担任主编，刘华群担任副主编，具体分工如下：程洪海、谢鹏、涂宇胜、彭秋林、李艳、冯进展和万里顺参与编写了教材的各个章节，其中刘华群编写了其中的第3、7和9章。

在本书的写作过程中，参考了大量的文献，在此，向所有参考文献的作者表示衷心的感谢！由于编者学术水平有限，书中的疏漏在所难免，敬请物流界学者、专家和广大读者多提宝贵意见，以便再版时进一步修改。

编　者

2011年1月

目　录

第 1 章

配送中心概述

本章要点

- 掌握配送及配送中心的内涵；
- 掌握配送中心的类型；
- 掌握配送中心的功能；
- 理解配送中心的地位与作用；
- 掌握我国配送中心的发展历程。

开篇案例

从仓库到配送中心

追溯历史，很多学者认为配送中心是在仓库基础上发展起来的。仓库的功能，几千年来都是作为保管物品的设施，我国近年出版的《现代汉语词典》，仍把仓库解释成“储藏粮食和其他物资的建筑物”，完全是一个静态的功能。有些专业词典多少作了些动态的解释，例如，《中国物资管理词典》把仓库解释成：①专门集中储存各种物资的建筑物和场所；②专门从事物资收发保管活动的单位和企业。从收、发两方面赋予了仓库一定的动态功能。但是，这些定义完全没有包含配送的本质内涵，所以，有不少学者把配送中心直接解释成仓库显然是不妥当的。

在我国，早在闻名于世的中华大运河进行自南向北的粮食漕运时期，就已经出现了以转运职能为主的仓库设施，明代出现了有别于传统的以储存、储备为主要功能的新型仓库，并且冠以所谓“转搬仓”之名，其主要职能已经从“保管”转变为“转运”。在新中国成立以后，服务于计划经济的分配体制，我国出现了大量以衔接流通为职能的“中转仓库”。中转仓库的进一步发展和这种仓库业务能力的增强，出现了相当规模、相当数量的“储运仓库”。

在外国，仓库的专业分工，形成了仓库的两大类型，一类是以长期储藏为主要功能的

“保管仓库”，另一类是以货物的流转为主要功能的“流通仓库”。

流通仓库以保管期短、货物出入库频度高为主要特征，这和我国的中转仓库有类似之处，这一功能与传统仓库相比，有很大区别。货物在流通仓库中处于经常运动的状态，停留时间较短，有较高的进出库频度。流通仓库的进一步发展，使仓库和联结仓库的流通渠道形成了一个整体，起到了对整个物流渠道的调节作用。为了和仓库进行区别，越来越多的人便称之为物流中心或流通中心。

由于流通中心复杂性及多样性，各有侧重的职能，再加上各个领域、各个行业自己的习惯用语和相互之间的用语不规范的缘故，也就决定了出现各种各样的叫法，如集运中心、配送中心、存货中心、物流据点、物流基地、物流圈地等。在 20 世纪 70 年代石油危机之后，为了挖掘物流过程中的经济潜力，物流过程出现了细分，再加上市场经济体制造就的普遍的买方市场环境，以服务来争夺用户的竞争的结果，企业出现了“营销重心下移”、“贴近顾客”的营销战略，贴近顾客一段的所谓“末端物流”便受到了空前的重视，配送中心就是适应这种新的经济环境，在仓库不断进化和演变过程中所出现的创新的物流设施。

思考题：在配送中心的出现过程中还有哪些形式？

1.1 配送及配送中心概述

1.1.1 配送的内涵

1. 配送的发展阶段

配送一词来源于日本，本意是最终把货物按指定的时间与地点安全准确交货的运输活动。配送作为物流七大功能要素之一，是一种特殊的，综合的物流活动。它把物流与商流紧紧联系起来，是在某个小范围内装卸、流通加工、包装、保管、运输等物流活动的集中体现，从而实现货物送达目的地。随着用户对物流服务水平要求的提高，配送所起的作用越来越大。

配送活动的发展过程大体上经历了以下三个阶段。

(1) 早期阶段。早在 20 世纪 60 年代初，美国、日本等发达国家由于传统的流通效率低下和经济迅速发展节奏的矛盾越来越突出。当时，美国“20 世纪财团”的调查显示：“以商品零售价格为基数计算，流通费用所占的比例高达 59%，其中大部分为物流费”。由于流通结构分散和物流费用不断上升，严重阻碍了生产的发展和企业利润率的提高。因此少数企业针对无规则、分散、低效的物流现状进行改革，将区域内不同方向、数量、时间的货运活动汇集起来，进行高效的混载送货，其往往是作为一种促销的手段来发挥作用，开展活动的主要目的是提高市场占有率和市场增长率。该时期的配送是一种简单的、粗放型的送货作业。

在 20 世纪 60 年代中期，随着经济发展速度的加快，以及由此带来的货物运输量的急剧增加和商品市场竞争的日趋激烈，配送活动得到进一步的发展。欧美很多企业相继调整了仓库结构，组成或设立了配送中心，普遍开展了货物配装、配载及送货上门活动。当时美国许多公司将原来的老式仓库改成了配送中心，使老式仓库减少了 90%左右，而且节约了劳动消耗。传统送货方式如图 1-1 所示。

图 1-1　传统送货

（2）新兴发展阶段。随着战后西方国家黄金十年的经济高速发展，从 20 世纪 60 年代末到 80 年代，货物运输量的急剧增长和市场竞争日益激烈，企业与其合作伙伴之间的供应链变得更加长与复杂。另外，第四次中东石油危机导致利率和能源价格飞速上涨，让占据了石油消费量 20%～30%的运输业的经营费用普遍超过了自身的承受能力。这些背景都使得对配送的需求和要求进一步提高，很多国家企业纷纷成立配送中心，开展了包括传统的送货在内的配装、配载等业务。

配送货物也由以前的服装、医药、食品等生活资料发展到部分的生产资料，美国有 30%的生产资料是通过流通企业的配送中心销售的，而且服务的范围和规模不断扩大。日本国内配送范围由城市扩大到省际；同时，不少公司开始开展城市之间和市内的集中配送、路线配送，极大地提高了配送效率与服务水平。

（3）成熟阶段。20 世纪 80 年代后经济的持续发展和信息技术的不断进步给配送活动提供了肥沃的土壤。很多发展中国家也按照经济需要试行配送制度，范围由之前的区域局部的活动扩大到省际、国与国之间和洲际。配送形式不断推陈出新，“共同配送”、“即时配送”、“交货代理配送”等各种形式应运而生。配送的技术也不断信息化、集约化、机械化和组合化。特别是物流信息系统的引入，使整个物流成本在国民经济中呈现出下降的趋势。

《2000 年美国年度物流状况报告》显示，1980 年美国物流成本占当年 GDP 的 15.7%，1999 年的数据是 9.9%；1986 年美国 GPR 公司共有送货点 3.5 万个，到 1988 年经过合并之后，送货点就减少到 1800 个，减少幅度为 94.85%。这个时期，美国通用食品公司用新建的 20 个配送中心取代以前建立的 200 个仓库，以此形成了规模经济优势。美国 UPS 公司的员工通过电子阅读及检查进入仓库的 IBM 所有产品的条形码，就能使拥有远程读取设备的人准确地检测出库存水平。日本资生堂的配送系统每天可完成管区内 4200 个商店的货物配送任务。荷兰实施以商贸立国，1998 年其 35%左右的贸易量，过境运输时用的“转运站”（配送中心），其国内企业普遍将配送范围扩大到欧盟诸国。各配送阶段情况比较见表 1-1。

表 1-1　配送阶段比较

	早期阶段	新兴发展阶段	成熟阶段
所处时期	到 20 世纪 60 年代末	60 年代末到 80 年代初	80 年代初至今

续表

	早期阶段	新兴发展阶段	成熟阶段
配售范围	小，以城市为主	范围扩大（省、州）	全球化，形式多样
货物种类与数量	都比较少，以消费品为主	数量增加，扩大到生活资料和部分生产资料	几乎所有的货物，规模化
配送形式	简单的、粗放型送货作业	集中配送、线路配送	共同配送、即时配送、交货代理配送等形式

2. 配送的定义

1985 年，日本工业标准 JIS 对物流用语做了统一的定义，将配送定义为“把货物从物流据点送交到收货人手中”。在国家质量技术监督局颁布的中华人民共和国国家标准《物流术语》中，对配送的理解如下：在经济合理区域范围内，根据客户要求，对物品进行拣选、加工、包装、分割、组配等作业，并按时送达指定地点的物流活动。通过配送，物流活动才得以最终实现。可以从以下两个角度进一步了解。

1）从经济学资源配置的角度

对配送在社会再生产过程中的地位和配送的本质行为予以表述：配送是以现代送货形式实现资源的最终配置的经济活动。它是社会生产专业化的产物，是商品流通社会化的趋势。可以归纳为以下四点。

（1）配送是资源配置的一部分，是社会生产和再生产中必不可少的一环，它为社会生产过程的最终完成提供了便利，是经济体制的一种形式。

（2）配送的资源配置作用，是“最终配置”，因而是接近顾客的配置。接近顾客是经营战略至关重要的内容。美国兰德公司对《幸福》杂志所列的 500 家大公司的一项调查表明“经营战略和接近顾客至关重要”，证明了这种配置方式的重要性。

（3）配送的主要经济活动是送货，这里面强调现代送货，表述了和旧式送货的区别，其区别以“现代”两字概括，即现代生产力、劳动手段支撑的，依靠科技进步的，实现“配”和“送”有机结合的一种方式。

（4）配送在社会再生产过程中的位置，是处于接近用户的那一段流通领域，因而有其局限性，配送是一种重要的方式，有其战略价值，但是它并不能解决流通领域的所有问题。

2）从配送的实施形态角度

从配送的实施形态角度，对配送表述如下：按用户订货要求，在配送中心或其他物流节点进行货物配备，并以最合理方式送交用户。这个概念的内容概括为以下六点。

（1）整个概念描述了接近用户资源配置的全过程。

（2）配送的实质是送货。配送是一种送货，但和一般送货有区别：一般送货可以是一种偶然的行为，而配送却是一种固定的形态，甚至是一种有确定组织、确定渠道，有一套装备和管理力量、技术力量，有一套制度的体制形式。所以，配送是高水平送货形式。

（3）配送是一种“中转”形式。配送是从物流节点至用户的一种特殊送货形式。从送货功能看，其特殊性表现为：从事送货的是专职流通企业，而不是生产企业；配送是“中转”型送货，而一般送货尤其从工厂至用户的送货往往是直达型；一般送货是生产什么，有什么

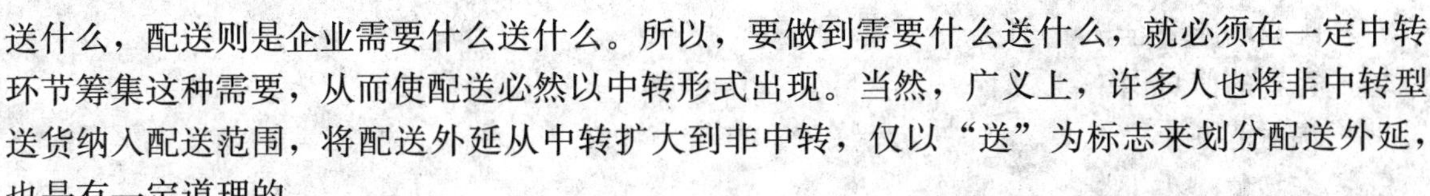

送什么，配送则是企业需要什么送什么。所以，要做到需要什么送什么，就必须在一定中转环节筹集这种需要，从而使配送必然以中转形式出现。当然，广义上，许多人也将非中转型送货纳入配送范围，将配送外延从中转扩大到非中转，仅以“送”为标志来划分配送外延，也是有一定道理的。

(4) 配送是“配”和“送”有机结合的形式。配送与一般送货的重要区别在于，配送利用有效的分拣、配货等理货工作，使送货达到一定的规模，以利用规模优势取得较低的送货成本。如果不进行分拣、配货，有一件运一件，需要一点送一点，这就会大大增加动力的消耗，使送货并不优于取货。所以，追求整个配送的优势，分拣、配货等项工作是必不可少的。

(5) 配送以用户要求为出发点。在定义中强调“按用户的订货要求”明确了用户的主导地位。配送是从用户利益出发、按用户要求进行的一种活动，因此，在观念上必须明确“用户第一”、“质量第一”，配送企业的地位是服务地位而不是主导地位，因此不能从本企业利益出发而应从用户利益出发，在满足用户利益基础上取得本企业的利益。更重要的是，不能利用配送损伤或控制用户，不能利用配送作为部门分割、行业分割、割据市场的理由。

(6) 概念中“以最合理方式”的提法是基于这样一种考虑：过分强调“按用户要求”是不妥的，用户要求受用户本身的局限，有时实际会损失自我或双方的利益。对于配送者来讲，必须以“要求”为据，但是不能盲目，应该追求合理性，进而指导用户，实现共同受益的商业原则。这个问题近些年国外的研究著作也常提到。

1.1.2　配送中心的定义

配送中心的形成及发展是有其历史原因的，很多学者认为配送中心是在仓库的基础上发展而来。在明代出现了和传统以储存为主要职能的仓库不同的新型仓库，被称为“转搬仓”，其主要职能从“保管”转变为“转运”。

日本经济新闻社的《输送的知识》一书，将此说成是物流系统化和大规模化的必然结果，《变革中的配送中心》一文中这样讲：“由于用户在货物处理的内容上、在时间上和服务水平上都提出了更高的要求，为了顺利地满足用户的这些要求，就必须引进先进的分拣设施和配送设备，否则就建立不了正确、迅速、安全、廉价的作业体制。因此，在运输业界，大部分企业都建造了正式的配送中心。”日本《市场用语词典》对配送中心的解释是：“是一种物流节点，它不以贮藏仓库的这种单一的形式出现，而是发挥配送职能的流通仓库，也称做基地、据点或流通中心。配送中心的目的是降低运输成本、减少销售机会的损失，为此建立设施、设备并开展经营、管理工作”。

可见，配送中心的建设是基于物流合理化和发展市场两个需要，这是应当引起我们重视的。配送中心是物流领域中社会分工、专业分工进一步细化之后产生的。在新型配送中心没有建立起来之前，配送中心现在承担的有些职能是在转运型节点中完成的，以后一部分这类中心向纯粹的转运站发展以衔接不同的运输方式和不同规模的运输，一部分则增强了“送”的职能，而后又向更高级的“配”的方向发展。

《物流手册》对配送中心的定义是：“配送中心是从供应者手中接受多种大量的货物，进行倒装、分类、保管、流通加工和情报处理等作业，然后按照众多需要者的订货要求备齐货物，以令人满意的服务水平进行配送的设施。”应基本符合下列要求：

- 主要为特定的用户服务；

➤ 配送功能齐全；

➤ 完善的信息网络；

➤ 辐射范围小；

➤ 多品种、小批量；

➤ 以配送为主，储存为辅。

王之泰先生在《物流学》中将其定义为：“配送中心是从事货物配备（集货、加工、分货、拣选、配货）和组织对用户的送货，以高水平实现销售或供应的现代流通设施。”这个定义的要点如下。

（1）配送中心的“货物配备”工作是其主要的、独特的工作，是全部由配送中心完成的。

（2）配送中心有的是完全承担送货，有的是利用社会运输企业完成送货。从我国国情来看，在开展配送的初期，用户自提的可能性是不小的，所以，对于送货而言，配送中心主要是组织者而不是承担者。配送中心必须具备基本的送货功能，否则就说不上配送。至于车队是什么地方的是次要问题，送货的计划与组织，却是配送中心需要认真对待的关键所在。

（3）定义中强调了配送活动和销售或供应等经营活动的结合，是经营的一种手段，以此排除了这是单纯的物流活动的看法。

（4）定义中强调了配送中心的“现代流通设施”，着意于和以前的诸如商场、贸易中心、仓库等流通设施的区别。在这个流通设施中以现代装备和工艺为基础，不但处理商流而且处理物流，是兼有商流、物流全功能的流通设施。

“配送中心”一词在国际物流界是基本认同的。许多新型企业，在供应链中，配送中心是一个物流业务实体，是进行商品流通必要的基础设施。许多新型企业，特别是高新科技制造型企业、全球分销企业及全球第三方物流企业建设了许多配送中心，不少跨国企业在全球的产品分销仅靠一个或者少数几个巨型配送中心。因此，配送中心被认为是决定物流企业成败的战略性业务实体。沈阳秋实配送中心简介如图 1-2 所示。

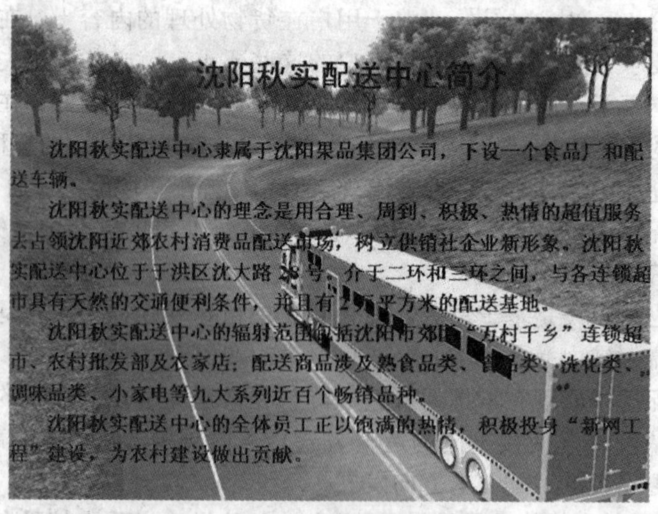

图 1-2 沈阳秋实配送中心简介

1.2 配送中心的类型

配送中心是一种新兴的经营管理形态，具有满足小量多样的市场需求及降低流通成本的作用，但是，由于建造企业的背景不同，其配送中心的功能、构成和运营方式就有很大区别。为了深入认识配送中心，需要从类型上进一步了解。本节根据现实生活中主要的配送中心形式从不同的角度进行分析。配送中心类别如表 1-2 所示。

表 1-2 配送中心的类别

分类方法	配送中心的类型
按照配送中心的内部特性分类	储存型配送中心
	流通型配送中心
	加工型配送中心
按照配送中心的经营主体分类	制造型配送中心
	批发型配送中心
	零售型配送中心
	专业配送中心
按配送的服务范围分类	城市配送中心
	区域配送中心
按照配送对象分类	专业配送中心
	柔性配送中心

1.2.1 按照配送中心的内部特性分类

1. 储存型配送中心

储存型配送中心指有很强储存功能的配送中心，一般来讲，在买方市场下，企业成品销售需要有较大库存支持，其配送中心可能有较强储存功能；在卖方市场下，企业原材料，零部件供应需要有较大库存支持，这种配送中心也有较强的储存功能。大范围配送的配送中心，需要有较大库存，也可能是储存型配送中心。

我国目前拟建的一些配送中心，都采用集中库存形式，库存量较大，多为储存型。瑞士 GIBA-GEIGY 公司的配送中心拥有世界上规模居于前列的储存库，可储存 4 万个托盘；美国赫马克配送中心拥有一个有 163 000 个货位的储存区，可见存储能力之大。

2. 流通型配送中心

流通型配送中心指基本上没有长期储存功能，仅以暂存或随进随出方式进行配货、送货的配送中心。这种配送中心的典型方式是，大量货物整进并按一定批量零出，采用大型分货机，进货时直接进入分货机传送带，分送到各用户货位或直接分送到配送汽车上，货物在配送中心里仅做少许停滞。日本的阪神配送中心，中心内一般是暂存后就出货，大量储存则依靠一个大型补给仓库。

3. 加工型配送中心

加工型配送中心是指具有加工职能，先根据市场需要对配送物加工，再进行配送的配送中心。在这种配送中心内，有分装、包装、初级加工、集中下料、组装产品等加工活动。

世界著名连锁服务店肯德基和麦当劳的配送中心，就是属于这种类型的配送中心。在工业、建筑领域，生混凝土搅拌的配送中心也是属于这种类型的配送中心。上海等城市开展的配煤配送，在配煤处进行流通加工则属于这种形式。

1.2.2 按照配送中心的经营主体分类

1. 制造商型配送中心

制造商型配送中心是以制造商为主体的配送中心。这种配送中心里的物品100%是由自己生产制造，用以降低流通费用、提高售后服务质量和及时地将预先配齐的成组元器件运送到规定的加工和装配工位。从物品制造到生产出来后条形码和包装的配合等多方面都较易控制，所以按照现代化、自动化的配送中心设计比较容易，但不具备社会化的要求。通过该种模式的设立，形成具有特色的产供销一体化的经营体制，以此增强市场竞争力，保持市场占有率。一般地，家电、汽车、化妆品等厂家多采取这种形式。

2. 批发商型配送中心

批发商型配送中心是由批发商或代理商所成立的配送中心。批发是物品从制造者到消费者手中之间的传统流通环节之一，一般是按部门或物品类别的不同，把每个制造厂的物品集中起来，然后以单一品种或搭配向消费地的零售商进行配送，在订货周期、送货时间等方面不断加以改进，提高服务水平。这种配送中心的物品来自各个制造商，它所进行的一项重要的活动是对物品进行汇总和再销售，而它的全部进货和出货都是社会配送的，社会化程度高。

3. 零售商型配送中心

零售商型配送中心是以零售业为主的、由零售商向上整合所成立的配送中心。零售商发展到一定规模后，就可以考虑建立自己的配送中心，从而减少流通加工环节，降低物流成本，配送中心把来自不同供货商的商品在配送中心集中分拣、配装、加工等，然后按其所属的门店进行配送。像专业物品零售店、超级市场、百货商店、建材商场、粮油食品商店、宾馆饭店等领域比较常见，其社会化程度介于前两者之间。

4. 专业物流配送中心

专业物流配送中心是以第三方物流企业（包括传统的仓储企业和运输企业）为主体的配送中心。这种配送中心有很强的运输配送能力，地理位置优越，可迅速将到达的货物配送给用户。它为制造商或供应商提供物流服务，而配送中心的货物仍属于制造商或供应商所有，配送中心只是提供仓储管理和运输配送服务。这种配送中心的现代化程度往往较高。例如，南昌市华海物流有限公司专门从事从南昌发往全国各地货物的火车集装箱配送作业。

1.2.3 按配送的服务范围分类

1. 城市配送中心

城市配送中心是以城市范围为配送范围的配送中心，由于城市范围一般处于汽车运输的

经济里程，这种配送中心可直接配送到最终用户，所以一般采用汽车进行配送。所以这种配送中心往往和零售经营相结合，由于运距短，反应能力强，因而从事多品种、少批量、多用户的配送较有优势。

此外，由于城市配送中心的服务对象多为城市圈里的零售商、连锁店和生产企业，所以，一般来说，它的辐射能力都不太强。当前我国一些试点城市所建立或正在建立的配送中心绝大多数都属于城市配送中心。《物流手册》中介绍的"仙台批发商共同配送中心"和"北京食品配送中心"就属于这种类型。

2. 区域配送中心

区域配送中心是以较强的辐射能力和库存准备，向省（州）际、全国乃至国际范围的用户配送的配送中心。这种配送中心配送规模较大，一般而言用户也较大，配送批量也较大，而且往往是配送给下一级的城市配送中心，也配送给营业所、商店、批发商和企业用户，虽然也从事零星的配送，但不是主体形式。

这种类型的配送中心在国外十分普遍，美国沃尔玛公司的配送中心，建筑面积120 000 m^2，投资 7 000 多万美元，它每天可为分布在 6 个州的 100 多个连锁店面配送货物，经营商品有 4 万多种。荷兰的"国际配送中心"，其业务活动范围更广，该中心于接到订单之后的 24 小时之内即可将货物装好，仅用 3 天时间就可把货物运送到欧洲共同体成员国的客户手中。

1.2.4　按照配送对象分类

1. 专业配送中心

专业配送中心又有两个含义：一是配送对象、配送技术属于某一专业范畴，综合该专业的多种物资进行配送，如多数制造业的销售配送中心；我国目前石家庄等地建的配送中心大多数采用这种形式。二是以配送为专业化职能，基本不从事经营的服务型配送中心，如上面所提的蒙克斯帕配送中心。

2. 柔性配送中心

柔性配送中心不是向固定化、专业化方向发展，而是强调市场适应性。它能根据市场和客户的需求变化而随时变化，对客户要求有很强适应性，不一定固定供需关系，而是不断向发展配送客户甚至改变配送客户的（有利）方向发展。

1.3　配送中心的功能

配送中心是在传统的仓库、运输的基础上发展而来，一般的仓库只重视商品的储存保管，一般传统的运输只是提供商品运输配送而已，而配送中心是重视商品流通的全方位功能，同时具有商品储存保管、流通行销、分拣配送、流通加工及信息提供的功能。作为现代物流方式和优化销售手段的配送中心，它把收货验货、储存保管、装卸搬运、拣选、分拣、流通加工、配送、结算和信息处理，甚至包括订货等作业，有机结合起来，形成多功能、集约化和全方位服务的供货枢纽。通过各项功能的发挥，能够大大降低供应链的库存费用等物流成本，提高企业的服务率。

1.3.1 流通行销功能

流通行销是配送中心的一个重要功能，尤其是现代化的工业时代，各项信息媒体的发达，再加上商品品质的稳定及信用，因此有许多的直销业者利用配送中心，通过有线电视、因特网等配合进行商品行销。此种的商品行销方式可以大大降低购买成本，因此广受消费者喜爱。例如，在国外有许多物流公司的名称就是以行销公司命名。而批发商型的配送中心、制造商型的配送中心与进口商型的配送中心也都拥有行销（商流）的功能。

为了达到销售目的，其作业可以分为以下三个方面。

（1）订单作业。具体流程包括：客户处接受订单；对现有库存内容及各项配送货源是否足以提供此订单出货的查询；订单资料的建档及维护；订单数量统计；订单出货日期及出货批次安排；统计商品需求数量，检查库存水平，以便于出货日前予以采购；打印各种出货单据、发票，并将出货信息转入应收账款中，以便定期结账和催款单据的制作等。如果是跨国交易的，还要考虑进出口押汇、报关及报定价等事务。

（2）市场开发与管理。以销售为目的的配送中心如何推广商品是一个重要的问题。我们需要通过内在的销售模型预测、商品管理、客户管理来掌握市场份额，外在上多进行包装宣传让消费者了解本中心各项商品的特色，吸引用户，尽量稳定和扩大市场占有率。

（3）商品采购。配送中心需要首先了解所要供应配送的商品，才能及时无误地为其用户供应物资。根据市场的供求变化情况，制订并及时调整统一的、周全的采购计划，并由专门的人员与部门组织实施。

1.3.2 仓库保管功能

商品的交易买卖达成之后，除了采用直配直送的批发商之外，均将商品经实际入库、保管、流通加工包装而后出库，因此配送中心具有储存保管的功能。但它与一般的仓库不同，其仓库形式、平面布置、设备组成等，首先要有利于拣选作业、拣选顺序、拣选路线、拣选方法等。为了充分利用仓库的面积和空间，提高保管商品的入出库频率，货架已经向高层化发展，作业向机械化、自动化发展，保管机械向小通道或无通道发展，库存账目管理和货位管理向计算机化（WMS，MRPⅡ）发展，配送中心与相关企业的信息交换向网络化（ERP）发展。

当然，配送中心一般都有库存保管的储放区，因为任何的商品为了防止缺货，或多或少都有一定的安全库存商品的特性及生产前置时间的不同，则安全库存的数量也不同。一般国内制造的商品库存较少，而国外制造的商品因船期的原因库存较多，为 2~3 个月；另外，生鲜产品的保存期限较短，因此保管的库存量较少；冷冻食品因其保存期限较长，因此保管的库存量比较多。

1.3.3 分拣配送功能

它是配送区别于其他物流形式的有特点的功能要素，也是配送成败的一项重要支持性工作。分拣及配货是完善送货、支持送货的准备性工作，因此配送中心必须根据客户的要求进行分拣配货作业，并以最快的速度送达客户手中或者是指定时间内配送到客户。它是不同配送企业在送货时进行竞争和提高自身经济效益的必然延伸，所以，也可以说是送货向高级形式发展的必然要求。有了分拣及配货，就会大大提高送货服务水平，所以，分拣及配货是决定整个配送系统水平的关键要素。

配送运输属于运输中的末端运输、支线运输，和一般运输形态主要区别在于：配送运输是较短距离、较小规模、额度较高的运输形式，一般使用汽车做运输工具。与干线运输的另一个区别是，配送运输的路线选择问题是一般干线运输所没有的，干线运输的干线是唯一的运输线，而配送运输由于配送用户多，一般城市交通路线又较复杂，如何组合成最佳路线，如何使配装和路线有效搭配等，是配送运输的特点，也是难度较大的工作。

1.3.4　流通加工功能

经济高效的运输、装卸、保管一般需要大的包装形式。但在配送中心下位的零售商、最终客户，一般需要小的包装。为解决这一矛盾，配送中心设有流通加工功能。流通加工与制造加工不同，它对商品不作性能和功能的改变，仅仅是商品尺寸、数量和包装形式的改变。例如，粮油配送中心是将大桶包装加工成瓶状小包装；饲料配送中心，则是将多种饲料的大包装，加工成混合包装的小包装。

为了扩大经营范围和提高配送水平，目前，国内外许多配送中心都配备了各种加工设备，由此形成了一定的加工能力。这些配送中心能够按照用户提出的要求和根据合理配送商品的原则，将组织进来的货物加工成一定的规格、尺寸和形状，由此而形成了加工功能。

加工货物是某些配送中心的重要活动。配送中心积极开展加工业务，不但大大方便了用户，省却了后者不少烦琐劳动，而且也有利于提高物质资源的利用效率和配送效率。此外，对于配送活动本身来说，客观上则起着强化其整体功能的作用。配送中心的流通加工作业包含分类、磅秤、大包装拆箱改包装、产品组合包装、商标、标签粘贴作业等。这些作业是提升配送中心服务品质的重要手段。

1.3.5　信息提供功能

配送中心除了具有行销、储存保管、分拣配送、流通加工等功能外，更能为配送中心本身及上下游企业提供各式各样的信息情报，以供配送中心营运管理政策制定、商品路线开发、商品销售推广政策制定的参考。例如，哪一个客户订多少商品，哪一种商品畅销，在计算机的 EIQ 分析资料中非常清楚，甚至可以将这些宝贵资料提供给上游的制造商及下游的零售商当作经营管理的参考。通过各种信息，为配送中心经营管理、政策制定、商品路线开发、商品销售促销政策的制定提供参考。为此，配送中心应建立五个信息管理子系统。

(1) 销售管理系统。其主要的职能是订单处理。如采取配销模式，还应包括客户管理系统、销售分析与预测系统、销售价格管理、应收款及退货处理等系统。

(2) 采购管理系统。如果采取物流模式，其主要职能是接受进货及验收指令，如果是授权模式或配销模式，其主要工作是面对供货商的作业，包括供货商管理、采购决策、存货控制、采购价格管理、应付账款管理等系统。

(3) 仓库管理系统。该系统包括储存管理、进出货管理、机械设备管理、分拣处理、流通加工、出货配送管理、货物追踪管理、运输调度计划等内容。

(4) 财务会计系统。财务会计部门对销售管理系统和采购管理系统所传送来的应付、应收账款进行会计操作，同时对配送中心的整个业务与资金进行平衡、测算和分析，编制各业务经营财务报表，并与银行金融系统联网进行转账。

(5) 辅助决策系统。除了获取内部各系统业务信息外，关键在于取得外部信息，并结合内部信息编制各种分析报告和建议报告，供配送中心的高层管理人员作为决策的依据。

1.4 配送中心的地位与作用

配送中心是连接生产与生产、生产与消费的物流节点设施，接受供应商提供的物品，按照需求者的订单要求，按时、按质、按量及预约的地点完成交货。在整个流通领域中，其处于第一层次，是社会生产和再生产顺利进行的基础。从物流系统角度上看，配送中心处于末端物流活动的起点，主要通过门对门运作，直接面向用户进行资源的最终配置，对提高物流系统的效率起着至关重要的作用。对于以开展配送业务活动为核心的经济实体而言，则需要根据行业发展特点与自身条件，选择合适的配送对象，以某一点为核心辐射周边区域，确定企业在市场的位置，来开展经营活动。在当前的物流活动中，配送中心的作用可以分为以下几个方面。

1.4.1 对上下游供需双方的作用

1. 降低物流成本，实现配送作业的经济规模

首先体现在运输效率上，在供应商和用户之间设置配送中心，能够将干线部分的大批量、高效率运输和支线部分的小批量、快速配送结合起来。另外还可以减少配送次数，降低物流成本。例如，在A个企业同B个用户进行分别交易的情况下，交易次数是A×B次，但是通过配送中心的话，只要A+B次。其次是能够降低进货成本，实行配送中心统一进货、统一配送，可以从中获得大批量进货的低价，大大增强了企业在市场竞争中的价格优势。再者是降低流通过程中的费用。通过配送中心的系统化、批量化、高效化的运作，统一对货物进行检验、编号、登记和入库，从而大大减少流通过程采购、验收及入库等费用。随着进货量的增加，物流的规模效益将更加突出。

2. 降低库存水平，加快商品周转

在工厂—批发—零售这种传统流通过程中，零售商基本上不可能从一个批发商那里得到所有需要的商品，批发商的所有商品也不可能都为零售商所需要。由于批发商和零售商分别处于两个系统，信息交流不通畅，致使商品流通会出现时滞，影响流通速度。配送中心可以通过集中库存，及时掌握库存状态信息，零售商等下游企业只需根据销售情况向总店和配送中心提出要货计划，就可保证商品的供应及时、适销，从而使得下游企业库存量很小，商品的周转速度大大加快。

3. 促进销售，提高服务水平

批发仓库通常需要销售商亲自上门采购，而配送中心解除了分店的后顾之忧，使其专心于店的销售额和利润的成长，不断开发外部市场、拓展业务。配送中心接到用户的订货之后提供及时的柔性化供货，通过专业化的保管、包装、加工、配送、信息等系统服务，满足用户的各种差异化需求，对用户的销售起着有力的支撑。

1.4.2　促进销售，提高服务水平

1. 在配送过程中保管所起的作用

现代经济社会里，物品的流通受到时间、地点和其他因素的影响，往往会出现暂时的分离，配送中心为了发挥时空的调节机能和价格的调整机能，需要具备保管的功能，特别在存储型配送中心中更为明显。例如，有些季节性产品需要在配送中心长期保管后再向用户发货。应当指出的是，配送中心所具有的保管功能是和企业的经营战略紧密相连的。

2. 在配送过程中分拣所起的作用

随着市场营销渠道的细分，物品的流通日益呈现出多样化、差异化的倾向。在此状况下，利用分拣的作用对来自不同批发商或生产企业处获得物品进行分拣，再发运到需求者手中，既节约了单独进货所发生的经济费用，又能够对物品进行统一管理和业务计划安排，有利于实施企业整体的经营发展战略。

另外，从宏观上看，也符合社会及产业的利益，这是因为物品到各配送中心的输运过程是以整箱为单位开展的，具体物品的挑选、分销是在配送中心内进行的，所以，既实现了物品配送的集约化，又有效地防止了交错运输等不合理的运输方式进行。

3. 在配送过程中配送所起的作用

在经济全球化和区域集团化的驱动下，生产地和消费地之间的距离也越来越远，流通渠道也不断的复杂起来，而营销理念的延伸，更使得流通过程呈现出多频度、少量化的趋势。从企业角度上看，不是所有企业都能够完全控制和管理其多样复杂的物流体系。

那么在干线运输的源头或者货物集散地建立配送中心，在中心内部集中各种中小型企业的物品，并加以合理组合，再实施干线运输，不仅发挥了经济规模效益，同时有效地抑制了社会成本的上升。同样，干线上运输的物品，在运输过程中通过其配送功能发挥着积极的作用。

4. 在配送过程中流通加工所起的作用

物品从生产地到消费地往往要经过很多流通加工作业，特别是在开展共同配送后，在消费地附近需要将大批量运抵的物品进行细分、小件包装及贴附标签、条形码等操作，这些都需要在配送中心内进行。在零售企业中，配送中心逐渐具有蔬菜整理、食品冷冻加工及食品保鲜加工等功能，其已经成为现代流通系统的必要组成部分。

1.5　我国配送中心发展情况

1.5.1　我国配送中心的发展历程

我国的物资部门可以说是最早开始配送业务的。在 20 世纪 80 年代之前的计划经济体制下，国内很多大中城市的一些物资部门设置了一个或者多个集中供货点，开始按照供需指标进行备配货和送货，并且实施相对集中库存、集中送货、集中供应到厂和提高效率的物资流通方式。但是由于是指令计划性的配送，使得配送这种生产力在当时的背景下未能起到更大的作用。

改革开放后，经济体制的转轨给物流领域带来了新风。随着生产资料市场的开放搞活和物资流通格局的变化，物资企业为了自身的发展，提高市场占有率，广泛开展物资配送业务，其配送方式在规模、水平、速度和效率等方面都得到了很大的提高。如天津储运公司唐家口仓库的“定时定量配送”、河北省石家庄市物资局“三定一送”的物资配送，以及上海、天津等地的煤炭配送等。从总体分析，80 年代是我国从自发运用配送阶段向自觉运用配送阶段的过渡时期，此时的配送仍然具有较重的计划经济的色彩，配送形式也比较单一，影响面较小。

90 年代以来的实践证明，配送是一种非常好的物流方式。我国很多城市的物资部门建立配送中心，配送得到了很大发展。1990 年，国家在经济较发达的无锡等 11 个城市开展以发展配送制为重点的物资流通综合改革试点，到 1992 年底，已有四十多个城市开展了物流配送，签订配送协议的企业超过一千多家，连锁经营网点达 15 000 个，并在广州、杭州、上海等地分别进行配送中心试点建设。这样彻底改变了传统的流通模式和方式。过去物资流通企业等人上门买货，如今迈出家门主动上门送货，为生产企业配送急需的产品。这些城市的配送中心本着筑造代理、配送、连锁相结合的新的流通形式发展配送，实现了质优价廉，中心实行统一集中进货，享受了生产企业的批量优惠，同时从用户和自身利益、信誉出发，严把进货关，保证了进货质量。发展配送大大减少了生产企业的库存，实现了生产企业“零库存”的可能。而且，随着计算机网络的应用，逐步实现了配送中的流通现代化管理。同时，先进设施的使用也为用户提供了更加方便、快捷的服务，同时提高了流通企业的效率。

比如，1992 年沈阳市机电设备总公司第二公司建立沈阳机电产品配送中心。经过几年的努力，实现了经营的规模化，管理的科学化、现代化，销售额、配送额、社会效益连续递增，显示出了配送的优越性和生命力。该中心目前经营八大类 7 000 多个品种、规格的机电产品，年销售额超过 1 亿元。配送用户由开始的 5 户发展到 270 多户，配送额由 28 万元发展到 5 000多万元，物资配送满足率达 30%，占沈阳市生产企业所需机电产品用户的 15%。其中 30 家全部由配送中心供应。

该时期的配送中心运作呈现出以下特点。①各地政府积极培育物流配送业，像上海等经济发达的城市将其作为支柱型产业来扶持。②出现了各具特色的不同类型的现代物流企业。运输、仓储等传统流通企业，通过改造变成物流企业，一些生产企业开始介入现代物流，一批专业性的物流企业迅速崛起，物流配送的社会化、专业化趋势日益明显，形成了服务模式多样、多种经济成分并存的现代物流企业群体。③随着连锁企业的规模迅速扩张，连锁企业内部的配送中心在硬件设施、管理水平及管理信息系统等建设上取得了成就。④现代物流信息技术的研发取得了显著成果。

2001 年国家经贸委等六部委发出了《关于发展现代物流的若干意见》，文件指出：我国的物流基础设施近年来虽有较大改善，但仍不能适应现代物流发展的需要。继续加强物流基础设施的规划与建设，尽快形成配套的综合运输网络、完善的仓储配送设施、先进的信息网络平台等，为现代物流发展提供重要的物质基础条件。应重视对物流基础设施的规划，特别要加强对中心城市、交通枢纽、物资集散和口岸地区大型物流基础设施的统筹规划。

1.5.2 我国配送中心目前存在的主要问题

改革开放以来，随着我国商业和零售业的蓬勃发展，我国的物流配送中心得到了长足发展，但较之国外先进物流配送业的发展水平及我国零售业快速扩张的需求而言，我国的物流

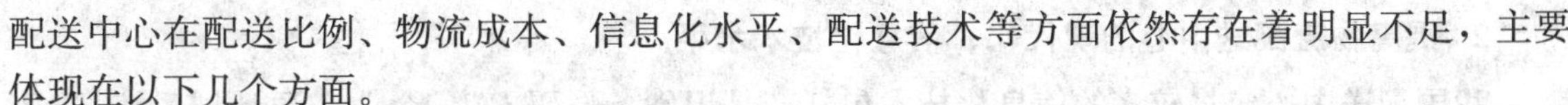

配送中心在配送比例、物流成本、信息化水平、配送技术等方面依然存在着明显不足，主要体现在以下几个方面。

1. 物流配送中心基础设施薄弱，利用率低，发展缓慢

长期以来，我国物流配送中心的基础设施投入较少。配送中心一般需要资金投入大，设备和设施都很昂贵，且回收期长，致使许多企业不愿投入和购置设备。尽管近几年来，我国物流配送中心发展迅速，但总体上还比较薄弱，结构不合理，货场、低档储存库较多，适合现代社会需求的流通型库较少。

2. 物流配送中心现代化程度低，信息化水平不高

据有关资料显示，目前我国实施物流配送的商业企业中，有超过58%的企业至今几乎没有采用过信息技术或信息系统进行过物流作业。在采用过信息技术的企业中，72%主要是把信息技术作为辅助性的管理手段。商业物流信息技术的采用仍然以因特网为主，但应用程度较低，仅限于日常事务管理，而对于物流中的许多重要决策问题，仍处于半人工化决策状态。同时机械化程度低，基本上是原有物流设施转过来的，无论是技术还是设备都比较陈旧。

3. 配送中心规模较小，分布不均，发展不平衡

我国长期以来受行业限制，地域分割的影响，物流网点布局还不统一。小、散、差的分散状态普遍存在，在此基础上建设的配送中心形不成规模优势，不能充分发挥规模经济的效益。

4. 配送中心的功能不健全

配送中心作为物流中心的一种特殊形式，其功能本应基本涵盖了所有物流功能要素，而我国当前的配送中心多数则充当了仓库和运输中转的角色，其实质上就等于原来的仓库，配送中心功能并未发挥出来。

5. 配送中心的选址不够合理

配送速度与配送中心的选址有关，由于我国许多配送中心选址不合理，因此配送速度较慢，影响了送货的及时性。目前我国物流配送中心存在两种不合理的格局，一种是配送中心在店铺分散区域跨度很大的情况下进行配送，运输距离过远，成本居高不下；另一种是店铺相对集中，配送中心在距离店铺集中的地方配送。

6. 配送人员素质较低

由于社会上高素质物流专业人员缺乏，不少配送中心没有专业物流管理人员负责且人员素质总体偏低，大多数都只能做看管装卸工作的体力劳动者，缺乏应用现代化手段管理物流中心的人员。

1.5.3 加快我国物流配送中心发展的对策

1. 加快物流基础设施建设，提高物流配送中心的配送能力

要加快开发和引进先进的物流设备。如集装箱散装专用船、各种装卸器具、移动运输器具等。从内部运营硬件方面为我国物流配送中心的发展创造条件，同时要提高城市的内部交通的通畅性，减少交通堵塞现象等。

2. 提高物流配送中心的现代化、信息化技术水平

我国配送中心应将较多的信息化技术包括产品识别条形码 BC，企业资源计划系统 ERP，管理信息系统 MIS，电子数据交换系统 EDI，地理信息系统 GIS，自动分拣系统 ASS，柔性物流系统 AGV 等应用于物流管理中，应向机械化、自动化的作业模式发展，从而提高物流管理水平，节约人员成本，改变目前这种半人工化模式。

3. 大力推动“共同配送中心”的发展

对于连锁门店数量较少的企业，如果自己建配送中心，投资成本非常的大，资金流量也会出现问题；如果利用第三方物流，对于企业长远发展也并非是一种有效的战略，而且利润也会分流。在此情况下使用共同配送，不仅可以解决资金不足的问题，也可通过不同零售企业之间的联合加强企业联盟的集团竞争力，对于中小型投资主体而言都是非常有利的一种物流配送模式。

4. 完善配送中心的功能

配送中心是专门从事货物配送活动的物流场所或经济组织，它是集加工、理货、送货等多种职能为一身的物流节点。应是集货中心、分货中心、加工中心功能的综合，而不是实际过程中只充当仓库，只发挥储存功能的物流节点。应不断将配送中心建设成进货功能、整理功能、加工功能、储存功能、配送功能、信息处理功能为一体的节点。

5. 合理选择配送中心的地址

配送中心的选址直接影响配送中心各项配送活动的成本，同时也关系到配送中心的正常运作和发展，因此，配送中心的选址和布局必须在充分调查的基础上综合考虑自身经营的特点及交通状况等因素，在详细分析现状的基础上对配送中心进行选址。配送中心选址应遵循如下外部条件。

（1）交通运输条件。配送中心地址选择应靠近交通运输枢纽，以保证配送服务的及时性准确性。

（2）顾客分布情况。准确掌握配送中心现有服务对象的分布情况及未来一段时间内的发展变化情况，因为顾客分布状况的改变，配送商品数量的改变及顾客对配送服务的改变都会对配送中心的经营和管理产生影响。

（3）附属设施条件。配送中心周围的附属设施也是考虑因素之一，如外部信息网络技术条件，水电及通信辅助设施等。

6. 更新传统观念，为我国物流配送中心发展提供人才保障

各地区政府部门应投入一定的人力、物力和财力，不断增强全民物流配送中心信息化意识，提高物流从业者素质，充分利用各种手段和各种教育途径，建立高素质、专业配套、层次合理的物流配送中心信息化人才队伍。通过高素质物流人才的培养，加快对我国物流配送中心深入研究和实践检验的探索，从而为我国物流配送中心的发展奠定基础。

实践证明，市场经济需要更高程度的组织化、规模化和系统化，迫切需要尽快加强建设具有信息功能的物流配送中心。发展信息化、现代化、社会化的新型物流配送中心是建立和健全社会主义市场经济条件下新型流通体系的重要内容。我国是发展中国家，要借鉴发达国家的经验和利用现代化的设施，但目前还不可能达到发达国家物流配送中心的现代化程度，只能从国情、地区情况、企业情况出发，发展有中国特色的新型物流配送中心。随着电子商务的日益普及，中国的物流配送业一定会按照新型物流配送中心的方向发展。

配送中心功能的关联性分析

实训目的

通过配送中心功能的关联性分析，了解配送中心各功能之间的相互关系。

实训内容

列举出配送中心的基本功能、核心功能及其他功能。

实训要求

分析各功能之间的相互关系，以及不同类型配送中心功能之间的差异。

实训课时

4 课时。

实训步骤

（1）分组，以 5～6 个人为一组开展讨论分析。

（2）各组分别列举出配送中心各功能及其相互关系表。

（3）作功能之间关系的连线图。

（4）各组派出代表进行分析、进行补充。

复习思考题

一、选择题

1. 配送活动的发展过程不包括下面那个阶段（　　）。

A. 早期阶段　　B. 新兴发展阶段

C. 成熟阶段　　D. 衰退阶段

2. 基本上没有长期储存功能，仅以暂存或随进随出方式进行配货、送货的配送中心是指（　　）。

A. 储存型配送中心　　B. 流通型配送中心

C. 加工型配送中心　　D. 批发型配送中心

3. 配送中心是连接生产与生产、生产与消费的物流节点设施，其对上下游供需双方所起的作用主要有（　　）。

A. 降低物流成本，实现配送作业的经济规模

B. 降低库存水平，加快商品周转

C. 促进销售，提高服务水平

D. 能够在供应商与用户之间，将干线部分的大批量、高效率运输和支线部分的小批量、快速配送结合起来

4. 当前我国的配送发展与国外比存在着较大的差距，（　　）为我国配送运营过程中存在的主要问题。

A. 物流配送中心基础环节低，发展缓慢

B. 配送中心的功能不健全

C. 配送中心的选址不够合理

D. 配送中心的人员素质有待提高

二、判断题

1. 配送中心是从供应者手中接受多种大量的货物，进行倒装、分类、保管、流通加工和情报处理等作业，然后按照众多需要者的订货要求备齐货物，以令人满意的服务水平进行配送的设施。（　　）

2. 储存型配送中心主要有加工职能，根据用户的需要或者市场竞争的需要，先根据市场需要对配送物加工，再进行配送的配送中心。（　　）

3. 配送中心的流通行销功能中，为了达到销售作业的目的，可以分为订单作业、商品开发、商品采购与生产。（　　）

4. 按照配送中心的经营主体分类，配送中心可以分为制造型配送中心、批发型配送中心、零售型配送中心、专业型配送中心。（　　）

5. 配送的实质就是送货。（　　）

三、简答题

1. 配送中心的功能有哪些？

2. 配送中心在配送管理中有关各个功能上所起的作用有哪些？

3. 试结合我国实际情况，分析我国配送中心主要存在的问题以及对策。

部分习题参考答案

一、选择题

1. A　　2. B　　3. ABCD　　4. ABCD

二、判断题

1. √　　2. ×　　3. ×　　4. √　　5. √

案例分析

沃尔玛的配送中心（一）

山姆沃尔顿曾经说过这么一句话：我们重视每一分钱的价值，因为我们的服务宗旨之一就是帮顾客省钱，每当我们省下一块钱，就赢得了顾客的一份信任。

提倡低成本、低费用结构、以低于竞争对手价格、优于对手的服务去赢得顾客的青睐，让利给消费者，为顾客省钱，这是沃尔玛的经营思想。在物流运营过程当中，要尽可能降低成本，因为在沃尔玛降低成本之后就可以让利于消费者，这是沃尔玛的哲学，即“以最佳服务，最低的成本，提高最高质量的服务”。

那沃尔玛是怎样降低成本的呢？在很大程度上，沃尔玛物流配送中心发挥了极其重要的作用，作出了重大的贡献。下面就沃尔玛物流配送中心作简单的介绍。

1. 沃尔玛物流配送中心规划的原则

物流配送是实行连锁经营不可缺少的重要组成部分。不发展物流配送，就谈不上真正的连锁经营。物流配送的水平，在一定程度上体现和决定着整个连锁企业的经营水平。有效的

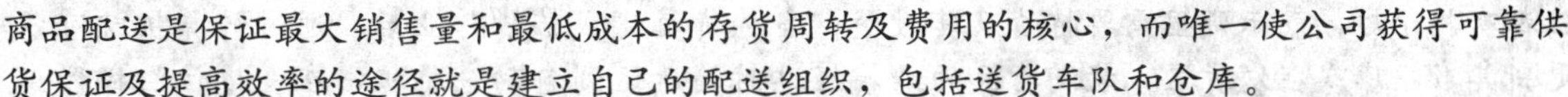

商品配送是保证最大销售量和最低成本的存货周转及费用的核心，而唯一使公司获得可靠供货保证及提高效率的途径就是建立自己的配送组织，包括送货车队和仓库。

沃尔玛早就清楚地意识到：物流配送中心的好处，不仅仅是使大量进货（降低采购成本）变为可能，而且通过要求供应商将商品集中大量送到沃尔玛的物流配送中心，再由沃尔玛的物流配送中心统一接收、检验、配货、送货，比让供货商将商品分散送到沃尔玛各门店更为经济，便于各门店的接收，使各门店能一次性地收到各自所需的品种，实现了多品种、大批量的低成本物流配送和销售需求。同时，集中配送还为各部门店提供了更快捷、更可靠的送货服务，并能更好地控制存货。

2. 沃尔玛六大类物流配送中心

(1) 干货配送中心。主要用于生鲜食品以外的日用商品进货、分装、储存和配送。该公司目前这种形式的配送中心数量最多。

(2) 食品配送中心。包括不易变质的饮料等食品，以及易变质的生鲜食品等，需要有专门的冷藏仓储和运输设施，直接送货到店。

(3) 山姆会员店配送中心。这种业态批零结合，有 1/3 的会员是小零售商，配送商品的内容和方式同其他业态不同，使用独立的配送中心。由于这种商店 1983 年才开始建立，数量不多，有些商店使用第三方配送中心的服务。考虑到第三方配送中心的服务费用较高，沃尔玛公司已决定在合作期满后，用自行建立的山姆会员店配送中心取代。

(4) 服装配送中心。不直接送货到店，而是分送到其他配送中心，再统一组装配套配送。

(5) 进口商品配送中心。为整个公司服务，主要作用是大量进口以降低进价，再根据要货情况送往其他配送中心。

(6) 退货配送中心。它接收店铺因各种原因退回的商品，其中一部分退给供应商，一部分送往折扣商店，一部分就地处理，其收益主要来自出售包装箱的收入和供应商支付的手续费。

3. 沃尔玛物流配送中心的作业流程与结构

配送中心的基本流程是：沃尔玛各分店的订单信息传递到配送中心——配送中心整合后正式向供应商订货——供应商将商品送到配送中心——经过核对采购计划、进行商品检验等程序，分别送到货架不同位置存放——计算机系统给所需商品打出印有商店代号的标签——整包装的商品直接由货架上送往传送带——经传感器对标签进行识别后，自动分送到不同商店的汽车装卸口——由沃尔玛公司卡车送达各区域相关门店。

到 21 世纪初，沃尔玛的配送中心运行完全实现了自动化。每个配送中心面积约 100 000 m^2，200 辆车头，400 节车厢，13 条长约 13.7 km 的激光控制的配送输送带，配送场内设有 170 个接货口，600～800 名员工，占地约 60 km^2。沃尔玛的配送中心一般都设在 100 多家零售店的中央地理位置，其商圈或称为"运输半径"为 320 公里。商品有 4 万多个品种，主要是食品和日用品，从牙膏、卫生纸、玩具到电视、自行车，应有尽有。旺季库存 70 000 000 美元，淡季 40 000 000 美元，年周转库存 24 次。畅销品占 60%，库存超过 180 天为滞销，零售店库存为其销售的 10%。

每个物流配送中心分为三个区域：收货区、拣货区和发货区。在收货区，工人用扫描器识别运输单和放在暂存区的货物上的条形码，确认匹配无误后才进行下一步处理，有的要入库，有的要直接送到发货区，称为直通作业，以节约时间和空间；在拣货区，计算机在夜间打印出隔天需要向零售店发运的纸箱上的条形码标签。白天，拣货员打开一只只空箱，并贴上标签，然后用扫描器识读。根据标签上的信息，计算机即发出拣货指令。在货架的每个货位都有指示灯，表示哪里需要拣货及其数量，当拣货员完成拣货作业后，通过计算机就可以更新其数据库；在发货区，装满货品的纸箱经过封箱后运到自动分拣机，在全方位扫描器识别纸箱上的条形码后，计算机指令让叉车把纸箱叉入相应的装车线，以便集中装车，运往指定的零售店。

沃尔玛的集中配送中心是相当大的，而且都在一层当中。之所以都是一层，而不是几层，是因为沃尔玛希望产品能够流动。沃尔玛希望产品能够从一个门进从另一个门出，如果有电梯或其他物体，就会阻碍流动过程。因此，沃尔玛所有的这种配送中心都是一个非常巨大的一层平房。沃尔玛使用一些传送带，让这些产品能够非常有效地进行流动，对它们进行处理不需要重复进行，都是一次性处理。比如，在某某货品卸下来以后，沃尔玛要对这些产品进行一些处理。如果处理好几次，这个成本就会提高，而如果沃尔玛采用这种传送带，运用无缝的形式，就可以尽可能减少成本。

沃尔玛所有的系统都是基于 UNIX 系统的，并采用传送带，采用非常大的开放式的平台，还采用产品代码，以及自动补货系统和激光识别系统，所有这些加在一起为沃尔玛节省了相当多的成本。

4. 沃尔玛物流配送中心的贡献

顾客之所以能在沃尔玛以最低的价格买到最优的产品，在很大程度上都依赖于物流体系在发挥作用，沃尔玛物流配送中心通过提升其效率来降低物流及采购成本，从而进一步降低商品的价格，让利于消费者。

沃尔玛的配送成本占其销售额的 2%，而一般情况下，物流成本占整个销售额 10%左右，有些食品行业甚至达到 20%或 30%。另外，竞争对手一般只有 50%的货物进行集中配送，而沃尔玛 85%是进行集中配送的，每家店每天送 1 次货（竞争对手每 5 天 1 次），可以减少商店或者零售店里的库存，这就使得零售场地和人力管理成本都大大降低，沃尔玛配送成本一直以来都低于行业平均配送水平的 50%，这样成本与对手就相差很多了。

同时，沃尔玛的货架总能保持充盈，集中配送还为各门店提供了更快捷、更可靠的送货服务，实现了多品种、大批量的低成本物流配送和销售需求，并能随时准确地掌握到货时间，使门店更好地控制存货。

所有这些都使得沃尔玛享有不可替代的竞争优势，在零售业市场中拥有独特的核心竞争力，确保了其在效率和规模成本方面的竞争优势，夯实了“天天低价”的营销策略基础，也保证了全球扩张的顺利进行。

思考题： 1. 沃尔玛配送中心的主要类型有哪些？

2. 通过本文的阅读，你认为沃尔玛配送中心的作用有哪些？

案例分析参考答案

1. 沃尔玛配送中心的主要类型有：干货配送中心；食品配送中心；山姆会员店配送中心；服装配送中心；进出口商品配送中心；退货配送中心。

2. 沃尔玛配送中心的作用主要有：降低成本；加快商品周转；提高服务水平。

第 2 章

配送中心作业流程

本章要点

- 了解和熟悉配送中心作业内容；
- 掌握配送中心作业的流程；
- 掌握配送中心的进货作业；
- 掌握配送中心的订单处理作业；
- 掌握配送中心的拣货及补货作业；
- 掌握配送中心的配送作业；
- 掌握配送中心的流通加工作业。

开篇案例

上海新华传媒配送中心

2005 年初，上海新华传媒股份有限公司（简称“新华传媒”）决定建设新的图书物流配送中心，以满足不断增长的业务需求。经过一番深入细致的调研，最终选择了北京伍强科技有限公司为该项目的系统集成商。上海新华传媒物流中心自 2006 年 8 月正式开始动工，到 2007 年 10 月 22 日建成并成功上线运行，仅用了 14 个月，成为国内建设周期最短的图书配送中心项目。该中心建筑面积 30 000 m^2，可以达到年配送 40 亿码洋的目标。物流系统采用高度信息化和适度自动化相结合的方式：一方面，集成化的图书供应链一体化管理系统和物流管理系统有机结合，实现了商流、物流、资金流的高度集成；另一方面，现代化的拣选、输送和分拣系统，使物流中心的各个作业环节和作业过程井然有序，高效流畅。

新华传媒物流中心位于上海市闸北区沪太路和汶水路交汇处，紧邻中环线，地理位置十分优越。该项目总占地面积 2.5 公顷，建筑面积 36 000 m^2，其中物流中心 30 000 m^2；总投资 1.3 亿元，其中物流系统及设备投资 4 000 万元。系统设计能力年配送 40 亿码洋，其中，一般图书26亿码洋，一般图书退货4亿码洋，教材4亿码洋，音像制品3亿码洋，文教用品3亿码洋。

物流系统共由5个子系统构成，分别是：教材处理系统；一般图书处理系统；一般图书销退处理系统；音像处理系统；文教用品处理系统。

新华传媒物流中心通过广泛应用电子标签和RF无线技术，结合自动分拣与自动输送系统，实现了无纸化与部分自动化作业，大大提高了作业效率与准确率。同时，物流中心特别强调了信息化建设，采用了世界著名的仓储管理系统INFOR SSA 4000实现统一的库存管理，该系统与企业ERP系统共同构成了新华传媒的信息系统。值得一提的是，在物流中心信息系统建设的同时，新华传媒还进行了商流系统的建设。尽管难度很大，但实际运行结果表明，上海新华传媒信息化建设获得了巨大成功。位于物流中心的主机房主要有4台高端小型机服务器和大容量磁盘柜，组成双机热备份系统，负责商流和物流业务，目前在国内还是不多见。

由于采用了多项先进的信息技术与物流技术，集成一体化成为该中心物流系统的突出特点，其中包括：物流、信息流、资金流一体化，图书、教材、音像、文教用品、退货一体化，图书到货、翻理、编目、入库一体化，图书添配、直配拣选和打包复核一体化，以及图书入库、直配、拣选、称重、分拣自动化。

思考题：上海新华传媒物流中心是什么类型的物流中心，它的功能有哪些？

2.1 配送中心作业流程内容

2.1.1 配送作业概念

1. 概念

配送作业是按照客户需求，将货物进行分拣、重新包装、贴标签、配货、配装等物流活动，按时按量发送到指定地点的过程。

配送作业是配送中心运作的核心内容，其作业流程的合理性、作业效率的高低都会直接影响整个物流系统的正常运行。

2. 配送作业的具体内容

配送作业的具体内容包括：订单处理、进货、搬运装卸、储存、加工、拣选、包装、配装、送货、送达服务等作业项目，它们之间衔接紧密，环环相扣，整个过程既包括实体物流，又包括信息流，同时还包括有资金流。

3. 配送作业流程图

配送中心的主要活动是订货、进货、发货、仓储、订单拣货和配送作业。确定配送中心主要活动及其程序之后，才能规划设计。有的配送中心还要进行流通加工、贴标签和包装等作业。当有退货作业时，还要进行退货品的分类、保管和退回等作业。如图2-1所示。

2.1.2 配送中心作业流程内容

1. 进货

进货就是配送中心根据客户的需要，为配送业务的顺利实施而从事的组织商品货源和进

行商品存储的一系列活动。

进货是配送的准备工作或基础工作，它是配送的基础环节，又是决定配送成败与否、规模大小的最基础环节。同时，也是决定配送效益高低的关键环节。

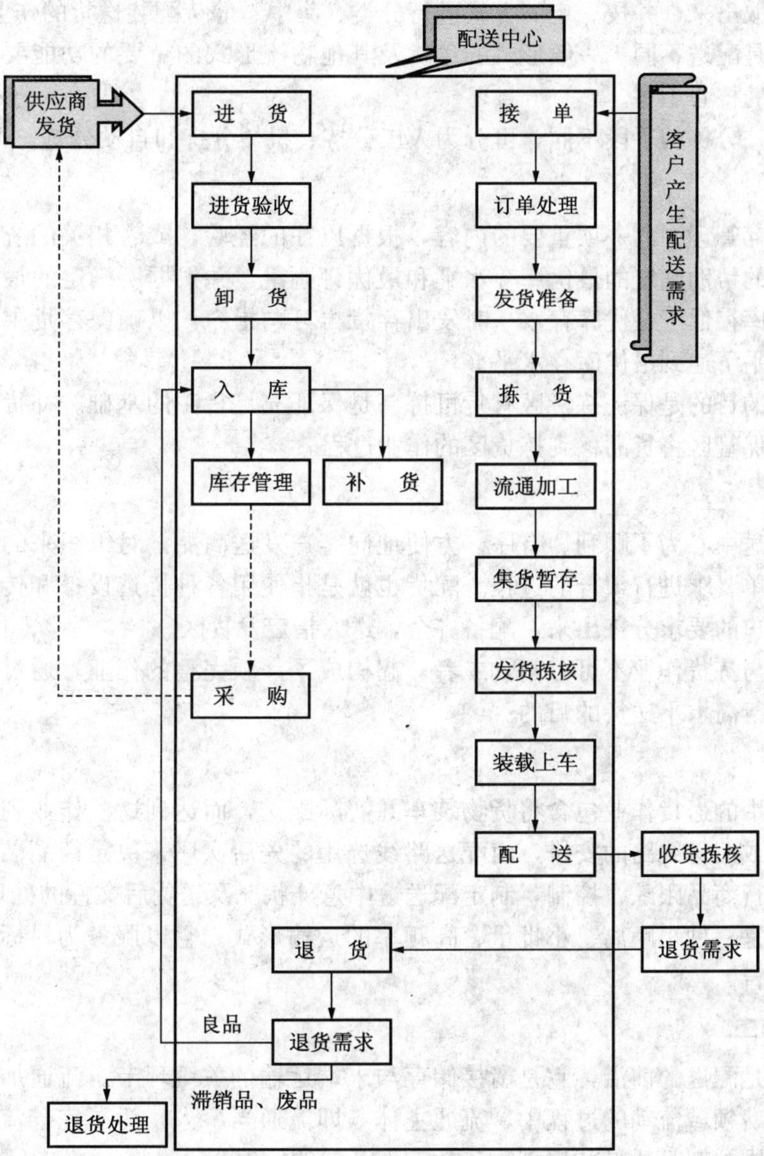

图 2-1　配送中心作业流程图

2. 订单处理

从接到客户订单开始到着手准备拣货之间的作业阶段，称之为订单处理。订单处理是与客户直接沟通的作业阶段，对后续的拣选作业、调度和配送产生直接的影响，是其他各项作业的基础。

订单是配送中心开展配送业务的依据，配送中心接到客户订单以后需要对订单加以处理，据以安排分拣、补货、配货、送货等作业环节。

订单处理方式有人工处理和计算机处理。目前主要采用计算机处理方式。

3. 拣货

拣货作业是依据顾客的订货要求或配送中心的送货计划，迅速、准确地将商品从其储位或其他区域拣取出来，并按一定的方式进行分类、集中、等待配装送货的作业过程。

拣货过程是配送不同于一般形式的送货及其他物流形式的重要的功能要素，是整个配送中心作业系统的核心工序。

拣货作业按分拣的手段不同，可分为人工分拣、机械分拣和自动分拣三大类。

4. 补货

补货是库存管理中的一项重要的内容，根据以往的经验，或者相关的统计技术方法，或者计算机系统的帮助确定的最优库存水平和最优订购量，并根据所确定的最优库存水平和最优订购量，在库存低于最优库存水平时发出存货再订购指令，以确保存货中的每一种产品都在目标服务水平下达到最优库存水平。

补货作业的目的是保证拣货区有货可拣，是保证充足货源的基础。补货通常是以托盘为单位，从货物保管区将货品移到拣货区的作业过程。

5. 配货

配货是配送中心为了顺利、有序、方便地向客户发送商品，对组织来的各种货物进行整理，并依据订单要求进行组合的过程。配货也就是指使用各种拣选设备和传输装置，将存放的货物，按客户的要求分拣出来，配备齐全，送入指定发货区。

配货作业与拣货作业不可分割，二者一起构成了一项完整的作业。通过分拣配货可达到按客户要求进行高水平送货的目的。

6. 送货

配送业务中的送货作业包含将货物装车并实际配送，而达到这些作业则需要事先规划配送区域的划分或配送线路的安排，由配送路线选用的先后次序来决定商品装车顺序，并在商品配送途中进行商品跟踪、控制，制定配送途中意外状况及送货后文件的处理办法。

送货通常是一种短距离、小批量、高频率的运输形式。它以服务为目标，以尽可能满足客户需求为宗旨。

7. 流通加工

流通加工是配送的前沿，它是衔接储存与末端运输的关键环节。流通加工是指物品在从生产领域向消费领域流动的过程中，流通主体（即流通当事人）为了完善流通服务功能，为了促进销售、维护产品质量和提高物流效率而开展的一项活动。

流通加工的目的有：①适应多样化客户的需求；②提高商品的附加值；③规避风险，推进物流系统化。

不同的货物，流通加工的内容是不一样的。

8. 退货

退货或换货在物流业中是不可避免的，但应尽量减少，因为退货或换货的处理，只会大幅增加物流成本，减少利润。发生退货或换货的主要原因包括：瑕疵品回收、搬运中的损坏、商品送错退回、商品过期退回等。

2.2　进货作业

2.2.1　进货作业基本流程

进货作业包括接货、卸货、验收入库，然后将有关信息书面化等一系列工作。进货作业的基本流程如图 2-2 所示。在其流程安排中，应注意以下事项。

（1）应多利用配送车司机卸货，以减少公司作业人员和卸货作业的拖延；

（2）尽可能将多样活动集中在同一工作站，以节省必要的空间；

（3）尽量避开进货高峰期，并依据相关性安排活动，以达到距离最小化；

（4）详细记录进货资料，以备后续存取核查。

2.2.2　货物编码

进货作业是配送作业的首要环节。为了让后续作业准确而快速地进行，并使货物品质及作业水准得到妥善维持，在进货阶段对货物进行有效的编码是一项十分重要的内容。编码结构应尽量简单，长度尽量短，一方面便于记忆，另一方面也可以节省机器存储空间，减少代码处理中的差错，提高信息处理效率。常用的编码方法有：

（1）顺序编码；

（2）数字分段编码；

（3）分组编码；

（4）实际意义编码；

（5）后数位编码；

（6）暗示编码。

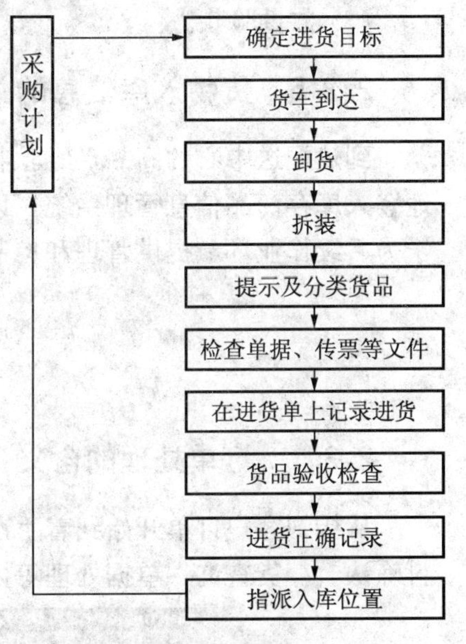

图 2-2　进货作业基本流程

2.2.3　货物分类

货物分类是将多品种货物按其性质或其他条件逐次区别，分别归入不同的货物类别，并进行有系统的排列，以提高作业效率。

在实际操作中，对品项较多的分类储存，可分为两个阶段、上下两层输送同时进行。

（1）由条形码读取机读取箱子上的物流条形码，依照品项作出第一次分类，再决定归属上层或下层的存储输送线。

（2）上下层的条形码读取机再次读取条形码，并将箱子按各个不同的品项，分别送到各个储存线上。

（3）在每条储存线的切离端，箱子堆满一只托盘后，一长串货物即被分离出来；当箱子组合装满一层托盘时，就被送入中心部（利用推杆，使其排列整齐），之后，箱子在托盘上一层层地堆叠，堆到预先设定的层数后完成分类。

（4）操作员用叉式堆高机将分好类的货物依类运送到储存场所。

2.2.4 货物验收检查

货物验收是对产品的质量和数量进行检查的工作。其验收标准及内容如下。

1）货物验收的标准

(1) 采购合同或订单所规定的具体要求和条件；

(2) 采购合约中的规格或图解；

(3) 议价时的合格样品；

(4) 各类产品的国家品质标准或国际标准。

2）货物验收的内容

(1) 质量验收；

(2) 包装验收；

(3) 数量验收。

2.2.5 货物入库信息的处理

到达配送中心的商品，经验收确认后，必须填写“验收单”，并将有关入库信息及时准确地登入库存商品信息管理系统，以便及时更新库存商品的有关数据。货物信息登录的目的在于为后续作业环节提供管理和控制的依据。此外，对于作业辅助信息也要进行搜集与处理。

2.3 订单处理

2.3.1 订单处理的含义

从接到客户订单开始到着手准备拣货之间的作业阶段，称为订单处理。通常包括订单资料确认、存货查询、单据处理等内容。图 2-3 所示为无纸化订单。

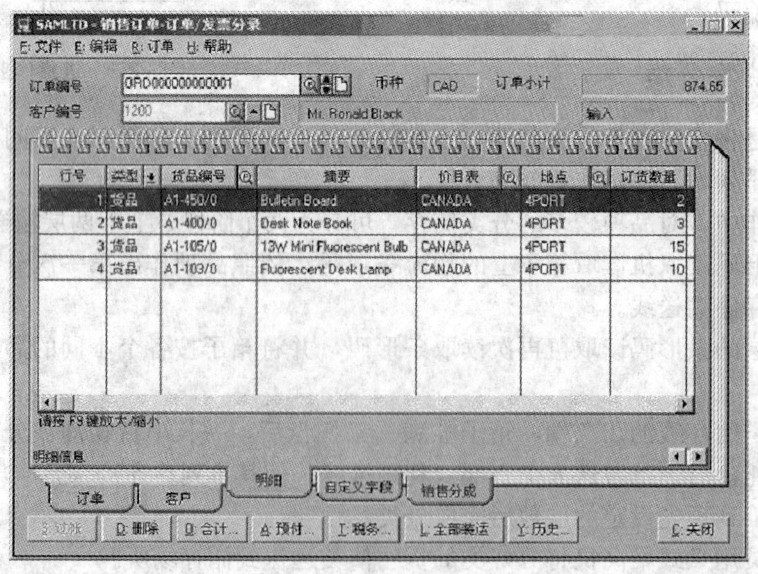

图 2-3 无纸化订单

2.3.2 订单处理的基本内容及步骤

订单处理分人工和计算机两种形式。人工处理具有较大弹性，但只适合少量的订单处理。计算机处理则速度快、效率高、成本低，适合大量的订单处理，因此目前主要采取后一种形式。订单处理的基本内容及步骤如图 2-4 所示。

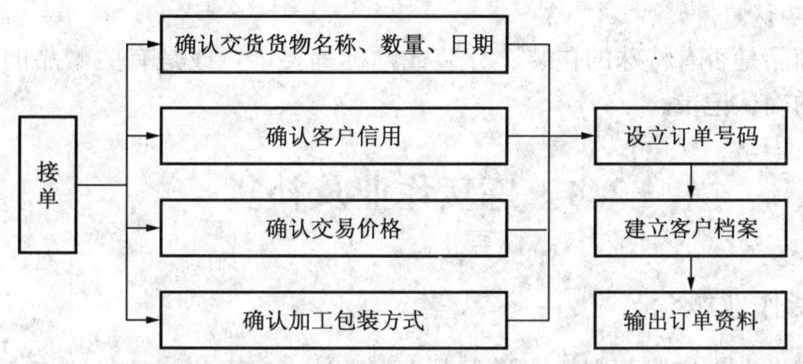

图 2-4 订单处理的基本内容及步骤

2.3.3 订单的确认

接单之后，必须对相关事项进行确认。主要包括以下几方面。

1）货物数量及日期的确认

即检查品名、数量、送货日期等是否有遗漏、笔误或不符合公司要求的情形，尤其当送货时间有问题或出货时间已延迟时，更需与客户再次确认订单内容或更正运送时间。

2）客户信用的确认

不论订单是由何种方式传至公司，配送系统都要核查客户的财务状况，以确定其是否有能力支付该订单的账款。通常的做法是检查客户的应收账款是否已超过其信用额度。

3）订单形态确认

（1）一般交易订单。交易形态：一般的交易订单，即接单后按正常的作业程序拣货、出货、发送、收款的订单。

处理方式：接单后，将资料输入订单处理系统，按正常的订单处理程序处理，资料处理完后进行拣货、出货、发送、收款等作业。

（2）间接交易订单。交易形态：客户向配送中心订货，直接由供应商配送给客户的交易订单。

处理方式：接单后，将客户的出货资料传给供应商由其代配。此方式需要注意的是，客户的送货单是自行制作或委托供应商制作的，应对出货资料加以核对确认。

（3）现销式交易订单。交易形态：与客户当场交易、直接给货的交易订单。

处理方式：订单资料输入后，因货物此时已交给客户，故订单资料不再参与拣货、出货、发送等作业，只需记录交易资料即可。

（4）合约式交易订单。交易形态：与客户签订配送契约的交易，如签订某期间内定时配送某数量的商品。

处理方式：在约定的送货日，将配送资料输入系统处理以便出货配送；或一开始便输入合约内容的订货资料并设定各批次送货时间，以便在约定日期系统自动产生所需的订单资料。

4）订单价格确认

对于不同的客户（批发商、零售商）、不同的订购批量，可能对应不同的售价，因而输入价格时系统应加以检核。若输入的价格不符（输入错误或业务员降价接受订单等），系统应加以锁定，以便主管审核。

5）加工包装确认

客户订购的商品是否有特殊的包装、分装或贴标等要求，或是有关赠品的包装等资料系统都需加以专门的确认记录。

2.4 拣货作业及补货

2.4.1 拣货作业概念

拣货作业是配送中心依据顾客的订单要求或配送计划，迅速、准确地将商品从其储位或其他区位拣取出来，并按一定的方式进行分类、集中的作业过程。

在配送中心的内部作业中，拣货作业是其中极为重要的作业环节，是整个配送中心作业系统的核心，其重要性相当于人的心脏部分。在配送中心搬运成本中，拣货作业搬运成本约占90%；在劳动密集型配送中心，与拣货作业直接相关的人力占50%；拣货作业时间约占整个配送中心作业时间的30%～40%。因此，合理规划与管理分拣作业，对配送中心作业效率和降低整个配送中心作业成本具有事半功倍的效果。

2.4.2 拣货作业基本流程

拣货作业在配送中心整个作业环节中不仅工作量大，工艺过程复杂，而且作业要求时间短，准确度高，因此，加强对拣货作业的管理非常重要。制定科学合理的分拣作业流程，对于提高配送中心运作效率及提高服务商品具有重要的意义。图2-5为配送中心拣货作业基本流程图。

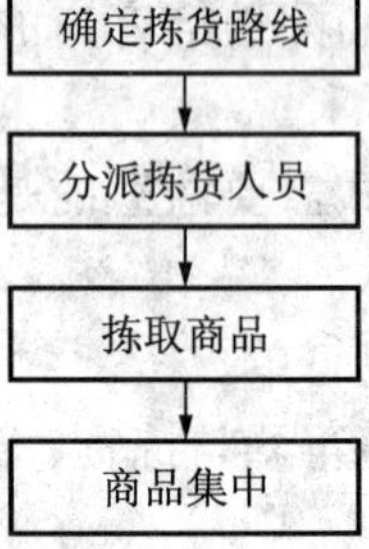

发货计划 → 确定拣货方式 → 输出拣货清单 → 确定拣货路线 → 分派拣货人员 → 拣取商品 → 商品集中

图2-5 拣货作业基本流程图

1. 发货计划

发货计划是根据顾客的订单编制而成。订单是指顾客根据其用货需要向配送中心发出的订货信息。配送中心接到订货信息后需要对订单的资料进行确认、存货查询和单据处理，根据顾客的送货要求制定发货日程，最后编制发货计划。

2. 确定拣货方式

拣货通常有按单分拣、批量拣取及复合拣取三种方式。接单分拣是按每份订单来拣货；批量拣取是多张订单累计成一批，汇总数量后形成拣货单，然后根据拣货单的指示一次拣取商品，再进行分类；复合拣取是充分利用以上两种方式的特点，并综合运用于拣货作业中。

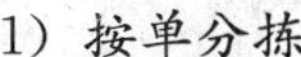

1）按单分拣

订单别拣取是针对每一份订单，分拣人员按照订单所列商品及数量，将商品从储存区域或分拣区域拣取出来，然后集中在一起的拣货方式。

订单别拣取作业方法简单，接到订单可立即拣货，作业前置时间短，作业人员责任明确。但对于商品品项较多时，拣货行走路径加长，拣取效率较低。订单别拣取适合订单大小差异较大，订单数量变化频繁，商品差异较大的情况，如化妆品、家具、电器、百货、高级服饰等。

2）批量拣取

批量拣取是将多张订单集合成一批，按照商品品种类别加总后再进行拣货，然后依据不同客户或不同订单分类集中的拣货方式。批量拣取可以缩短拣取商品时的行走时间，增加单位时间的拣货量。同时，由于需要订单累计到一定数量时，才做一次性的处理，因此，会有停滞时间产生。批量拣取适合订单变化较小，订单数量稳定的配送中心和外形较规则、固定的商品出货，如箱装、扁袋装的商品。其次需进行流通加工的商品也适合批量拣取，再批量进行加工，然后分类配送，有利于提高拣货及加工效率。

3）复合拣取

为克服订单别拣取和批量拣取方式的缺点，配送中心也可以采取将订单别拣取和批量拣取组合起来的复合拣取方式。复合拣取即根据订单的品种、数量及出库频率，确定哪些订单适应于订单别拣取，哪些适应于批量拣取，分别采取不同的拣货方式。

3. 输出拣货清单

拣货清单是配送中心将客户订单资料进行计算机处理，生成并打印出拣货单。拣货单上标明储位，并按储位顺序来排列货物编号，作业人员据此拣货可以缩短拣货路径，提高拣货作业效率。“拣货单”格式参考表 2-1。

表 2-1 拣货单

<table>
<tr><td colspan="5">拣货单号码：</td><td colspan="4">拣货时间：</td></tr>
<tr><td colspan="5" rowspan="3">顾客名称：</td><td colspan="4">拣货人员：</td></tr>
<tr><td colspan="4">审核人员：</td></tr>
<tr><td colspan="4">出货日期： 年 月 日</td></tr>
<tr><td rowspan="2">序号</td><td rowspan="2">储位号码</td><td rowspan="2">商品名称</td><td rowspan="2">商品编码</td><td colspan="3">包装单位</td><td rowspan="2">拣取数量</td><td rowspan="2">备注</td></tr>
<tr><td>整托盘</td><td>箱</td><td>单件</td></tr>
<tr><td></td><td></td><td></td><td></td><td></td><td></td><td></td><td></td><td></td></tr>
<tr><td></td><td></td><td></td><td></td><td></td><td></td><td></td><td></td><td></td></tr>
<tr><td></td><td></td><td></td><td></td><td></td><td></td><td></td><td></td><td></td></tr>
<tr><td></td><td></td><td></td><td></td><td></td><td></td><td></td><td></td><td></td></tr>
<tr><td></td><td></td><td></td><td></td><td></td><td></td><td></td><td></td><td></td></tr>
<tr><td></td><td></td><td></td><td></td><td></td><td></td><td></td><td></td><td></td></tr>
<tr><td></td><td></td><td></td><td></td><td></td><td></td><td></td><td></td><td></td></tr>
<tr><td></td><td></td><td></td><td></td><td></td><td></td><td></td><td></td><td></td></tr>
</table>

4. 确定拣货路线及分派拣货人员

配送中心根据拣货单所指示的商品编码、储位编号等信息，能够明确商品所处的位置，确定合理的拣货路线，安排拣货人员进行拣货作业。

5. 拣取商品

拣取的过程可以由人工或自动化设备完成。通常小体积、少批量、搬运重量在人力范围内出货频率不是特别高的，可以采取手工方式拣取；对于体积大、重量大的货物可以利用升降叉车等搬运机械辅助作业；对于出货频率很高的可以采取自动拣货系统。

6. 分类集中

经过拣取的商品根据不同的客户或送货路线分类集中，有些需要进行流通加工的商品还需根据加工方法进行分类，加工完毕再按一定方式分类出货。多品种分货的工艺过程较复杂，必须在统筹安排形成规模效应的基础上，提高作业的精确性。在物品体积小、重量轻的情况下，可以采取人力分拣，也可以采取机械辅助作业，或利用自动分拣机自动将拣取出来的货物进行分类与集中。

2.4.3 拣货作业的方式

1. 摘果式拣选

对于每张订单，拣选人员或拣选工具在各个存储点将所需物品取出，完成货物分配。该方法作业前置时间短，针对紧急需求可以快速拣选，操作容易，对机械化、自动化无严格要求，作业责任明确，分工容易、公平。但是，当订单数量、商品品项较多，拣选区域较大时，该拣选方式耗费时间长，效率低，搬运强度大。鉴于该方法的特点适合于配送中心初期阶段，采用这一拣选方式作为过渡性办法。

2. 播种式拣选

把每批订单上的相同商品各自累加起来，从存储仓位上取出，集中到理货现场，然后将每一门店所需的数量取出，分放到要货单位商品运货处，直至配货完毕。

3. 分区、不分区拣选

将拣选作业场地划分成若干区域，每个作业员负责拣选固定区域内的商品。无论是摘果还是播种，配合分区原则，这样可以提高工作的效率。

2.4.4 补货作业

补货作业是将货物从仓库保管区域搬运到拣货区的工作，其目的是确保商品能保质保量按时送到指定的拣货区。

1. 补货方式

(1) 整箱补货。

(2) 托盘补货。

(3) 货架上层—货架下层的补货方式。

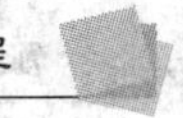

2. 补货时机

1）批组补货

每天由计算机计算所需货物的总拣取量和查询储存区存货量后得出补货数量，从而在拣货之前一次性补足，以满足全天拣货量。这种一次补足的补货原则，较适合一日内作业量变化不大、紧急插单不多或是每批次拣取量大的情况。

2）定时补货

把每天划分为几个时点，补货人员在时段内检查动管拣货区货架上的货品存量，若不足则及时补货。这种方式适合分批拣货时间固定且紧急处理较多的配送中心。

3）随机补货

指定专门的补货人员，随时巡视动管拣货区的货品存量，发现不足则随时补货。这种方式较适合每批次拣取量不大、紧急插单多以至于一日内作业量不易事先掌握的情况。

2.5　出货作业

将拣选的商品按订单或配送路线进行分类，再进行出货检查，做好相应的包装、标识和贴印标签工作，根据门店或行车路线等将物品送到出货暂存区，最后装车配送。出货作业流程如图 2-6 所示。

1. 分货作业

采用人工分货方式处理，在完成货物拣选之后，将所拣选的商品根据不同的门店或配送路线进行分类，对其中需要进行包装的商品，拣选集中后，先按包装分类处理，再按送货要求分类出货。

2. 出货检查作业

根据门店、车次对象等对拣选商品进行产品号码和数量的核对，以及产品状态和品质的检验。可以采取以下两种方法检查。

(1) 人工检查，将货品一个个点数并逐一核对出货单，再检查出货品质及状态。

(2) 商品条形码检查。当进行出货检查时，只拣出货品的条形码，用扫描机读出，计算机会自动将资料与出货单对比，检查是否有数量或号码上的差异。

3. 出货形式

配送中心在出货方面采用托盘、箱、单品为单位。

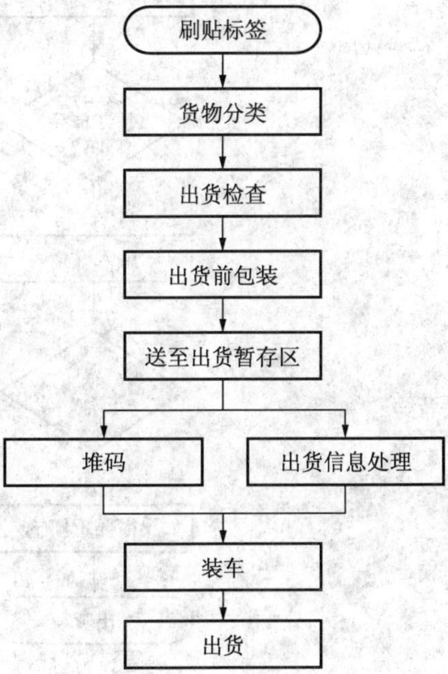

图 2-6　出货作业流程图

4. 出货作业质量控制

出货作业的效率和对出货准确性直接影响供应商的结算和库存的准确率和后续作业的正常进行。所以需要加强对出货作业的管理和监控，保证出库货物的准确性。

5. 条形码技术在出货作业中的应用

在条形码作业系统将拣选、包装和出货功能等多种作业汇集成为一体。现配送中心为多家门店配送商品，处理采购订单较多，每张订单品种数也较多，如果仍采用以人工为主的订单拣选作业方式为主，那么很难避免较高的拣选错误率，出现出货差异也很难确认。条形码技术识别产品、账单和库存准确率较高，接近100%。为避免或减少错误率，提高工作效率，采用条形码技术，条形码系统拣选作业流程图如图2-7所示。

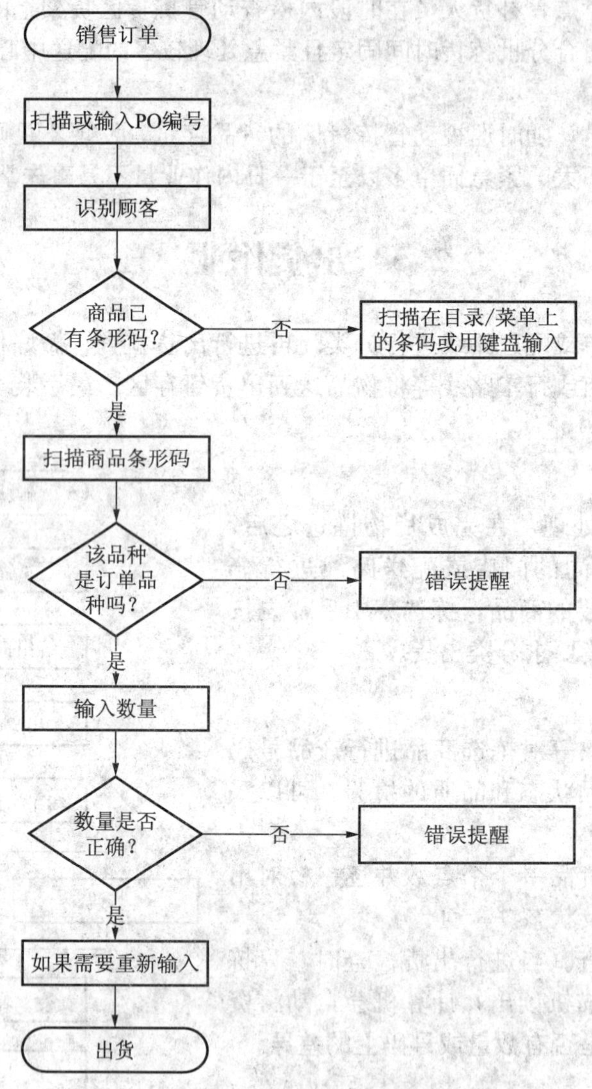

图2-7 条形码系统拣选作业流程图

1）小型订单拣选

库存检查和单据准备完毕，发票和作业单应有一个订单编号。但号码必须以条形码和数字标识，如果使用射频技术（RF），相关作业可以无纸化，拣选作业员从储位将商品移动到包装处或暂存区，在此使用扫描器扫描订单号码和每一个品种。对于太小不能贴条形码标签的品种，可以提供印有条形码的商品目录，通过与计算机的电子图像匹配，校验拣选的准确性。当传输完毕后，包装装置通知系统生成装箱单，如果单据准备不能在拣选作业前完成，拣选作业员可以提取商品，进入销售终端，扫描条形码和生成销售清单或发票。

2）大型订单和大量拣选

拣选人员使用带扫描器的手持终端进入拣选作业区域，订单已经通过下载或无线传输进入主机系统，需拣选的品种和数量会在手持终端显示。拣选员到储位，扫描储位条形码和商品条形码，系统校验商品是否被正确拣选。拣选完成后，将拣选商品放入发货暂存区，拣选员发出完成拣选的信号，计算机生成相应的单据。

2.6　配送作业

2.6.1　配送作业的组织

1. 配送组织工作的基本程序和内容

（1）物流作业配送线路的选择；

（2）拟定配送计划；

（3）下达配送计划；

（4）配货和进货组织工作；

（5）配送发货管理；

（6）费用结算管理。

2. 配送组织工作应注意的要点

（1）全面掌握用户的需求情况；

（2）建立稳定的资源基地和客户需求；

（3）加强配送的计划管理；

（4）调整建立与配送相适应的组织结构；

（5）科学地组织好配送；

（6）争取各方面的协作和支持。

3. 配送组织的模式

1）集权式组织模式和分权式组织模式

集权式配送组织模式是指在整个企业中只有一个配送部门，对整个公司的配送业务实行集中管理，统一调配各个仓库、配送节点和供货厂商的供需关系。比如，在一些连锁经营企业中，所有门店的商品配送是由公司统一组织货源并送货的。

分权式组织模式是指配送业务由企业的各分部或产品组，或不同地区分别管理和执行。这种模式在大型的企业集团或跨国公司中更为常见。

总体看来，集权式组织模式对市场反应速度和柔性较差，但能够有效地控制配送成本；分权式组织模式对客户要求的反应迅速，但是成本较高。

2）选择配送组织模式时应考虑的因素

（1）公司的规模；

（2）产品特点及产品的销售地区；

(3) 生产所需物资的采购地区；

(4) 集权式配送组织模式提供的顾客服务标准能否达到所要求的水平。

现在有很多企业采用的是适当的集权与分权相结合的方式。同质性高、需求量大的产品或原材料由企业统一组织配送；而各分部之间差异较大的产品或是需求量波动大的零星产品，以及配送时间短和临时发生的配送要求，则由各分部自行组织货源及配送。配送作业流程如图 2-8 所示。

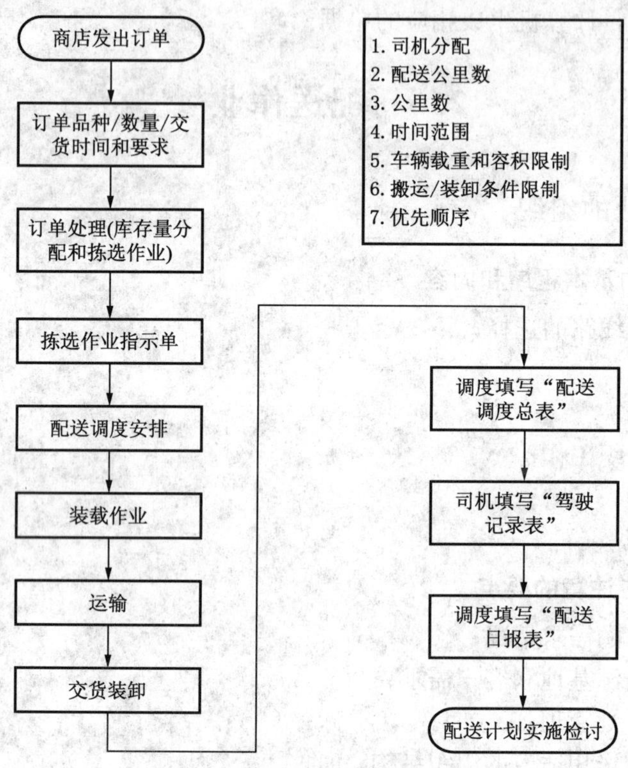

图 2-8　配送作业流程图

2.6.2　运输管理问题

运输的可变因素太多，且因素之间相互影响，造成运输管理难以控制，运输管理环节一直存在较多问题。为加强对配送中心的运输管理，可以灵活运用拣选作业方式，提高作业效率，对配送路线重新规划，提高车辆的利用率，加强对驾驶员的时间管理和培训，合理分配驾驶员的工作量和工作时间，并制定驾驶员的考核标准，与驾驶员的薪酬挂钩。加强车辆维护，对车辆的维修费用和运输费用进行严格的控制，购置车辆保险解决车辆的安全问题。同时要求门店提高作业效率。

2.6.3　运输成本管理

物流成本包括搬运费、包装费、输配送费、保管费和其他费用，配送成本占 50%左右，其费用之高成为物流成本的决定性因素。因此需加强对配送人员的工作时间和作业管理，提高车辆的利用率，来提高配送效率。

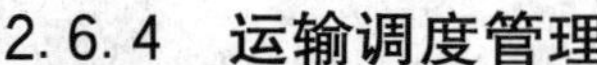

2.6.4　运输调度管理

遵循调度原则，同时编制出合理的行驶路线和时间安排。

调度原则如下。

(1) 相互临近门店的货装在一辆车上安排在同一时间配送。

(2) 配送路线从离物流中心最远送货点开始。

(3) 同一辆车途经各门店的路线呈凸状。

(4) 条件允许的情况下，尽量使用载重较大的车辆。

(5) 对于规划路线外的门店，特别送货量小的使用载重较小的车辆。

(6) 尽量减少门店工作时间过短限制。(针对工作时间中有冲突的解决方案)

2.7　流通加工

2.7.1　流通加工概述

中华人民共和国国家标准《物流术语》指出，流通加工是物品在生产地到使用地的过程中，根据需要施加包装、分割、计量、分拣、刷标志、拴标签、组装等简单作业的总称。

流通加工是为了提高物流速度和物品的利用率，在物品进入流通领域后，按客户的要求进行的加工活动，即在物品从生产者向消费者流动的过程中，为了促进销售、维护商品质量和提高物流效率，对物品进行一定程度的加工。流通加工通过改变或完善流通对象的形态来实现“桥梁和纽带”的作用，因此流通加工是流通中的一种特殊形式。随着经济增长，国民收入增多，消费者的需求出现多样化，促使在流通领域开展流通加工。目前，在世界许多国家和地区的物流中心或仓库经营中都大量存在流通加工业务，在日本、美国等物流发达国家则更为普遍。

2.7.2　流通加工产生的原因

1. 流通加工的出现与现代生产方式有关

现代生产发展趋势之一就是生产规模大型化、专业化，依靠单品种、大批量的生产方法降低生产成本获取规模经济效益，这样就出现了生产相对集中的趋势。这种规模的大型化、生产的专业化程度越高，生产相对集中的程度也就越高。生产的集中化进一步引起产需之间的分离，产需分离的表现首先为人们认识的是空间、时间及人的分离，即生产及消费不在同一个地点，而是有一定的空间距离；生产及消费在时间上不能同步，而是存在着一定的“时间差”；生产者及消费者不是处于一个封闭的圈内，某些人生产的产品供给成千上万人消费，而某些人消费的产品又来自其他许多生产者。弥补上述分离的手段则是运输、储存及交换。

近年来，人们进一步认识到，现代生产引起的产需分离并不局限于上述三个方面，这种分离是深刻而广泛的。第四种重大的分离就是生产及需求在产品功能上分离。尽管“用户第一”等口号成了许多生产者的主导思想，但是，生产毕竟有生产的规律，尤其在强调大生产的工业化社会，大生产的特点之一就是“少品种、大批量、专业化”，产品的功能（规格、品种、性能）往往不能和消费需要密切衔接。弥补这一分离的方法，就是流通加工。所以，流通加工的诞生实际是现代生产发展的一种必然结果。

2. 流通加工不仅是大工业的产物，也是网络经济时代服务社会的产物

流通加工的出现与现代社会消费的个性化有关。消费的个性化和产品的标准化之间存在着一定的矛盾，使本来就存在的产需第四种形式的分离变得更加严重。本来，弥补第四种分离可以采取增加一道生产工序或消费单位加工改制的方法，但在个性化问题十分突出之后，采取上述弥补措施将会使生产及生产管理的复杂性及难度增加，按个性化生产的产品难以组织高效率、大批量的流通。所以，在出现了消费个性化的新形势及新观念之后，就为流通加工开辟了道路。

3. 流通加工的出现还与人们对流通作用的观念转变有关

在社会再生产全过程中，生产过程是典型的加工制造过程，是形成产品价值及使用价值的主要过程，再生产型的消费究其本质来看也是和生产过程一样，通过加工制造消费了某些初级产品而生产出深加工产品。历史上在生产不太复杂、生产规模不大时，所有的加工制造几乎全部集中于生产及再生产过程中，而流通过程只是实现商品价值及使用价值的转移而已。

在社会生产向大规模生产、专业化生产转变之后，社会生产越来越复杂，生产的标准化和消费的个性化出现，生产过程中的加工制造常常满足不了消费的要求。而由于流通的复杂化，生产过程中的加工制造也常常不能满足流通的要求。于是，加工活动开始部分地由生产及再生产过程向流通过程转移，在流通过程中形成了某些加工活动，这就是流通加工。

流通加工的出现使流通过程明显地具有了某种“生产性”，改变了长期以来形成的“价值及使用价值转移”的旧观念，这就从理论上明确了：流通过程从价值观念来看是可以主动创造价值及使用价值的，而不单是被动地“保持”和“转移”的过程。因此，人们必须研究流通过程中孕育着多少创造价值的潜在能力，这就有可能通过努力在流通过程中进一步提高商品的价值和使用价值，同时，却以很少的代价实现这一目标。这样，就引起了流通过程从观念到方法的巨大变化，流通加工则适应这种变化而诞生。

4. 效益观念的树立也是促使流通加工形式得以发展的重要原因

20 世纪 60 年代后，效益问题逐渐引起人们的重视，过去人们盲目追求高技术，引起了燃料、材料投入的大幅度上升，结果新技术、新设备虽然采用了，但往往是得不偿失。70 年代初，第一次石油危机的发生证实了效益的重要性，使人们牢牢树立了效益观念，流通加工可以以少量的投入获得很大的效果，是一种高效益的加工方式，自然得以获得了很大的发展。所以，流通加工从技术上来讲，可能不需要采用什么先进技术，但这种方式是现代观念的反映，在现代的社会再生产过程中起着重要作用。

2.7.3 流通加工的类型

根据不同的目的，流通加工具有不同的类型。

1. 为适应多样化需要的流通加工

生产部门为了实现高效率、大批量的生产，其产品往往不能完全满足用户的要求。这样，为了满足用户对产品多样化的需要，同时又要保证高效率的大生产，可将生产出来的单一化、标准化的产品进行多样化的改制加工。例如，对钢材卷板的舒展、剪切加工；平板玻璃按需要规格的开片加工；木材改制成枕木、板材、方材等加工。

2. 为方便消费、省力的流通加工

根据下游生产的需要将商品加工成生产直接可用的形态。例如，根据需要将钢材定尺、定型，按要求下料；将木材制成可直接投入使用的各种型材；将水泥制成混凝土拌和料，使用时只需稍加搅拌即可使用等。

3. 为保护产品所进行的流通加工

在物流过程中，为了保护商品的使用价值，延长商品在生产和使用期间的寿命，防止商品在运输、储存、装卸搬运、包装等过程中遭受损失，可以采取稳固、改装、保鲜、冷冻、涂油等方式。例如，水产品、肉类、蛋类的保鲜、保质的冷冻加工、防腐加工等；丝、麻、棉织品的防虫、防霉加工等。还有，如为防止金属材料的锈蚀而进行的喷漆、涂防锈油等措施，运用手工、机械或化学方法除锈；木材的防腐朽、防干裂加工；煤炭的防高温自燃加工；水泥的防潮、防湿加工等。

4. 为弥补生产领域加工不足的流通加工

由于受到各种因素的限制，许多产品在生产领域的加工只能到一定程度，而不能完全实现终极的加工。例如，木材如果在产地完成成材加工或制成木制品的话，就会给运输带来极大的困难，所以，在生产领域只能加工到圆木、板、方材这个程度，进一步的下料、切裁、处理等加工则由流通加工完成；钢铁厂大规模的生产只能按规格生产，以使产品有较强的通用性，从而使生产有较高的效率，取得较好的效益。

5. 为促进销售的流通加工

流通加工也可以起到促进销售的作用。比如，将过大包装或散装物分装成适合依次销售的小包装的分装加工；将以保护商品为主的运输包装改换成以促进销售为主的销售包装，以起到吸引消费者、促进销售的作用；将蔬菜、肉类洗净切块以满足消费者要求等。

6. 为提高加工效率的流通加工

许多生产企业的初级加工由于数量有限，加工效率不高。而流通加工以集中加工的形式，解决了单个企业加工效率不高的弊病。它以一家流通加工企业的集中加工代替了若干家生产企业的初级加工，促使生产水平有一定的提高。

7. 为提高物流效率、降低物流损失的流通加工

有些商品本身的形态使之难以进行物流操作，而且商品在运输、装卸搬运过程中极易受损，因此需要进行适当的流通加工加以弥补，从而使物流各环节易于操作，提高物流效率，降低物流损失。例如，造纸用的木材磨成木屑的流通加工，可以极大提高运输工具的装载效率；自行车在消费地区的装配加工可以提高运输效率，降低损失；石油气的液化加工，使很难输送的气态物转变为容易输送的液态物，也可以提高物流效率。

8. 为衔接不同运输方式、使物流更加合理的流通加工

在干线运输和支线运输的节点设置流通加工环节，可以有效解决大批量、低成本、长距离的干线运输与多品种、少批量、多批次的末端运输和集货运输之间的衔接问题。在流通加工点与大生产企业间形成大批量、定点运输的渠道，以流通加工中心为核心，组织对多个用户的配送，也可以在流通加工点将运输包装转换为销售包装，从而有效衔接不同目的的运输方式。比如，散装水泥中转仓库把散装水泥装袋、将大规模散装水泥转化为小规模散装水泥的流通加工，就衔接了水泥厂大批量运输和工地小批量装运的需要。

9. 生产—流通一体化的流通加工

依靠生产企业和流通企业的联合，或者生产企业涉足流通，或者流通企业涉足生产，形成的对生产与流通加工进行合理分工、合理规划、合理组织，统筹进行生产与流通加工的安排，这就是生产—流通一体化的流通加工形式。这种形式可以促成产品结构及产业结构的调整，充分发挥企业集团的经济技术优势，是目前流通加工领域的新形式。

10. 为实施配送进行的流通加工

这种流通加工形式是配送中心为了实现配送活动，满足客户的需要而对物资进行的加工。例如，混凝土搅拌车可以根据客户的要求，把沙子、水泥、石子、水等各种不同材料按比例要求装入可旋转的罐中。在配送路途中，汽车边行驶边搅拌，到达施工现场后，混凝土已经均匀搅拌好，可以直接投入使用。

2.7.4 流通加工的特点

与生产加工相比较，流通加工具有以下特点。

（1）从加工对象看，流通加工的对象是进入流通过程的商品，具有商品的属性，以此来区别多环节生产加工中的一环。流通加工的对象是商品，而生产加工的对象不是最终产品，而是原材料、零配件或半成品。

（2）从加工程度看，流通加工大多是简单加工，而不是复杂加工，一般来讲，如果必须进行复杂加工才能形成人们所需的商品，那么，这种复杂加工应该专设生产加工过程。生产加工过程理应完成大部分加工活动，流通加工则是对生产加工的一种辅助及补充。特别需要指出的是，流通加工绝不是对生产加工的取消或代替。

（3）从价值观点看，生产加工的目的在于创造价值及使用价值，而流通加工的目的则在于完善其使用价值，并在不做大的改变的情况下提高价值。

（4）从加工责任人看，流通加工的组织者是从事流通工作的人员，能密切结合流通的需要进行加工活动。从加工单位来看，流通加工由商业或物资流通企业完成，而生产加工则由生产企业完成。

（5）从加工目的看，商品生产是为交换、为消费而进行的生产，而流通加工的一个重要目的是为了消费（或再生产）所进行的加工，这一点与商品生产有共同之处。但是流通加工有时候也是以自身流通为目的，纯粹是为流通创造条件，这种为流通所进行的加工与直接为消费进行的加工在目的上是有所区别的，这也是流通加工不同于一般生产加工的特殊之处。

2.7.5 流通加工的作用

1. 提高原材料利用率

通过流通加工进行集中下料，将生产厂商直接运来的简单规格产品，按用户的要求进行下料。例如，将钢板进行剪板、切裁；木材加工成各种长度及大小的板、方等。集中下料可以优材优用、小材大用、合理套裁，明显地提高原材料的利用率，有很好的技术经济效果。

2. 方便用户

用量小或满足临时需要的用户，不具备进行高效率初级加工的能力，通过流通加工可以

使用户省去进行初级加工的投资、设备、人力，方便了用户。目前发展较快的初级加工有：将水泥加工成生混凝土、将原木或板、方材加工成门窗、钢板预处理、整形等。

3. 提高加工效率及设备利用率

在分散加工的情况下，加工设备由于生产周期和生产节奏的限制，设备利用时松时紧，使得加工过程不均衡，设备加工能力不能得到充分发挥。而流通加工面向全社会，加工数量大，加工范围广，加工任务多。这样可以通过建立集中加工点，采用一些效率高、技术先进、加工量大的专门机具和设备，一方面提高了加工效率和加工质量，另一方面也提高了设备利用率。

2.7.6 流通加工的合理化

流通加工合理化的含义是实现流通加工的最优配置，也就是对是否设置流通加工环节、在什么地方设置、选择什么类型的加工、采用什么样的技术装备等问题作出正确抉择。这样做不仅要避免各种不合理的流通加工形式，而且要做到最优。

1. 不合理流通加工形式

1）流通加工地点设置的不合理

流通加工地点设置即布局状况是决定整个流通加工是否有效的重要因素。一般来说，为衔接单品种大批量生产与多样化需求的流通加工，加工地点设置在需求地区，才能实现大批量的干线运输与多品种末端配送的物流优势。如果将流通加工地设置在生产地区，一方面，为了满足用户多样化的需求，会出现多品种、小批量的产品由产地向需求地的长距离的运输；另一方面，在生产地增加了一个加工环节，同时也会增加近距离运输、保管、装卸等一系列物流活动。所以，在这种情况下，不如由原生产单位完成这种加工而无需设置专门的流通加工环节。

另外，一般来说，为方便物流的流通加工环节应该设置在产出地（在进入社会物流之前）。如果将其设置在物流之后，即设置在消费地，则不但不能解决物流问题，又在流通中增加了中转环节，因而是不合理的。

即使是产地或需求地设置流通加工的选择是正确的，还有流通加工在小地域范围内的正确选址问题。如果处理不善，仍然会出现不合理。比如说交通不便，流通加工与生产企业或用户之间距离较远，加工点周围的社会环境条件不好等。

2）流通加工方式选择不当

流通加工方式包括流通加工对象、流通加工工艺、流通加工技术、流通加工程度等。流通加工方式的确定实际上是与生产加工的合理分工。分工不合理，把本来应由生产加工完成的作业错误地交给流通加工来完成，或者把本来应由流通加工完成的作业错误地交给生产过程去完成，都会造成不合理。

流通加工不是对生产加工的代替，而是一种补充和完善。所以，一般来说，如果工艺复杂，技术装备要求较高，或加工可以由生产过程延续或轻易解决的，都不宜再设置流通加工。如果流通加工方式选择不当，就可能会出现生产争利的恶果。

3）流通加工作用不大，形成多余环节

有的流通加工过于简单，或者对生产和消费的作用都不大，甚至有时由于流通加工的盲目性，同样未能解决品种、规格、包装等问题，相反却增加了作业环节，这也是流通加工不合理的重要表现形式。

4）流通加工成本过高，效益不好

流通加工的一个重要优势就是它有较大的投入产出比，因而能有效地起到补充、完善的作用。如果流通加工成本过高，则不能实现以较低投入实现更高使用价值的目的，势必会影响它的经济效益。

2. 实现流通加工合理化的途径

要实现流通加工的合理化，主要应从以下几个方面加以考虑。

1）加工和配送结合

就是将流通加工设置在配送点中。一方面按配送的需要进行加工，另一方面加工又是配送作业流程中分货、拣货、配货的重要一环，加工后的产品直接投入到配货作业，这就无需单独设置一个加工的中间环节，而使流通加工与中转流通巧妙地结合在一起。同时，由于配送之前有必要的加工，可以使配送服务水平大大提高，这是当前对流通加工做合理选择的重要形式，在煤炭、水泥等产品的流通中已经表现出较大的优势。

2）加工和配套结合

“配套”是指对使用上有联系的用品集合成套地供应给用户使用。例如，方便食品的配套。当然，配套的主体来自各个生产企业，如方便食品中的方便面，就是由其生产企业配套生产的。但是，有的配套不能由某个生产企业全部完成，如方便食品中的盘菜、汤料等。这样，在物流企业进行适当的流通加工，可以有效地促成配套，大大提高流通作为供需桥梁与纽带的能力。

3）加工和合理运输结合

我们知道，流通加工能有效衔接干线运输和支线运输，促进两种运输形式的合理化。利用流通加工，在支线运输转干线运输或干线运输转支线运输等这些必须停顿的环节，不进行一般的支转干或干转支，而是按干线或支线运输合理的要求进行适当加工，从而大大提高运输及运输转载水平。

4）加工和合理商流结合

流通加工也能起到促进销售的作用，从而使商流合理化，这也是流通加工合理化的方向之一。加工和配送相结合，通过流通加工，提高了配送水平，促进了销售，使加工与商流合理结合。此外，通过简单地改变包装加工形成方便的购买量，通过组装加工解除用户使用前进行组装、调试的难处，都是有效促进商流的很好例证。

5）加工和节约结合

节约能源、节约设备、节约人力、减少耗费是流通加工合理化重要的考虑因素，也是目前我国设置流通加工并考虑其合理化的较普遍形式。

对于流通加工合理化的最终判断，是看其是否能实现社会的和企业本身的两个效益，而且是否取得了最优效益。流通企业更应该树立社会效益第一的观念，以实现产品生产的最终利益为原则，只有在生产流通过程中不断补充、完善为己任的前提下才有生存的价值。如果只是追求企业的局部效益，不适当地进行加工，甚至与生产企业争利，这就有违于流通加工的初衷，或者其本身已不属于流通加工的范畴。

实训

仓库理货

实训目的

熟悉和掌握仓库理货的做法。

实训内容

1. 掌握理货的概念和作用。
2. 熟悉仓库理货的做法和步骤。

实训要求

1. 掌握如何查验货物的单重及尺度。
2. 掌握如何查验物品的重量。
3. 掌握如何查验物品的表面状态和包装。
4. 掌握如何剔除残损。
5. 掌握如何办理交接。

实训课时

4 课时。

实训步骤

1. 按理货步骤进行理货。
2. 编制理货报告。

检查标准

检查理货作业是否符合作业要求。

复习思考题

一、选择题

1. 配送中心的业务流程不包括（　　）方面。

A. 流通加工　　B. 订单处理

C. 进货　　D. 销售

2. （　　）是配送中心依据顾客的订单要求或配送计划，迅速、准确地将商品从其储位或其他区位拣取出来，并按一定的方式进行分类、集中的作业过程。

A. 拣货作业　　B. 送货作业

C. 发货计划　　D. 输出检货方式

3. 常见的补货方式有（　　）。

A. 整箱补货　　B. 托盘补货

C. 货架上层　　D. 定时补货

4. 流通加工的作用主要有（　　）。

A. 提高原材料利用率　　B. 方便用户

C. 提高加工效率及设备利用率　　　D. 加工与配送相结合

二、判断题

1. 配送作业是按照客户需求，将货物进行分拣、重新包装、贴标签、配货、配装等物流活动，按时按量发送到指定地点的过程。(　　)

2. 退货作业包括接货、卸货、验收入库，然后将有关信息书面化等一系列工作。(　　)

3. 出货检查作业中常见的检查方法有人工检查法、射频技术检查法。(　　)

4. 货物检验的主要内容有质量检验、包装检验和数量检验。(　　)

5. 流通加工是为了提高物流速度和物品的利用率，在物品进入流通领域后，按客户的要求进行的加工活动，即在物品从生产者向消费者流动的过程中，为了促进销售、维护商品质量和提高物流效率，对物品进行一定程度的加工。(　　)

三、分析题

1. 试简要分析进货作业的主要流程。

2. 试简要分析订单处理的基本内容及步骤。

3. 试结合行业内实际情况，分析如何实现流通加工的合理化。

部分习题参考答案

一、选择题

1. D　2. A　3. ABC　4. ABC

二、判断题

1. √　2. ×　3. ×　4. √　5. √

案例分析

沃尔玛的配送中心（二）

1. 背景介绍

1）总部与配送中心

沃尔玛公司的总部在阿肯色州的一个小城市本顿维尔，沃尔玛的总部就设在这个配送中心之中，沃尔玛公司的总部也就是沃尔玛第一配送中心，在不断增长扩大的过程当中，沃尔玛虽然也建立了一些新的配送中心，但是沃尔玛的总部仍然在阿肯色州本顿维尔市的配送中心附近。

2）沃尔玛的门店类型及其各自特点

(1) 沃尔玛商场是一个比较常规的商场，以比较低廉的价格提供人民的日常用品。

(2) 除了商场之外，沃尔玛还有一类沃尔玛超级中心，这是在过去8年中才开发出来的。沃尔玛公司有721个超级中心，这些超级中心是由规模较大的商场及附近一些小的副食店，加在一起而形成的一个超级中心。沃尔玛认为美国未来的商场也应当是这样的，沃尔玛在美国新开的商场都是这种超级购物中心。

(3) 在美国沃尔玛还有 40 个山姆会员店。这种会员店是这样一种模式：商场中货物量更大一些，每一个包装都比较大。

3) 沃尔玛在世界范围的分布

4) 沃尔玛在物流方面的投入

沃尔玛 1999 年在物流方面的投资是 1 600 亿美元，因为现在的业务还要继续增长，要增长到 1 900 亿美元，所以在物流方面的投资也要同时增长。只要对过去几年中沃尔玛的发展情况进行了解，就会明白进行物流配送在沃尔玛公司当中的重要性，就会明白为什么沃尔玛要花费很大的精力在物流方面进行投资。

2. 配送中心

1) 配送中心的结构系统及运作

沃尔玛的集中配送中心是相当大的，而且都位于一楼。配送中心之所以都在一楼，是因为沃尔玛希望产品能够滚动，希望产品能够从一个门进另一个门出。

沃尔玛使用传送带，让这些产品能够非常有效地进行流动，对它进行处理不需要重复进行，都是一次性的。运用无缝连接形式，就可以尽可能降低成本。

沃尔玛所有的系统都是基于 UNIX 系统的一个配送系统，并采用传送带，采用非常大的开放式的平台，还采用产品代码，以及自动补发系统和激光识别系统，所有这些为沃尔玛节省了相当多的成本。

沃尔玛每个星期可以处理的产品是 120 万箱。由于沃尔玛公司的商店众多，每个商店的需求各不相同，沃尔玛的配送中心能够根据商店的需要，自动分类将产品放入不同的箱子当中。

沃尔玛有各种不同类型的配送中心，这其中包括时装配送中心；以及对一些需要特别处理的产品的配送中心，如需要小心提取的商品，有一些是已损坏的商品，或是印刷品、邮品；还有副食品、蔬菜、水果等。

2) 配送中心的职能

(1) 转运。

(2) 提供增值服务。

(3) 调剂商品余缺，自动补进。

(4) 订单配货。

3. 沃尔玛配送体系的特色

沃尔玛现代化的物流配送体系，表现在以下几个方面。

(1) 设立了运作高效的配送中心。

(2) 采用先进的配送作业方式。

(3) 实现配送中心自动化的运行及管理。

(4) 具有完善的配送组织结构。

4. 沃尔玛物流配送体系的运作

沃尔玛在物流配送体系运作方面具有独特的操作方法，下面结合实例来作进一步的介绍。

1) 注重与第三方物流公司形成伙伴

2) 挑战“无缝点对点”物流系统

(1) 为顾客提供快速服务。

(2) 提供给顾客所真正需要的服务。

(3) 高效的物流循环的过程。

(4) 严格的物流业务指导原则。

3) 自动补发货系统

沃尔玛之所以能够取得成功，是因为沃尔玛有一个补发货系统。每一个沃尔玛商店都有这样的系统，包括在中国的商店。

4) 零售链接系统

沃尔玛还有一个非常有效的系统，叫做零售链接系统，可以使供货商们直接进入到沃尔玛的系统。

5) 物流运输系统

(1) 车队的管理。沃尔玛对汽车的选择很严格，沃尔玛采用一种尽可能大的卡车，16 m加长的货柜，相当大，比集装箱运输卡车要更长或者更高。因为这样非常有助于沃尔玛降低成本。

沃尔玛采用全球定位系统对车辆进行控制。

沃尔玛口号是“安全第一，礼貌第一”。对于沃尔玛来说，卡车不出事故，就是节省公司的费用，就是降低成本。

(2) 运输战略和策略。沃尔玛在运输方面的战略和策略是：把卡车装得非常满，所有的产品从卡车的底部一直装到顶部，填得满满的。

(3) 运输费用的分担。供货商怎样来帮沃尔玛一起分担整个过程当中的费用呢？因为沃尔玛的运输成本比供货商独自运输要低，如果供应商用沃尔玛的卡车来运输货物的话，这些供货商也可以节省费用，所以大多供应商选择沃尔玛的运输系统来完成自己的运输。

5. 沃尔玛的物流管理信息系统

1) 沃尔玛公司的计算机网络化

1977 年，沃尔玛公司完成了计算机网络化配置，实现了客户信息—订货—发货—送货的整体化流程，也实现了公司总部与各分店及配送中心之间的快速直接通信。

2) 沃尔玛公司的商品条形码技术运用

沃尔玛公司还配合计算机网络系统，充分地利用商品条形码技术。利用这套系统，总计节约了 60%左右的人工。商品条形码加上便携式扫描仪还可用于控制店内存货水平，使公司能更快地规划存货需求，节约再订货过程所需的时间。

3) 沃尔玛公司的 EDI 技术运用

20 世纪 80 年代，沃尔玛公司开始利用电子数据交换系统（EDI）与供应商建立自动订货系统。该系统又称无纸贸易系统。

沃尔玛公司还利用更先进的快速反应和联机系统代替采购指令，真正实现了自动订货。这些系统利用条形码扫描和卫星通信与供应商每日交换商品销售、运输和订货信息。

6. 沃尔玛的 QR 物流管理系统

沃尔玛公司 1986 年开始在物流管理中建立 QR 系统，主要功能是进行订货业务和付款通知业务。它的具体运作介绍如下。

(1) 由沃尔玛公司设计出 POS 数据的输送格式，通过 EDI 系统向供应方传送 POS 数据。

(2) 供应方根据沃尔玛公司传送来的 POS 信息，可及时了解沃尔玛公司的商品销售状况，把握商品的需求动向，并及时调整生产计划和材料采购计划。

(3) 沃尔玛公司在接收货物时，用扫描读取机读取包装箱上的物流条形码，把扫描读取机读取的信息与储存在计算机内的预先发货清单 ASN 进行比对，判断到货和发货清单是否一致，从而简化了检验作业。

(4) 利用电子支付系统 EFT 向供应方支付货款。

(5) 沃尔玛公司还把零售店商品的进货和库存管理的职能转移给供应方，由生产厂家对沃尔玛公司的流通库存进行管理和控制，即采用生产厂家管理的库存方式（VMI）。

思考题：沃尔玛作为美国 2003 年度 500 强之首，这个多年来被生产型企业占领的位置，为什么能被零售商业企业沃尔玛占领呢？你认为物流系统在其中起到哪些作用？

案例分析参考答案

配送体系的高效率；自动补货系统；管理信息化；快速反应。

第 3 章

配送中心其他作业流程

本章要点

- 掌握出货与送货作业流程；
- 掌握退货作业；
- 第三方物流配送作业；
- 了解配送合同内容。

开篇案例

中外运为摩托罗拉提供的第三方物流服务

中外运空运公司是中国外运集团所属的全资子公司，华北空运天津公司是华北地区具有较高声誉的大型国际、国内航空货运代理企业之一。

摩托罗拉公司选择中国运输代理企业的基本做法：通过多种方式对备选的运输代理企业的资信、网络、业务能力等进行周密的调查，并给初选的企业少量业务试运行，以实际考察这些企业服务的能力与质量。对不合格者，取消代理资格。摩托罗拉公司对获得运输代理资格的企业进行严格的月季度考评。主要考核内容包括运输周期、信息反馈、单证资料、财务结算、货物安全和客户投诉。

中外运空运公司的主要做法：制订科学规范的操作流程。摩托罗拉公司的货物具有科技含量高、货值高、产品更新换代快、运输风险大、货物周转及仓储要求零库存的特点。为满足摩托罗拉公司的服务要求，中外运空运公司从 1996 年开始对所有业务操作都按照服务标准设定工作和管理程序进行。先后制定了出口、进口、国内空运、陆运、仓储、运输、信息查询、反馈等工作程序，每位员工、每个工作环节都按照设定的工作程序进行，使整个操作过程井然有序，提高了服务质量，减少了差错。

提供 24 小时的全天候服务。针对客户 24 小时服务的要求，实行全年 365 天的全天候工作制度。周六、周日（包括节假日）均视为正常工作日，厂家随时出货，随时有专人、专车提供和操作。在通信方面，相关人员从总经理到业务员实行 24 小时的通信通畅，保证了对各种突发性情况的迅速处理。

提供门到门的延伸服务。普通货物运送的标准一般是从机场到机场，由货主自己提货，而快件服务的标准是从“门到门”、“库到库”，而且货物运输的全程在严密的监控之中，因此收费也较高。对摩托罗拉的普通货物虽然是按普货标准收费的，但提供的却是门到门、库到库的快件的服务，这样既提高了摩托罗拉的货物运输及时性，又保证了安全。

充分发挥中外运的网络优势。经过 50 年的建设，中外运在全国拥有了比较齐全的海、陆、空运输与仓储、码头设施，形成了遍布国内外的货运营销网络，这是中外运发展物流服务的最大优势。通过中外运网络，在国内为摩托罗拉公司提供服务的网点已达 98 个城市，实现了提货、发运、对方派送全过程的定点定人、信息跟踪反馈，满足了客户的要求。

对客户实行全程负责制。作为摩托罗拉公司的主要货运代理之一，中外运对运输的每一个环节负全责。对于出现的问题，积极主动协助客户解决，并承担责任和赔偿损失，确保了货主的利益。

思考题：摩托罗拉为何在众多第三方物流企业中选择了中外运？

3.1 出货与送货作业

3.1.1 出货作业流程

将拣取分类完成的货品作好出货检查，装入妥当的容器，进行必要的包装，做好标识，根据车辆的配送路线或客户类别等指示将物品运至出货准备区，最后装车配送。这一过程即为出货作业的内容，其主要流程如图 3-1 所示。

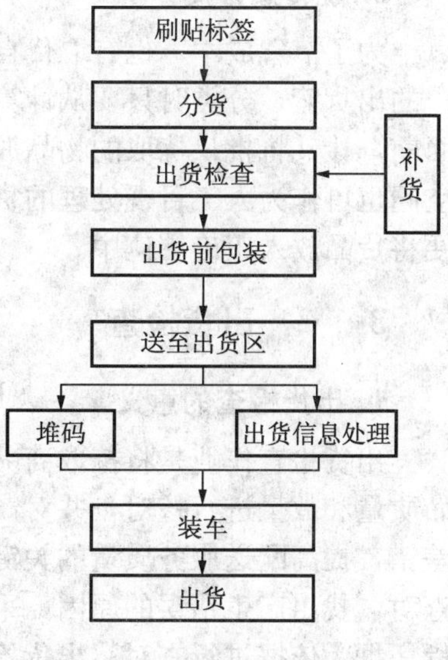

刷贴标签 → 分货 → 出货检查（← 补货） → 出货前包装 → 送至出货区 → 堆码 / 出货信息处理 → 装车 → 出货

图 3-1 出货作业流程

3.1.2 分货作业

分货是在拣货作业完成后，将所拣货物根据不同的顾客或配送路线进行分类，也有一些需经过流通加工的商品，拣取货物集中后，先按流通加工方式分类，分别进行加工处理，加工完毕，再按送货要求分类出货。分货作业方式有三种主要方式。

1. 人工处理

所有分货作业过程全部由人工根据订单或其他传递过来的信息进行，即不借助任何计算机或自动化的辅助设备。拣货作业完成后依据订单或传票信息将各客户的订购货品放入已贴好各客户标签的货篮中。

2. 利用自动分类机处理

为了应对物流快速、准确的要求及多品种少批量订货的市场趋势，自动分类设备已被物流中心广泛应用。自动分类机是利用计算机及数字识别系统来表达成分类的目标，因而具有迅速且正确不费力的效果，尤其在拣取数量或分类数量众多时，更有效率。

自动分类机的构成机件简单来说包括以下六项装置。

(1) 搬送输送机。包括皮带输送机；滚筒输送机；整列输送机；垂直输送机。

(2) 移载装置，也称为导入口、进入站，其装置为将搬送来的物品适时取出，并移载至自动分类机上。

(3) 分类装置。是自动分类机的主体，按照货品分出方式可分为推出式、浮起送出式、倾斜滑下式、皮带送出式。

(4) 排出装置。它是为了尽早将各物品脱离自动分类机本体及为避免下一物品碰撞的装置。

(5) 信息输入装置。为在使用自动分类机前，将分类对象的信息输入控制系统的装置，其输入方法包括：嵌入式、条形码及 RF 扫描机、体积测定器、重量器。

(6) 控制装置。依分类对象的信息对分类机上的货品作分类控制的装置，其控制方式有以下两种：磁气记忆式、脉冲发信式。

上述自动分类机六项装置的相互配合，组成多种自动分类机，如倾斜滑落式和水平分出式。

对于易破损的物品，适合采用水平分出式分类机处理，因为采用倾斜式分类机容易受损伤。系统要求分类能力较大时，可以选用高速自动分拣机，并采用皮带传送方式，以免损伤物品。一般情况下，按以下五种要素来选择自动分类机：物品数量、物品形状、物品重量、容器尺寸、易损害程度。

3. 旋转架分类

为了节省成本，也有取代自动分类机而使用旋转架的方式，将旋转架的每一格位当成客户的出货篮，分类时只要从计算机输入各客户的代号，选装架即会自动将其货篮转至作业员面前，让其将批量拣取的物品放入进行分类。同样地，即使没有动力的小型旋转架，为节省空间也可作为人工目视处理的货篮，只不过作业员依每个位上的客户标签人工旋转寻找，以便将货品放入正确储位中。

3.1.3 出货检查

1. 出货检查的意义

出货检查作业是将拣取商品依客户、车次等作产品号码的核对，以及根据有关信息对商品质量和数量进行核对，并对产品状态及质量进行检查。出货检查是保证单、货相符，避免差错，提高配送服务质量的关键；同时出货作业也是检查有无误拣货的确认，所以必须认真查对，找出产生错误的原因，采取措施防止错误的产生。出货检查必须以顾客订单及其他出货凭据为依据进行查对。出货检查的目的是保证出库配送的商品数量准确、质量完好、包装完善、杜绝差错的发生。

出货检查主要包括对出货商品数量的核对，质量及包装状态的核对，发货目的地顾客名称的查核等内容。

2. 出货检查的方法

出货检查最简单的做法就是人工检查，也就是将货品一个个点数并逐一核对出货单，再

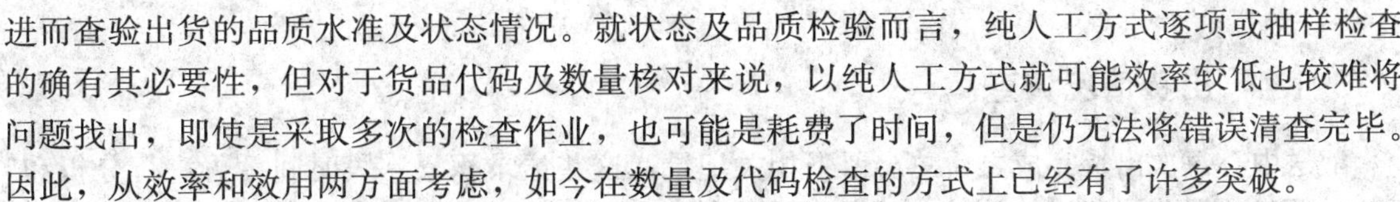

进而查验出货的品质水准及状态情况。就状态及品质检验而言，纯人工方式逐项或抽样检查的确有其必要性，但对于货品代码及数量核对来说，以纯人工方式就可能效率较低也较难将问题找出，即使是采取多次的检查作业，也可能是耗费了时间，但是仍无法将错误清查完毕。因此，从效率和效用两方面考虑，如今在数量及代码检查的方式上已经有了许多突破。

1）商品条形码检查法

条形码检查法首先必须导入条形码，让条形码始终与货物同行。在出货检查时只需将所拣货物进行条形码扫描，计算机便自动将拣货资料输出进行对比，查对是否有数量和号码上的差异。然后在出货前再由人工进行整理和检查。

2）声音输入检查法

声音输入检查法是一项较新的技术，是由作业员发声读出货品的名称（或代号）及数量，之后计算机接受声音作为自动判断并识别，转成信息再与出货单进行比对。此方式的优点在于作业员只用嘴巴读取信息，手脚仍就空着，可以做其他工作，自由度较高。但需注意的是，此方法声音的发音要准，且每次发音字数有限，否则计算机辨识困难，可能会产生错误。

3）重量计算检查法

此法是先加出总出货单上的货品重量，而后将拣出货品以计重器称出总重量，再将两者互相比对的检查方式，此方法特别适用于大量小件货品的检查。实际上在拣货的过程中，若能利用装有重量检查系统的拣货台车拣货，则在拣取过程中就能利用此法来作检查，拣货员每拣取一样货品，台车上的计重器则会自动显示其重量并进行查对，如此可完全省去事后的检查工作，在效率及正确性上的效果将更佳。

3. 出货形式分析

配送中心拣货单位一般以托盘、箱、单品为单位的拣取。出货单位也是以这三种单位来运作的，因此针对不同的拣货及出货形式，采用不同的作业方式。见表 3-1。

表 3-1　配送中心出货形式（P：托盘，C：箱子，B：单件）

	拣货单位	再包装作业	出货单位
订单拣取	P	捆盘	P
	P	卸盘→捆包	C
	C	捆包	C
	B	装箱	C
	B		B
批量拣取	P	1. 货物属同一客户作业内容：捆盘 2. 拣取的托盘货物不属于同一客户作业内容： 卸盘→分类→叠盘→捆盘	P
	P	卸盘→分类→包装	C
	P	卸盘拆箱→分类→包装	B
	C	1. 货物属同一客户作业内容：分类→捆包 2. 拣取的整箱货物不属于同一客户作业内容： 拆箱→分类→包装	C
	C	拆箱→分类	B
	B	分类→装箱	C
	B	分类	B

3.1.4 出货情况调查

配送中心每次出货完成之后总会留下相关记录，这些记录积累一段时间后再进行分析和汇总，便于掌握公司营运的效益，对提高配送中心业务管理，有效改进客户服务有很大的帮助。可以通过出货状况调查表来详细了解货品和车辆的出货情况。见表 3-2。

表 3-2 配送中心出货情况调查表

项　目	平均值	极限值
出货对象数量		
一日内之出货厂数	平均	最多
一日内之出货品项数	平均	
配送车种	吨数	
车辆台数/日	平均	最多
每车装货（出货）时间	平均	最多
出货运送点数	平均	
每一方面之出货捆包数	平均	最多
出货占用人员数	平均	最多
一日出货的总重或总体积	总重	总体积
出货形式	平均	
出货距离	平均	最远
出货时间带：（每一时刻出货的车数调查）		

3.1.5 出货包装管理

1. 外包装的设计

外包装的主要作用是增加商品在运输中的安全，且又便于装卸与计数。配送中心出货时大包装的设计，相对单个包装也较简单。一般在设计时，也就是标明产品的型号、规格、尺寸、颜色、数量、出厂日期。再加上一些视觉符号，诸如小心轻放、防潮、防火、堆压极限、有毒等。如出货包装设计时要考虑以下两点。

1）合理的包装形态

要根据商品的运输远近和搬运次数的多少，对商品包装的形态作不同的考虑。但也绝不是说单纯由于运输距离远，装卸次数多就得采用厚实的包装材料来加强包装的强度。包装的使命是保证货物在经过装卸、运输和保管的重要障碍的过程中，有效地保护商品，使之经济和安全地以完好的状态到达目的地。包装在设计方面必须满足以下八大要点：保护性、运输性、保管性、装卸性、作业性、机械性、识别性、经济性。

2）足够的包装强度

配送中心不像运输公司只输送单一物品，而是输送多种商品，在不断装货和卸货过程中，商品的包装要具有经得起严酷的跌落与冲击等的能力，这就需要货品有足够的包装强度。

2. 不同货品对包装的要求

以下以几种不同行业配送中心经营商品的类别来说明货品对包装的要求。

1）粮食

除了对其的一般要求外，根据粮食的特性及对包装材料的要求来看，如粮食中水分的含量、粮食的呼吸作用、粮食的结露性等，尤其面粉的易吸水霉变、比重的可变性、静电黏附性、容易污染、又易陈化和易于氧化褪色等特征，对包装物提出了很高的要求，国家对食品包装材料的再生要求也决定了包装材料的选用法则，因此，国家对粮食食品包装，尤其是面粉包装材料，提出要用强度高、无毒、无味的面袋纸为基材，这是参照发达国家的经验，并结合我国具体情况而制定的。

随着科技进步，许多改性塑料薄膜将使塑料编织袋的回收成为可能。粮食的包装可能会采用纸包装。因为用于粮食包装的塑料编织袋，由于其自身存在着许多不足，也将会逐渐被日益兴起的纸袋包装所代替。比如，糊底多层纸袋一般用 3~4 层纸袋纸或伸性纸制成，其结构科学合理，强度高、无毒、无味、无污染、可回收，符合国家粮食卫生标准。

2）酒

(1) 产品包装文化实用性。酒类产品包装除了要具有保护商品、方便运输的功能外，产品包装背后也要反映出其内在的文化实用性。中国的一二线市场整体的消费水平较高，同时中高端的政、商务宴请场合较多，频率较高，在白酒包装上就要充分体现“档次”与“品位”。水井坊的包装就体现出“中国白酒第一坊”的文化内涵及中国高档白酒的价值感。

(2) 产品包装成本的实用性。白酒产品包装自身成本相对啤酒等其他行业来说微不足道。随着白酒行业竞争的加剧，营销推广费用不断提高，控制成本、缩减包装费用已成为共识。

(3) 产品包装技术的实用性。现代白酒消费者越来越理性。对白酒的消费主动性也越来越高。白酒消费行为中消费者除了对白酒自身的文化、品质等理性指标表现出强烈的兴趣外，对参与白酒外在的包装技术互动也产生浓烈的兴趣。如采用光洁细腻、白皙润泽的陶瓷酒瓶包装。

3）医药

(1) 防伪。医药企业对包装防伪的要求就很高。激光膜防伪、定位烫印防伪，还有纹理防伪、标签防伪、紫外荧光防伪、版纹防伪也都应用于药品包装。这些防伪技术科技含量高、成本高，可有效地遏制假冒伪劣产品，维护企业的品牌。

(2) 注重包装的装潢效果。个性化的包装设计不仅便于宣传药品形象及企业形象，而且有利于加深消费者印象。其次，优质纸张的选用可提高产品的档次。最后，特殊材料受到青睐。

(3) 识别标志。由于同一个药厂的多种药品包装外观设计比较相似，在分装药品时可能会将不同的药盒混淆，一旦出现错误，后果不堪设想。解决的办法是在药品的包装盒上添加识别条形码，同时在糊盒机上安装扫描装置，对纸盒进行条形码识别，这样就能有效地防止混淆。另外，条形码技术还具有防伪和防串货作用，满足了物流的自动识别和快速识别的要求。

3.1.6 送货管理

送货作业是利用配送车辆把用户订购的物品从配送中心送到用户手中的过程。

有效地管理送货是非常重要的。如果在这方面失误，会产生种种问题。如“从接受订单到出货非常费时”、“配送效率低下”、“驾驶员的工作时间不均”、“货品在输配送过程中的损坏、丢失”等。同时，最直接的影响是配送的费用超常。在配送的管理中，不仅要对输配送人员的工作时间、重要情况进行管理，而且还要加强对车辆的利用（如装载率、空驶率等）的管控。

1. 送货的特点

送货服务是配送中心作业的最终和最具体、直接的服务，其服务要点有下列几点。

1）时效性

时效性是要确保能在指定的时间内交货，这是考核配送中心作业水平的一项重要指标——准点率。送货是从客户订货至交货过程中的最后一个阶段，也是最容易引起时间延误的一个环节，而客户又非常重视送货的时效性。因此，必须在认真分析各种因素的前提下，用系统化的思想和原则，有效协调，综合管理，选择合理的配送线路、配送车辆和送货人员，使每位客户在预定的时间里收到所订购的货物。

2）可靠性

可靠性是指将货品完好无缺地送达目的地。这是对配送中心的差错率、货损率的考核。在配送过程中，货物的装卸作业、运送过程中的机械振动和冲击及其他意外事故、客户地点及作业环境、送货人员的素质等都可能损坏货物。因此，在配送管理过程中必须注意可靠性的原则。

3）沟通性

由于配送人员是与客户直接接触的人员，因而其表现出的态度、反应会给客户深刻的印象，代表着公司的形象。所以，一些物流企业把卡车司机和送货人员称为“公司的形象大使”。为此，配送人员与客户的沟通显然是非常重要的，它有利于巩固客户的忠诚度。

4）便利性

配送最重要的是要对客户提供方便。因而对于客户点的送货计划，应具有一定的弹性。因此，应尽可能通过采用高弹性的送货系统，如采用急送货、顺道送货与退货、辅助资源回收等方式，为客户提供真正意义上的便利服务。

5）经济性

满足客户的服务需求，不仅质量要好，价格也是客户重视的要素。配送中心只有通过自身运作的高效率、物流成本的控制，以经济性来抓住客户。

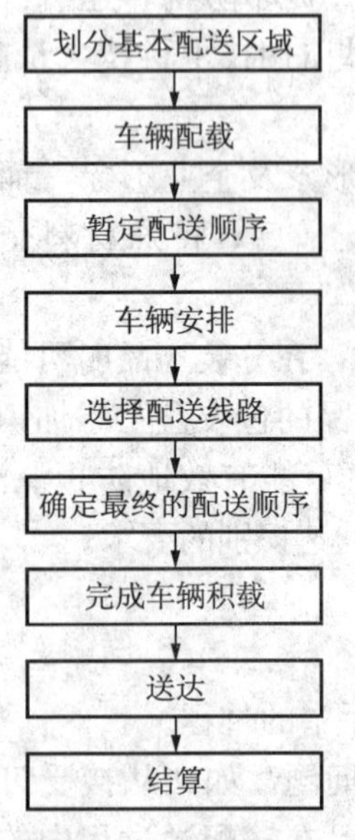

图 3-2　送货流程图

2. 送货流程

将货物分拣理货完毕，就要按照既定的计划送货。送货作业是利用配送车辆把用户订购的物品从配送中心送到用户手中的过程。送货管理的基本业务流程如图 3-2 所示。

1）划分基本的送货区域

首先对整个区域进行划分，再将每一客户分配到不同的基本送货区域中，作为配送决策的基本参考。可以按照行政区域或按交通条件划分不同的送货区域，在区域划分的基础上再作弹性调整来安排送货顺序。

2）车辆配载

配送中心经营种类繁多，货品特性各异，送货时必须考虑这些物品的特性、体积、重量等因素，来进行灵活的配载。首先按物品特性进行分类，以便选择不同的送货方式和运输工具，如箱装货和散装货、一般食品和即食食品、冷冻食品都要分开放置，按货物类别进行灵活配载。其次，订单也有缓急之分，临时订单一般要货比较急，一般订单不太急，这就需要将一般订单的货品放置在车辆靠里侧。这样，做好初步装车计划。

3）暂定送货顺序

在考虑其他影响因素，作出最终送货方案之前，应先根据客户订单的送货时间将送货的先后顺序进行大致预排，为后面的车辆配载做好准备工作。预排送货的先后次序可以保证送货及时，提高运作效率。

4）车辆安排

送货次序排出来之后，根据送货单上送货物品的重量、体积，选择合适的车辆。要考虑到车辆的可利用性、可靠性，车辆的每天工作时间，司机的工作强度等。当本企业的车辆有限不能及时送货时，可以考虑外雇车辆。在保证送货运输质量的前提下，是组建自营车队，还是外雇车为主，需视出货频率、出货量等情况而定。在配送中心运营时，无论是自建车队还是外雇车辆，都要合理安排好车辆的排班计划，看送货时有哪些可供调派的车辆及该车辆的容量和额定载重是否满足要求，如果所载货物是轻泡货，还需考虑货品的高度是否超过路段中桥洞的规定高度；其次，安排车辆之前，还必须考虑该时段道路通行状况、天气状况、货物装卸要求等，以便具体作出最合适的车辆安排。

5）选择送货线路

排出了车辆送货计划后，每辆车都明确了自己所负责配送的具体客户，如何选择配送距离短、配送时间短、配送成本低的线路，还需根据客户的具体位置、沿途的交通情况等作出优先选择和判断。必须看清楚订单上的备注要求，比如，有的客户对送货时间有特别的要求，而有的客户可能要求送到新的收货地址等。配送路线的选择在以后的章节中会有具体的阐述。

6）确定每辆车的送货顺序

做好车辆安排及选择好最佳的送货线路后，就可以确定每辆车的送货顺序，从而估计出货物送达每位客户的大致时间，并通知客户。

7）完成车辆积载

接下来就要考虑如何装车，按什么次序装车等问题，这在“配送中心作业流程”一章中已经讲述完毕。

8）送达

当货物送达要货地点后，送货人员应协助收货单位将货品卸下车，放到指定位置。并与收货人员一起清点货物，做好送货完成确认工作（送货签收回单）。如果有退货、调货的要求，则应随车带回退调商品并完成有关单证手续。

9）费用结算

配送部门的车辆按指定的计划到达客户完成配送工作后，即可通知财务部门进行费用结算。

3. 提高配送运行效率的措施

要着重抓“距离最小”、“时间最少”和“成本最低”。具体措施如下。

（1）消除交错输送。可采取减少或消除交错输送的方式，例如，将原先直接由各生产厂送至各客户的零散路线以配送中心来整合与调配转送，以此缓解交通混杂的矛盾，大大缩短运输配送距离。

(2) 利用回程车。依此来降低车辆的空驶率和运输成本。

(3) 直接运送。在美国的大型零售连锁店，厂商大多将商品直接送至商场成交。以加工食品为例，厂商将产品直接送至零售商场的比例约占68%，通过一次批发的仅占32%。这与我国传统的商业流通体制，即大多采取从厂商经总代理商、二次批发、甚至三次批发才到零售店的现状，形成了明显的对比。

(4) 配送工具的变换选用。配送不是简单的“送货上门”，而是运用科学合理的方法选择配送车辆的吨位、配载方式，确定配送路线，以达到“路程最短、吨公里最小”的目标。

(5) 建立完善的信息系统。配送中心信息系统主要包括“订单处理”、“库存管理”、“出货计划管理”和“输配送管理”等四个子系统。为了提高输配送作业的效率，信息系统应具有以下功能：最佳输送手段的自动检索、配车计划的自动生成、配送路线的自动生成。

(6) 改善运送车辆的通信。如装载GPS系统，以把握车辆及司机的状况、传达道路信息或气象信息、掌握车辆作业状况及装载状况、传递作业指示、传达紧急信息指令、提高运行效率及安全运转和所在地点。

(7) 控制出货量。尽可能控制客户出货量，使其均衡化，能有效地提高输配送效率。

(8) 共同配送。所谓“共同配送”，是指由多家企业共同参与只由一家运输公司承担配送作业的模式。

近年来，共同配送的发展引起业界人们的广泛关注。共同配送是指独自进行配送的若干个企业，通过共同化将配送的商品集中汇总后进行配送的方式，它是共同物流的一个方面。为了达到物流合理化的目的，根据在一定的区域范围内若干个企业的定期配送需要，在这些企业的协助下，采用一家配送企业或两家以上的配送企业共同建立一套配送系统，使配送业务效率化。共同配送即第三方物流模式。

3.2 退货作业

在物流业中，不可避免的会出现退货作业，因为总有可能会出现错发货、货物质量等情况。由于客户服务水平日渐提高，没有任何一家配送中心可以拒绝因错发货、产品质量等问题而产生的退货或换货现象。而退货或换货的处理，只会大幅增加成本，减少利润，因此，配送中心发货前应该认真检查货品质量，清点货品数量，以尽可能地减少退货所产生的费用。

3.2.1 退货的原因

1. 瑕疵品回收

由于生产厂商在设计、制造过程中所造成的有质量问题的商品，往往会在已开始销售后，才由消费者发现或由厂商自行发现，这些商品必须立即部分或全部回收。这种情形不常发生，但却是不可避免的。从物流企业的角度来说，必须立即将消息传达到所有客户，而且要采取最快速的方法将商品回收，集中处理。在此类事件中，物流中心虽然不会有直接的成本损失，但快速地配合，可使损害减低，增进与厂商及客户间的关系，也是物流中心处理意外事件的能力的展现。

2. 搬运中损坏

由于包装不良或搬运中剧烈振动，造成商品破损或包装污损时必须重新研究包装材料的材质、包装方式和搬运过程中各项上、下货动作，找出真正原因加以改善。

3. 商品送错退回

由于物流中心本身处理不当所产生的问题，如拣货发生错误或条形码、出货单等处理错误，使客户收到的商品种类或数量与订单不符，必须要换货或退回，这时必须立即处理，减少客户抱怨。但更重要的是，查核资讯传达的过程中所出现的问题，可能的原因有：订单接受时就产生错误，或是拣货错误、出货单贴错、上错车等，找出原因后，配送中心应立即采取有效的措施，如在常出错的地方增加控制点，以提高正确率。

4. 商品过期退回

一般的商品都有有效期限，为了保证消费者的利益，要从货架上卸下过期的货品，不可再卖，更不可更改到期日。但过期商品的处理，在环保的法令限制下，必须找合格的丢弃物处理商处理，由回收到销毁，均需投入许多成本，所以要事前准确分析商品的需求，或以多次少量配送，以减少过期商品的产生。每次认真地分析过期商品产生的原因，提前提醒进货商或零售商，或要求客户分担部分处理费用，这样客户可以对即将过期的商品给予更高的关注度，从源头上减少了过期商品。

3.2.2 退货处理的方法

1. 无条件重新发货

对于因为发货人按订单发货发生错误，则应由发货人重新调整发货方案，将错发货物调回，重新按原正确订单发货，中间发生的所有费用应由发货人承担。

2. 运输单位赔偿

对于因为运输途中产品受到损坏而发生退货的，根据退货情况，由发货人确定所需的修理费用或赔偿金额，由运输单位负责赔偿。

3. 收取费用，重新发货

对于因为客户订货有误而发生退货的，退货后，再根据客户新的订货单重新发货。

4. 重新发货或替代

对于因为产品有缺陷，客户要求退货的，配送中心接到退货指示后，营业人员应安排车辆收回退货商品，将商品集中到仓库退货处理区进行处理。一旦产品回收过程结束，生产厂家及其销售部门就应立即采取措施，用没有缺陷的同一种产品或替代品重新填补零售商店的货架。

3.2.3 退货流程

退货就是将购买到的商品返送至配送中心，再由配送中心与生产厂家联系，或返修或换货。由于电子购物方式的兴起，退货流程也改变了原有单证随货品流动的流程。依据情况不同，会有不同形式的退货流程。

1. 实体店向配送中心退货

这种退货流程与传统流程一致，由实体店将待退商品送至配送中心，或等配送中心下次送货时顺便载上退货货品。

2. 消费者向卖场退货

消费者需携带发票、商品及完好包装在产品“三包”期内去卖场退换货处理中心退货。

3. 电子购物退货

电子商务主要以 B2B、B2C、C2C 三种表现形式，C2C 由各卖家自行决定退换货方式，B2C 退货流程如图 3-3 所示。

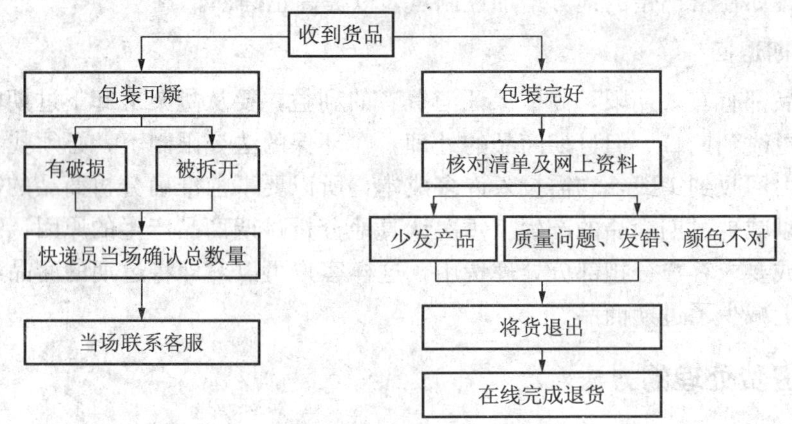

图 3-3 B2C 退货流程

B2B、B2C 一般有着同一模式，以下以全球最大的网上书店——亚马逊书店为例，来具体说明电子购物退货流程。

(1) 事先通过电话或邮件的方式与卓越亚马逊客服中心退货部门联系。

(2) 支持上门办理退货订单，在联系客服中心后，亚马逊客服中心退货部门将在受理退货申请后的一周左右按退货订单安排退货服务。办理退货后，商品预计可以在 2～3 周后入库。

(3) 不支持上门办理退货订单，客户将有问题的商品以平邮形式寄回此商品的发货库房，商品从寄出到入库一般需要 2～4 周，亚马逊客服中心退货部门办理退货服务后，将告知客户相应的退货申请号，客户将退货包裹寄回时写明退货申请号和订单号。若没有在寄回包裹中注明退货申请号，那么该客户的包裹处理时间将有可能延长。退货款项会存至客户的电子账户/礼品卡账户中并发邮件通知客户。

(4) 由亚马逊书店造成的商品退货，企业将会报销平邮费用，此费用退至电子账户/礼品卡账户中。

(5) 海外订单，若商品有质量问题，可与客服中心联系。对于海外订单只能办理退货业务，不办理换货业务。退货后会将商品相应款项（不含附加费）退至电子账户/礼品卡账户。

3.2.4 退货处理的注意事项

退货处理对生产厂家和流通网络中的各方来说都是一件极其严重的事情。高层管理部门

应参加回收产品的一切活动，其他有关人员包括企业的法律人员、会计人员、公关人员、质量管理人员、制造工程人员及销售人员也都应参加。并且，企业应选派专人负责处理产品回收事件，制定一些预防措施。这样不仅能更好地应对紧急情况，而且在产品回收事件处理不成功，结果诉诸法律时，企业可以将已采取的预防措施作为申辩的一部分内容。

3.2.5 退货相关配合处理

不论错误是什么原因造成的，除了立即回收外，配送中心还需做以下的相关配合处理。

（1）立即补送新货以减少客户抱怨。

（2）会计账目上也应立即修正，以免收款或付款错误，造成进一步的混乱。

（3）若有保险公司理赔，应立即依照保险理赔程序办理。包括保留现场证据或拍照存档，在规定时间内通知保险公司，准备索赔文件和损失计算，并通知本企业法律顾问一起处理。

（4）分析退货原因，作为日后的改进参考。在退货或换货的处理过程中，切记不要立即与客户争吵或追究责任。将有效期限将至的商品，立即以低价方式拍卖，也是降低回收成本的好方法。

3.3 第三方物流配送作业

3.3.1 第三方物流

第三方物流（Third Party Logistics）的概念源自于管理学中的（Out-souring），意指企业动态地配置自身和其他企业的功能和服务，利用外部的资源为企业内部的生产经营服务。将（Out-souring）引入物流管理领域，就产生了第三方物流的概念。所谓第三方物流是指生产经营企业为集中精力搞好主业，把原来属于自己处理的物流活动，以合同方式委托给专业物流服务企业，同时通过信息系统与物流服务企业保持密切联系，以达到对物流全程的管理和控制的一种物流运作与管理方式。因此第三方物流又叫合同制物流（Contract Logistics）。提供第三方物流服务的企业，其前身一般是运输业、仓储业等从事物流活动及相关的行业。从事第三方物流的企业在委托方物流需求的推动下，从简单的存储、运输等单项活动转为提供全面的物流服务，其中包括物流活动的组织、协调和管理、设计建议最优物流方案、物流全程的信息搜集、管理等。

3.3.2 第三方物流来源

国际上，现代意义上的第三方物流是一个相对年轻的行业。在美国，第三方物流被认为处于产品生命周期的投入——成长期；在欧洲，第三方物流市场则具有一定的成熟程度。目前，欧洲使用第三方物流服务的企业比例约为76%；在美国，这个比例为58%，而且其需求仍在增长。随着需求的增加，第三方物流的供给也相应地不断增长。有学者指出，第三方物流供给的年增长率在20%～50%的范围内。而在我国，第三方物流也面临着一个飞速发展的时期。从国外的经验来看，第三方物流市场具有潜力大、渐进性和高增长率的特征。这种情况吸引了越来越多的各类背景不同的企业纷纷转向这个新生领域。一般来说，大多数第三方物流企业是从传统的“类物流”业为起点发展起来的，如运输业、仓储业、货运代理等。

1. 来源于运输企业

这些企业大都是大型运输公司的分公司，有些服务项目是利用其他公司的资产完成的。就国外的情况看，以陆运和空运为主的快运快递公司发展第三方物流的有 UPS，FedEx，TNT，DHL 等；从海运发展起来的有马士基物流、美集物流等。目前国内也出现了这种趋势，许多在国内有一定影响的运输企业都将第三方物流作为企业新的发展方向，如中国远洋运输（集团）总公司、中国海运（集团）总公司等都宣布了成立第三方物流公司。

传统的运输企业发展第三方物流，主要的优势在于子公司（分公司）能利用母公司（总公司）的运输资产，扩展其运输功能，提供更为综合性的一套物流服务。另外，这类公司还具有客户资源和网络资源的优势。大多数运输企业，尤其是大型的运输公司，都具有丰富的客户资源，而且往往都有比较稳定的客户关系。事实上，一些运输企业发展第三方物流是由客户驱动的，比如，一些大客户在同企业合作的过程中希望企业能够提供更完整和个性化的综合物流服务，从而产生了物流分公司或者专门的物流部门。大型的运输公司也都具有相对完善的运输服务网络，这也为网络化的物流服务提供了基础。

2. 来源于仓储企业

同运输环节一样，仓储也是物流活动当中很重要的一个环节，因此，许多提供公共仓储或合同仓储服务的公司也以传统的业务为基础，通过功能延伸，介入仓储与配送、库存管理等物流活动。如 Excel Logistics，就是由仓储业发展成为第三方物流提供商的。我国的公共仓储业向物流企业转变的趋势也较明显，如以仓储业务为重要服务内容的上海商业储运公司，成立了上海商业物流公司从事第三方物流业务。

3. 来源于货代企业

由货代企业转为物流公司的在西方也比较多，如 Emery，BAX 等，它们一般没有太多资产，非常独立，并且与许多物流服务供应商有来往。货代企业转型第三方物流是在协调原有的信息服务和货运过程的基础上，通过实物存储和运输环节的延伸，达到为客户提供综合一体化物流的目的。由于信息技术的发展和电子商务环境的成熟，如果只是简单地提供以信息为基础的货代服务，企业发展的空间已变得越来越小。在货代业务的基础上发展第三方物流，已经成为国内货代业发展的热点。比如华润物流有限公司，就是在华夏货运代理的基础上，于 2001 年 1 月 1 日成立的第三方物流公司，仅仅一年时间，就赢得了国内外十余家大型客户。

4. 来源于托运人和管理公司

这一类企业是从大公司的物流组织演变而来的。它们拥有一定的物流专业知识和信息技术等资源，并将其用于第三方物流服务。这类提供商一般具有管理母公司物流的经验，因此，在对待外部客户时也具有较强的组织和管理能力。目前在中国，这一类企业不断增多，如海尔集团组建海尔物流公司，美的组建安得物流等，都是托运人从事第三方物流的典型。

3.3.3 第三方物流提供的服务

第三方物流服务业只是物流服务行业中的一个小行业，是现代物流业的小分支。第三方物流提供者与传统的第三方物流的含义是不同的，第三方物流更多的是描述工商企业与第三方物流提供者之间的物流联盟关系，而第三方物流提供者指的是俗称的现代物流企业。

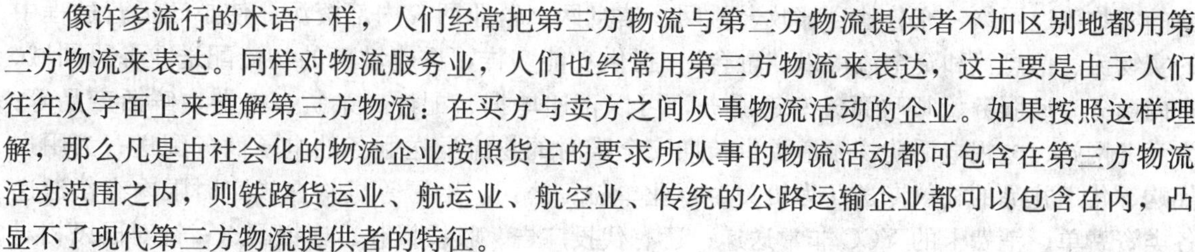

像许多流行的术语一样，人们经常把第三方物流与第三方物流提供者不加区别地都用第三方物流来表达。同样对物流服务业，人们也经常用第三方物流来表达，这主要是由于人们往往从字面上来理解第三方物流：在买方与卖方之间从事物流活动的企业。如果按照这样理解，那么凡是由社会化的物流企业按照货主的要求所从事的物流活动都可包含在第三方物流活动范围之内，则铁路货运业、航运业、航空业、传统的公路运输企业都可以包含在内，凸显不了现代第三方物流提供者的特征。

1. 能提供集成物流服务

传统物流企业的运作模式是：经营仓储的企业，很少涉及运输服务；经营运输的企业，很少提供仓储服务，也不提供货代服务，更谈不上为客户设计、维护一套有效的信息系统。与之相比，现代物流企业不仅提供仓储、运输服务，还提供信息管理、承运人选择、业务咨询、库存补充、产品再包装、贴标签、货代等多种服务，乃至全方位的一条龙服务。例如，按照顾客的要求，把从生产线上下来的产品经过运输、储存、装卸搬运、再封装、贴标签等环节，配送到客户的分销中心或直接运抵各地的零售店。这样的物流业务，若由各自独立提供服务的传统物流企业运作，最少需两家甚至十几家相互配合才能完成；若由现代物流企业运作，可能只需一家就足够了。

2. 能提供定制的物流服务

现代物流企业不仅仅只像传统物流企业一样，单一地完成实际的物流业务，还包括从客户的产品销售预测、生产计划等出发，研究、建议从选择包装方法、运输方式、运输线路、时机、仓库设立、库存设置等客户货物流动全过程的最佳方案，即按照客户特定的业务流程，设计如何捆包，在哪里的仓库保管，采用哪个运输部门、途径、哪条运输线路，在哪个恰当的时机发送货物等，以达到谋求客户的物流业务效率化和削减客户物流成本的目的。宝供物流企业集团（简称宝供）是国内第三方物流企业比较典型的代表，与它合作的单位有宝洁公司、飞利浦公司等52家世界500强企业，宝供可以为客户提供物流策划、物流业务、物流信息管理等集成化物流服务。宝供的运作模式为：在招标阶段由市场营销部牵头，组成包括各部门专家在内的招标小组，根据客户的业务流程进行物流规划方案的设计；与客户签订合同正式运作后，利用其网络和信息技术为客户提供高质量的物流服务。一方面，宝供在国内的中心城市形成了覆盖全国的服务网络，为客户提供门到门服务；另一方面，宝供1997年在国内率先建成并不断升级的基于Internet/Intranet的物流信息管理系统，使公司总部、各分公司和客户都能通过上网实时跟踪各票货物的运作状况，自动向客户提供各类业务报表。

3. 能提供网络化服务

第三方物流公司可以有仓储、货运汽车，也可以没有这些有形资产，为客户提供物流咨询、管理等业务，不过，第三方物流企业都能为客户提供网络化物流服务。其中，无资产性的公司主要是凭借良好的信息系统和丰富的管理经验，利用传统物流企业的硬件设施进行实际的物流业务运作；资产性的公司则是以自身的资产如车辆、库房、铁路专业线、大型装卸设备等作为客户服务的主要手段，但是它们提供的服务并不以使用自己的资产为限，需要的话，它们也会与其他物流企业签订合作合同，就是说物流外包后再分包。广东邮政物流配送服务有限公司是广东省邮政局属下专营物流配送服务的专业化公司，它拥有100多个有仓储能力的配送中心，1 000多个配送部和1.2万多名专业配送人员。它利用广东邮政贯通全省城乡的实物传递网络，充分整合邮政金融网、信息网、营业网等内部资源，使邮政运营过程中的实物流、信息流和资金流得以“融合”，提供功能多样，反应敏捷的物流配送业务。同城、省内商务专递服务、邮政商务专递服务，可以寄递单据、配件、杂货、电器、鲜活产品等；为商务网站、电视电话购物频道提供长期安全准时的物流配送服务的电子商务配送；为用户代购、代送礼品的礼仪专送；为机关企事业单位、公司、工厂等机构在规定时限内有偿送递各类资费单、消费卡的YCC非常送递；还有代投广告、收投报刊、连锁配送；针对居民相对集中的商厦、写字楼、居民住宅区用邮量大、业务需求多样等特点，推出邮政社区服务包月制；利用广东省快速干线物流网及同城投递网络与民航、铁路、大型跨省运输公司强强联合，为社会各界到港货物提供广东省内的送递服务。

3.3.4 第三方物流配送要素

1. 备货

这是配送的准备工作或基础工作，备货工作包括筹集货源、订货或购货、集货、进货及有关的质量检查、结算、交接等。配送的优势之一，就是可以集中用户的需求进行一定规模的备货。备货是决定配送成败的初期工作，如果备货成本太高，会大大降低配送的效益。

2. 储存

配送中的储存有储备及暂存两种形态。配送储备是按一定时期的配送经营要求，形成的对配送的资源保证。这种类型的储备数量较大，储备结构也较完善，视货源及到货情况，可以有计划地确定周转储备及保险储备结构及数量。配送的储备保证有时在配送中心附近单独设库解决。另一种储存形态是暂存，是具体执行日配送时，按分拣配货要求，在理货场地所做的少量储存准备。由于总体储存效益取决于储存总量，所以，这部分暂存数量只会对工作方便与否造成影响，而不会影响储存的总效益，因而在数量上控制并不严格。还有另一种形式的暂存，即分拣、配货之后，形成的发送货载的暂存，这个暂存主要是调节配货与送货的节奏，暂存时间不长。

3. 分拣及配货

这是配送不同于其他物流形式的有特点的功能要素，也是配送成败的一项重要支持性工作。分拣及配货是完善送货、支持送货的准备性工作，是不同配送企业在送货时进行竞争和提高自身经济效益的必然延伸，所以，也可以说是送货向高级形式发展的必然要求。有了分拣及配货就会大大提高送货服务水平，所以，分拣及配货是决定整个配送系统水平的关键要素。

4. 配装

在单个用户配送数量不能达到车辆的有效载运负荷时，就存在如何集中不同用户的配送货物，进行搭配装载以充分利用运能、运力的问题，这就需要配装；和一般送货不同之处在于，通过配装送货可以大大提高送货水平及降低送货成本，所以，配装也是配送系统中有现代特点的功能要素，是现代配送不同于以往送货的重要区别之处。

5. 配送运输

配送运输属于运输中的末端运输、支线运输，和一般运输形态主要区别在于：配送运输

是较短距离、较小规模、额度较高的运输形式，一般使用汽车做运输工具。与干线运输的另一个区别是，配送运输的路线选择问题是一般干线运输所没有的，干线运输的干线是唯一的运输线，而配送运输由于配送用户多，一般城市交通路线又较复杂，如何组合成最佳路线，如何使配装和路线有效搭配等，是配送运输的特点，也是难度较大的工作。

6. 送达服务

配好的货运输到用户还不算配送工作的完结，这是因为送达货和用户接货往往还会出现不协调，使配送前功尽弃。因此，要圆满地实现运到之货的移交，并有效地、方便地处理相关手续并完成结算，还应讲究卸货地点、卸货方式等。送达服务也是配送独具的特殊性。

7. 配送加工

在配送中，配送加工这一功能要素不具有普遍性，但是往往是有重要作用的功能要素。主要原因是通过配送加工，可以大大提高用户的满意程度。配送加工是流通加工的一种，但配送加工有它不同于一般流通加工的特点，即配送加工一般只取决于用户要求，其加工的目的较为单一。

3.3.5 第三方物流配送流程

既然有多种第三方物流服务提供商，那么不同种类第三方物流企业的物流配送流程也不一样。

1. 传统第三方物流配送流程

采用传统第三方物流配送方式时，物流公司到客户仓库提货装车，配载运输。具体流程如下。

(1) 调度员将货已备齐的送货单与第三方物流公司确认。

第三方物流公司在接收送货单时应仔细检查，核对货品与单证是否相符，看清楚备注里的客户要求。

(2) 第三方物流公司按送货单的要求提货、装货。

提货时注意再核查包装、货物状态，装车时注意上轻下重，按客户的先后送货顺序排列单证，后装的货品的送货单在最上面。

(3) 双方商品确认无误后，第三方物流公司进行送货。

送货时注意同客户联系，以节约等待时间。

(4) 第三方物流公司将商品运到客户处，并安全将商品卸于一楼。

(5) 顾客若要求商品搬运楼层，服务人员凭第三方物流公司提供的《搬运收费标准表》同顾客确认，并在《送货单》上备注楼层数与搬运楼层的费用。送货单没有备注且顾客临时提出搬运的，需按《搬运收费标准表》同顾客协商搬运费用。避免收费过高，搬运费用的收取由第三方物流公司自己负责。

(6) 完成搬运，装卸员按送货单备注收取费用。

(7) 第三方物流公司送货员指导顾客在送货单上签字确认商品已收到，并在其他栏内填写送货满意程度等意见。

(8) 第三方物流公司送货员收回送货单的顾客联。

(9) 第三方物流公司送货员将货已送完的顾客联交与调度员签字确认。

(10) 调度员对顾客进行回访工作。

(11) 调度回访工作完毕，将送货单交与财务部签字确认。

(12) 财务部凭送货单顾客联与第三方物流公司送货联进行结算。

2. 快递业物流配送流程

(1) 确定和预约需要快递物品的日期。

(2) 整理物品、做物品清单、包装包裹（如需快递公司代为包装和免费提供物料，需提前预约）。

(3) 准备收件方信息，包括收件人姓名、地址、电话等。

(4) 致电快递公司接线员并告知需寄达目的地国家和城市，收听报价，确认同意，等待快递公司提供服务。

(5) 快递公司安排收件人员上门收取包裹、客户提供收件方信息详细，填写包裹托运单据、提交物品清单以做申报海关之用，双方确认重量结算，收件人员提供结算票据和包裹追踪号码。

(6) 收件人员返回公司，包裹交由分拣部门并做交接清单，由分拣部门工作人员签字后交与收件人员，分拣部门开始操作入单，分拨拣选，全程跟踪。

(7) 包裹将被发往本地区航空部中转，等待航班。

(8) 目的地派送至收件人处，收件人确认包裹内物品完好同意签字接收。

客户可以在任意一台计算机上通过 Internet 查看快件送递信息，如图 3-4 所示。

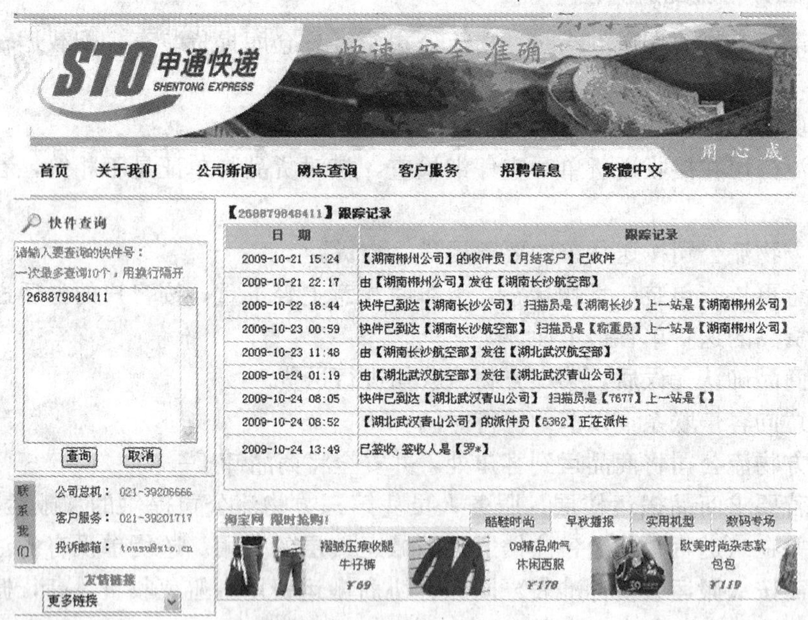

图 3-4 快递配送查询

3. 快递配送需要注意的问题

1) 出口货物包装要求

出口的货物装箱打包时物品应摆放整齐，选用稍高硬度和外面尽可能无图案、无文字的纸箱，易破碎物品要用泡沫塑料或海绵在纸箱内支撑衬垫，质量较重的大件货物还应选用木

质材料做框架以避免物品在运输途中因包装不当发生损坏，因包装问题产生的此类损坏索赔快递公司不予接受。有些国家对木质包装材料亦有严格规定，一般未经熏蒸的原木是不能用作包装材料出口的，经过熏蒸的原木材料还需提供有关单位的原件熏蒸证明方可随货物出口。

2）收件人信息

寄件人保证提供的收件方信息准确无误，并尽可能提供收件人电话号码，以免造成派送延误和投递错误。部分状况下因收件方信息不全所引起的二次派送或无法派送而退还给发件方所产生一切费用由发件方承担。

3）冒充揽件

快递公司上门取件人员在结算时应提供加盖本公司公章或财务章的有效票据证明，否则可视为冒充收件交易。此外，快递公司也应对客户提供的物品清单及申报价值履行检查核实义务和权力。

4）签收问题

收件人接到派送人所送达的货物时应在签字接收之前检查货物的完整性，一经发现货物有损坏、短缺，应立即在派件人员的协助下联系派件公司，并由其出具所递送的货物的损坏或短缺证明，以便为日后索赔提供证据以维护自己的合法权益。如因收件人未经确认检查即签收的货物，在签收之后提出货物损坏或短缺索赔要求而无法提供派件公司证明的，快递公司有权拒绝受理赔偿。

3.4 配送合同业务

3.4.1 配送合同

1. 合同

合同法上规定合同是指“平等主体的自然人、法人、其他组织之间设立、变更、终止民事权利义务关系的协议”。合同可以采用口头形式、书面形式和其他形式。口头形式优点在于方便快捷，缺点在于发生合同纠纷时难以取证，不易分清责任。口头形式适用于能即时清结的合同关系。书面形式是指当事人以合同书或者电报、电传、电子邮件等数据电文形式等各种可以有形地表现所载内容的形式订立合同。书面形式有利于交易的安全，重要的合同应该采用书面形式。书面形式又可分为下列几种形式：①由当事人双方依法就合同的主要条款协商一致并达成书面协议，并由双方当事人的法定代表人或其授权的人签字盖章；②格式合同；③双方当事人来往的信件、电报、电传等也是合同的组成部分。

2. 配送合同

物流配送是物流业务运作中的末端环节。配送合同就是约定物流企业从交货地装车起运送货到指定客户处，货主单位或收货人支付票款或配送费用的合同。配送要在经济合理的范围内进行，一般情况下从事的都是近距离的运输，以公路运输为主。配送合同是第三方物流企业开展运送业务的法律形式。配送行为主要受我国合同法“合同的订立、效力、履行以及违约责任”等内容的调整。物流企业与用户达成货物配送约定后，如果未能按照要求或允诺及时、准确配送，将承担合同法上义务不履行的违约责任。因此，物流企业一旦向用户作出了某种物流配送服务的承诺，就要达到标准。通常企业要考虑制订合理的配送方案，包括配送的时间及路线，订货、备货与出库管理，分拣及配送运输等具体事项，尽量避免因为配送未能达到要求而承担合同不履行或瑕疵履行的违约责任。

3.4.2 配送合同的特征

1. 配送合同的特点

货物运输合同除具有合同的普遍的法律特征外，还具有以下自身特点。

(1) 货运合同是当事人之间为实现一定的经济目的，明确相互权利义务关系而订立协议，签订合同的当事人，双方或是一方必须是法人。

(2) 签订货运合同的承运方必须持有经营货运的营业执照，具有合法的经营资格。

(3) 货运合同的内容限于运输经济行为，主要是以运输经济业务活动为内容。

(4) 货运合同是实践合同，承托双方除了就合同的必要条款达成协议外，还要求托运人必须将托运的货物交付给承运人，合同才能成立。

(5) 货运合同的当事人往往涉及第三者，即除了托运人和承运人之外，一般还有收货人(也可能收货人就是托运人)。

(6) 货运合同具有标准合同的性质，主要内容和条款由有关部门统一制定。

2. 配送合同双方的权利和义务

货主企业的权利描述如下。

(1) 负责将货物配齐，要求配送企业按照约定的时间、地点、收货人，把货物配送到目的地。配送通知发配送企业后，货主企业需变更到货地点或收货人，或者取消通知的，有权向配送企业提出，但必须在货物未运到目的地之前，并应按有关规定付给配送企业费用。

(2) 有权对配送企业的配送货过程进行监督、指导。

(3) 委托的货物应遵守国家有关法律规定，并符合包装标准。

货主企业的义务描述如下。

(1) 按约定按时向配送企业交付配送费用。

(2) 应向配送企业提供有关配送货业务的相应单据文件（产品、型号、数量、客户准确地址及电话号码、联系人等)。

(3) 指派专人负责与配送企业联系并协调配送货过程中有关事宜。

(4) 合同期内，配送企业是货主企业省内区域（包括市郊）的唯一配送商，未经配送企业同意，货主企业不得另寻配送商，否则，配送企业可解除合同。

配送企业的权利描述如下。

向货主企业收取配送费用。查不到收货人或收货人拒绝领取货物时，配送企业及时与货主企业联系，在规定期限内负责保管并有权向货主企业收取保管费用。

配送企业的义务描述如下。

(1) 根据货主企业的业务需要与发展，提供相应的运输能力，即提供不同的厢车。

(2) 在约定的时限内，将货物运到指定的地点，按时向收货人发出货物到达的通知。对托运的货物要负责安全，保证货物无短缺、无损坏。在货物到达以后，按规定的期限，负责保管。

（3）配送企业应在货主企业指定的地点提取货物，在装货过程中，配送企业的驾驶员应负责进行监装，对装货过程中的不当操作有责任指出并纠正，配送企业将货物送往货主企业指定的目的地和接收人，由收货人、配送企业司机双方签字盖章确认。交货时如发现产品损坏或产品、数量、型号、规格不符等问题，配送企业应要求接收人注明，收货人所盖印章应为商家签订的配送委托书规定的公章或收货专用章，配送企业凭货主企业认可的配送反馈单与货主企业进行结算。

3.4.3　配送合同范本

甲方：＿＿＿＿＿＿＿＿＿＿

地址：＿＿＿＿＿＿＿＿＿＿

乙方：＿＿＿＿＿＿＿＿＿＿

地址：＿＿＿＿＿＿＿＿＿＿

根据《中华人民共和国合同法》，本着互利互惠的原则，就甲方委托乙方配送货物事宜，为了明确双方的责任，经双方协商，特签订本合同。

第一条　运输货物（名称、规格、数量）严禁运输国家禁运易燃易爆物品。

第二条　包装要求

甲方必须按照国家主管机关规定的标准包装货物，没有统一规定包装标准的，应根据保证货物运输安全的原则进行包装，否则乙方有权拒绝承运。

第三条　配送区域

＿＿＿＿＿＿地区及省内各市县城。

第四条　合同期限

一年，从＿＿＿＿年＿＿＿＿月＿＿＿＿日至＿＿＿＿年＿＿＿＿月＿＿＿＿日，合同期满后，经双方就合同约定价格再行协商，在同等条件下优先续签。

第五条　运输质量及安全要求

乙方必须用符合甲方配送货的车辆，为甲方实行优质、快捷、安全的B2B配送货服务。保证甲方的货物按规定、要求、时间保质保量地配送至目的地。每天运输前双方议定运输重量，超重时价格另定。

第六条　货物装卸责任

货物的装车工作由乙方负责，卸车工作由收货人负责，在装卸过程中发生的一切责任由装、卸方承担。

第七条　收货人领取货物及验收办法

收货人凭有效证件、单据（或凭据）与乙方对证验收、领取货物。

第八条　收费标准与费用结算方式

甲方收到乙方所提供的符合本合同约定的单据后，每两个月15日结算第一个月的费用。

第九条　双方的权利和义务（见上文）

第十条　违约责任

（一）甲方责任

1. 不按时与乙方结算配送费用，每超一天偿付给乙方当月结算费用1%的违约金，但由于乙方提供的结算单据不及时除外。

2. 因甲方原因，造成乙方的承运车不能及时返回，甲方应根据当次加付运费 10%作为补偿金。(规定卸货时间为 2 小时)

3. 甲方有责任为乙方营造良好的服务环境，如甲方员工在货物配送过程中发生以下现象之一的，甲方应向乙方支付违约________元/次。

(1) 不按预约时间装卸货物。

(2) 装卸货物当中有野蛮装卸行为，乙方指出，甲方工作人员不及时更改。

(3) 甲方协调不到位，造成乙方被投诉。

(4) 甲方发错货，造成乙方承运货物到达商场后，商场拒收，返程运费由甲方支付。

4. 由于在货物中夹带、匿报危险货物，而招致货物破损、爆炸，造成人身伤亡的，甲方应承担由此造成的一切责任。

(二) 乙方责任

1. 乙方如送货到达时间每晚于规定时间一天，应向甲方支付当次运输费 10%的违约金(阻车、修路、交通管制除外)，若乙方送达目的地错误，应自费将货物送达甲方要求的目的地，因此给甲方造成的损失由乙方负责赔偿。

2. 经双方确认，货物在运输途中造成的破损、遗失、短缺等任何损失，由乙方负责赔偿，赔偿值按批发价计算，且乙方不得擅自拆除货物并重新包装，因以上原因造成甲方违约或其他损失后，由乙方负责赔偿。

3. 乙方有责任为甲方提供优质服务，如乙方员工在货物配送过程中发生以下现象之一的(属于乙方责任造成的)，乙方应向甲方支付违约金 200 元/次，同时乙方应按本合同继续履行合同。

(1) 不按时运送货物，造成用户投诉。

(2) 在运输过程中，损坏货物并强行留给用户，造成用户投诉。

(3) 在装卸货物中，司机刁难用户，造成用户投诉。

(4) 在运送过程中，送错货物，造成用户投诉。

4. 在符合法律和合同规定条件下的运输，由于下列原因造成货物灭失、短少、损坏的，乙方不承担违约责任。

(1) 不可抗力；

(2) 货物本身的自然属性；

(3) 甲方或收货人本身的过错。

(三) 其他________

1. 甲方仅支付乙方运费。在运输途中发生的其他一切费用（如过路、过桥费等）全部由乙方负责，具体支付标准（详见合同附件《价格表》）。

2. 双方不能以任何形式向公众透露对方的商业机密，否则，由此引起的任何损失（如名誉受损、经济受损等）均由泄密方负责赔偿。

3. 不可抗力的原因，影响本合同不能履行或者部分不能履行或延期履行时，遇有不可抗力事故的一方，应立即将事故情况通知对方，并详细提供事故详情及造成合同不能履行，或者部分不能履行，或者延期履行的理由及所有的相关文件资料。

4. 一方违约，另一方有权以书面形式通知对方解除本合同或双方签订的其他合同、协议，合同自发出通知之日起 30 天后解除，由违约方承担违约责任。

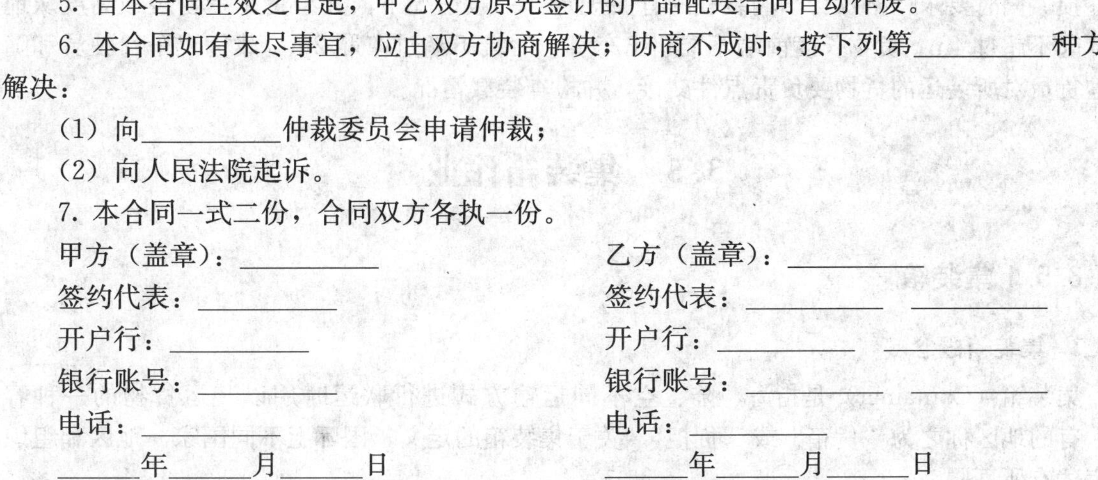

5. 自本合同生效之日起，甲乙双方原先签订的产品配送合同自动作废。

6. 本合同如有未尽事宜，应由双方协商解决；协商不成时，按下列第__________种方式解决：

（1）向__________仲裁委员会申请仲裁；

（2）向人民法院起诉。

7. 本合同一式二份，合同双方各执一份。

甲方（盖章）：__________	乙方（盖章）：__________
签约代表：__________	签约代表：__________　__________
开户行：__________	开户行：__________　__________
银行账号：__________	银行账号：__________　__________
电话：__________	电话：__________
______年______月______日	______年______月______日
签订地点：__________	签订地点：__________

3.4.4　配送托运程序

配送业务一般都是近距离的运输活动，运载工具多为汽车。一般货物的托运程序如下。

1. 托运

向物流企业托运时，托运人要准确填写运单。一张运单必须属于同一托运人。轻泡货物要准确填写货物体积并折算出重量，零散货物要系上牢固的标签。快递包裹的运单就是托运合同。

2. 装载与发车

承运人一经签证发车装运，即应履行运输责任，同时，计算运杂费，填制运杂费结算单据，在派车单上填写重驶里程、空驶里程等有关内容，并向托运人或收货人结算费用。货物的装载重量以车辆核定载重吨位为限。但整箱货物的尾数允许增载10%以内。

3. 货物交付

整批货物运抵指定地点后，经收货人查验无误，在货票或收货回执上签收，由司机或送货员带回启运车队；零星货物必须按批点清件数，由收货人签证回单。

如发生货损货差，收货人与运货车辆要当场分清责任，并在回单上批注清楚；一经签收，运输责任即履行完毕。

3.4.5　汽车装卸工作

载货汽车的装卸形式大体有以下三种。

（1）承运部门配备随车装卸工人跟车装卸；

（2）托运人自装，收货人自卸，货主自行负责；

（3）装卸地点由专业装卸部门或机械设备承担装卸任务。

采用第一种形式要根据派车数调配足够的装卸力量，否则就会影响运行时间，这种形式适合配送运输；第二种形式适用于长距离运送。但无论采用哪种形式，都应重视装卸质量，必须坚持文明装卸，做到重不压轻，大不压小，堆码有序、整齐，捆扎牢固，避免丢、撒、漏、损。同时要求严格执行车辆装载的有关规定：一般情况下，大型货车货物装载高度从地面算起不超过 4m，货物长度前端不准超出车身，后端不超过车厢 2m。载货汽车驾驶员和随车理货员对所装运的货物要负责点件交接，并检查装载情况。

3.5 集装箱作业

3.5.1 集装箱

1. 集装箱概念

集装箱（Container）是指海、陆、空不同运输方式进行联运时用以装运货物的一种容器。有的地区称之为“货箱”或“货柜”。关于集装箱的定义，国际上不同国家、地区和组织的表述有所不同。

国际标准化组织（ISO）对集装箱定义如下。

集装箱是一种运输设备；具有足够的强度，可长期反复使用；是为便于商品运送而专门设计的，在一种或多种运输方式下运输时，无须中途换装；具有快速装卸和搬运的装置，特别是从一种运输方式转移到另一种运输方式时；设计时注意到便于货物装满或卸空；内容积为 1 m^3 或 1 m^3 以上。

2. 常用的集装箱种类

集装箱种类繁多，一般都按照用途、箱体材料、结构、尺寸等不同来对其进行分类。较常用的有以下几种。

20 英尺集装箱：内容积为 5.69 m×2.13m×2.18 m，配货毛重一般为 17.5 t，体积为 24～26 m^3。

40 英尺集装箱：内容积为 11.8 m×2.13m×2.18 m，配货毛重一般为 22 t，体积为 54 m^3。

40 英尺高型集装箱：内容积为 11.8 m×2.13 m×2.72 m，配货毛重一般为 22 t，体积为 68 m^3。

45 英尺高型集装箱：内容积为 13.58 m×2.34 m×2.71 m，配货毛重一般为 29 t，体积为 86 m^3。

20 英尺开顶集装箱：内容积为 5.89 m×2.32 m×2.31 m，配货毛重一般为 20 t，体积为 31.5 m^3。

40 英尺开顶集装箱：内容积为 12.01 m×2.33 m×2.15 m，配货毛重一般为 30.4 t，体积为 65 m^3。

20 英尺平底集装箱：内容积为 5.85 m×2.23 m×2.15 m，配货毛重一般为 23 t，体积为 28 m^3。

40 英尺平底集装箱：内容积为 12.05 m×2.12 m×1.96 m，配货毛重一般为 36 t，体积为 50 m^3。

3. 集装箱运输的优点

集装箱运输是指将一定数量的单件货物装入特制的标准规格的集装箱内，以集装箱作为

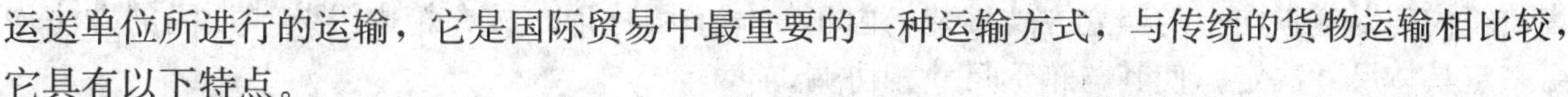

运送单位所进行的运输，它是国际贸易中最重要的一种运输方式，与传统的货物运输相比较，它具有以下特点。

(1) 提高货运速度，加快了运输工具及货物资金的周转。集装箱运输是将一件件的杂货集中，成组装入一个特制的箱内。在整个运输过程中以整个集装箱作为作业对象，并用专门设备工具装运。机械化程度高，速度快，效率高，中间作业环节少。

(2) 减少货损、货差，提高货运质量。在全程运输过程中，货物置于箱内，从一种运输工具转运到另一种运输工具不需要换装，货损、货差、被盗的可能性大大减少，货运质量得以提高，保险费比较低。

(3) 可以减少运输环节上的理货交接程序，简化烦琐的手续，运输过程中的交付、承运、装卸、移交等环节均需要很多人进行理货工作，如果使用集装箱，运输交接不需要清点物资件数，简化手续，工序明确而且提高了工作效率。

(4) 简化货物的包装，节约货物包装费用，减少运输费用。

(5) 车船周转加快，装卸费减少，劳动条件改善，运输成本降低。

(6) 不受气候影响，实现了定点、定期运输的装卸作业。

3.5.2 不同货物的装箱操作

1. 滚筒货的装箱操作

卷纸、卷钢、钢丝绳、电缆、盘元等卷盘货、塑料薄膜、柏油纸等滚筒货，以及轮胎、瓦管等均属于滚动类货物。滚动货装箱时一定要注意消除其滚动的特性，做到有效、合理地装载。

(1) 卷纸类货物的装载和固定操作。卷纸类货物原则上应竖装，并应保证卷纸两端的截面不受污损。只要把靠近箱门口的几个卷纸与内侧的几个卷纸用钢带捆在一起，并用填充物将箱门口处的空隙填满，即可将货物固定。

(2) 盘元的装载和固定操作。盘元是一种只能用机械装载的重货，一般在箱底只能装一层。最好使用井字形的盘元架。

(3) 电缆的装载和固定操作。电缆是绕在电缆盘上进行运输的，装载电缆盘时也应注意箱底的局部强度问题。大型电缆盘在集装箱内只能装一层，一般使用支架以防止滚动。

(4) 卷钢的装载和固定操作。卷钢虽然也属于集中负荷的货物，但是热轧卷钢一般比电缆轻。装载卷钢时，一定要使货物之间互相贴紧，并装在集装箱的中央。对于重3 t左右的卷钢，除用钢丝绳或钢带通过箱内系环将卷钢系紧外，还应在卷钢之间用钢丝绳或钢带连接起来；对于重5 t左右的卷钢，还应再用方形木条加以固定。固定时通常使用钢丝绳，而不使用钢带，因为钢带容易断裂。

(5) 轮胎的装载和固定操作。普通卡车用的小型轮胎竖装横装都可以。横装比较稳定，不需要特别加以固定。大型轮胎一般以竖装为多，应根据轮胎的直径、厚度来研究其装载方法，并加以固定。

2. 桶装货的装箱操作

桶装货一般包括各种油类、液体和粉末类的化学制品、酒精、糖浆等，其包装形式有铁桶、木桶、塑料桶、胶合板桶和纸板桶等5种。除桶口在腰部的传统鼓形木桶外，桶装货在集装箱内均以桶口向上的竖立方式堆装，由于筒体呈圆柱形，故在箱内堆装和加固的方法均由一定具体尺寸决定，使其与箱形尺寸相协调。

(1) 铁质桶的装载和固定操作。集装箱运输中以 0.25 m^3（55 英加仑）的铁桶最为常见。这种铁桶在集装箱内可堆装两层，每一个 20 英尺型集装箱内一般可装 80 桶。装载时要求桶与桶之间要靠近，对于桶上有凸缘的铁桶，为了使桶与桶之间的凸缘错开，每隔一行要垫一块垫高板，装载第二层时同样要垫上垫高板，而不垫垫高板的这一行也要垫上胶合板，使上层的桶装载稳定。

(2) 木质桶的装载和固定操作。木桶一般呈鼓形，两端有铁箍，由于竖装时容易脱盖，故原则上要求横向装载。横装时在木桶的两端垫上木楔，木楔的高度要使桶中央能离开箱底，不让桶的腰部受力。

(3) 纸板桶的装载和固定操作。纸板桶的装载方法与铁桶相似，但其强度较弱，故在装箱时应注意不能使其翻倒而产生破损。装载时必须竖装，装载层数要根据桶的强度而定，有时要有一定限制，上下层之间一定有插入胶合板做衬垫，以便使负荷分散。

3. 各种车辆的装箱操作

集装箱内装载的车辆有小轿车、小型卡车、各种叉式装卸车、推土机、压路机和小型拖拉机等。杂货集装箱只能装一辆小轿车，因此箱内将产生很大的空隙。如果航线上有回空的冷冻集装箱或动物集装箱，则用来装小轿车比较理想，因为冷冻集装箱和动物集装箱的容积比较小，可以更有效地利用集装箱的箱容。而对于各种叉式装卸车、拖拉机、推土机及压路机等特种车辆的运输，通常采用板架集装箱来装载。

(1) 小型轿车和卡车的装载和固定操作。小型轿车和卡车一般都采用密闭集装箱装载。固定时利用集装箱上的系环把车辆拉紧，然后再利用方形木条钉成井字形木框垫在车轮下面，防止车辆滚动，同时应在轮胎与箱底或木条接触的部分用纱布或破布加以衬垫。也可按货主要求，不垫方形木条，只用绳索拉紧即可。利用冷冻箱装箱时，可用箱底通风轨上的孔眼进行拉紧。

(2) 各种叉车的装卸和固定操作。装载叉式装卸车时，通常都把货叉取下后装在箱内。装箱时，在箱底要铺设衬垫，固定时要用纱头或布将橡胶轮胎保护起来，并在车轮下垫塞木楔或方形木条，最后要利用板架集装箱箱底的系环，用钢丝绳系紧。

(3) 推土机和压路机的装载和固定操作。推土机、压路机每台重量很大，一般一个板架集装箱内只能装一台，通常都采用吊车从顶部装载，装载时必须注意车辆的履带是否在集装箱下侧梁上，因为铁与铁相接触，很容易产生滑动，所以箱底一定要衬垫厚木板。

(4) 拖拉机和其他车辆类货物的装载和固定操作。小型拖拉机横向装载时可使其装载量增加，但装载时也应注意集中负荷的问题，故箱底要进行衬垫，以分散其负荷，并要用方形木条、木楔及钢丝绳等进行固定。

3.5.3 内贸沿海集装箱作业流程

集装箱被用作中长运输的装载工具，沿海集装箱业务的关系方也非常多，比如，无船经营人、实际承运人、集装箱租赁公司、集装箱堆场、集装箱货运站、码头等。

我国内贸沿海集装箱航线比外贸集装箱航线稍晚，但自 1996 年 12 月 16 日我国第一条内贸集装箱航线（厦门—上海）开通后，之后每年持续迅猛发展，年增长速度远超过外贸集装箱，截止到 2007 年我国内贸集装箱吞吐量已增至 1940 万 TEU。见表 3-3。

表 3-3　1999—2007 年我国内贸沿海集装箱吞吐量　　单位：万 TEU

1999	2000	2001	2002	2003	2004	2005	2006	2007
71	114	221	352	501	725	1032	1535	1940

（资料来源：《港口年鉴》）

具体的操作流程如下。

（1）发货人向代理或船公司办事处提交承运委托书确认运输方式及费用。① door to door（门到门）：发货人向代理或船公司办事处询问和确认发货人仓库到收货人仓库的所有费用以后，代理或船公司办事处根据发货人所提供的仓库地址，安排派车装箱和箱到后送货等工作。② CY to CY（堆场到堆场）：代理或船公司办事处向发货人或收货人收取装、卸船和海上运输费。发货人或收货人自行办理两港到两地仓库的陆运及交港杂费等。③ CFS to CFS（货运站到货运站）：代理或船公司办事处向发货人收取海上运输这段费用，发货人或收货人自行办理和支付两港到两地仓库的陆运费及港口的港杂费和装箱费等。

（2）代理或船公司办事处根据委托书及装箱单（发货人提交）作运单及仓单和费用一览表，安排装船以后，将以上单证交付船公司。

（3）船公司向代理或船公司办事处确认抵目的港的费用及服务方式和要求。

（4）代理或船公司办事处通知提货人提货或安排托车送货到运单上收货人的指定地点。

（5）由收货人签收货物及交还签收单给代理或船公司办事处。

（6）代理或船公司办事处和船公司向发货人传真或交还签收单予发货人。

（7）发货人向代理或船公司办事处交付应付所有运费。

（8）代理或船公司办事处向船公司交付应付船公司的费用。

3.5.4　沿海外贸集装箱作业流程

1. 集装箱出口货运程序

（1）发货人向货运代理（船公司）订舱。

（2）货运代理（船公司）接受委托后，及时安排车辆调箱并到厂家仓库装箱或是厂家自己送货到集装箱场站装箱。

（3）货运代理在货物到达码头堆场后到海关报关。

（4）货物通关安排装船发运。

（5）货运代理（船公司）在货物上船后做好提单，发货人付清运费获得提单后到银行结汇。

2. 集装箱进口货运程序

（1）收货人取得提单后委托货运代理代办清关手续。

（2）货运代理在获得提单后到船公司（或其代理）换取提货单。

（3）货运代理持相关单证到海关和检验、检疫局办理清关手续。

（4）海关放行后，货运代理安排集中送货到厂家仓库或收货人自己到码头办理提箱提货手续。

3.5.5 铁路集装箱货运程序

1. 确定集装箱承运日期表

集装箱铁路承运日期表由铁路集装箱办理站制定，目的是使发货人明确开往某一方向的集装箱列车的装箱时间，以便发货人准备好短途运输手段，按时送货装箱。

2. 集装箱货物托运受理

1）由货运公司集中受理

这是目前大多数铁路集装箱办理站采用的受理方式。这种方式的处理程序是由货运公司接受发货人托运，然后由货运公司审批运单。

2）驻在受理

铁路集装箱办理站在货源比较稳定的企业设受理室，直接受理托运货物业务。

3）电话受理

由发货人直接通过电话向铁路集装箱办理站的货运室托运货物。受理货运员根据电话登记托运的货物，统一集配、审批，然后电话通知发货人进箱（货）日期。

3. 空箱发放和装箱

在发放空箱时，双方要明确交接责任，共同检查集装箱外表状况，判断是否会影响货物运输安全，避免事后的责任纠纷。

4. 铁路专用集装箱货物的接受和承运

发货人将铅封后的集装箱送至铁路集装箱办理站的发送箱区。

发货货运员在检查无误后，在货物运单上加盖站名、日期戳记，表明铁路办理站的承运责任由此开始发生。承运是指发货人将托运人的集装箱货物交至铁路办理站，到目的地铁路办理站将集装箱货物交给收货人为止的全部过程。

5. 装车

在始发铁路集装箱办理站，装车货运员按照配送计划确定装车顺序，然后在装卸线上装车。

6. 到达目的地铁路办理站卸车

集装箱列车经铁路运输，到达目的地铁路办理站装卸线卸车。

7. 集装箱货物交付

目的地铁路集装箱办理站在卸箱后，交箱货运员接到转来的卸货卡片和有关单据，应认真核对车号、集装箱铅封号和标签，然后通知交货。收货人在收到箱子，核对铅封后，在有关单据上签章交回，然后交箱货运员在运单上盖“付讫”章。

城市配送模拟

实训目的

掌握城市配送的基本流程。

实训内容

1. 各岗位员工配合程度。
2. 送货及时程度。
3. 有没有货损货差产生。
4. 客户满意度。

实训要求

实训所需条件如下。

1. 两间教室，其中一间作为配送中心，另一间作为客户收货场所。
2. 扑克牌 10 副，粉笔头若干。

实训课时

4 课时。

实训步骤

1. 仓管员进行库位分配、入库，制作相关单证。
2. 拣货人员接单，作订单分析，并制作拣货单，自制货品包装。
3. 复核人员对入库单、拣货单进行复核，保证货单一致。
4. 拣货员交单给送货员，填送货单。
5. 送货员按客户要求送货，制作客户回单并指导客户填写。
6. 完成实训报告。

复习思考题

一、选择题

1. 下列不属于送货的特点有（　　）。

A. 时效性　　B. 便利性　　C. 可靠性　　D. 经济性

2. 退货作业是其他作业环节中必不可少的一环，（　　）是退货作业的原因。

A. 瑕疵品回收　　B. 电子购物退货

C. 运输单位理赔　　D. 商品正常运送

3. 退货作业中，比较常见的处理方法有（　　）。

A. 无条件重新发货　　B. 运输单位赔偿

C. 收取费用，重新发货　　D. 重新发货或替代

4. 配送托运的程序有（　　）。

A. 方便用户　　B. 托运、装载与发车

C. 货物交付　　　　　　　　　　　　D. 集装箱作业

二、判断题

1. 拣货是在拣货作业完成后，将所拣货物根据不同的顾客或配送路线进行分类，也有一些需经过流通加工的商品，拣取货物集中后，先按流通加工方式分类，分别进行加工处理，加工完毕，再按送货要求分类出货。（　　）

2. 退货就是将购买到的商品返送至配送中心，再由配送中心与生产厂家联系，或返修或换货。（　　）

3. 企业动态地配置自身和其他企业的功能和服务，利用外部的资源为企业内部的生产经营服务，这是指第四方物流活动。（　　）

4. 配送合同就是约定物流企业从交货地装车起运送货到指定客户处，货主单位或收货人支付票款或配送费用的合同。（　　）

5. 常见的出货检查方法有商品条形码检查法、声音输入检查法、重量计算检查法。（　　）

三、简答题

1. 试简要分析出货作业的主要流程。

2. 试简要分析提高配送运行效率的主要措施。

3. 在配送双方签署合同的过程中，需要注意哪些内容？

部分习题参考答案

一、选择题

1. D　2. A　3. ABCD　4. BC

二、判断题

1. ×　2. √　3. ×　4. √　5. √

案例分析

几家著名企业退货管理对比分析

越来越多的企业已经认识到退货管理对客户关系、品牌忠诚度和净收益的重要性，他们采取积极的措施节约资金、提高客户满意度。退货管理很复杂，由于所有的退货不能以同样的方式处理，所以退货管理对大多数企业来说还是一个棘手的问题。下面分别介绍国外几家著名企业的退货管理。

1. 曼哈顿合伙企业的退货解决方案

为了帮助消费者处理不同的退货，曼哈顿合伙企业——美国亚特兰大一家供应链提供商与其他的软件提供商设计了新的解决方案。曼哈顿合伙企业的“退回供应商”模型能够把所有供应商退货管理的政策纳入计划，这样就可以避免退货管理中经常出现一些类似的问题。此外，曼哈顿合伙企业的退货政策还具有“守门”功能，可以防止不符合条件的产品的退回。

例如，一个制造商可能与一家批发商签订协议，不管是否质量问题，都只允许一定比例的退货。曼哈顿合伙企业按照退货处理政策，以关系、产品或环境为基础，动态地解决各种情况，自主决策。

2. Cellstar 退货解决方案

Cellstar 是美国得克萨斯州北部卡罗顿市的一家移动电话的物流服务提供商。其提供的一项新服务——Omnigistics，是专门为移动电话退货处理设计的。由于 Omnigistics 的诞生，当客户的移动电话出现问题并且在保修期内时，他们会直接打电话到电话中心。然后电话中心记录下这部电话的信息（包括产品序列号），及时进行产品退换工作。序列号有助于 Omnigistics 确定产品是否仍在保修期内。同时，当退回的产品在逆向物流链上流动时，也可以计算出它的劳动成本。Omnigistics 不仅带来成本的降低和客户服务水平的提高，而且使企业获取许多有价值的可靠信息，这可以使企业提前采取措施。

3. Neiman Marcus 的退货解决方案

能够很容易地使产品在供应链上逆向传输对退货管理非常重要。美国得克萨斯州的一家高消费阶层的零售商 Neiman Marcus，采用 Newgistics 提供的“敏捷标签”解决方案，实现了小包装客户退货产品在供应链上的逆向传输。据 Neiman Marcus 介绍，他们在运输一件产品的时候，会将运输标签和拣选单据放入包装箱（盒）中，同时，拣选单据还附有一个便于退货处理的“敏捷标签”。客户退货时须再次使用这个敏捷标签，这使得 Neiman Marcus 能够非常快地处理好退货。这大大提高了客户满意度，此外，这项服务使零售商也非常满意。

4. 东芝的退货解决方案

东芝电脑的退货管理存在着不同的问题，因为客户想要他们之前使用的、存有所有资料的那台电脑，替代电脑根本不行。因此，客户满意的两个关键因素是速度和第一时间的修理。如果东芝忽略了这两个因素中的任意一个，客户满意度就会降低。东芝采用六西格玛法寻找缩短修理时间的解决方案。东芝选择了 UPS 集团旗下的供应链管理解决方案事业部（UPS Supply Chaia-Solutions），它具备修理能力，更为重要的是它在物流领域处于核心地位。

UPS 位于美国路易（斯）维尔的飞机跑道也是一个大的有利条件。东芝的零件存储和修理中心都位于路易（斯）维尔。结果，双方合作以后，库存竟然表现非常好，因为零部件不用离开工厂。而且，修理周期也大大缩短，由过去的 10 天降为 4 天。

退货物流管理正在成为企业竞争中的重要组成部分，通过以上几家著名企业的退货管理介绍、对比分析，相信对国内企业做好退货管理具有一定的借鉴作用。（资料来源：《现代物流与配送》，杨振科主编）

思考题：该案例介绍的退货管理对你有何启示？

案例分析参考答案

几家著名企业的退货管理给我们的启示有：

(1) 退货管理已成为企业竞争的重要内容；

(2) 不同企业需要努力寻找适合自身的退货策略和管理方式；

(3) 尽可能地降低退货成本。

第 4 章

配送中心经营管理

本章要点

- 掌握配送中心外部环境分析内容；
- 配送中心的战略实施步骤；
- 配送中心网络布局设计；
- 了解配送组织管理类别；
- 了解配送中心所需人员类别。

开篇案例

三星中国的物流加速度

三星电子近十年来的发展速度令人感到炫目。但如何提升和获取稳定的运营利润，依旧是摆在三星电子面前的一道难题。

手机是带给三星电子辉煌的产品，但在这个产品生命周期越来越短的行业，三星电子赖以自豪的全球化供应链结构——韩国研发、中国制造、全球销售——的短板暴露无遗。如何在一条横跨全球的供应链条中，既保持研发能力和制造成本的优势，又不影响到销售的速度？

三星电子目前采用的物流架构，与其产品定位和制造策略不无关联。目前三星电子的四大支柱业务——移动、家庭网络、企业网络、核心部件均取得了长足发展。

三星电子早已意识到了来自竞争对手的压力，并针对自己的产品特性、制造模式开始加强了上下游之间资源的垂直整合。

2005 年，三星电子把收入的 9%约为 54 亿美元投入研发和设计。在此之前的 2004 年的投入约为 46 亿美元，占收入的 8.3%。在供应链管理上采用先进的 IT 系统，让公司内部和主要客户间共享数据和信息。其他举措还包括，重视商业合作伙伴，将客户分出优先次序，让最高级的客户享受最好的待遇。

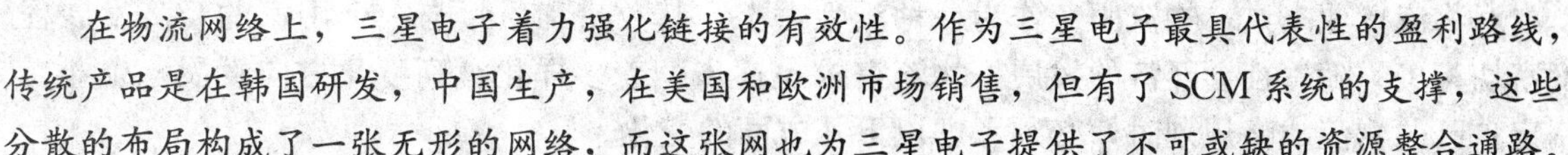

在物流网络上，三星电子着力强化链接的有效性。作为三星电子最具代表性的盈利路线，传统产品是在韩国研发，中国生产，在美国和欧洲市场销售，但有了 SCM 系统的支撑，这些分散的布局构成了一张无形的网络，而这张网也为三星电子提供了不可或缺的资源整合通路。

建立园区是三星电子完善物流网络的又一重要举措。通常的模式下，三星电子在设立制造基地的同时也召集供应商入驻园区，把原来需要空运、海运采购原材料和零部件的方式变得简单，不仅节省了大部分运输成本，还将库存成本几乎降为零，最高效地保证了生产，提高了产能。目前，三星电子已在全球建立了包括北京在内的七个工业园区。

在物流业务上的外包尝试，也提高了三星电子的供应链效率。通过与第三方物流服务商 EXEL 的合作，产品可以通过 EXEL 在洛杉矶、纽约和芝加哥的仓库周转，这大大缩短了和许多重要客户之间的距离。不仅缩短了交货期，也提高了交货率。

思考题：三星的垂直战略给三星带来了哪些收益？

4.1　配送中心经营环境分析

物流战略就是企业为开展好物流活动而制定的更为具体、操作性更强的行动指南。企业战略是对企业各种战略的统称，其中既包括竞争战略，也包括营销战略、发展战略、品牌战略、融资战略、技术开发战略、人才开发战略、资源开发战略等。

4.1.1　配送中心发展外部环境分析

分析和了解影响企业发展战略绩效的内在及外在的因素，是对配送中心发展战略定位的第一步。对战略计划的一项重要投入是评价、控制环境变化，其目的就在于保证该战略能使物流运作减少受企业外部环境的限制，保持一定的灵活性。

1. 政治和法律环境

现代物流产业是一个综合性的新兴基础性服务产业，国家先后出台了《关于促进我国现代物流业发展的意见》、《国务院关于加快发展服务业的若干意见》和《国务院办公厅关于加快发展服务业若干政策措施的实施意见》等文件，提出发展物流产业多元化、多层次的具体措施及发展方向。并将物流产业纳入我国“十一五”时期的重大战略部署和基本政策中。在《中华人民共和国国民经济和社会发展第十一个五年规划纲要》、《综合交通网中长期发展规划》、《粮食现代物流发展规划》、《全国内河航道与港口布局规划》、《全国公路主枢纽布局规划》及《邮政业“十一五”规划》等相关规划中，为物流业又好又快的发展指明了方向。国家在 2010 年 3 月新出台了《物流业调整与振兴规划》，这进一步明确了物流产业在国家经济发展中的地位和发展方向，各地配送中心和物流园区纷纷启动。

2. 经济环境

经济环境是指构成企业生存和发展的社会经济状况，包括社会经济结构、经济体制、发展状况、宏观经济政策等要素。衡量这些因素的经济指标主要有国内生产总值、就业水平、物价水平、消费支出分配规模、国际收支状况，以及利率、通货供应量、政府支出、汇率等国家货币和财政政策、基础设施建设、市场竞争模式等因素。与政治法律环境相比，经济环境对企业生产经营的影响更直接更具体。

对物流行业来讲，物流服务作为一种派生需求，其数量和质量与一个国家的经济发展程度密切相关。随着社会经济的发展，物流需求也逐步朝着多样化、高度化方向发展。企业在制定自己的物流战略规划时，必须考虑以下几方面的变化。

1）产业结构的变化

随着经济的发展，产业结构也在发生着变化。总的趋势是，第一产业的比重在逐步下降，第二和第三产业的比重在不断提高。物流运输的货物也由过去的“重厚长大”向“轻薄短小”方向发展，对物流服务的需求也开始从数量需求向质量需求转变。因此可以看出，企业对物流服务的需求，随着产业结构变化也在逐步朝着高度化方向转变。

2）消费者需求的多样化、个性化

随着国民收入水平的提高，在满足了基本生活需求之后，人们对于物质产品的需求表现出了多样化和个性化的特点。对商品的花色品种、质量及售后服务的要求越来越高，这对采购、进货方式、配送都产生着深刻影响。如订货周期越来越短，配送的时间性越来越强。

3）企业经营合理化带来的影响

在商品经济不发达的年代，市场的主导权很大程度上掌握在企业的手里，企业实施的是单一品种、大批量生产和销售的经营体制。随着市场需求环境的变化，企业需要建立小批量、多品种及严格按需生产的弹性化生产经营体制。为了适应这种变化，物流的方式也要发生相应的变革，库存管理的重要性随着库存风险的加大日益突出。

4）物资采购环境的变化

在计划经济和短缺经济环境下，由于资源总量不足，企业千方百计抓资源，无须考虑库存给企业经营带来的风险问题，在采购中也不可能去考虑经济批量的问题，更无法去追求零库存经营。随着中国经济的发展变化，企业的物资采购环境由过去的卖方市场转变为买方市场。物资的品种逐渐多样化，而且在质量上有较大差别，市场价格变动频繁，物资供应商越来越靠近用户。作为物资采购方，采购物资的灵活性越来越大。这时企业的经营者开始思考如何利用买方市场的有利条件，改善采购物流管理，从而降低库存水平，降低物流成本，通过科学的物流管理，使物流成为“第三利润的源泉”。

5）企业市场营销政策的影响

伴随着企业竞争的激烈化，厂家为了保持或者提高市场占有率，需要采取有别于其他企业的产品差别化策略，新产品开发成为竞争的焦点。新产品开发不只限于质量和功能，外形设计、包装也成为构成产品差别化的重要方面，这样就使商品的种类更加趋于多样化。这种营销策略导致物流朝着多品种、小批量方向发展，物流管理和物流作业的难度增加，物流成本上升。

6）流通结构的变化

我国从20世纪90年代初期开始，超级市场、连锁商店、连锁便利店和廉价商店等新型零售业态大批涌现。追求规模效益，满足消费者多样化需求是新型业态出现的理由。而作为新型业态发展的重要基础之一是高效率的物流系统。通过对配送中心等物流据点的有效配置并充分发挥其功能，实现商品采购和供应的效率化，为店铺的“零库存”经营提供条件。

3. 社会、文化与自然环境

社会文化环境是指企业所处的社会结构、社会风俗习惯、信仰和价值观念、行为规范、生活方式、文化传统、人口规模与地理分布等因素的形成和变动。自然环境是指企业所处的

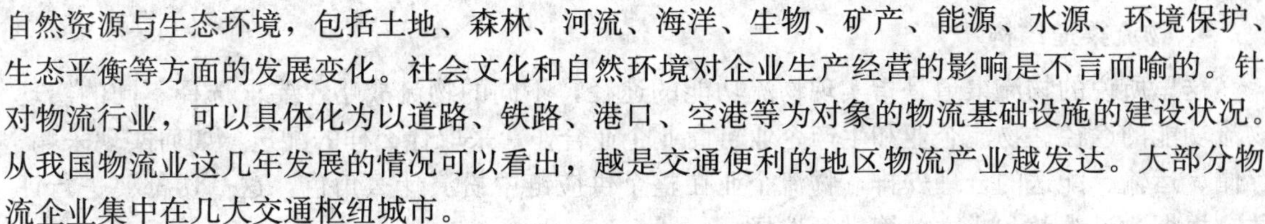

自然资源与生态环境，包括土地、森林、河流、海洋、生物、矿产、能源、水源、环境保护、生态平衡等方面的发展变化。社会文化和自然环境对企业生产经营的影响是不言而喻的。针对物流行业，可以具体化为以道路、铁路、港口、空港等为对象的物流基础设施的建设状况。从我国物流业这几年发展的情况可以看出，越是交通便利的地区物流产业越发达。大部分物流企业集中在几大交通枢纽城市。

4. 技术环境

技术环境是指企业所处的环境中的科技要素及与该要素直接相关的各种社会现象的集合，包括国家科技体制、科技政策、科技水平和科技发展趋势等。在科学技术迅速发展变化的今天，技术环境对企业的影响可能是创造性的，也可能是破坏性的。企业必须要预见这些新技术带来的变化，在战略管理上作出相应的战略决策，以获取新的竞争优势。近年来兴起的电子商务就对企业商流和物流之间相互协调配合提出了新的要求。电子商务是指运用现代计算机和信息通信技术完成商品的交易活动，一般特指基于因特网的商流活动。电子商务突破了空间和时间限制，极大地扩展了流通范围，提高了商流的效率，流通方式将因此发生革命性变化，并将深刻影响企业的运作模式。但也应该看到，商流只是流通的一个侧面，随之而来的是物流。有形商品的物流活动不可能以电子数据的传输方式完成，必须使用传统的方式去实现空间位移。这里的问题是，商流活动电子化极大提高了商流的速度和范围，因而要求物流也必须作出快速反应。要配合商流电子化就必须要实现物流的电子化。严格来讲，商流电子化与物流电子化的结合才能构成完整的电子商务，商流的电子化必将推动物流电子化的发展。

4.1.2 配送中心发展的行业环境分析

制定发展战略时考虑的行业环境因素如下。

1. 其他配送中心物流水平

“知己知彼，百战不殆”，了解同行的物流水平，分析出自己的优势，是企业制订战略计划必须要重视的问题。

2. 技术评价

低技术含量的传统生产方式已经逐步成为市场体系的底层，竞争能力和盈利能力不断下降，而新技术、实用性技术的开发和更新速度越来越快，并成为支撑实体经济和产业利润空间的决定性因素之一。现代物流产业正是在传统生产方式的基础上，在网络、计算机、通信、自动化等技术发展的同时，融入了现代科技的因素，不断地提升科技含量，提升产业水平。现代物流技术设施为物流作业带来了革命性的影响，条形码、数据库、卫星定位、电脑眼、机械化仓库等，都为物流及时、准确、高效的实施提供了技术上的支持。但不是所有技术都适合每一个物流企业，企业应结合实际，如企业规模和企业所在具体环境的差异，选择对物流业务活动实用性最强的技术，切不可盲目引进，造成不必要的浪费。

3. 材料—能耗评价

21 世纪将会越来越注重能源短缺和环保问题。能源短缺会引起产品价格上升，环保会使原材料和能源的使用受到限制。物流经营者在制定物流战略时，要不断地评价企业所需要的资源及潜在的可选择物，并根据经济环境的变化调整战略。

4. 物流渠道结构

这里所说的物流渠道是指实现物流功能的途径，不同的物流战略，要求选择不同的实现物流功能的途径。物流企业和生产企业、商业企业合作，采取什么样的配送，如何实现采购、存储、运输、配送的合理安排，物流企业在整个供应链中扮演什么角色，这一切都要进行评估，根据物流绩效和成本核算进行选择。

总之，企业是在环境的约束下生存的，战略及战略计划的制订不能不考虑环境的影响因素。

4.1.3 物流企业的战略定位

定位战略是企业制定长远发展规划的第一步，也是企业营销传播的核心，其定位的正确与否，决定了企业未来的发展方向和企业在市场中的成长空间。物流战略定位即是设定物流企业管理达到的期望水平，以物流成本和物流运作为主要衡量对象。战略定位要解决几个问题：企业从事什么业务；企业如何创造价值；企业的竞争对手是谁；哪些客户对企业是至关重要的，哪些是必须要放弃的。从这几个问题出发，战略定位首先是企业自身定位，再次是要做什么，第三是怎么做。

物流企业进行定位时要考虑自身资源，将优势展现给市场与客户，确保能够给目标客户提供满意服务。

物流企业要确定企业的核心业务能力，也就是企业要取胜市场的核心竞争力，将这一点清晰地传达给市场，有效地实现了企业与目标客户的业务对接。接下来就要考虑如何做，著名的战略学专家迈克尔·波特在名著《竞争战略》中就指出了差异化战略是竞争制胜的法宝，他提出的三大战略——成本领先、差异化、专注化都可以归结到差异化上来。差异化就是如何能够做到与众不同，并且以这种方式提供独特的价值。这种竞争方式为顾客提供了更多的选择，为市场提供了更多的创新。配送中心要考虑如何选择竞争策略，以吸引客户。

4.2 配送中心战略管理

4.2.1 配送中心战略目标

企业的战略目标对企业经营战略的制定和实施有直接的指导作用。企业的战略目标是在企业宗旨和战略分析结果的基础上形成的。

企业的战略目标应满足以下几个要求：

- 可接受性；
- 灵活性；
- 可度量性；
- 激励性和可实现性；
- 适应性；
- 易理解性。

如发展战略，发展战略目标是配送中心的根本，即在保证物流服务水平的前提下，实现物流成本的最低化。具体而言，可通过以下各个目标的实现来达到：

➢ 维持企业长期物流供应的稳定性，低成本，高效率；

➢ 突出产品的个性，谋求良好的竞争优势；

➢ 对环境的变化为企业整体战略提供预警和功能范围内的应变能力；

➢ 以企业整体战略为目标追求与生产销售系统良好的协调性。

企业的战略目标，根据其作用期限和意义大小，可分为长期目标和短期目标。

长期目标是指企业在追求其宗旨的过程中希望达到的结果，而其时间跨度，一般要超过企业当前的财务年度。一个企业的目标取决于其任务的特殊性质，但一般来说，有以下几类：①盈利能力；②对用户、顾客或其他群众提供的服务；③雇员需要与福利；④社会责任。长期目标必须有助于企业任务的实现。它们必须清晰无误、简明扼要；如有必要，则必须定量化，而且应当足够详尽，以便企业的每一个成员都能清楚地理解企业的意图。企业不同领域的目标可以相互制约，但它们彼此之间必须保持内在的一致性。最后，目标应当是动态的，若环境发生变化，它们也需要被重新评价。

短期目标是管理者用来达到长期目标的绩效目标，其时间跨度常常不到一年。短期目标应该建立在对企业长期目标的深入评估基础上，这种评估应该确定各目标之间轻重缓急的顺序和应该优先考虑的领域。只有确定了这些优先领域，短期目标才能更好地为长期目标服务。企业内部各部门、各单位及企业单位内部各部分的长期和短期目标应当以整个企业的总体目标为基础。企业任一层级的长期和短期目标必须与它高一层级的长期和短期目标相协调并服从于它。这样一个目标体系才能够保证企业的所有目标之间相互一致。

4.2.2 战略形成

在确定了企业的战略目标之后，下一步的工作就是制定企业的战略方案。一般有四种常见的制定方法。

1. 自上而下的方法

这种方法是先由企业总部的高层管理人员制定企业的总体战略，然后由下属各部门根据自身的实际情况将企业的总体战略具体化，形成系统的战略方案。这一方式最显著的特点就是，企业的高层管理人员能够牢牢地把握住整个企业的经营方向，并能对下属各部门的各项行动实施有效的控制。它要求企业的高层管理人员制定战略时必须深思熟虑，战略方案务必完善，并且还要对下属各部门提供详尽的指导。

这一方法的缺点是，它束缚了各部门的手脚，难以发挥中下层管理人员的积极性和创造性。

2. 自下而上的方法

这是一种先民主后集中的方法。在制定战略时，企业最高管理层对下属部门不做具体硬性的规定，而要求各部门积极提交战略方案，最高领导层在各部门提交的战略方案基础上，加以协调和平衡，对各部门的战略方案在进行必要的修改后加以确认。

这种方式的优点是，能充分发挥各个部门和各级管理人员的积极性和创造性，集思广益。同时，由于制定出的战略方案有着广泛的群众基础，在战略的实施过程中也容易贯彻和落实。

此方法的不足之处在于，各个部门的战略方案较难协调，影响了企业整个战略计划的系统性和完整性。

3. 上下结合的方法

这种方法是在战略的制定过程中，企业最高领导层和下属各部门的管理人员共同参与，通过上下各层管理人员的沟通和磋商，制定出适宜的战略。

这种方法的主要优点是，可以产生较良好的协调效果，制定出的战略更具有操作性。

4. 战略小组方法

这种方法是指企业的负责人与其他的高层管理人员组成一个战略制定小组，共同处理企业所面临的问题。在战略制定小组中，一般由CEO任组长，其他的人员构成由小组的工作内容决定，通常是吸收与所需要解决的问题关系最密切的人员参加。

这种战略制定方法目的性强、效率高，特别适合于产品开发战略、市场营销战略等特殊战略和处理紧急事件。

4.2.3 战略实施

战略实施是为实现企业战略目标而对战略规划的执行。企业在明晰了自己的战略目标后，就必须专注于如何将其落实转化为实际的行为并确保实现。成功的战略制定并不能保证成功的战略实施，实际做一件事情（战略实施）总是比决定做这件事情（战略制定）要困难得多。

战略实施是一个自上而下的动态管理过程。所谓“自上而下”主要是指，战略目标在公司高层达成一致后，再向中下层传达，并在各项工作中得以分解、落实。所谓“动态”，主要是指战略实施的过程中，常常需要在“分析—决策—执行—反馈—再分析—再决策—再执行”的不断循环中达成战略目标。

经营战略在尚未实施之前只是纸上的文字或人们头脑中的东西，而企业战略的实施是战略管理过程的行动阶段，因此它比战略的制定更加重要。在将企业战略转化为战略的实施过程中，有四个相互联系的阶段。

1. 战略发动阶段

在这一阶段上，企业的领导人要研究如何调动起大多数员工实现新战略的积极性和主动性，这就要求对企业管理人员和员工进行培训，向他们灌输新的思想、新的观念，提出新的口号和新的概念，消除一些不利于战略实施的旧观念和旧思想，以使大多数人逐步接受一种新的战略。要向广大员工讲清楚企业内外环境的变化给企业带来的机遇和挑战、旧战略存在的各种弊病，新战略的优点及存在的风险等，使大多数员工能够认清形势，认识到实施战略的必要性和迫切性，树立信心，打消疑虑，为实现新战略的美好前途而努力奋斗。在发动员工的过程中要努力争取战略的关键执行人员的理解和支持，企业的领导人要考虑机构和人员的认识调整问题，以扫清战略实施的障碍。

2. 战略计划阶段

将经营战略分解为几个战略实施阶段，每个战略实施阶段都有分阶段的目标，相应的有每个阶段的政策措施、部门策略及相应的方针等。要定出分阶段目标的时间表，要对各分阶段目标进行统筹规划、全面安排，并注意各个阶段之间的衔接，对于长远目标方针可以概括一些，但是对于近期目标方针则应该尽量详细一些。对战略实施的第一阶段更应该是新战略与旧战略有很好的衔接，以减少阻力和摩擦，其第一阶段的分目标及计划应该更加具体化和

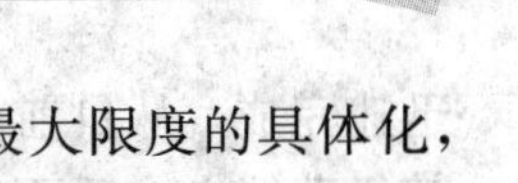

可操作化，应该制定年度目标、部门策略、方针与沟通等措施，使战略最大限度的具体化，变成企业各个部门可以具体操作的业务。比如，配送中心业务部门把业务员负责的地区细分，给出一个既定的业务目标量，超额完成目标有额外奖励。

3. 战略运作阶段

企业战略的实施运作主要与下面六个因素有关，即各级领导人员的素质和价值观念；企业的组织机构；企业文化；资源结构与分配；信息沟通；控制及激励制度。通过这六项因素使战略真正进入到企业的日常生产经营活动中去，成为制度化的工作内容。

4. 战略的控制与评估阶段

战略是在变化的环境中实践的，企业只有加强对战略执行过程的控制与评价，才能适应环境的变化，完成战略任务。这一阶段主要任务是建立控制系统、监控绩效和评估偏差、控制及纠正偏差。

4.2.4　配送中心发展战略

对物流服务提供者来说，大部分是从传统的“类物流”公司延伸与改造发展而来的。其发展战略选择之一是拓宽服务的范围，改变或延伸它们当前的服务内容。另外，提供者也可以扩展服务的地理范围。例如，在欧洲可能的发展趋势是越来越多地集中使用一些大型的物流服务提供者，这意味着承运人时代的到来。正是由于跨国公司对一站式服务的实际需求越来越明显，物流服务提供者也通过兼并、合资、系统接管、合作、战略联盟、信息技术伙伴关系等来增强他们的地位。所以，超级承运人也许就是从这些战略合作中发展形成的。

1. 兼并

兼并已经成为取得更大的市场份额和提供更广泛服务种类的方法。两个公司合并和一个公司兼并另一个公司的潜在利益是巨大的，除了潜在的作业合理化与消除重复活动以外，联合起来的公司还可以减少相互间的竞争。例如海尔，从 20 世纪初的近十年，海尔先后兼并了 18 个企业，并且都扭亏为盈。

2. 合资

合资是兼并以外的另一个重要选择，两个公司可以在同一法律环境下互享经验，同时相对母公司又有一定的自由度。UPS 和 Federar Express 在东欧建立了合资公司，因为这是西方公司在那里参与管理和控制的唯一方法。另外，有一些生产企业和商业企业更愿意保留配送设施的部分产权，并在物流作业中保持参与。对他们来说，与物流服务提供商的合资提供了注入资本和专业知识的途径。

3. 系统接管

大型物流服务供应商全盘买进客户公司的物流系统的例子不胜枚举。他们接管并拥有客户车辆、场站、设备，并接受原公司员工。接管后，系统仍可单独为原来企业服务或与其他公司共享，以改进利用率并分享管理成本。

4. 合作

配送中心与其上下游企业联合起来，组成互用配送组织。这样，信息技术共享不但方便了企业与第三方配送中心进行交流和协作，而且供应链上企业间的协调和合作能在短时间内

迅速完成。从目前物流企业运作来看，单一的第三方配送中心所能接受的加工信息的能力及其经营能力，远不如若干个从事不同产业领域的企业合作经营的“共赢”体。

由于不同企业之间的合作经营，既能保持各企业的核心竞争力，使合作体具有技术优势，又能在技术资源共享的条件下，保持合作体技术实力长期在本行业处于领先地位，因此，合作体内各个企业用于物流技术的人力和财力的总和远远小于独立经营时各企业用于物流技术的人力和财力的总和。这种基于技术能力上的合作已经成为第三方物流企业经营的趋势。目前，合作经营的方式主要有以下三种。

1）纵向合作经营

纵向合作经营是指配送中心与上下游业务中涉及的第三方物流企业联合起来，这些企业所从事的物流业务不同，或者与上游或下游企业之间不存在同类市场竞争。中央和地区级配送中心之间货物的调拨，需要与第三方运输企业合作。

任何一个企业都不可能单独完成自身所需要的所有业务，配送中心若要完成整个物流业务，就必须和上游或下游的其他第三方物流企业进行纵向合作。纵向合作经营的结果使得社会物流资源得以整合，社会分工更专业化，资金投入更合理化。

2）横向合作经营

横向合作经营是指彼此相互独立地从事相同物流业务的配送中心之间的合作经营关系。横向合作经营的基础是资源共享。一是市场的共享。合作体内每个企业独立开发的市场即合作体内所有企业的市场。因为，合作经营使这部分市场中的自由竞争被市场合理划分所代替，合作体内的企业所获得的利润高于自由竞争的利润。此时，合作体市场规模效应，对想进入合作体市场的其他物流企业起着一定的壁垒和威慑作用。二是技术的共享。合作体内每个第三方配送中心都有自己的技术特点，合作经营的结果使得合作体内各种技术特点相互取长补短，形成了合作体共同的、比较全面的物流技术体系优势，既降低了每个企业的技术开发费用，又增强了企业的技术竞争力，扩大了企业的市场竞争范围。三是业务能力的共享。在合作体内部，当某一企业因为季节性或临时性业务需求增大时，可以花费合理而低廉的费用使用合作体内其他企业的业务资源，进而使得合作体内部的投资更合理。横向合作经营的有利之处远不止这些，但资源共享是这一合作方式的主要特点。

3）网络化合作经营

网络化合作经营方式是指既有纵向合作又有横向合作的全方位合作经营模式。网络化合作经营有着纵向合作和横向合作共同的特点，是最常见的合作经营模式，一般中小型物流企业都采用这种合作经营的方式。

5. 战略联盟

物流联盟是以物流为合作基础的企业战略联盟，它是指两个或多个企业之间，为了实现自己的物流战略目标，通过各种协议、契约而结成的优势互补、风险共担、利益共享的松散型网络组织。在现代物流中，是否组建物流联盟，作为企业物流战略的决策之一，其重要性是不言而喻的。我国的大型物流企业虽具备一定的实力，但还不足以与跨国公司抗衡，因此，组建物流战略联盟便显得尤为重要。

6. 信息技术伙伴

物流信息网络是一个配送中心建立的有关用户需求信息、市场动态、企业内部业务处理情况等信息共享的网络，是依靠现代信息网络技术建立起来的运输节点间的信息网络。网络经济学认为，任何网络都具有一个基本的经济特征：连接到一个网络的价值取决于已经连接到该网络其他人的数量。如果一个配送中心的用户数量足够多，口碑足够好，信息网络规模足够大，它显然是潜在用户的首选。供应方规模经济与需求方规模经济作用在一起，导致了物流产业内强大的正反馈现象，强者越强，弱者越弱。事实上，并不是所有的配送中心都能在激烈的市场竞争中取胜或存活。信息网络弱的企业将不断地变得更弱，最终被淘汰；相反，信息网络强的企业将吸引越来越多的用户加入，而变得更加强大，在竞争中取得明显的优势地位。因而信息资源的实时共享是十分重要的。所谓信息资源的实时共享是指企业内部各部门和与企业相关联的外部上下游企业能在第一时间从共享的信息资源上获取各自所需的信息，以便采取相应的运作策略，减少工作过程的不确定性。例如，美国洛杉矶西海报关公司与码头、机场、海关信息联网，一旦货从世界某地起运，客户便可以从该公司获得到达的时间、到泊（岸）的准确位量，使收货人与各仓储、运输公司等做好准备，使商品在几乎不停留的情况下，快速流动，直达目的地。

在国内，配送中心宝供也与快步公司（Egistics）达成了信息技术合作伙伴关系。快步公司是在我国物流领域声名鹊起的物流电子化信息服务提供商。它推出了电子化物流平台，为宝供提供安全有效的信息交换系统，实现其整个供应链全过程，包括制造商、分销商、第三方物流提供商、零售商和电子零售店在内的各环节参与者之间的无缝隙的物流业务流程的整合；该方案不但支持传统的业务模式，而且也支持新的业务模式和交易方式。这使得宝供的物流业务水平得到极大发展。快步与宝供的合作案例已被 IT 著名企业评为亚太地区 B2B 电子商务最佳案例。

4.3　配送中心网络布局管理

4.3.1　配送中心网络布局的基本原则

1. 与企业的总体发展目标相适应

配送中心是以向用户提供配货和送货等服务为其职能的，在其运作和发展过程中，不仅形成了完整的组织结构（即内部结构），也有与本企业发展目标一致的网络布局计划，配送中心的总体规模应该与本企业配送业务量、配送资源相适应，以实现整体效益的最大化。

2. 与企业内已有的配送网络相匹配

配送中心的布局关系到自身的供应能力和储运成本，配送企业的选址和设施设备配置应与本地区经济发展水平相当，配送范围应在合理的半径内。

3. 长期与短期相结合

配送中心的选址既要考虑目前的经营需要，又要适应未来的发展趋势，更要高瞻远瞩，着眼于在我国未来几十年物流发展水平较高时，与国外物流企业的竞争。

4. 基于充分的市场调研

只有真正了解和熟悉了本地区内主营配送业务量和本地消费情况、供求情况、发展趋势等一手信息，才有可能设计出具有可操作性和指导意义的网络蓝图。

4.3.2 配送经营组织系统网络设计方法

由于经营配送中心的企业多以连锁企业居多，下面以连锁企业为例，来阐述配送经营组织设计方法。

1. 基础调查

对连锁配送地区物流情况进行深入细致的调查、分析。了解其物资需求量、需求时间、需求品种、流向、运输方式、仓储能力、网点布局、信息传递、人员素质等诸多方面的情况。

2. 组织系统网络设计

设计一套完整的、适合本配送中心产品特点的连锁经营的组织机构体系；建材连锁经营的基本组织结构为：总部、地方分部、连锁分店或加盟企业、配送与结算服务件中心等。下面将对不同的组织结构阐述不同的设计方法。

1）连锁总部

连锁总部是为连锁分店提供服务的单位，通过总部的标准化、专业化、集中化管理使连锁分店作业单纯化、高效化。其基本职能主要有：政策制定、店铺开发、商品管理、促销管理、店铺督导等，分别由不同的职能部门负责。

通常，连锁总部包括的职能部门主要有：开发部、营业部、商品部、财务部、管理部、营销部等。可根据实际情况分别设置。

2）地区分部

地区分部又叫区域管理部，即连锁总部为加强对某一区域中连锁分店的组织管理，在该区域设立的二级组织机构。这样总部的部分职能转移到地区管理部的相应部门中去，总部主要承担对计划的制订、监督执行，协调各地区管理部统一职能活动，指导各区域管理部的对应活动。地区管理部实质上是总部派出的管理机构，不具备法人资格，仅有管理与执行功能，在大多数问题上决策仍由总部作出。地方分部主要是在连锁总部的指导下，负责地区性连锁发展战略，协调地区分部与总部的关系，处理地区分部日常经营过程中的有关经营管理事务。一般情况下，地区性管理组织即为连锁总公司或地区性分公司，在本地拥有自己的经营管理系统。

3）连锁分店

连锁分店是总部政策的执行单位，是连锁公司直接向顾客提供商品及服务的单位。其基本职能是进行商品销售、进货及存货管理、绩效评估。商品销售是向顾客展示、供应商品并提供服务的活动，是连锁分店的核心职能。进货是指向总部要货或自行向由总部统一规定的供货商要货的活动，分店的存货包括卖场的存货和内仓的存货。经营绩效评估包括对影响经营业绩的各项因素的观察、调查与分析，也包括对各项经营指标完成情况的评估及改善业绩的对策。

4.3.3 配送中心网点布局设计

配送中心是为连锁店铺送货服务的。首先了解连锁店的网店布局。国外连锁店成功的第

一个原因是地点，也就是网点设置。连锁店的网点布局是一个极具科学性、规范性的过程，它应运用定量、定性两种手段，通过设立商圈，全面分析影响布局的各种因素来实现。

1. 连锁店商圈的设定

设定商圈是连锁店网点布局的第一个步骤，也是重要的基础工作。它明确了连锁店辐射的地域范围，相应地得到有关消费者、竞争者、地理位置等市场情况，这样便可预计连锁店的销售额和经营效益，为连锁店具体位置的布局奠定基础。

商圈的大小和形状受各种因素影响，如连锁店的类型、规模、竞争者的分布、交通状况、信息媒体的使用状况等。现有连锁店设定商圈可通过抽样调查销售记录、售后服务登记、顾客意见征询等途径，收集有关顾客居住地点的资料，由资料估计出商圈范围。新建连锁店的商圈设定，可根据当地零售市场的销售潜力，运用趋势分析来划定，如运用城市规划、人口分布、住宅建设、公共交通等方面的资料预测发展趋势，设定商圈。

设定商圈的基本方法是采用“瑞力零售引力法则”，它是瑞力通过美国的城市商圈调查的法则。它的主要内容是：“具有零售中心机能的两个城市，对位于其中间的一个城市的零售交易的吸引力与两城市的人口成正比，与两城市与中间城市的距离成反比”。即：

$$B_a/B_b=(P_a/P_b)\times(D_b/D_a)$$

式中：B_a——A 城市从中间地带吸引来的零售额；

B_b——B 城市从中间地带吸引来的零售额；

P_a——A 城市人口；

P_b——B 城市人口；

D_a——A 城市到中间地带的距离；

D_b——B 城市到中间地带的距离。

瑞力法则并没有直接给出商圈的范围，因而保罗·堪维斯修订了瑞力法则，提出了“堪维斯数式”：

$$D_{ab}=d/[1+(P_b/P_a)/2]$$

式中：D_{ab}——A 城市商圈的距离；

d——A 城市和 B 城市间的距离；

P_a——A 城市的人口；

P_b——B 城市的人口。

总之，设定商圈的意义在于：①商圈一旦设定，使可得到消费者的人口及特征、交通运输状况、竞争状况等，利于企业进行市场环境分析，然后提供相应的产品和服务；②对于在一定区域内已有分店的连锁店而言，可以确定新店是否会与老店竞争；③在一定地域内可以确定一个连锁店开出分店的数目；④商圈设定后就可估算出连锁店的营业额，因此设定商圈是连锁店网点布局的第一步，是连锁成功的必要条件。

2. 配送中心的网络体系构建

通过不断完善，连锁企业的不同级别、不同层次的配送中心构筑起了层次状或称倒置树状的网络体系，在网络体系中从事其业务活动的，虽然从个体的角度看，各个配送中心都是独立运作和独自完成配送任务的，但从全社会来看，各种不同类型、不同规模的配送中心并不是互不相关、完全孤立运作的，而是通过科学布局及合理竞争，形成了分工协作关系，构筑起了层次状的网络体系。如中国台湾地区的计算机业在 20 世纪 90 年代创造了“全球运筹式产销模式”，这种模式是按照用户订单组织生产，生产采取分散形式，即将全世界的计算机资源利用起来，采取外包的形式将一台计算机的所有零部件、元器件、芯片等外包给世界各地的制造商去生产，然后通过全球的物流网络将这些零部件、元器件和芯片发往同一个物流中心进行组装，由该物流配送中心将组装好的计算机发给用户。这一过程需要有高效的物流配送网络支持，显然，物流配送网络的基础是信息、计算机网络。同时物流配送网络化是电子商务的必然要求。

无论何种类型，配送中心都是以网络体系的形态存在于社会的。纵观发达国家配送中心的组织结构和布局情况，其网络体系主要有如下几种类型。

1）多级、多层次的网络体系

这种网络体系是由中央级配送中心、区域性配送中心、基层配送中心和有配送功能的批发商店构筑成的。其中，中央级配送中心在网络体系中处于主导地位，区域性配送中心处于被辐射地位，而基层配送中心则是网络体系的基础结构。

中央级配送中心是指那些在行业内部影响面很大的大型或超大型配送组织。这类配送组织的数量相对来说不太多，但它的活动能量很大。通常，这种级别的配送中心都设立在资源集中的产地或处在枢纽城市（如大港口城市、大批量货物的集散地）。其特点是：①配送的货物批量较大，其服务对象主要是大中型工商企业即大用户；②辐射能力很强，能够在全国以至国际范围内进行配送；③占地面积大，拥有的物流设备、设施齐全、先进。

由于中央级配送中心的经营规模比较大，以及配送的货物批量大，因此，它不可能对社会上所有的用户提供配送服务。尤其是那些需求零散，要求以“小批量、多批次”方式配送多品种商品的用户，是很难和中央级配送中心建立业务关系的。对于这些用户，由基层配送中心或区域配送中心为其配送货物。

区域配送中心和基层配送中心相对中央配送中心来说，是经营规模略小的配送组织。在一般情况下，这种配送中心只为地区范围内的用户配送商品。其特点是：①活动范围较小；②配送货物以小批量为主；③配送方式灵活，既直接向用户配送物资，又常常把货物配送给批发商店；④数量较多，分布的地域广阔。

以上几种配送组织在实际运作时，既相对独立，展现出“独立配送”形态，同时，相互之间又有交叉，呈现出“共同配送”的运行状态。此外，上述这些不同规模、不同层次的配送中心，有时又常常按照一定的原则自上而下地逐级配送货物，从而呈现出梯级结构和放射状态，如图 4-1 所示。

2）两级或双层次的网络体系

这种网络体系是指由两个层面的配送中心（中央配送中心和城市配送中心）组成的配送体系，如图 4-2所示。这也是目前最常见的配送中心网络。在配送范围比较广而用户又比较多，并且用户很分散的情况下，会自然地形成这样的网络体系。

从布局和结构看，在由两级配送中心构成的网络中，数量较多、分布很广的配送中心是那些主要为城市范围内的中小用户服务的城市配送中心，它们是上述配送网络体系的基础结构。

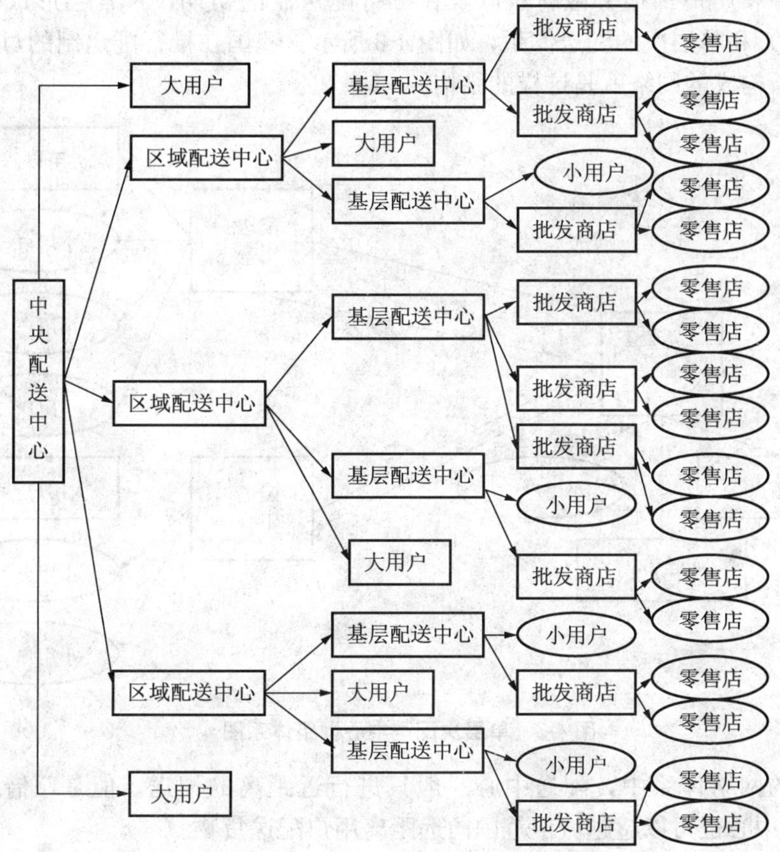

图 4-1　多级、多层次配送中心网络体系图

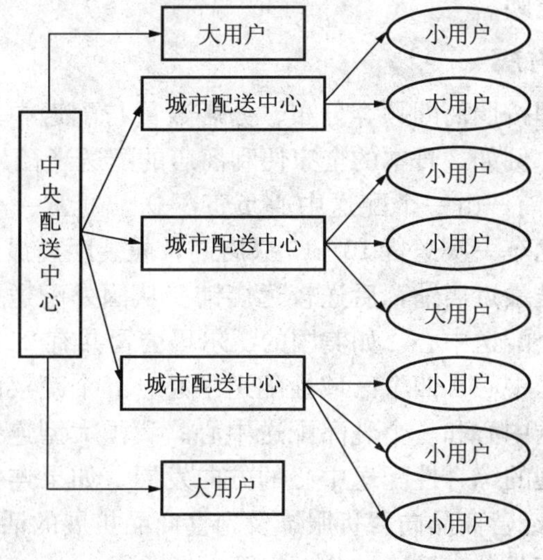

图 4-2　双层次配送中心网络体系图

3）单层次的网络体系

配送中心网络体系基本上是由一种（或一级）配送中心构成的，这样的网络称之为单层次网络。当资源和用户都很分散时，以及在推行配送制的初期，常常会形成一级配送中心（城市配送中心）和单层次的配送体系，如图 4-3 所示。我国在推行配送制的过程中所建立的配送中心及其所构成的网络就是这样的结构。

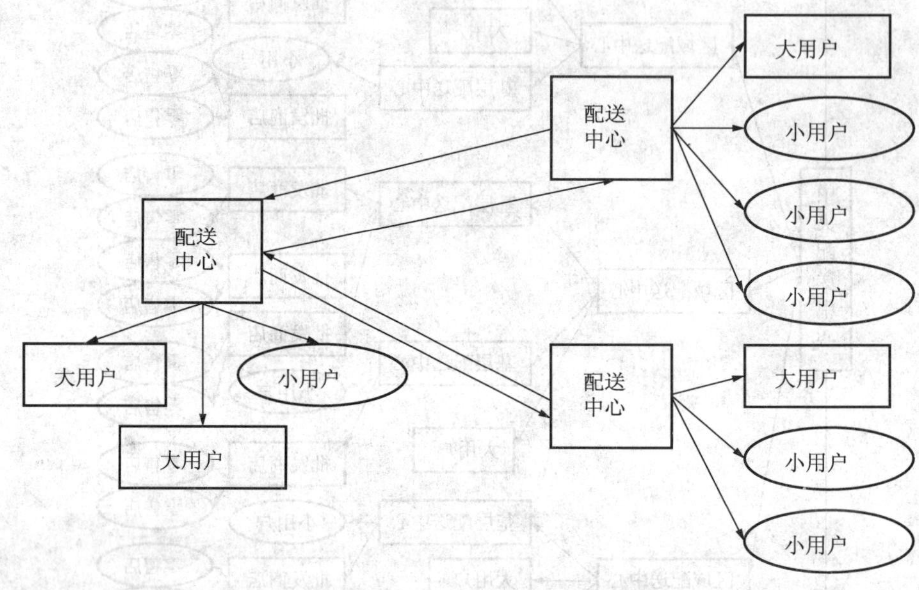

图 4-3　单层次配送中心网络体系图

在单层次的网络体系中，配送中心一般只进行近距离的配送。但是，借助于“共同配送”，这种配送中心也可以超越城市范围向远距离用户配送货物。

无论哪一种配送中心的网络体系，都是人们根据生产发展需要和市场预测，经过科学规划和合理布局而形成的。从某种意义上说，配送中心的网络体系的构成是特定历史时期内经济和市场发展状况的客观反映。

3. 配送中心网络组建方法

可选择适当比例法，即按照商圈顾客分布、分店数量与配送中心的适当比例来决定配送中心的位置、规模与数量。例如，日本的全家便利商店的配送半径为 30 km，在半径为30 km 的范围内平均设有 70 家店铺，由一个配送中心负责配送。通常一个中心拥有 4～5 辆货车，按照本部送货单送货，一辆车一次送货 10～15 家店铺，先装距离最远的店铺的货物，后装最近店铺的货物，送货时先送最近店铺，后送较远店铺。从国外配送中心的发展情况来看，大型的连锁公司一般都有多个配送中心，如美国的沃尔玛公司共有 25 个配送中心，荷兰的阿霍德超市建有一个全国性配送中心、四个区域性配送中心、五个蔬菜配送中心、四个肉食品加工配送中心、一个鲜花配送中心和一个乳酪配送中心。我国大型连锁超市，目前正在由一个或多个配送中心向筹建大型的综合性配送中心的方向发展。如果连锁超市大量发展跨区域门店（在全国范围内），并且经营商品向百货服饰及副食商品扩展的话，就需要建立多个配送中心，考虑配送中心之间的商品分工及区域分工问题。

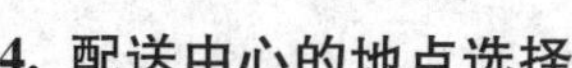

4. 配送中心的地点选择

配送中心的设立是为了实现配送的专业化、效益化和规模化，但如果地点选择不当，就会使其所有功能失效。因此。在配送中心的地点决策中要进行全方位的分析、研究。其最基本的选择标准是将商品运送至所有连锁店所费成本最小。因此，配送中心地点选择通常是由连锁店铺的分布状况所决定的。而忽视店铺分布，片面追求利用自有设施或者支付最低租金，将可能影响配送效率。

根据上述标准，最为简单的地点选择方法，就是把配送中心建在各店铺分布的中央位置，使其到各个店铺的距离总长度最短。例如，可将配送中心设在环形中心。

而直线型连锁店铺分布模式中，可考虑将配送中心设在直线上的某一点，此时的配送模式是从直线中心地带向两边放射。

当然，对于许多连锁组织来说，店铺分布图可能是不规则的，或是菱形、三角形，或是椭圆形、半圆形，或是其他情形，但不管是怎样，都应首先考虑在中心地带设置配送中心的可能性和可行性。但是，我们所追求的配送总成本最少，并不是绝对的等距，即配送中心到各个店铺的距离最短，因为有时两者并不一致。

一般而言，配送中心地点的选择包括立项准备、考察论证、确定选址三个步骤。

(1) 立项准备。它是根据连锁企业扩展需要和店铺发展规划，由企业领导机构和建筑设计部门、营销顾问等共同确定立项，明确配送中心地址的一般原则与要求并提出候选地址。其中的关键是明确配送中心选址的各项条件，包括商品条件、运输条件、用地条件、流通条件等，此外还应考虑各种法律规定、自然资源及人口特点等因素。因此，在配送中心选址具体分析时，必须综合考虑各种因素。

(2) 考察论证。根据上述条件提出的各种候选地址，在最终确定之前，还必须对业务量、成本等进行大量的计算对比及实地考察论证以提高决策的正确性、避免决策失误。一个精确的考察论证必须包括业务量资料、费用资料等多方面。

(3) 确定选址。确定选址分为两种情况，一是对单一配送中心地址的选择，可用数值分析或重心法来确定；二是对多个配送重心的选址可以采用 CFLP 法或 Kuehn－Hamburger（奎汉－哈姆勃兹）模型来确定。由于这些方法涉及很多定量分析，本书中不再阐述，读者可查阅相关资料了解相关内容。

4.4　配送中心组织管理

4.4.1　配送中心组织的类别

在商品流通的过程中，物流扮演着整合商流、物流、金流与信息流等机能的角色。配送中心的形成与设置，将以往需要经过制造、批发、仓储、零售等各点的多层复杂通路简化，进而缩短了通路，降低了流通成本，满足了市场营销的需要。在强调满足顾客服务的前提下，配送中心如果想掌握市场，就必须以更具前瞻性、整体性的组织体系建立配送中心。

近几年来，设定配送中心的组织结构面临许多新的挑战，它们主要是：

- 物流的经营需要更有效率，才能满足顾客的需要，适应激烈的竞争环境；
- 配送中心经营成本的逐渐升高；

➢ 顾客对服务需求不断扩张。

因此，各物流企业不得不调整自己的发展策略以适应新的环境。而各企业的发展策略又受其自身条件及组织目标的影响，而这些又决定了公司的形态与组织类型，如图 4-4所示。

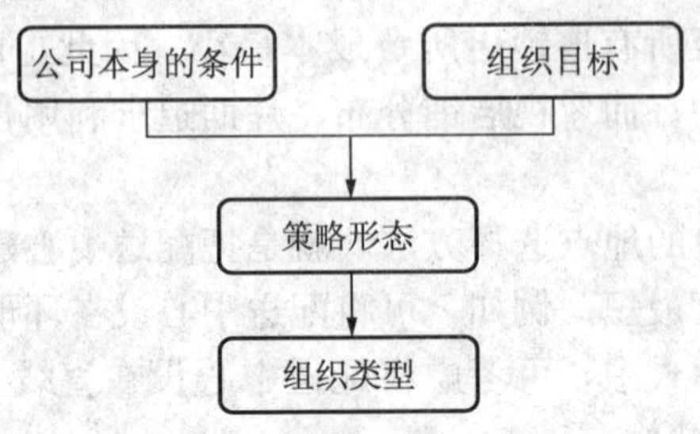

图 4-4 配送中心组织类型的确定

配送中心不论是连锁商业企业自建的还是完全属于第三方物流服务提供者，在组织结构上主要有四种形式：功能型物流组织、地区型物流组织、混合型物流组织和矩阵型物流组织。

1. 功能型物流组织

配送中心初建时，一般考虑的都是功能型物流组织。由总经理统一领导，以下分几个职能部门，职能部分分别负责公司的配送中心规划与改进、配送方案设计、配送业务设计等。

这些组织的特点是系统初建，许多组织需要完善和加工，处于试运行阶段。它们的主要目标是使目前的配送业务顺畅平稳地完成，故其组织结构在设计上偏传统，主要功能是方案设计和配送具体业务的实施。它们以后的发展方向是引进多产品、多品牌；代理与开发知名品牌、创建自己的品牌。如图 4-5 所示。

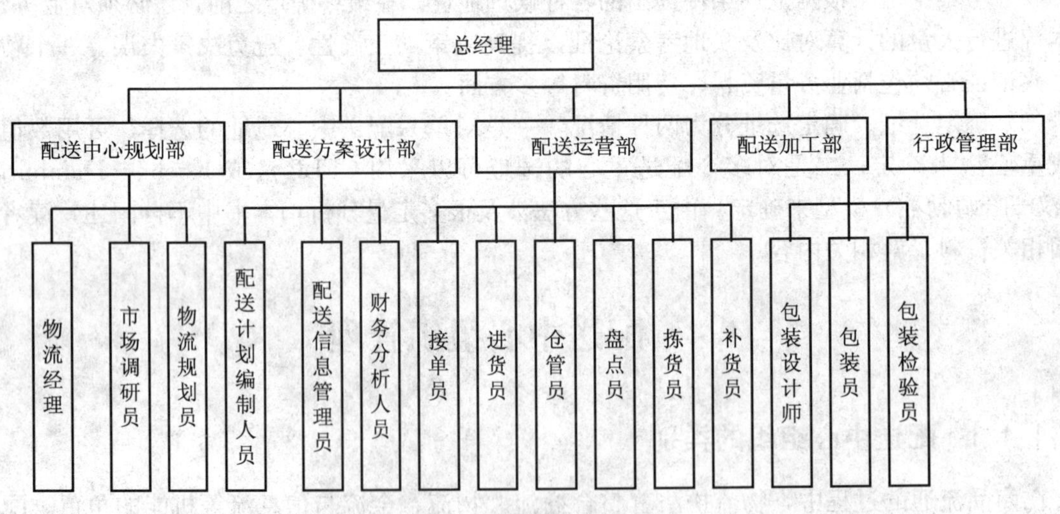

图 4-5 功能型物流组织

2. 地区型物流组织

有许多配送中心是从传统的运输、仓储业发展而来，在业务上仍旧以输送、仓储为主。这样的配送中心强调的是网络，对企业的机动性要求高，要求配送中心能够立即适应变动的环境，要求配送中心有较高的任务协调能力及明确的绩效责任。所以这些配送中心主要根据

服务的产出，对组织划分部门，按照地域设定组织结构，由各地区组织机动性的揽货，如图 4-6所示。

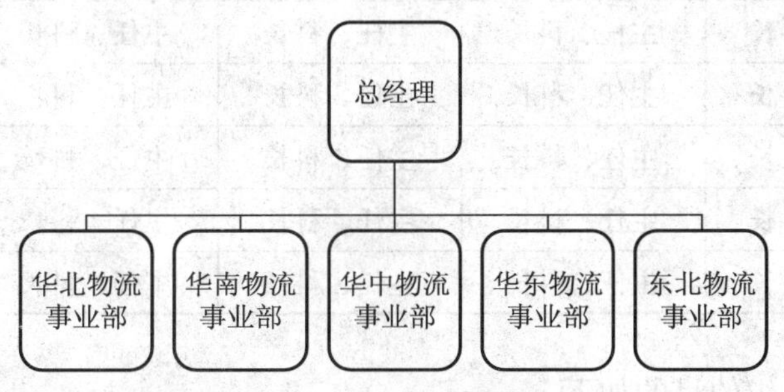

图 4-6　地区型物流组织

3. 混合型物流组织

目前市场上成立了越来越多的专业配送中心，它们属于第三方物流。这些企业是将商品从制造商或进口商运至零售商的中间流通业者，提供企业的物流支援活动，收取商品价格的某百分比来作为收入来源。这些公司大多数由仓储或货运公司转变而来，因此在先天条件上具有以下优势：①专业、熟练的物流技术；②区域性的配送能力；③广布全国的各主要省份的配送网络。因此专业物流公司的策略形态是：①通过全程配送能力的建立，以增强分布全国的配送网络；②通过中立性的角色，强化商品的配送弹性。因此这样的型物流组织强调构建全国或区域性的配送网络与全程运输、短途配送能力的结合为主。所以其在组织设计上多采用混合式的结构，如图 4-7 所示，强调地区型物流中心的独立性与跨区域性物流服务的联结，以一体性系统的物流组织作为服务架构。所以混合型物流组织是指综合功能型物流组织与地区型物流组织的设计要素，利用两者的优点来设定物流组织，它的特点是部门间及部门内的协调可以同时进行，结合了功能型组织的效率及地区组织适应环境的优点。

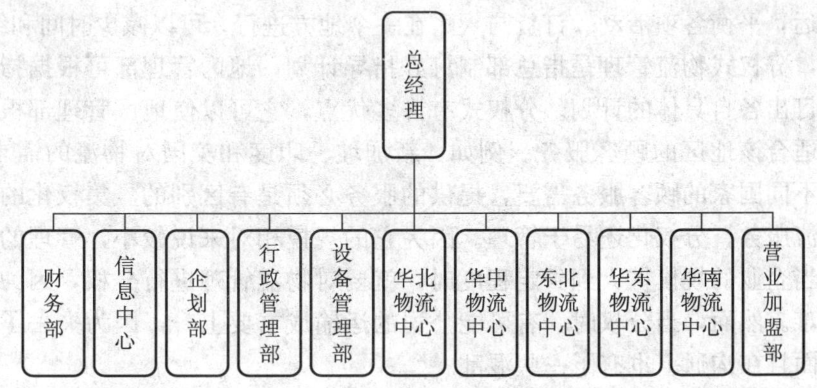

图 4-7　混合型物流组织

4. 矩阵型物流组织

矩阵型物流组织是指将功能型和地区型结构并存于每个部门中，每个单位下的人员，必须接受功能型经理及地区型经理的监督，见表 4-1。

表 4-1 矩阵型物流组织

	华北物流事业处	华中物流事业处	华南物流事业处	上海物流事业处	南京物流事业处
行政管理中心	主任、科长	主任、科长	主任、科长	主任、科长	主任、科长
信息中心	主任、科长	主任、科长	主任、科长	主任、科长	主任、科长
财务会计处	主任、科长	主任、科长	主任、科长	主任、科长	主任、科长
流通企划中心	主任、科长	主任、科长	主任、科长	主任、科长	主任、科长
财务管理中心	主任、科长	主任、科长	主任、科长	主任、科长	主任、科长

采用矩阵型物流组织的目的如下。

- 由于资源的有限，各单位可以在一定的人力资源条件下，同时满足功能型与地区型的需求，可鼓励资源的有效利用。
- 有大量信息处理时，将工作区分为功能型与地区型，可使信息在公司中更快速流通。
- 可满足顾客的需求。
- 较有弹性。
- 增加员工的激励与参与。

4.4.2 设置物流组织需要考虑的几个因素

1. 集权与分权

集权式的物流管理是指所有的物流活动都是由总部控制的，所有的物流决策都是由总部制定好，下属奉命行事。物流管理采用集权式有很多优点。首先，提供给所有顾客的服务都是一样的。其次，由总部出面以大批量运输为基础与承运人谈判，可以获得低的运费，同时还可以大量装运，平衡各项活动。订货与入账在一个地方进行，可以减少时间和纸面工作。

另一方面，分权式物流管理是指总部制订好指导计划，地区管理部可根据指导计划结合本地区特点制订出各自具体的计划。分权式有许多优点，它可以使地区管理部根据不同的地区特点，提供适合该地区的顾客服务。例如，新加坡、印度和美国对物流的需求是不同的，为了充分满足不同国家的顾客服务需要，提供的服务必须是有区别的。集权化的操作就不能提供灵活的物流服务。分权化还易于管理。因为它的规模相对来说较小，管理的员工人数也较少。通常，当企业的规模扩大到一定程度时，就要对物流管理进行分权，因为这时物流的控制越来越困难。然而，当分权时，有可能公司的运输成本要上升，因为失去了一部分运输规模的效益。而且在沟通上也有了一些混乱。

2. 战略与作业焦点

如果企业将物流看作是核心的战略能力之一，那么物流就会在企业战略中明晰可见。企业考虑的是综合物流，不是单独的物流功能。既然物流是连锁企业战略核心能力之一，所以在其他部门的战略决策之中常常包括物流内容。现在越来越多的连锁企业采用这样的方法，因为它们认识到真正的综合物流可以取得战略性的、可维持的市场竞争优势。运作焦点的意思是综合物流的运作目标与连锁企业目标是一致的。由于物流涉及每天的具体运作，所以在

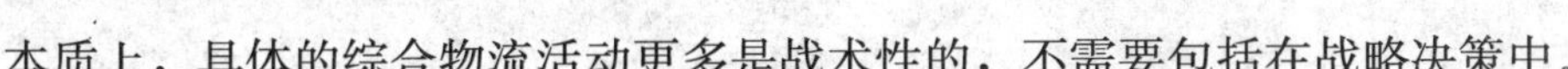

本质上，具体的综合物流活动更多是战术性的，不需要包括在战略决策中。

3. 直线职能与参谋职能

在组织结构中物流部门会涉及两种职能，即直线职能和参谋职能。直线职能是指物流经理直接管理日常各项物流活动，典型的物流活动有运输、仓储、包装、搬运、订货处理和库存管理。

如果综合物流功能是参谋功能，它仅仅为有关经理提供建议。根据定义，这意味着综合物流经理没有权利执行建议。典型的参谋物流活动包括系统设计、顾客服务战略的制定、选址、成本—服务分析、计划等。

当企业的物流直线职能与物流参谋职能发生冲突时，经常采用妥协的方法，即综合物流，既有直线的职权又有参谋的职权。以这种方式，综合物流在向其他职能部门提供建议的同时还执行本身的物流直线职能。

4. 授权

授权范围强调的是企业分配给物流经理的权限。通常，以是集权还是分权的来区分授权范围。如果采用集权方式，向下授权较少。例如，在第一阶段和第二阶段中的物流组织结构中，物流经理没有被授予多少权力。分权方式出现在物流发展的第三阶段、第四阶段和第五阶段的组织结构中，这时物流经理被授予更多的职权，当然在顾客服务方面也承担更多的责任。

授予物流经理更多的职权也有缺点，因为如果在这些阶段的综合物流功能更加分权化，社会使批量采购、库存、运输等规模经济优势丧失。所以物流经理解决的关键问题是什么时候分权化的利益大于集权化的利益。

企业越来越重视综合物流知识，综合物流是经过不同的阶段发展而来的，在各个阶段采用了不同的组织结构。起初，物流活动是分割的，没有专人负责物流协作。分割带来的是次优化的物流效果。接着，物流组织进入第二阶段，出现了配送经理，随后的阶段有了专门的物流部。最后的阶段，是矩阵型的组织结构，将物流部门看作是服务部门，同其他的职能部门发生联系。

在从传统的结构发展到矩阵型结构的过程中出现了许多问题及相应的调解方法。主要的问题是一些职能部门权力的丧失，这可以通过集权与分权、战略与运作焦点、直线与参谋职能、授权等组织管理方法来调解。

4.4.3　物流配送中心的组织结构

1. 配送中心的模式

1）物流模式

商品经营决策（如商品组合、商品采购、商品定价、批发销售等）由公司总部的商品部负责，配送中心只根据总部的要求进行物流作业。这种模式适用于小规模的连锁企业。

2）授权模式

公司总部授权配送中心设立采购部，代表总部行使接收连锁门店的订单，并向供货者采购商品和确定商品价格，公司总部的商品部保留商品组合、商品批发销售及对配送中心进行业务监督的权利。这种模式适用于大规模的连锁企业。

3）配销模式

配送成为一个相对独立的利润中心，即物流事业部，不仅负责商品采购及商品配送的作业，而且也可以向用户直接批发销售商品。这种模式适用于跨地区、跨国经营的连锁超市公司。

2. 配送中心的商品分配体系

配送中心的商品分配体系依其承担职能的不同，可分为三种。

1）转送模式

即供货者根据总店的订货单，将商品依门店类别或按商品类别，送到配送中心（一般称为转送中心，简称 TC），再由 TC 依门店分拣、组配和送货。如日本的全家便利商店，门店每天两次向总部订购日配品，然后由总部向工厂订货，工厂将商品送到配送中心后，再由配送中心分三次向门店送货。采用这种模式时，商品在配送中心的储存时间一般都不超过 24 小时，储存量很少。

2）发货模式

一般称为发货中心（简称 DC），根据总部的决策预先大量采购周转速度快的生活日用品、加工食品，并储存起来，再依照各门店的订货要求进行商品配送。采用这种模式时，商品在配送中心的储存时间比转送模式要长，配送中心兼有储存和配送双重功能。

3）加工模式

一般称为生鲜食品处理中心（简称 PC），根据各门店对生鲜食品的订货需求，对生鲜原材料进行加工、解冻、分割、包装后，分送到各门店，采用这种模式时，商品储存必须采取非常温储存，商品配送也必须采取非常温运输，所以鲜度管理是一个十分突出的问题。

上述三种模式实际上是根据商品的不同属性而设计的，一个大型的连锁公司可能会同时拥有转送中心、发货中心和加工中心，并分别处于不同的地理位置。

4.4.4 物流配送中心的岗位设置

配送中心的一些必要的岗位设置应由配送中心的作业流程来决定。

配送中心一般可以设置以下岗位。

(1) 采购或进货管理组，负责订货、采购、进货等作业环节的安排及相应的事务处理，同时负责对货物的验收工作。

(2) 储存管理组，负责货物的保管、拣取、养护等作业运作与管理。

(3) 加工管理组，负责按照要求对货物进行包装、加工。

(4) 配货组，负责对出库货物的拣选和对组配（按客户要求或方便运输的要求）作业进行管理。

(5) 运输组，负责按客户要求制订合理的运输方案，将货物送交客户，同时对完成配送进行确认。

(6) 营业管理组或客户服务组，负责接收和传递客户的订货信息、送达货物的信息，处理客户投诉，受理客户退换货请求。

(7) 财务管理组，负责核对配送完成表单、出货表单、进货表单、库存管理表单，协调控制监督整个配送中心的货物流动，同时负责管理各种收费发票和物流收费统计、配送费用结算等工作。

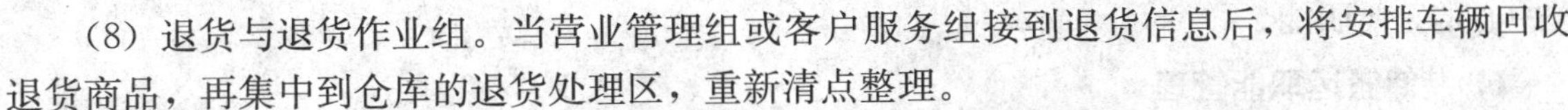

（8）退货与退货作业组。当营业管理组或客户服务组接到退货信息后，将安排车辆回收退货商品，再集中到仓库的退货处理区，重新清点整理。

以上岗位是一般配送中心设置的主要岗位。由于配送中心的规模、设施设备、作业内容、服务对象不同，岗位设置也不尽相同。

4.4.5 物流配送中心的职能管理

物流配送中心的职能不同于一般仓库只重视商品的储存与保管，也不同于传统运输业只提供商品运输与配送。它把收货验货、储存保管、装卸搬运、拣选配货、流通加工、货品配送，以及结算与信息处理有机地结合起来，通过加强物流配送中心各项职能的管理，大大降低物流配送和连锁企业的物流费用，从而降低整个物流系统的成本，提高企业的服务水平。

1. 集货职能管理

集货职能管理是物流配送中心为了能够按照用户要求配送，特别是多品种、小批量的配送，物流配送中心必须按照用户要求的数量规模和品种备货，从生产企业取得一定数量和品种的货品，这是物流配送中心的基本职能，是物流配送中心取得规模优势的基础所在。从备货集货管理的一般原则来说，集货批量应大于配送批量。

2. 储存职能管理

配送依靠集中库存来实现对多个用户的服务，储存可形成配送的资源保证，是有效组织货源的保证，它调节商品的生产与消费、进货和销售之间的时间差，这是物流配送中心必不可少的支撑职能。为了保证正常的配送，特别是即时配送的需要，物流配送中心应保持一定量的储备。同时，为对货品进行检验和保管，物流配送中心还应具备一定的检验和储存设备设施，也要有一定数量的安全库存。一般国内或近距离供货商的货品库存量可少一点，国外或远距离供货商的货品应适当多一些；生鲜货品的保鲜期较短，储存的库存量可少一点；冷冻货品保存期较长，可适当多储存一些。

3. 分拣与理货职能管理

为了将多种货品向多个用户按不同要求、品种、规格、数量进行配送，物流配送中心必须有效地将储存货物按用户要求分拣出来，并能在分拣基础上，按配送计划进行理货，这是配送中心的核心职能之一。为了提高分拣效率，应配备相应的分拣设备设施，如货品识别装备、传送装备等。标准化、规范化、现代化的物流配送中心分拣和理货效率是物流服务质量的集中体现。

4. 配货与分放职能管理

将各个用户所需的多种货品，在配货区有效地组合起来，以便向用户方便地发送和配载，这是物流配送中心的核心职能之一。其中分拣职能和配货职能作为物流配送中心不同于其他物流组织的独特职能，是物流配送企业提高服务质量和自身效益的必然延伸，是送货向高级形式发展的必然要求。

5. 倒装与分装职能管理

不同规模的货载在配货中心应能高效地分解与组合，形成新的装运组合或装运形态，从而符合用户的特定要求，达到有效的载运负荷，提高货载运力，降低送货成本，这是物流配送中心的重要职能。

6. 装卸搬运职能管理

物流配送中心的集货、理货、装货、加工都需要辅之以装卸搬运，有效的装卸能大大提高物流配送中心的作业水平。它是物流配送中心的基础性职能之一。

7. 送货职能管理

送货属于物流配送中心的末端职能。配送运输中的难点是如何组合形成高效、最佳配送路线，如何使配装和路线有效搭配，这是送货职能管理的重要内容之一。

8. 流通加工职能管理

物流配送中心为了促进经营和销售，便于物流和提高原材料的利用率，按照用户要求，并根据合理配送的原则对货品进行下料、打孔、解体、分装、贴标签、组装等简单加工，从而使物流配送中心具备一定的加工能力。流通加工不仅提高了物流配送中心的经营和服务水平，也有利于提高资源的利用率。物流配送中心的流通加工作业包括：分类、称量、大包装拆箱改小包装、货品组合包装、标签粘贴作业等。这些作业是提升物流配送中心服务品质的重要手段。

9. 信息职能管理

物流配送中心除了具有上述职能外，还能为物流配送中心本身及上游和下游企业提供各式各样的信息情报，以供配送中心营运管理策略制订、货品路线开发、商品销售和推广政策制定参考。例如，哪一个客户订多少商品？哪一种商品比较畅销？从计算机上的物流配送管理系统里的分析资料中可以很快获得答案，甚至可以将这些宝贵资料提供给上游的制造商及下游的零售商，当作经营管理的参考。物流配送中心在干线物流与末端物流之间起衔接作用，这种衔接不但靠实物的配送，也靠信息的衔接。物流配送中心的信息是整个物流系统中重要的一环。

4.5 配送中心人力资源管理

4.5.1 物流人才市场特征

从市场需求的角度，专家分析，今后人才的需求主要为以下三个方面。

(1) 宏观管理层次的人才，比如政府机构制定政策、规划等，包括相应的教学、科研、人才培训方面人才的需求。也就是说先培训出教师，才能再培训出学生。

(2) 企业物流管理人才，这是物流人才中需求最大的一块，尤其是制造业对物流人才有大量的需求。他们主要的工作是与物流公司进行协调、打理和控制。

(3) 物流企业的管理人才，这是物流企业的实际操作者，包括仓储、运输、管理企业等。目前，物流公司的扩张能力还比较弱，所以对人才的需求不会很大。从总体上来说，目前物流业对人才的需求主要体现在管理方面，它要求从业人员知识面要广，有较强的战略判断和把握能力，能够敏锐地发现中间市场的变化，还要有较强的动手操作能力。对文理知识都要掌握，一般更偏重理科。

本书讨论的配送中心人力资源管理是指物流企业所需人员的管理。一般物流业的相关工

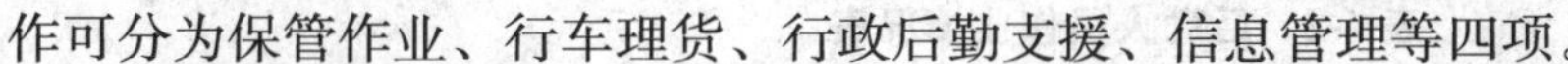

作可分为保管作业、行车理货、行政后勤支援、信息管理等四项。

1. 保管作业人员

保管作业人员通常包括进货人员、出货人员、退货人员、拣货作业人员、流通加工人员、卸柜搬货人员、商品验收人员等。在工作环境中，上述作业人员会耗费较多时间在储运区处理货品，一般而言，为配合日间、夜间配送出车及拆柜卸货，保管作业通常分为两班或三班制，24 小时运作。保管作业人员需高中毕业，管理者需大专以上学历，另外还需两年以上仓储实务经验，能操作叉车和拖板车。

2. 行车理货人员

行车理货人员包括大、小货车、拖车驾驶员、随车作业人员。行车理货人员代表公司，犹如一面镜子，反映出公司的物流服务品质，影响公司声誉甚大，所以配送人员的服装仪容、态度修养、专业知识均会给客户，甚至消费者留下深刻的印象。一般要求行车理货人员懂得物流概念，会操作物流相关设备，有驾照。

上述保管作业、行车理货人员，即一般物流业者所称的现场作业人员，构成了物流的核心业务，现场作业人员的人力市场特性如下。

1）劳力密集

物流业有流汗产业的称呼，由于现场作业人员的工作时间长，作业过程中从商品验收、保管、库内设备养护、商品拣取、流通加工、采购等都需要依赖人力来完成，所以，物流业可称为劳力密集型产业。

2）强调服务

虽然在整个物流作业中强调人员的辛劳，但由于具有服务业的特质，需要与客户接触，所以，对于服务人员或行车人员的外表仪态、服务态度等，均需要加以训练，以提高人员素质，提升服务品质。

3）具备相关专业知识

在物流现场作业中，对于商品特性、机械的操作，均需要足够的专业知识，以应付作业流程的需要。例如，行车理货人员须具有职业驾照，仓库人员须取得堆高机执照等。

4）人员流动率高

由于现场人员的工作时间长、风险大、环境差、耗体力等，造成人员流动偏高的现象；另外，也由于此工作的社会地位不高，所以人员的流动频率也因而较高。

3. 后勤人员

后勤人员主要包括行政管理、车辆保养、财务会计及账务管理人员。这类人员的主要作业内容见表 4-2，在人力市场的特性如下。

1）了解物流作业流程

由于管理人员必须对物流作业负有管理监督之责，所以，管理人员首先要充分了解运输入库、装卸、仓储保管、理货、包装、流通加工、调派车辆、配送、出货等作业流程。

2）管理知识的训练

由于管理阶层人员的工作包括物流管理与物流策略的制订，所以，管理人员须具备相关的管理知识及经验，并不断充实自己，以提高对不同的物流问题的解决能力、未来策略的对话能力等。

表 4-2　后勤人员作业情况表

	行政管理人员	车辆保养人员	财务会计人员	账务处理人员
工作内容	办理公司劳保、医保业务；人事资料的登录、整理、更新与统计工作；文件的公告与归档；文书收发、处理、档案管理；员工薪资的核对；电话信件的处理；公司文具的购置；财产管理、维修；缴纳各种税捐、水电费；员工制服采购与发放	车辆保养、车辆喷漆、领牌验车、保养费填写与校对	与银行业务接洽事项；薪资核算处理；会计决算、申报；制作每月资产负债表及损益表；开立应付票据；整理核对发票；整理凭证、开立传票及登账；申报营业税；申报各项所得；成本会计登账；一般会计账登账，应收账款的收款及结转；出纳业务	配送、入库、运输账务处理，客户单据的核对、评估、签收与运费计算、仓租、卸柜、流通加工、理货费账务处理
工作时间	正常上班时间	正常上班时间	正常上班时间	正常上班时间
资格条件	良好的沟通能力，品德佳，有汽车驾照	简易修车技术	具备会计基础，会操作计算机	熟悉计算机文书处理，具有会计基础的简易知识

4. 信息管理人员

信息已经成为企业的生产要素之一，企业信息化建设已经成为提高企业竞争力的重要途径。目前商品价格变动迅速，今天就需要对昨天的市场信息进行全面分析，随时推出促销活动。信息化在配送中心扮演的角色越来越重要。

目前零售点门店都在尽量减少库存，靠信息化掌握进货的时效；同时配送中心的库存量及种类都需恰当设置，才能避免投入过多的资金。因此，配送中心所需的信息中心的信息人员不仅包括程序开发设计、维修人员，更需要分析与处理信息的人员。信息管理人员列举如下。

(1) 系统分析师。负责设计计算机作业流程，建立系统测试规范标准；验收系统作业系统程序，撰写系统操作手册。

(2) 程序设计师。负责程序设计；程序有关文件处理；协助系统分析师处理有关系统业务；准备测试资料；测试、修改、维护及保管程序；系统的维护、改进工作；操作命令的执行。

(3) 系统程序师。负责操作系统的建立与更换；操作员的训练；系统程序的维护与管理；协助系统分析师、程序设计师解决与机器及程序有关的问题；网络通信系统的建立、维护及管理。

(4) 资料管理师。安排作业日程，协调应用系统作业时间；收集整理资料，并登录、核对原始数据相关资料；查验输出报表；统计分析各项作业状况，随时检查与改进。

(5) 行政管理师。申请预算费；操作使用手册的制作与印发；安排计算机网络会议有关事项；举办信息中心业务研讨会；协助资料管理师处理有关业务。

4.5.2 配送中心工作人员的招聘录用

企业的员工招聘，实际上分为“招”和“聘”两个过程，“招”即征召过程，“聘”即选择过程。当配送中心扩编、人员离职、短期需求或为培养干部所需的人力需求量确定后，招聘的程序即可开始。招聘是按照一定的条件和标准，采用适当的方法，选拔录用配送中心所需的各类人员的过程。

员工招聘工作是一个复杂的、系统的而又连续性的程序化操作过程。员工招聘包括确定招聘需求、制订招聘计划、征召、筛选、试用和正式录用、招聘评估这六个阶段。

1. 招聘方法比较

不同职位的人力招聘往往难易不一，且招聘与任用成本也往往不同，因此配送中心的人力资源招聘与任用方式、条件都有所不同，招聘方式比较详见表 4-3。

表 4-3 各种招聘方法优缺点比较

招聘方法	优 点	缺 点
工作张榜	公平透明	花费时间多
人力系统技能档案	速度快，寻找范围大	考核不全面
主管推荐	了解候选人能力	主观性强
职业中介	应聘面广，时间短	缺乏应聘者信息
猎头公司	省力省时	花费高
校园招聘	覆盖面广，人才层次多	成本高，时间长
人才市场	选择面广	成本高
网络招聘	覆盖面广，成本低	信息量大，真假难辨

在招聘过程中要注意有关的政府法规，主要有劳动法、合同法、民法等。对临时人员或实习生更应谈清楚招聘任用制度。

人事单位应定期地与用人单位商讨招聘的方法，并分析人力的来源，就每阶段的招聘成本、应征率、聘用率作检查，希望能做到征求的对象就是所想要的人选。有效的员工招聘工作，对于企业有很大的贡献，因为招聘可协助经营者选出最具胜任有关工作的人员，也可了解在进行招聘过程中，应征者是否有诚意应聘相应工作，招聘最终的目标是“用对人，留住人”。

2. 在招聘过程中常见的策略

在招聘过程中考虑的因素及常用的策略如下。

（1）考虑公司的目标。由于物流业是具有发展潜力的产业，所以制定招聘策略时要考虑公司中长期的扩展需求，培育适当人才。

（2）考虑公司营运形态。配送中心会因组织结构的差异而在招聘策略上有所差异。例如以是否任用有经验者为例，不同的配送中心就有不同的偏好需求。

（3）考虑组织文化。不论任用的人是外选或内升，必须对组织整体的文化作出评价。

3. 任用的类别

（1）招聘编制人员策略。按照职务的编制任用。

（2）招聘定期合同人员策略。配送中心内的输配送的驾驶员多是定期合同人员，这些人员的任用必须注意日常的管理，以确保服务品质的水准，故常需制定双方认可的合同。

（3）临时人员策略。配送中心因为要降低成本，常招聘临时工来应付一些基本作业。

4. 注意事项

在招聘工作结尾时，任用人员报到前人事部门应该注意的事项如下。

（1）确定职务、薪资、福利组合，以避免人员到职后，发现公司所支付的与面谈者所承诺的，或其所期望的有差距，而造成麻烦。

（2）确认任用人员各项资料是否正确：对于关键职务人员的资格的确认是绝对必要的，如学历证件、相关执照、身体检查表等，人事单位应于一定期间内完成资格审查，方可聘用。

（3）员工报到后应填写缴交人事资料表、户口本复印件、照片、身份证复印件（如驾照、毕业证书、检定合格文件等），并予以分类存档。

4.5.3 薪资制度

薪酬是把“双刃剑”，一方面它是激励员工、达成企业目标的主要手段；另一方面，又是企业运作的主要成本之一。一旦运用不当，就会给企业带来比较大的损失。鉴于此，人力薪资制度根据产业、劳力市场情况及公司营运性质的不同而有所不同，每个公司根据自身的情况各自研究实施修订。就配送公司内部而言，影响薪资制度的因素主要有：公司本身策略与财务状况，同业竞争者的薪资水准，公司营运绩效等，简要说明如下。

1. 影响薪资制度的因素

1）公司本身策略与财务状况

薪资是大多数公司的主要营运成本，在配送中心中还不能大规模使用自动化设备的情况下，更需要投入大量的人力。所以不断地增加企业的利润，加强人力资源的管控是必要的，当然，如何在不影响生产力与服务品质的条件下，有效削减人事成本也是至关重要的。这些目标是否能实现，视薪金管理制度是否能有效激励员工而定，所以薪资制度应以激励员工的策略目标来进行设计。

配送中心的人力结构及用人政策，如所用人员的专业、专业比例或车队结构（公司自有车、外车），以及车队管理政策等都对薪资的拟订有所影响。

另外，在获利良好、稳定成长的组织结构下，薪资制度的设计可加上较多的奖金，以激励员工。

2）同业竞争者的薪资水准：就业市场状况

物流的人力编制大抵可分为管理与作业职别，作业职位约占配送中心所有人力的85%以上。因此配送中心的作业人员对薪资的认知需求与满意程度与流动率呈正相关关系。所以，如何设计与竞争企业“同工同酬”的薪资制度是值得参考的。

3）公司营运绩效：公司的支付能力

配送中心的营业收入主要有以运费、保管费等项目为主，如果不涉及销售业务，则配送中心内的物流服务管理系统将以降低成本、提高后勤能力为方针，薪资制度较不受经济衰退影响；如果是开放型的物流服务，工资制度的奖酬与公司的营运绩效具有明显的关联性。

2. 薪资的管理

薪资具体包括工资、奖金和福利三大类。

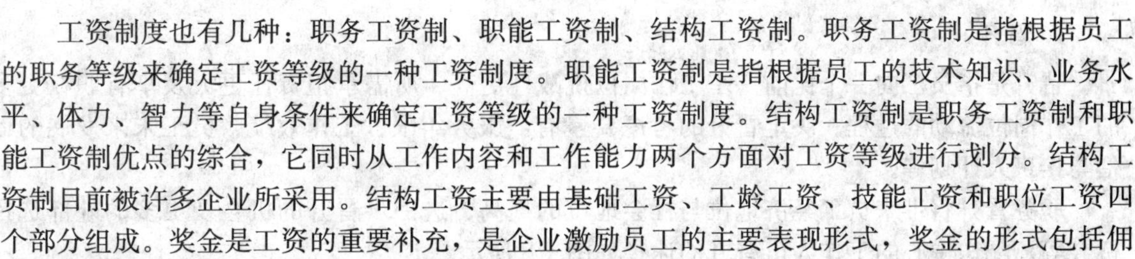

工资制度也有几种：职务工资制、职能工资制、结构工资制。职务工资制是指根据员工的职务等级来确定工资等级的一种工资制度。职能工资制是指根据员工的技术知识、业务水平、体力、智力等自身条件来确定工资等级的一种工资制度。结构工资制是职务工资制和职能工资制优点的综合，它同时从工作内容和工作能力两个方面对工资等级进行划分。结构工资制目前被许多企业所采用。结构工资主要由基础工资、工龄工资、技能工资和职位工资四个部分组成。奖金是工资的重要补充，是企业激励员工的主要表现形式，奖金的形式包括佣金、超时奖、绩效奖、职务奖、超利润奖等。而福利主要是保险金、各种补贴、有薪假期等。

对物流产业而言，员工每月所领到的薪资会因工作、出勤情形的不同而有所差异。一般而言，薪资可根据出勤时间来计算者，以行政职位居多；以工作品质或数量来计算者，以作业职位居多。前者如底薪、加班费；后者如目标达成奖金、效率奖金等。

配送中心的薪资如果按管理职位、作业职位分，其薪金结构可简略说明如下。

1）管理业职位

（1）基本薪资。基本薪资可以根据学历、资历、职务设计。较大的难题是较难衡量管理人员的绩效、经验及潜在能力。

（2）福利及津贴。如交通、贷款、保险、专业技术津贴等。

（3）绩效奖金。如月、季、年中、年终等奖金，视公司和个人绩效发放。

2）作业职位

（1）基本薪资。基本薪资可以根据职务、资历、学历设计。

（2）福利及津贴。如贷款、保险、驾驶、危险设备操作等津贴。

（3）绩效奖金。里程奖金、目标达成奖金、回程载货奖金、仓库作业奖金、卸柜奖金、加班费等。

一般而言，作业职位的固定薪资与变动薪资的比例为4∶6为佳。薪资应按照员工的贡献度制定，在制定时，更应考虑整个市场的成长情况和竞争情况，当公司利润成长20%时应注意同行的利润是否成长了30%，这样才能真切掌握实际的经营绩效。

4.5.4 配送中心工作人员的考评与提升

考评是考核和评价的总称，以此作为调整工资及选择适当人员的依据。配送中心内的人员工作性质差异相当大。由于工作的范围、工作区域等原因使部门主管无法确实掌握一些工作人员行踪，例如，在强调顾客服务的物流服务中，从业人员与顾客接触的过程中是否确实遵守规定，就是物流部门考评的重点。

在配送中心信息系统的应用与发展下，考评的实施已经扩展到考核员工的能力发展趋势及工作状况的评价，工作绩效是由员工完成的可衡量的目标程度来加以测定的，这也就是所谓的“目标管理”。

在组织内部每一部门的目标皆应适当的加以设定，使其能相互吻合并与上下级连贯。因此，个人的工作绩效是由他对其部门或组织成就的贡献度而定的。

目前，国内的配送中心正逐渐向鼓励员工接受计划并评估自己对组织目标贡献程度的方向转移。

提升应包含晋升与调迁，分述如下。

1. 晋升

晋升是指员工向一个比前一个工作岗位挑战性更高、所需承担责任更大及享有职权更多的工作岗位流动的过程。决定晋升的考虑要素有：服务年限、工作效绩、员工未来发展的评估与接班人计划等。

职务晋升将带来员工经济地位与社会地位的提高、进一步晋升的机会及更多的外部选择机会等。配送中心的工作人员晋升的途径如图 4-8 所示。

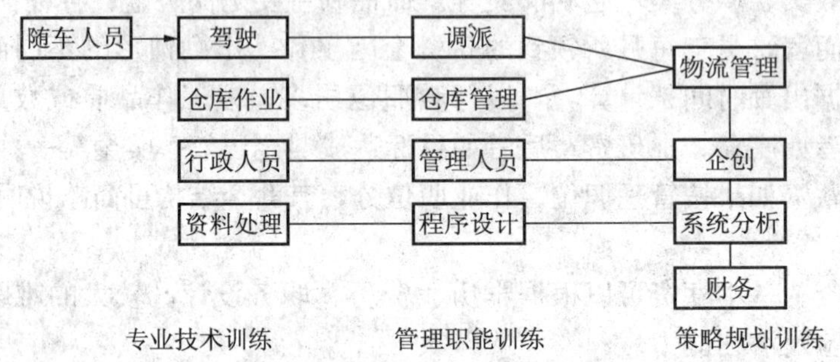

图 4-8　物流从业人员晋升途径

2. 调迁

配送中心对内部员工进行不同岗位的轮换，培养员工各方面的工作能力，称为调迁。某位主管想安排某个优秀人才在自己部门任职，某工作人员表示对其他工作有兴趣而自动请求调职，或某工作人员在现职上工作绩效不理想，都有可能发生调迁现象。调迁在管理中的作用有：

(1) 调整人事，完成组织目标；

(2) 培养人才；

(3) 节约招聘成本，提高录用信度；

(4) 配合在职训练，增进历练与阅历；

(5) 激发员工潜能。

人力资源管理在管理领域中，是极为重要的一项内容。每个人，包括老板在内，偶尔都会对自己的工作感到厌倦。调迁到一个新的岗位，不但可以消除厌倦感，还可以让暂时接手的员工从另一个角度来看待事情。日本企业是实行轮岗制度最普遍的，尤其在一些大中型企业，从比较基层的管理职务副课长起，就要开始轮岗。随着级别的升高，轮岗的范围也越来越广，目的就是给人才一个提高自身能力的机会，使其成为复合型人才。在一般情况下，一次轮岗的周期是三年，但如果干得不好，一年后就得回到原来的岗位上。

业内人士也指出，从全球范围看，有条件实施轮岗制度的企业非常有限，因为推行轮岗的重要基础之一就是，企业组织结构必须扁平化、无边界。组织的层次越多，利益交织就会越紧密，一个人的职位变动便会牵扯到他人的利益。

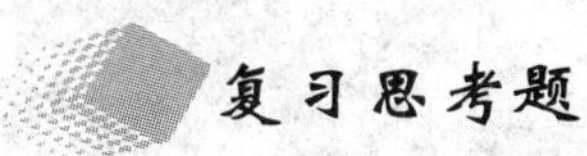

复习思考题

一、选择题

1. （　　）是指企业为开展好物流活动而制定的更为具体、操作性更强的行动指南。

A. 物流战术　　B. 物流规划

C. 物流战略　　D. 物流设计

2. 配送中心发展的行业环境分析包括（　　）。

A. 人文环境分析　　B. 技术评价

C. 法律环境分析　　D. 政治环境分析

3. 在配送中心发展战略的过程中，常见的战略合作方式有（　　）。

A. 兼并　　B. 合资

C. 合作　　D. 开展日常业务

4. 设置物流组织需要考虑的几个因素有（　　）。

A. 集权与分权　　B. 分工

C. 战略与作业焦点　　D. 授权

二、判断题

1. 物流战略定位即设定物流企业管理达到的期望水平，以物流成本和物流运作为主要衡量对象。（　　）

2. 合作是兼并以外的另一个重要选择，两个公司可以在同一法律环境下互享经验，同时相对母公司又有一定的自由度。（　　）

3. 设定商圈明确了连锁店辐射的地域范围，相应地得到有关消费者、竞争者、地理位置等市场情况，这样便可预计连锁店的销售额和经营效益，为连锁店具体位置的布局奠定基础。（　　）

4. 混合型物流组织是市场上最常见的组织形式。（　　）

5. 薪资具体包括工资、奖金和福利三大类。（　　）

三、简答题

1. 配送中心组织的类型有哪些？

2. 配送中心网络布局的基本原则有哪些？

3. 请结合国内配送中心运营情况，分析其运作的环境。

部分习题参考答案

一、选择题

1. B　2. C　3. ABC　4. BD

二、判断题

1. √　2. ×　3. √　4. ×　5. √

案例分析

英国 Boots 的药品零售配送中心

总部设在英国诺丁汉（Nottingham）的 Boots 公司 PLC 是英国历史最悠久的零售连锁店之一。公司成立于1849 年，提供所有与卫生保健和美容相关的产品和咨询，服务包括美容、配镜、助听器及药品的销售。公司在世界各地的员工总数为 8 万人，其中约有 55 000 人在英国的各分店工作。连锁店的年营业额（包括网上销售）超过 53.3 亿英镑。

药品和化妆品的销售是 Boots 业务增长的核心部分，而这一部分是由 Boots the Chemist（BTC）负责的。拥有 1 400 余家分店和 63 000 多员工的 BTC 是该行业在英国的“领头羊”，每一家分店都有自己的配药房为民众提供药品。不过，要快速、可靠地向每家分店提供 4 000 余种处方药绝对是一项富有特殊挑战性的任务。为了巩固现有的市场地位及将来的持续发展，Boots 决定投资 1 400 万欧元在诺丁汉兴建一个全新的、以最新技术武装的集中式的拣选和配送中心。

1. 配送中心的使命

由于配送中心需要面向多家企业，Boots 首先考虑的是客户满意度。也就是说，每一家分店都必须能够高质量地为客户提供所需药品。而要做到这一点，各分店只能依赖于订单的快速供应，并希望货物到达时数量正确，包装完好。如果 Boots 的分店在下午 6 点前发出一个订单，那么配送中心保证将物品在次日该分店开始营业前送到。要做到配送服务快速流畅，一个决定性的因素就是保证在中心仓库内的精确协调和处理。

对于兴建诺丁汉新的“D80 仓库”，我们将目标最终锁定在建立一个独立的中心库，并建立一个包括以前建立的两个旧中心库和将要兴建的 16 个新的地区配送点的供应系统。该中心库应该具备每周拣选和发出超过 200 万件物品的能力。

这是一个蔚为壮观的项目，因为它覆盖的是范围极广的敏感药品和极高的货物吞吐量，而可靠的拣选（99.97%的拣选准确率）和发货又是其中最为重要的环节。

2. 配送中心解决方案

对于 Boots 来说，质量、可靠性加上找到一个创造性的一揽子解决方案是项目实施过程中同等重要的考虑因素。面对高要求，设计公司 Knapp 运用自己的专业知识设计了一个令人信服的概念性方案，并由此开发出完整的解决方案。

Knapp 在一块 7 000 m^2 的空地上安装了一套有效且可靠的物流系统，将客户要求的所有功能囊括进来，完美地满足了客户业务的需要。利用自身的软硬件和最先进的控制与输送系统，Knapp 完成了一套为客户量身定制的、能轻松胜任将来任务的、多功能的配送中心。

3. Boots 配送中心流程设计

接收处理是该配送中心内进行的货物处理循环的第一步。接着，将货物放入高架货位中暂存，然后进行拣选和出库前的发货准备。

1）接收

码在托盘上的货物进入 3 条入货线中的一条，检验合格后由系统接收，并通过无线网络连接到 Knapp 的 WMS 的手持扫描仪将它们录入到系统中。货物被重新分装到更小体积的、

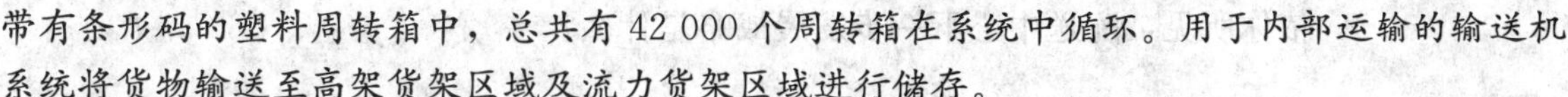

带有条形码的塑料周转箱中，总共有 42 000 个周转箱在系统中循环。用于内部运输的输送机系统将货物输送至高架货架区域及流力货架区域进行储存。

由于尺寸或特殊储存要求等原因而不能由堆垛机处理的少量物品将被存放于独立的储存区。这些物品主要包括瓶装液体和冷藏物品。

失效日期与批次号也会在接收区域记录到 WMS 中。这对于医药行业来说是极为重要的，只有通过这种方法才可以保证将合格药品供应到药店中，且在有需要时能追踪货品记录。

2）周转箱高架库系统

Boots 的高架库系统设计有 4 巷道 35 000 个存储货位。所有存储货位的货物存放/提取操作由 4 台自动堆垛机完成。堆垛机除了负责完成货物的存放与提取任务外，还负责补货、重新分配货位及库存移出盘点等任务。堆垛机在单个循环内可以同时处理最多两个周转箱。Knapp 的物流控制系统与智能的 KISoft Motion 软件进行充分互动，保障了货物的储存与提取处理能在最有效的方式下进行。为了充分利用堆垛机的处理能力，储存与拣选处理在不同的时间进行。

3）拣选

拣选以两种不同的方式进行：第一种是利用 58 个人工拣选站台进行拣选，另一种是使用 3 条 SD-2000 自动拣选线。

人工拣选站台由流动式货架、一套集成的输送机系统及若干个 RF 终端组成。RF 终端利用无线网络接收传输信息，并为操作者显示信息。拣选站的工作环境以符合人类工程学的原则进行设计。由 Knapp 的 SD-2000 自动拣选机进行的拣选是全自动进行的。装在 2 206 条通道中的药品被拣选并输送至系统指定的周转箱中，之后周转箱前往下一环节。

两个不同拣选系统中的药品由节省空间的流动式货架提供。物流控制系统（WCS）负责将周转箱供应到拣选区域。系统不会把某个周转箱导入没有拣选作业的工作站，因而保证了一个连续的每小时 1 400 个周转箱的吞吐量。

周转箱对应的订单处理完毕后，装有已拣选药品的周转箱将通过一系列检查站，之后进行自动贴标、封装及捆扎。最后，它们会到达发货站。

4）出库

订单一旦处理完后，周转箱会被自动地视为发货准备就绪。输送系统确保周转箱按它们的目的地进行分组。

两个自动码盘机械手将来自 8 条 Knapp 发货线的周转箱码到准备发货的托盘上。托盘上的货物用薄膜进行加固，并装载到 Boots 的送货车上。

4. 显而易见的优势

该仓库于 2002 年 6 月投入使用。之前从地区性配送点接收订单物品的零售商业务被逐渐地转移到新仓库来。

“Knapp 的自动化方案满足了我们设定的预算和项目进度”，Boots 在诺丁汉仓库的总负责人 John Uren 肯定地说。新的自动化物流系统的优点是显而易见的。和以前相比，它最大的不同在于减少了库存，提高了服务水平，精简了员工数量，并且由于拣选准确率的大大提高，客户的满意度也大幅提高。另外，系统还为增加利润提供了一个新的源泉。”（资料来源：《物流技术及运用》，2004 年第 6 期）

思考题： 1. 该配送中心方案取得了哪些成功？

2. 依你所见，配送中心下一步发展战略是什么？

案例分析参考答案

1. 该配送中心方案减少了库存，提高了服务水平，精简了员工数量，同时提高了客户满意度。

2. 下一步应该考虑配送中心对众多分店协调配送、扩张分店规模、增加分店网点数。

第 5 章

配送线路管理

本章要点

- 掌握配送的方式及选择；
- 掌握配送车辆积载的原则及方法；
- 掌握配送车辆调度的原则及方法；
- 掌握运输线路优化的原理和方法；
- 理解配送的合理化。

开篇案例

华强车辆智能调度中心系统

华强车辆智能调度系统是集无线通信、全球卫星定位、电子地图、计算机网络等技术于一身的综合解决方案。系统将有线、无线、数据库资源管理等有机地结合起来，从而完成电话接单、车辆智能调度、信息系统管理、专业约车/派车管理、车辆报警定位等功能。系统设计具有开放性、继承性、安全性、经济性、远程维护及升级等优势。广泛适用于交通运输、金融、公安、邮政等领域。

在功能上，华强系统主要强调了以下几个方面。

(1) 电话接单功能。电话接单坐席；呼入电话排队；接单自动录放音；快速录入；丰富数据表；来电显示；约车。

(2) 调度功能。灵活调度方式；数据兼容；调度准确；外设丰富；公共信息广播；智能化。

(3) 管理功能。网管监测；业务编排；投诉和查询；遥控；远程维护；登录；统计。

(4) 报警功能。报警；防劫防盗。

(5) GIS 电子地图显示功能；多屏操作；自动功能；开发功能。

由此，华强系统可以实现智能化、自动化、全面化的信息系统管理。

思考题：配送业务如何应用华强车辆智能调度中心系统？

5.1 配送方式及选择

5.1.1 按物品的种类和数量配送

1. 单（少）品种大批量配送

这种配送适应于那些需求量大、品种单一或少品种的生产企业。当生产企业所需的物资品种较少，或只需某个品种的物资，且需求量较大、较稳定时，可采用此种配送形式。这种配送形式由于数量大，不必与其他物资配装，通常采用整车、整船的运输方式，如煤炭、矿砂运输等。

2. 多品种少批量配送

由于这种配送的特点是用户所需的物品数量不大、品种多，因此在配送时，要按用户的要求，将所需的各种货物配备齐全，凑整装车后送达用户。由于消费者的需求在不断变化，市场的供求状况也随之变化，这就促使生产企业的生产向多样化方向发展。生产的变化，引起了企业需求方面的变化。在配送上也应按照用户的要求，随时改变配送物资的品种和数量，或增加配送次数。

3. 配套成套配送

这种配送的特点是用户所需的物品是成套的。这是为满足装配企业的生产需要，按其生产进度，将装配的各种零配件、部件、成套设备定时送达生产线进行组装的一种配送形式，如汽车总装厂等。

5.1.2 按时间和物品数量配送

1. 定时配送

定时配送是配送企业根据与用户签订的配送合同，按规定时间和时间间隔进行的配送组织形式。

定时配送的时间由配送的供给与需求双方通过协议确认，如数天或数小时一次等，每次配送的品种及数量可按计划执行，也可在配送之前以商定的联络方式通知配送品种及数量。

这种方式由于时间固定，易于安排工作计划、易于计划使用车辆，对用户来讲，也易于安排接货力量。但是，由于配送物品种类变化，配货、装货难度较大，在要求配送数量变化较大时，也会使配送运力安排出现困难。

定时配送有以下几种具体形式。

（1）日配。接到订货要求之后，在24小时之内将货物送达的配送方式。日配是定时配送中施行较广泛的方式，在城市内的配送，日配送占了绝大多数比例。日配的时间要求大体上是，上午的配送订货下午可到达，下午的配送订货，第二天早上到达。这样就可以使用户获得在实际需要的前半天得到送货服务的保障，如果是企业用户，这可使企业的运行更加精细化。日配方式广泛而稳定开展，就可使用户基本上无须保持库存，不以传统库存为生产和销

售经营的保障，而以配送的日配方式实现这一保证，即实现用户的“零库存”。

日配方式对下述情况特别适合。

① 消费者追求各种新鲜的食品，如水果、点心、肉类、蛋类、菜蔬等。

② 由于用户条件限制，不可能保持较长时期的库存，如已采用零库存方式的生产企业。

③ 用户是多个小型商店，追求周转快，随进随售，或是连锁型商业企业和连锁型服务企业，需要采取日配形式，保证货物的鲜活程度并快速周转。

④ 处于“黄金宝地”位置的商店及缺乏储存设施（如冷冻设施）的用户。

⑤ 由于事故、特殊情况出现了临时性需求。

（2）准时配送。准时配送是按照双方协议时间，准时将货物配送到用户的一种方式。这种方式和日配的主要区别在于：日配是向社会普遍承诺的配送服务方式，针对社会上不确定的、随机性的需求；准时配送方式则是根据用户的生产节奏，按指定的时间将货送达。这种方式比日配方式更为精密，可以利用这种方式，绝对地实现零库存。准时配送的服务方式，可以通过协议计划来确定，也可以通过看板方式来实现。准时配送方式要求由很高水平的配送系统来实现。由于用户的要求独特，因而不大可能对多用户进行周密的共同配送计划。这种方式适合于装配型、重复、大量生产的企业用户，这种用户所需的配送物资是重复、大量而且没有太大变化的，因而往往是一对一的配送。

（3）快递方式。快递方式是一种快递送达服务的配送方式。快递服务一般而言覆盖地区较为广泛，所以，服务承诺期限按不同地域会有所变化。这种快递方式能在较短时间内实现送达服务，但并不明确送达的具体时间，所以一般用作向社会广泛服务的方式，而很少用作为生产企业“零库存”的配送方式。

2. 定量配送

定量配送是按事先协议规定的数量（批量），在一个指定的时间范围内（对配送时间不严格限定）进行配送。

这种方式数量固定，备货工作有较强的计划性，比较简单也比较容易管理。可以按托盘、集装箱及车辆的装载能力规定配送的定量，能有效利用托盘、集装箱等集装方式，也可做到整车配送，配送效率较高。由于时间非严格限定，可以将不同用户所需物品凑整车后配送，运力利用也较好。

定量配送不仅有利于配送服务供给企业的科学管理，对用户来讲，每次接货都处理同等数量的货物，有利于人力、装卸机具、储存设施的配备。

定量配送适合在下述领域采用。

（1）用户对于库存的控制不十分严格，有一定的仓储能力，不实行“零库存”。

（2）从配送中心到用户的配送路线保证程度较低，难以实现准时的要求。

（3）难以对多个用户实行共同配送，只有达到一定配送批量，才能使配送成本降低到供、需双方都能接受的水平。

3. 定时定量配送

定时定量配送按照规定配送时间和配送数量来组织配送。

定时定量配送兼有定时配送和定量配送两种方式的优点，是一种精密的配送服务方式。这种方式计划难度较大，由于适合采用的对象不多，很难实行共同配送等配送方式，因而成本较高，在用户有特殊要求时采用，不是一种普遍适用的方式。定时定量配送方式的实际应用，主要在大量而且稳定生产的汽车、家用电器、机电产品的供应物流中取得了成功。这种方式的管理和运作，主要靠配送双方事先的协议为依据来执行，也常常采用“看板方式”来决定配送的时间和数量。

4. 定时定路线配送

定时定路线配送指在规定的运行路线上，制定配送车辆到达时间表，按运行时间表进行配送。用户可按照配送企业规定路线及规定时间选择这种配送服务，并到指定位置及指定时间接货。

采用这种方式有利于配送企业计划安排车辆及驾驶人员，可以依次对多个用户实行共同配送，无须每次决订货物配装、配送路线、配车计划等问题，因此比较易于管理，配送成本较低。

对用户来讲，可以在确定的路线、确定的时间表上进行选择，可以有计划地安排接货力量；虽然配送路线可能与用户有一定距离，但由于成本较低，用户也乐于接受这种服务方式。

这种方式特别适合对商业集中区域的商业企业的配送。商业集中区域交通较为拥挤，街道又比较狭窄，难以实现配送车辆“到门”的配送，如果在某一站点将相当多商家的货物送达，然后再用小型人力车辆将货物运回，这项操作往往在非营业时间内完成，可以避免上述矛盾对配送造成的影响。

5. 即时配送

即时配送是指完全按用户提出的送货时间和送货数量，随即进行的配送组织形式。

这是一种灵活性和机动性很强的应急配送方式，用户可以用即时配送来代替保险储备。但对配送的组织者来说，很难做到充分利用运力，配送成本较高。同时，由于这种配送形式完全按照用户的要求来进行，因而配送的计划性较差。对配送组织过程要求高，对配送企业的应变能力和快速反应能力要求也比较高。其优点是适合用户要求的能力强，对提高配送企业的管理水平和作业效率有利。

5.1.3 按组织形式配送

1. 自营配送模式

自营配送模式是指企业创建完全为本企业生产经营提供配送服务的组织模式。选择自营配送模式的企业自身物流必须具有一定的规模，否则企业自己建立配送中心势必造成资源的浪费。在自营配送模式下，企业完全拥有配送中心，应对市场需求，按照企业的自身需求来规划配送中心，拥有较强的自主性。企业能较好的协调配送的各个环节，降低物流配送成本，同时还能维持较高的客户服务水平。选择自营配送模式，可以使企业获得供应商、销售商及最终顾客的第一手信息，能良好的构建企业的供应链，以便随时调整自己的经营战略。正因为这些优势，使得自营配送模式在今后的一段时间内还将在我国被广泛采用。

但同时自营配送模式也存在着一定的缺陷，例如，企业自主建立配送中心需要有一定的投入，企业管理不规范，配送环节专业化、信息化、机械化程度低。

2. 第三方物流配送模式

第三方物流模式是指货主企业不经营自己的物流业务，而是通过物流渠道中的专业化物流中间人，双方通过签订合同的方式，在一定期间内，货主企业将自己的全部或一部分非核心物流业务外包给专业的第三方物流服务公司。在这种模式下，对第三方物流企业的运输管理、运作经验和管理水平有着很高的要求。

第三方物流配送模式，能真正使流通领域不同环节的企业职能分离，能使货主企业实现自身经营资源集中，让货主企业选择有竞争优势的核心业务去发展。这种模式可以实现对配送环节的专业化管理，以节约企业的经营成本，将会得到越来越多企业的青睐。

第三方物流配模式要求物流配送企业和货主企业的要有良好的沟通交流及信息反馈，否则，无法达到预期的配送效果。

第三方物流配送模式在国内起步较晚，目前国内选择第三方配送的企业还不是很多，但第三方配送模式能为货主企业提供全方位的配送服务，能让货主企业降低物流成本、减少企业库存压力、提高物流服务质量，使企业专注于核心业务等优势业务的发展。

3. 共同配送模式

共同配送模式是指两个或两个以上的有配送业务的企业相互合作，对多个用户共同开展配送业务的一种物流模式。一般是由生产、批发或零售、连锁企业共建一家配送中心来承担他们的配送业务，以获取物流集约化规模效益，从而解决配送效率低下问题。共同配送可以对物流企业的功能和设施、设备信息、网络等资源进行整合，实现物流资源的优化配置。

共同配送是企业间为了实现资源共享，在互信互利的合作基础上，通过整合，以策略联盟，协同组合，物流共同化等合作方式共享有限的资源，对于不同商品进行优化组合后进行配送，以此来提高物流服务水平，降低配送成本，提高获利能力，快速反馈信息，提高整个社会商品高效流通的配送。进而促进商业环境现代化及整体社会资源的有效利用。它对提高物流作业效率，降低物流成本具有重要意义。共同配送模式可以减少企业固定物流资本投入，因而国内许多中小企业选用这种模式。

5.1.4　新兴配送模式的选择

由于社会物流规模日益强大，而且消费者的消费倾向逐渐向个性化方向发展，又逐渐演变出一些新的配送方式。

1.“门到门”宅配模式

“门到门”宅配模式是一种全新的包裹寄送服务方式，要求在指定时间内将货物精确送达目的地，最早是进行对一般消费者家庭的小型货物配送，对配送货物要求很小。后来逐渐增加了从工厂到批发店、从批发店到小商店、再从小商店到一般消费者的配送。该模式紧密与生活生产结合，可以不断开发出新的服务内容。这种模式对于一般刚刚成立的小型企业来说，无疑是最好的选择，因为这种模式不仅费用低廉，而且对市场的响应度高。

2. 直配模式

直配是指向流通的末端环节直接配送产品。相对与我国经过诸多配送环节的传统配送模式，这种模式注重物流的重要性，大大降低了产品在配送过程中的成本，增强了企业的竞争力。随着电子商务在我国的迅猛发展，面对多品种小批量的产品配送需求，直配模式在国内也得到越来越多的应用。

3. 加工配送模式

加工配送模式是指对即将进行配送的货物进行部分增值性加工后，再进行配送。这种模式集流通加工和配送于一体，增加企业的利润空间。由于在国内还没有很多企业提供加工配送的服务，因而现在有许多企业都瞄准这块蛋糕，纷纷建立自己的流通加工中心，因而对于需要获得增值服务的中小企业来说，这是一个获得一体化物流配送的好机会。

5.2 配送车辆的积载

5.2.1 影响配送车辆积载因素

1. 货物特性因素

如轻泡货物，由于车辆容积的限制和运行限制（主要是超高），而无法满足吨位，造成吨位利用率降低。

2. 货物包装情况

如果车厢尺寸不与货物包装容器的尺寸成整倍数关系，则无法装满车厢。如果货物宽度80 cm，车厢宽度 220 cm，那么会剩余 140 cm。

3. 不能拼装运输

应尽量选派核定吨位与所配送的货物数量接近的车辆进行运输，或按有关规定必须减载运行，比如有些危险品必须减载运送才能保证安全。

4. 不能装足吨位

由于装载技术的原因，造成不能装足吨位。

5.2.2 车辆积载的原则

车辆积载原则如下。

(1) 轻重搭配的原则。车辆装货时，必须将重货置于底部，轻货置于上部，避免重货压坏轻货，并使货物重心下移，从而保证运输安全。

(2) 大小搭配的原则。货物包装的尺寸有大有小，为了充分利用车厢内的容积，可在同一层或上下层合理搭配不同尺寸的货物，以减少箱内的空隙。

(3) 货物性质搭配原则。拼装在一个车厢内的货物，其化学性质、物理属性不能互相抵触。如不能将散发臭味的货物与具有吸臭性的食品混装；不将散发粉尘的货物与清洁货物混装。

(4) 到达同一地点的适合配装的货物应尽可能一次积载。

(5) 确定合理的堆码层次及方法。可根据车厢的尺寸、容积、货物外包装的尺寸来确定。

(6) 装载时不允许超过车辆所允许的最大载重量。

(7) 装载易滚动的卷状、桶状货物，要垂直摆放。

(8) 货与货之间，货与车辆之间应留有空隙并适当衬垫，防止货损。

(9) 装货完毕，应在门端处采取适当的稳固措施，以防开门卸货时，货物倾倒造成货损。

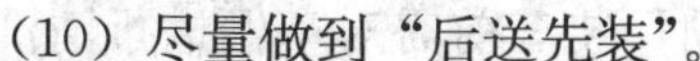

(10) 尽量做到“后送先装”。

5.2.3　提高车辆装载效率的具体办法

具体办法如下。

(1) 研究各类车厢的装载标准，根据不同货物和不同包装体积的要求，合理安排装载顺序，努力提高装载技术和操作水平，力求装足车辆核定吨位。

(2) 根据客户所需要的货物品种和数量，调派适宜的车型承运，这就要求配送中心根据经营商品的特性，配备合适的车型结构。

(3) 凡是可以拼装运输的，尽可能拼装运输，但要注意防止差错。

箱式货车有确定的车厢容积，车辆的载货容积为确定值。设车厢容积为 V，车辆载重量为 W。现要装载质量体积为 R_a、R_b 的两种货物，使得车辆的载重量和车厢容积均被充分利用。

设：两种货物的配装重量为 W_a、W_b

$$\begin{cases} W_a + W_b = W \\ W_a \times R_a + W_b \times R_b = V \end{cases}$$

$$W_a = \frac{V - W \times R_b}{R_a - R_b}$$

$$W_b = \frac{V - W \times R_a}{R_b - R_a}$$

【例 5-1】 某仓库某次需运送水泥和玻璃两种货物，水泥质量体积为 0.9 m³/t，玻璃质量体积是 1.6 m³/t，计划使用的车辆的载重量为 11 t，车厢容积为 15 m³。试问如何装载使车辆的载重量能力和车厢容积都被充分利用？

解　设水泥的装载量为 W_a，玻璃的装载量为 W_b。

其中 $V=15\ \text{m}^3$，$W=11\ \text{t}$，$R_a=0.9\ \text{m}^3/\text{t}$，$R_b=1.6\ \text{m}^3/\text{t}$。

$$W_a = \frac{V - W \times R_b}{R_a - R_b} = \frac{15 - 11 \times 1.6}{0.9 - 1.6} = 3.71\ (\text{t})$$

$$W_b = \frac{V - W \times R_a}{R_b - R_a} = \frac{15 - 11 \times 0.9}{1.6 - 0.9} = 7.29\ (\text{t})$$

该车装载水泥 3.71 t、玻璃 7.29 t 时车辆到达满载。

通过以上计算可以得出两种货物的搭配使车辆的载重能力和车厢容积都得到充分的利用。但是其前提条件必须是：车厢的容积系数介于所要配载货物的容重比之间。如果所需要装载的货物的质量体积都大于或小于车厢容积系数，则只能是车厢容积不满或者不能满足载重量。当存在多种货物时，可以将货物比重与车辆容积系数相近的货物先配装，剩下两种最重和最轻的货物进行搭配配装。或者对需要保证数量的货物先足量配装，再对不定量配送的货物进行配装。

5.2.4　配送车辆装载与卸载

1. 装卸的基本要求

装载卸载总的要求是“省力、节能、减少损失、快速、低成本”。

（1）装车前应对车厢进行检查和清扫。因货物性质不同，装车前需对车辆进行清洗、消毒，必须达到规定要求。

（2）确定最恰当的装卸方式。在装卸过程中，应尽量减少或根本不消耗装卸的动力，利用货物本身的重量进行装卸。如利用滑板、滑槽等。同时应考虑货物的性质及包装，选择最适当的装卸方法，以保证货物的完好。

（3）合理配置和使用装卸机具。根据工艺方案科学地选择并将装卸机具按一定的流程合理地布局，以达到搬运装卸的路径最短。

（4）力求减少装卸次数。物流过程中，发生货损货差的主要环节是装卸，而在整个物流过程中，装卸作业又是反复进行的，从发生的频数来看，超过其他环节。装卸作业环节不仅不增加货物的价值和使用价值，反而有可能增加货物破损的几率和延缓整个物流作业速度，从而增加物流成本。

（5）防止货物装卸时的混杂、散落、漏损、砸撞。特别要注意有毒货物不得与食用类货物混装，性质相抵触的货物不能混装。

（6）装车的货物应数量准确，捆扎牢靠，做好防丢措施；卸货时应清点准确，码放、堆放整齐，标志向外，箭头向上。

（7）提高货物集装化或散装化作业水平。成件货物集装化，粉粒状货物散装化是提高作业效率的重要手段。所以，成件货物应尽可能集装成托盘系列、集装箱、货捆、货架、网袋等货物单元再进行装卸作业。各种粉粒状货物尽可能采用散装化作业，直接装入专用车、船、库。粉粒状货物也可装入专用托盘、集装箱、集装袋内，提高货物活性指数，便于采用机械设备进行装卸作业。

（8）做好装卸现场组织工作。装卸现场的作业场地、进出口通道、作业流程、人机配置等布局设计应合理，使现有的和潜在的装卸能力充分发挥或发掘出来。避免由于组织管理工作不当造成装卸现场拥挤、紊乱现象，以确保装卸工作安全顺利完成。

2. 装卸工作的组织

货物配送运输工作的目的在于不断谋求提高装卸工作质量及效率、加速车辆周转、确保物流效率。因此，除了强化硬件之外，在装卸工作组织方面也要给予充分重视，做好装卸组织工作。

（1）制定合理的装卸工艺方案。用“就近装卸”方法或用“作业量最小”法。在进行装卸工艺方案设计时应该综合考虑，尽量减少“二次搬运”和“临时放置”，使搬运装卸工作更合理。

（2）提高装卸作业的连续性。装卸作业应按流水作业原则进行，工序间应合理衔接，必须进行换装作业的，应尽可能采用直接换装方式。

（3）装卸地点相对集中或固定。装载、卸载地点相对集中，便于装卸作业的机械化、自动化，可以提高装卸效率。

（4）力求装卸设施、工艺的标准化。为了促进物流各环节的协调，就要求装卸作业各工艺阶段间的工艺装备、设施与组织管理工作相互配合，尽可能减少因装卸环节造成的货损货差。

3. 装车堆积

装车堆积是在具体装车时，为充分利用车厢载重量、容积而采用的方法。一般是根据所配送货物的性质和包装来确定堆积的行、列、层数及码放的规律。

（1）堆积的方式。堆积的方式有行列式堆码方式和直立式堆码方式。

（2）堆积应注意的事项。①堆码方式要有规律、整齐。②堆码高度不能太高。车辆堆装高度一是受限于道路高度限制；二是道路运输法规规定，如大型货车的高度从地面起不得超过 4 m；载重量 1 000 kg 以上的小型货车不得超过 2.5 m；载重量 1 000 kg 以下的小型货车不得超过 2 m。③货物在横向不得超出车厢宽度，前端不得超出车身，后端不得超出车厢的长度为：大货车不超过 2 m；载重量 1 000 kg 以上的小型货车不得超过 1 m；载重量 1 000 kg 以下的小型货车不得超过 50 cm。④堆码时应重货在下，轻货在上；包装强度差的应放在包装强度好的上面。⑤货物应大小搭配，以利于充分利用车厢的载容积及核定载重量。⑥按顺序堆码，先卸车的货物后码放。

4. 绑扎

绑扎是配送发车前的最后一个环节，也是非常重要的环节。是在配送货物按客户订单全部装车完毕后，为了保证货物在配送运输过程中的完好，以及为避免车辆达到各客户点卸货开箱时发生货物倾倒，而必须进行的一道工序。

（1）绑扎时主要考虑以下几点。① 绑扎端点要易于固定而且牢靠。② 可根据具体情况选择绑扎形式。③ 应注意绑扎的松紧度，避免货物或其外包装损坏。

（2）绑扎的形式。① 单件捆绑。② 单元化、成组化捆绑。③ 分层捆绑。④ 分行捆绑。⑤ 分列捆绑。

（3）绑扎的方法。① 平行绑扎。② 垂直绑扎。③ 相互交错绑扎。

5.3　配送车辆的调度

车辆的运行是在点多、面广、纵横交错、干支相连的运输网络中分散流动的，涉及多个部门、多个环节，工作条件较为复杂。这就需要建立一个具有权威性的组织指挥系统——车辆调度部门，进行统一领导、统一指挥，且能灵活地、及时地处理问题。

5.3.1　车辆调度工作的作用及特点

1. 车辆调度工作的作用

（1）保证运输任务按期完成。

（2）能及时了解运输任务的执行情况。

（3）促进运输及相关工作的有序进行。

（4）实现最小的运力投入。

2. 车辆调度工作的特点

（1）计划性。坚持合同运输及临时运输相结合，以完成运输任务为出发点，认真编制、执行及检查车辆运行作业计划。

（2）预防性。在车辆运行组织中，经常进行系统预防性检查，发现薄弱环节，及时采取措施，避免运输生产的中断。

（3）机动性。加强信息沟通，机动灵活地处理有关部门问题，准确及时地发布调度命令，保证生产的连续性。

5.3.2 车辆调度的基本原则

1. 车辆调度的一般原则

(1) 坚持统一领导和指挥、分级管理、分工负责的原则。

(2) 坚持从全局出发、局部服从全局的原则。

(3) 坚持以均衡和超额完成生产计划任务为出发点的原则。

(4) 坚持最低资源(运力)投入和获得最大效益的原则。

车辆运行计划在组织挂靠过程中常会遇到一些事前难以预料的问题,如客户需求量变动、装卸机械发生故障、车辆运行途中发生技术障碍、临时性桥断路阻等,这就要有针对性地加以分析和解决。调度部门应随时掌握货源状况、车况、路况、气候变化、驾驶员思想状况、行车安全等,确保运行作业计划顺利进行。

2. 车辆调度的具体原则

(1) 宁可打乱少数计划,不打乱多数计划。

(2) 宁可打乱局部计划,不打乱整体计划。

(3) 宁可打乱次要环节,不打乱主要环节。

(4) 宁可打乱当日计划,不打乱以后计划。

(5) 宁可打乱可缓物资的运输计划,不打乱急需物资的运输计划。

(6) 宁可打乱整批货物的运输计划,不打乱配装货物的运输计划。

(7) 宁可使企业内部工作受影响,不使客户受影响。

5.3.3 车辆调度的方法

车辆调度的方法有多种,可根据客户所需货物、配送中心站点及交通线路的不同而采用不同的车辆调度方法,得出最优配送车辆运行的调度方法。运用合理的车辆调度方法,可以获得最短的运行路线、最低运费或最高行程利用率的优化目标。

运输任务较重,交通网络较复杂时,为合理调度车辆的运行,可运用运筹学中线性规划的方法,如最短路径法、表上作业法、图上作业法等。

1. 最短路径法

当由一个配送中心向一个特定的客户进行专门送货时,从物流角度看,客户的需求量接近或大于可用车辆的定额载重量,需专门派一辆或多辆车一次或多次送货,此时,追求的是最短配送距离,以节省时间、多装快跑,提高送货的效率。

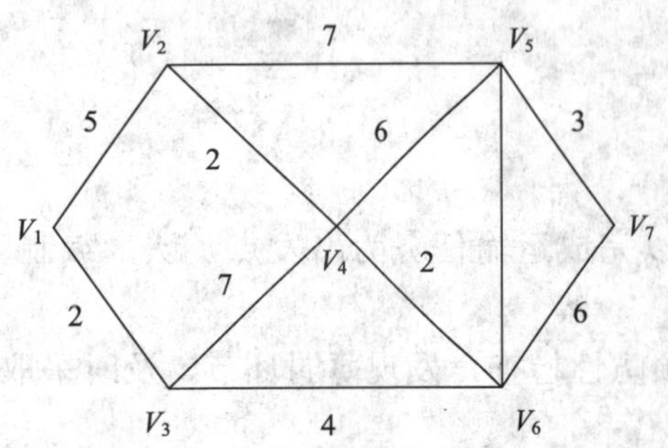

图 5-1 V_1 至 V_7 的最短路径

下面举例介绍一种寻求网络中两点间最短线路的方法——标号法。

【**例 5-2**】用标号法示图 5-1 中从 V_1 到 V_7 的最短路线和里程。

解

(1) 从 V_1 出发,给 V_1 标号 $L_{11}=0$,如图 5-2 (a) 所示。

(2) 同V_1相邻的未标号点有V_2、V_3，min $\{d_{12}, d_{13}\}$ =min $\{5, 2\}$ =2，故给这两个最小值对应的点V_3标号：$L_{13}=2$，将 $[V_1, V_3]$ 加粗，如图5-2 (b) 所示。

(3) 同标号点V_1、V_3相邻的未标号点为V_2、V_4、V_6，因为 min $\{L_{11}+d_{12}, L_{13}+d_{34}, L_{13}+d_{36}\}$=min $\{0+5, 2+7, 2+4\}$ =5，故对相应的点V_2标号：$L_{12}=5$，加粗 $[V_1, V_2]$，如图5-2 (c) 所示。

(4) 同标号点V_1、V_2、V_3相邻的未标号点有V_5、V_4、V_6，因为 min $\{L_{12}+d_{25}, L_{12}+d_{24}, L_{13}+d_{34}, L_{13}+d_{36}\}$ =min $\{5+7, 5+2, 2+7, 2+4\}$ =6，故对相应的标号V_6：$L_{16}=6$，将 $[V_3, V_6]$ 加粗，如图5-2 (d) 所示。

(5) 同标号点V_1、V_2、V_3、V_6相邻的未标号点有V_4、V_5、V_7，因为 min $\{L_{12}+d_{25}, L_{12}+d_{24}, L_{13}+d_{34}, L_{16}+d_{64}, L_{16}+d_{65}, L_{16}+d_{67}\}$ = $\{5+7, 5+2, 2+7, 6+2, 6+1, 6+6\}$ =7，故对相应的点V_4、V_5同时标号：$L_{14}=L_{15}=7$，加粗 $[V_2, V_4]$，$[V_6, V_5]$，如图5-2 (e) 所示。

(6) 同各标号点相邻的未标号点只有V_7，因为 min $\{L_{15}+d_{57}, L_{16}+d_{67}\}$ =min $\{7+3, 6+6\}$ =10，故对相应的点V_7标号：$L_{17}=10$，同时加粗 $[V_6, V_7]$ 边，如图5-2 (f) 所示。

图5-2 (f) 中的粗线表明是从V_1出发到其他各点最短路，各点旁边的方框内的数字是从某点到该点的最短长度。V_1到V_7经过$V_3-V_6-V_5-V_7$，全程长为：2+4+1+3=10。

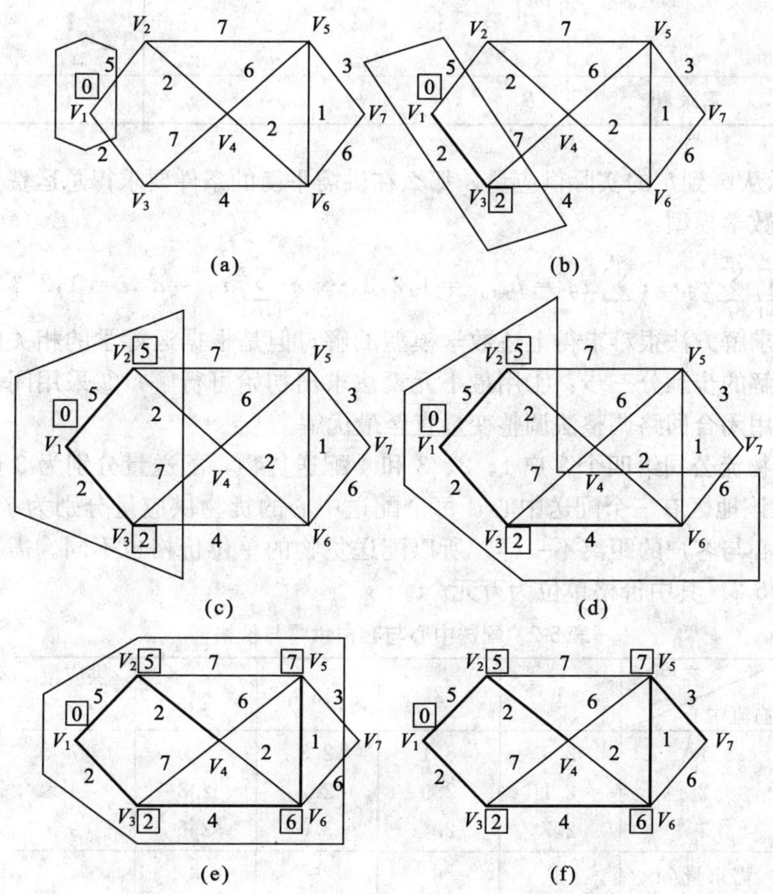

图5-2 最短路径法分解图

2. 表上作业法

配送是物流系统的一项十分重要的功能。随着物流行业的发展，物流公司迅速增加，各个物流公司之间的竞争日趋激烈。如何加强管理以减少成本问题成为各物流公司非常关注的话题。一般来说，配送中心数量减少，配送中心距离客户的距离就会越长，配送成本就越高；配送中心数量增多，配送中心距离客户的距离就会缩短，配送成本就越少，但是配送中心的管理成本随之增加。本文讨论利用现有的配送中心向客户的配送问题，寻求最小的配送成本。

物流公司常常在某个地区有多个配送中心来供应货物，每个物流中心都有一定的供应量。物流中心配送货物的客户也往往不止一个，多个客户更为常见。a_i（$i=1, 2, 3, \cdots, m$）表示不同的配送中心货物供应量，m 表示配送中心的数量，b_j（$j=1, 2, 3, \cdots, n$）表示不同客户需求的货物量，n 表示量客户的数量。从配送中心到客户的单位配送价格用 c_{ij} 表示。这些数据可用表 5-1 来表示。

表 5-1　配送中心供应量、客户需求量及价格

客户 物流中心	1	2	3	…	n	供应量
1	c_{11}	c_{12}	c_{13}	…	c_{1n}	a_1
2	c_{21}	c_{22}	c_{23}	…	c_{2n}	a_2
3	c_{31}	c_{32}	c_{33}	…	c_{3n}	a_3
	⋮	⋮	⋮	⋮	⋮	⋮
m	c_{m1}	c_{m2}	c_{m3}	…	c_{mn}	a_m
需求量	b_1	b_2	b_3	…	b_n	

若用 x_{ij} 表示从 a_i 到 b_j 的实际供应量，那么在供需平衡的条件要求得总运费最小的配送方案，可求解以下数学模型：

$$Z_{\min}=\sum_{i=1}^{m}\sum_{j}^{n}c_{ij}x_{ij};\sum_{i=1}^{m}x_{ij}=b_j,j=1,2,3,\cdots,n;\sum_{j=1}^{n}x_{ij}=a_i,i=1,2,3,\cdots,m$$

利用一般的求解方法很难求得上述数学模型的解，但是根据运筹学的相关内容来求解就相当容易了。求解的步骤分三步：①用最小元素法求出初始可行解；②采用闭合回路法判断是否最优；③采用闭合回路调整法调整变量直至最优解。

【例 5-3】某物流公司给四个客户 1、2、3 和 4 配送货物，配送量分别为 3 t、6 t、5 t 和 6 t。物流公司在该地区有三个配送中心，每个配送中心的货物供应量分别为 7 t、4 t 和9 t。由于各个配送中心与客户的距离不一样，所以配送货物的单位价格也不同。需求量和供应量及价格数据见表 5-2。其中价格单位为万元/ t。

表 5-2　配送中心与客户供需与价格

客户 物流中心	1	2	3	4	供应量 / t
1	2.3	3.1	2.3	3.0	7
2	2.1	2.9	2.2	2.8	4
3	2.7	2.4	3.0	2.5	9
需求量/ t	3	6	5	6	

解

(1) 最小元素法求出初始可行解。以最小单位配送价格运价开始配送，从单位配送价格最小到最大顺序逐一使供需量平衡，配送中供需达到规定量的可以从表上划掉。根据表上求得的结果可以得到最小的配送成本。最小元素法的缺点是：为了节省某一配送中心的费用，可能造成其他配送中心几倍的配送成本，所以必须对上述的结果进行检验。

首先从表 5-2 中找到最低配送单位价格为 2.1 万元/t，由于客户 1 需求量为 3 t，物流中心 2 的供应量为 4 t，取 min {3，4} =3 填入表中，客户 1 一栏需求量达到规定量，把客户 1 一栏划去，如表 5-3 所示。

表 5-3　最小元素法求解初始可行解（一）

物流中心＼客户	1	2	3	4	供应量/t
1	2.3	3.1	2.3	3.0	7
2	3　2.1	2.9	1　2.2	2.8	4
3	2.7	2.4	3.0	2.5	9
需求量/t	3	6	5	6	

再从表中未划去的价格中找到最小价格开始配送，这时最小的单位价格为 2.2 万元/ t。由于客户 3 需求量为 5 t，而物流中心 2 的供应量仅为 4 t 且已经给客户 1 分配 3 t，故只能给客户 3 分配 1 t，取 min {5，1} =1 填入表中，物流中心 2 一行供应量达到规定量，把物流中心 2 一行划去，见表 5-4。

表 5-4　最小元素法求解初始可行解（二）

物流中心＼客户	1	2	3	4	供应量/t
1	2.3	3.1	2.3	3.0	7
2	3　2.1	2.9	1　2.2	2.8	4
3	2.7	2.4	3.0	2.5	9
需求量/t	3	6	5	6	

同理，按照上面的做法一直划下去，最后的结果见表 5-5。

表 5-5　最小元素法求解初始可行解（三）

物流中心＼客户	1	2	3	4	供应量/t
1	2.3	3.1	2.3	3.0	7
2	3　2.1	2.9	1　2.2	2.8	4
3	2.7	2.4	3.0	2.5	9
需求量/t	3	6	5	6	

最后得到最小配送成本为：

$$Z_{\min}=4\times 2.3+3\times 3.0+3\times 2.1+1\times 2.2+6\times 2.4+3\times 2.5$$
$$=9.2+9.0+6.3+2.2+14.4+7.5$$
$$=48.6\text{（万元）。}$$

(2) 闭合回路法判断最优解。在表上作业法中，闭合回路是重要的概念之一，它既可以计算检验数又可以调整调运方案。由于数字格（带有调运量的格子）对应着基变量，其检验数均为零，而我们考虑的是非基变量的检验数，所以只研究从空格（无调运量的格子）出发所形成的闭合回路。

某一空格闭合回路的形成如下：从某一空格出发，沿水平方向或垂直方向前进，遇到某一个适当的数字格就 90°转向，如此继续下去，经过若干次，就一定回到原来出发的空格。这样形成的一条由水平和垂直线段组成的封闭折线称为闭合回路。

以空格为第一个顶点，所经过的顶点依次为第二个、第三个……，按如下公式计算空格的检验数：

空格 (ij) 的检验数 K_{ij} =（第奇数次顶点运价之和－第偶数次顶点运价之和）。

若全部检验数 $K_{ij} \geqslant 0$，则上述填入的数字为最优解，否则不是最优解，需要进一步计算。

图中的空格（11）闭合回路，可采取空格（11）——空格（13）——空格（23）——空格（21）——空格（11）组成回路。如表 5-6 所示。

表 5-6　闭合回路判断是否最优（一）

客户 物流中心	1		2		3		4		供应量/t
1		2.3		3.1	4	2.3		3.0	7
2	3	2.1		2.9	1	2.2		2.8	4
3		2.7	6	2.4	3	3.0	3	2.5	9
需求量/t	3		6		5		6		

检验数：空格（11）的检验数 $K_{11}=2.3-2.3+2.2-2.1=0.1$

空格（12）的检验数 $K_{12}=3.1-3.0+2.5-2.4=0.2$

空格（22）的检验数 $K_{22}=2.9-2.2+2.3-3.0+2.5-2.4=0.1$

空格（24）的检验数 $K_{24}=2.8-2.2+2.3-3.0=-0.1$

空格（13）的检验数 $K_{13}=2.7-2.1+2.2-2.3+3.0-2.5=1.0$

空格（33）的检验数 $K_{33}=3.0-2.3+3.0-2.5=1.2$

其中，空格（24）的检验数 $K_{ij}=-0.1<0$，所以上述不是最优解。

(3) 闭合回路调整法对上述变量进行调整。由于空格（24）的检验数 $K_{24}=-0.1$，故对空格（24）的调运量进行调整。取空格（24）所在的闭合回路中的调运量最小值 min｛1，3，4｝=1 填入空格（24）中，其他位置的调运量相应作出调整，如表 5-7 所示。

表 5-7　闭合回路判断是否最优（二）

客户 物流中心	1		2		3		4		供应量/t
1		2.3		3.1	5	2.3	2	3.0	7
2	3	2.1		2.9		2.2	1	2.8	4
3		2.7	6	2.4		3.0	3	2.5	9
需求量/t	3		6		5		6		

调整后的空格检验数如下。

空格（11）的检验数 $K_{11}=2.3-3.0+2.8-2.1=0$

空格（12）的检验数 $K_{12}=3.1-3.0+2.5-2.4=0.2$

空格（22）的检验数 $K_{22}=2.9-2.8+2.5-2.4=0.2$

空格（23）的检验数 $K_{23}=2.2-2.3+3.0-2.8=0.1$

空格（13）的检验数 $K_{13}=2.7-2.1+2.8-2.5=0.9$

空格（33）的检验数 $K_{33}=3.0-2.3+3.0-2.5=1.2$

上述所有空格检验数 $K_{ij}\geqslant 0$，说明上表中的解为最优解。即，物流中心 1 给客户 3 配送 5 t 货物，给客户 4 配送 2 t 货物；物流公司 2 给客户 1 配送 3 t 货物，给客户 4 配送 1 t 货物。物流中心 3 给客户 2 配送 6 t 货物，给客户 4 配送 3 t 货物。此时物流公司的配送总成本最小。

$$
\begin{aligned}
Z_{\min}&=5\times 2.3+2\times 3.0+3\times 2.1+1\times 2.8+6\times 2.4+3\times 2.5\\
&=11.5+6.0+6.3+2.8+14.4+7.5\\
&=48.5\text{（万元）}
\end{aligned}
$$

从计算结果可以看出，最优解比初始可行解总成本又降低了 0.1 万元。

3. 图上作业法

图上作业法是中国物资流通部门从实际工作中创造出来的一种物资运输规划方法，此法就是利用产品产地和销地的地理分布和运输线路示意图，采用科学规划方法，制定产品运输最小吨公里的方法。图上作业法适用于交通线路呈树状、圈状，且对产销地点的数量没有严格限制的情况。图上作业法的原则可以归纳为：流向划右方，对流不应当；里圈、外圈分别算，要求不能过半圈长；如若超过半圈长，应去运量最小段；反复运算可得最优方案。因此，利用此法组织运输，可以使车辆行驶最佳运输路线，减少车辆的空驶，提高车辆的里程利用率。下面介绍运用图上作业法解决物资调运问题。

与运输距离、线路有关的不合理运输有两种现象，一种是对流现象，另一种是迂回现象。图上作业法可以避免上述的对流和迂回现象，找出最短运输线路、运力最省的运输方案。

任何一张交通网络图，其线路的分布形状总可以分为成圈和不成圈两种情况。下面分别介绍运输线路不成圈和成圈最优运输方案的图上作业法。

1）运输线路不成圈的图上作业法

运输线路不成圈，就是不构成回路的“树”形线路，包括直线、丁字线、交叉线、分支线等。直线为图上作业法的基本路线。不论哪种路线，都要采取一定的办法，将此转化为一条直线的运输形式，以使作出流向线。对于运输线路不成圈的流向图，只要不出现对流现象，就是最优调运方案。

运输线路不成圈的图上作业法较简单。就是从各端点开始，按“各站供需就近调拨”的原则进行调配。

【例 5-4】某地区物资供应情况如图 5-3 所示，其中○表示起运站，□表示目的地。现要求通过图上作业法得到物资调运的最优方案。

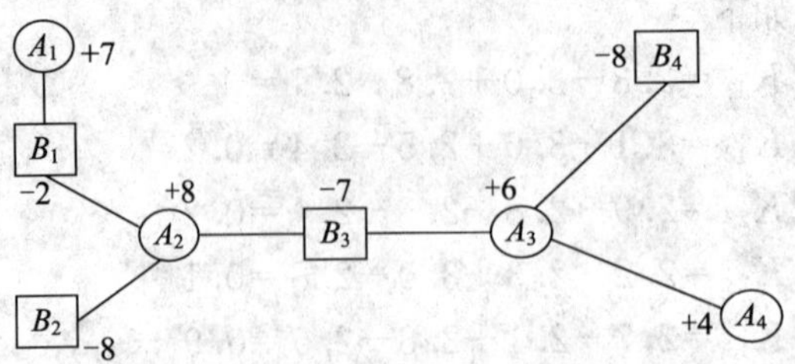

图 5-3　某地区物资供应情况图

解　在图 5-3 中有 4 个起运站 A_1、A_2、A_3、A_4，供应量分别为 +7、+8、+6、+4，另有 4 个目的地 B_1、B_2、B_3、B_4，需求量分别为 −2、−8、−7、−8，为了便于检查对流情况，把流向箭头统一画在线路右边，调运量用数字表示，标注在箭头旁边，从起运站 A_1 开始，把 7 单位的物资供应给 B_1，剩余 5 单位的物资再调运给 A_2，起运站 A_2 的 8 单位的物资供应给 B_2，从 A_1 调运过来 5 单位的物资供应给 B_3，这时 B_3 缺 2 单位的物资，A_4 站 4 单位的物资调运给 A_3，连同 A_3 原有的 6 单位共 10 个单位，供应 8 单位给 B_4，另外 2 单位供应给 B_3，填补 B_3 所缺的 2 单位的物资。

具体步骤简述如下。

(1) 由 $A_1 \to B_1$，供 7 需 2 余 5。

(2) $A_2 \to B_2$，供 8 需 8 平衡。

(3) $B_1 \to A_2 \to B_3$，调 5 供 5 需 7 缺 2。

(4) $A_4 \to A_3 \to B_4$，调 4 供 8 需 8。

(5) $A_3 \to B_3$，供 2 需 2 平衡。

如图 5-4 所示，在图中没有出现对流现象，故此图为最优线路流向图，所对应的方案为最优调运方案。

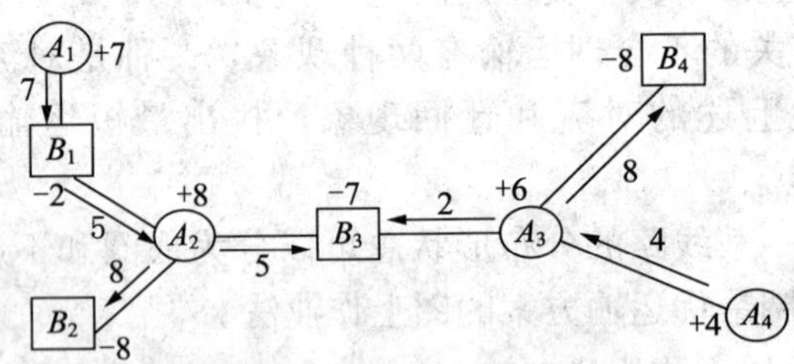

图 5-4　最优线路流向图

2) 运输线路成圈的图上作业法

运输线路成圈，就是形成闭合回路的“环”形路线，包括一个圈（有三角形、四边形、多边形）和多个圈。成圈的线路流向图要同时达到既无对流现象又无迂回现象的要求才是最优流向图。

对于成圈运输线路的图上作业法，可按下述三个步骤寻求最优方案。

(1) 去段破圈确定初始运输方案。在成圈的线路中，先假设某两点间的线路“不通”，去掉这段线路，把成圈线路转化为不成圈的线路，即破圈；按照运输线路不成圈的图上作业法，即可得到初始运输方案。

(2) 检查有无迂回现象。因为流向箭头都统一画在线路右边，所以圈内圈外都画有一些流向。分别检查每个小圈，如果圈内和圈外流向的总长度都不超过全圈总长度的 1/2，那么，全圈就没有迂回现象了，这个线路流向图就是最优的，对应的就是最优运输方案。否则转向第 (3) 步。

(3) 重新去段破圈，调整流向。在超过全圈总长 1/2 的里（外）圈各段流向线上减去最小运量，然后在相反方向的外（里）圈流向线上和原来没有流向线的各段上，加上减去的最小运量，这样可以得到一个新的线路流向图，然后转到第 (2) 步检查有无迂回现象。如此反复，直到得到最优线路流向图为止。

如果全圈存在两个及两个以上的圈，则需分别对各圈进行是否存在迂回线路的检查，如果各圈的里外圈都不超过全圈总线长的 1/2，则不存在迂回现象，此方案为最优运输方案。

【例 5-5】 某地区物资供应情况如图 5-5 所示，其中○表示起运站，□表示目的地，线路间括号中的数字表示起运站与目的地之间的距离（单位：km）。现要求物资调运最优方案。

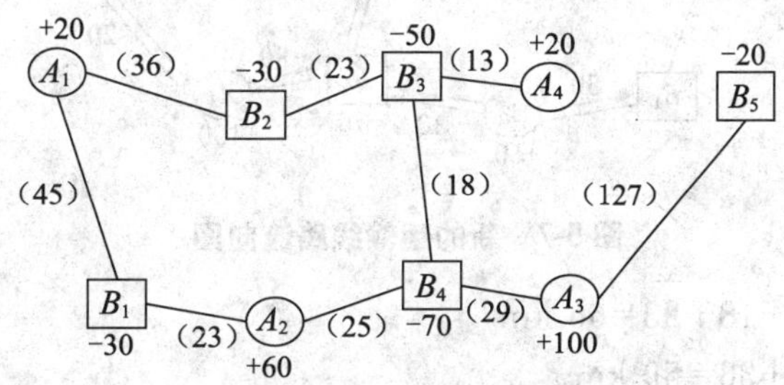

图 5-5　某地区物资供应情况图

解　在图 5-5 中，有 4 个起运站 A_1、A_2、A_3、A_4，供应量分别为＋20、＋60、＋100、＋20，另有 5 个目的地 B_1、B_2、B_3、B_4、B_5，需求量分别为－30、－30、－50、－70、－20，图中有一个圈由 A_1、B_1、A_2、B_4、B_3、B_2 构成，下面按照运输线路成圈的图上作业法步骤求物资调运最优方案。

(1) 去段破圈确定初始运输方案。去掉 A_1 到 B_2 的线路，然后根据各站供需就近调拨的原则进行调运，即可得到初始运输流向线路图，如图 5-6 所示。

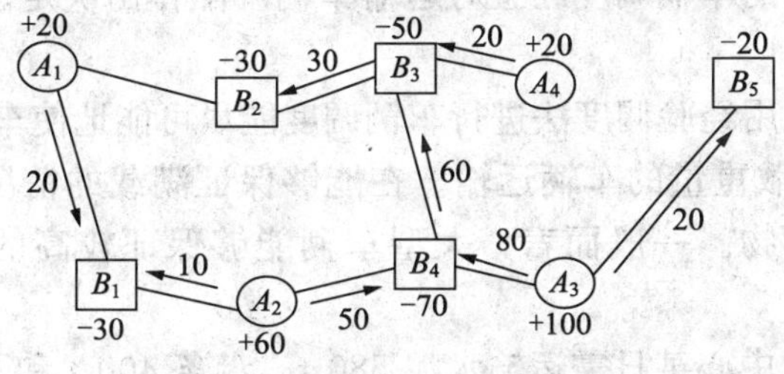

图 5-6　初始运输流向线路图

(2) 检查有无迂回现象。从图 5-6 可看出，不存在对流现象，但要检查里外圈流向线长，看是否超过全圈总长的 1/2。

全圈总长：45+23+25+18+23+36=170（km）

半圈长：170/2=85（km）

外圈流向总长：45+25+18+23=111（km）

里圈流向总长：23 km

因为外圈流向总长超过全圈总长的 1/2，可以断定，初始运输线路存在迂回现象，所对应的运输方案不是最优方案，因此，必须进行优化调整。

(3) 重新去段破圈，调整流向。初始方案中里圈符合要求，外圈流向总长超过全圈总长的一半，故需缩小外圈，因为外圈流向线路中运量最小的是 $A_1 \to B_1$ 的 20，所以去掉 A_1 到 B_1 的线路，并在外圈各段流向线上减去 20 的运量，同时在里圈各段流向线上及原来没有流向线的 A_1 到 B_2 线上各加上 20 的运量，这样可以得到新的运输线路流向图，如图5-7所示。

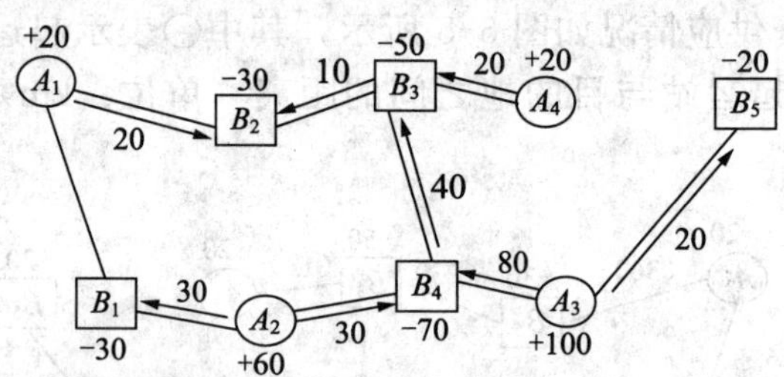

图 5-7　新的运输线路流向图

外圈流向总长为 25+18+23=66 km

里圈流向总长为 23+36=59 km

两者均没有超过全圈总长的 1/2，即 85 km。

所以调整后的新线路流向图所对应的方案为最优运输方案，此时按调整后的新方案组织运输，运力消耗为（20×36 + 10×23 + 20×13 + 30×23 + 30×25 + 40×18 + 80×29 + 20×127）t・km =8 230 t・km；按初始方案组织运输的运力消耗为（20×45 + 10×23 + 50×25 + 80×29 + 20×127 + 20×13 + 30×23 + 60×18）t・km =9 270 t・km。由此可知，调整后的运输方案比初始运输方案节约运力为 1 040 t・km。

4. 经验调度法和运输定额比法

经验调度法依据长期的车辆调度经验对运输车辆调配作出决定。运输定额比法则是运用理论方法作出决定。

在有多种车辆时，采用经验调度法进行车辆调度能尽可能地使车辆满载运输。如运输 5 t 的货物，就安排一辆 5 t 载重量的车辆运输。在能够保证满载的情况下，应优先使用大型车辆，且先载运大批量的货物。一般而言，大型车辆能够保证较高的运输效率、较低的运输成本。

【例 5-6】 某建材配送中心某日需运输水泥 580 t、盘条 400 t 和不定量的平板玻璃。该中心有大型车 20 辆、中型车 20 辆、小型车 30 辆，各种车每日只运输一种货物。三种车型的运输定额见表 5-8。

表 5-8　车辆运输定额　　单位：t/（日·辆）

车辆种类	运水泥	运盘条	运玻璃
大型车辆	20	17	14
中型车辆	18	15	12
小型车辆	16	13	10

解　根据经验调度法，车辆安排的顺序为大型车辆、中型车辆、小型车辆，货载安排的顺序为水泥、盘条、玻璃。得出派车方案见表 5-9，共完成货运量 1 080 t。

表 5-9　经验调度法派车　　单位：辆

车辆种类	运水泥车辆数	运盘条车辆数	运玻璃车辆数	车辆总数
大型车辆	20	0	0	20
中型车辆	10	10	0	20
小型车辆	0	20	10	30
货运量/ t	580	400	100	

对于以上车辆的运输能力，可以按表 5-10 计算每种车辆运输不同货物的定额比（小于 1 的定额比忽略不计）。

表 5-10　车辆运输定额比

车辆种类	运水泥/运盘条	运盘条/运玻璃	运水泥/运玻璃
大型车辆	1.18	1.21	1.43
中型车辆	1.2	1.25	1.5
小型车辆	1.23	1.3	1.6

在表 5-11 中，小型车辆运输水泥的定额比最高，因而应优先安排小型车辆运输水泥，其次是中型车辆运输盘条，剩余的货物由大型车辆完成，派车方案见表 5-9，共完成货运量1 106 t。

表 5-11　运输定额比派车　　单位：辆

车辆种类	运水泥车辆数	运盘条车辆数	运玻璃车辆数	车辆总数
大型车辆	5	6	9	20
中型车辆	0	20	0	20
小型车辆	30	0	0	30
货运量/ t	580	400	126	

5.4 运输线路优化

5.4.1 节约里程法的基本原理

如图 5-8（a）所示，P 点为配送中心所在地，A 和 B 为客户所在地，三者相互间的道路距离分别为 a、b、c。送货时最直接的想法是利用两辆车分别为 A、B 两个客户进行配送，如图 5-8（b）所示，车辆的实际运行距离为 $2a+2b$；然而，如改用由一辆车巡回配送，如图 5-8（c）所示，则运行的实际距离为 $a+b+c$；当道路状况没有特殊规定时，可节约车辆运行距离为（$2a+2b$）－（$a+b+c$）$=a+b-c$；根据定理三角形两边之和大于第三边，$a+b-c>0$，则这个节约量称为“节约里程”。

实际上如果给数个客户进行配送时，应首先计算包括配送中心在内的相互之间的最短距离，然后计算各客户之间的可节约的运行距离，按照节约运行距离的大小顺序连接各配送地并设计出配送路线。

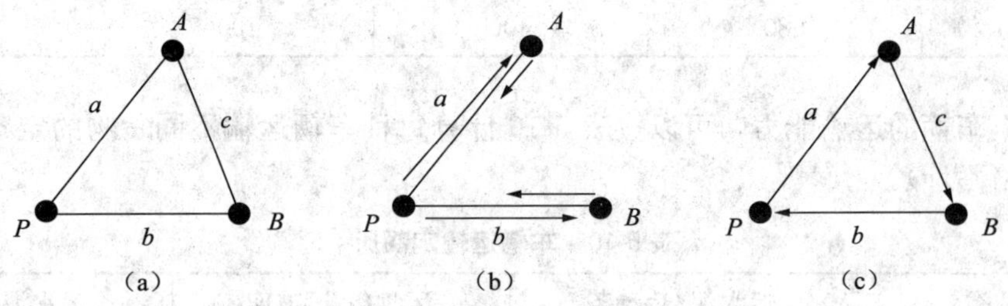

图 5-8 节约里程法路线图

5.4.2 节约里程法应用案例

【例 5-7】 由配送中心 P 向 $A-I$ 等 9 个用户配送货物。图 5-9 中连线上的数字表示公路

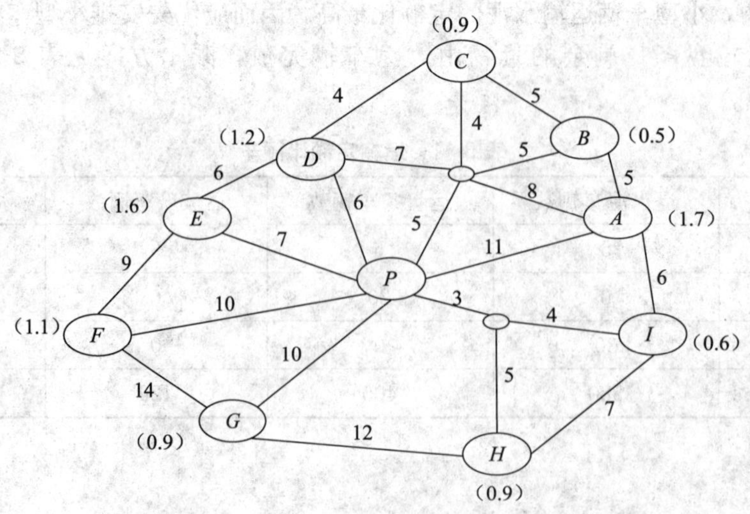

图 5-9 配送中心 P 到各点的路径图

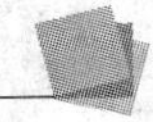

里程（km）。靠近各用户括号内的数字，表示各用户对货物的需求量（t）。配送中心备有 2t 和 4t 载重量的汽车，且汽车一次巡回走行里程不能超过 35km，设送到时间均符合用户要求，求该配送中心的最优送货方案。

解

（1）计算配送中心至各用户及各用户之间的最短距离，列表得最短距离表，见表 5-12。

表 5-12　最短距离表

	P	A	B	C	D	E	F	G	H	I
P		11	10	9	6	7	10	10	8	7
A			5	10	14	18	21	21	13	6
B				5	9	15	20	20	18	11
C					4	10	19	19	17	16
D						6	15	16	14	13
E							9	17	15	14
F								14	18	17
G									12	17
H										7
I										

（2）由最短距离表，利用节约法计算出各用户之间的节约里程，编制节约里程表，见表 5-13。

表 5-13　节约里程表

	A	B	C	D	E	F	G	H	I
A		16	10	3	0	0	0	6	12
B			14	7	2	0	0	0	6
C				11	6	0	0	0	0
D					7	1	0	0	0
E						8	0	0	0
F							6	0	0
G								6	0
H									8
I									

（3）根据节约里程排序表中节约里程多少的顺序，由大到小排列，编制节约里程顺序表，

以便尽量使节约里程最多的点组合装车配送，见表 5-14。

表 5-14　节约里程排序表

顺序号	里程	节约里程	顺序号	里程	节约里程
1	$A—B$	16	10	$A—H$	6
2	$B—C$	14	10	$B—I$	6
3	$A—I$	12	10	$C—E$	6
4	$C—D$	11	10	$F—G$	6
5	$A—C$	10	10	$G—H$	6
6	$E—F$	8	15	$A—D$	3
6	$H—I$	8	16	$B—E$	2
8	$B—D$	7	17	$D—F$	1
8	$D—E$	7			

（4）根据节约里程排序表和配车（车辆的载重和容积因素）、车辆行驶里程等约束条件，渐进绘出配送路径。

① 初始方案。按节约里程排列顺序表，组合成配送路线如图 5-10 所示，从配送中心 P 分别向各个客户进行配送，共有 9 条配送路线，总行程为 156 km，需 2 t 货车 9 辆（每一客户的货量均小于 2 t)。

② 二次解。按节约里程的大小顺序连接 $A—B$、$B—C$、$A—I$，同时取消 $P—A$、$P—B$ 路线，形成巡回路线 $P—I—A—B—C—P$ 的配送线路Ⅰ，如图 5-11 所示，装载货物 3.7 t，运行距离为 32 km，需 4 t 货车 1 辆。这时配送线路总行程为 114 km，需 2 t 货车 5 辆，4 t 货车 1 辆。

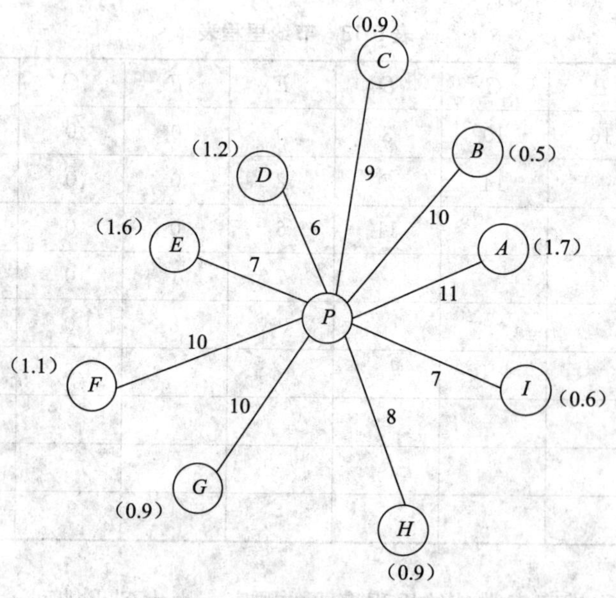

图 5-10　配送路线初始方案

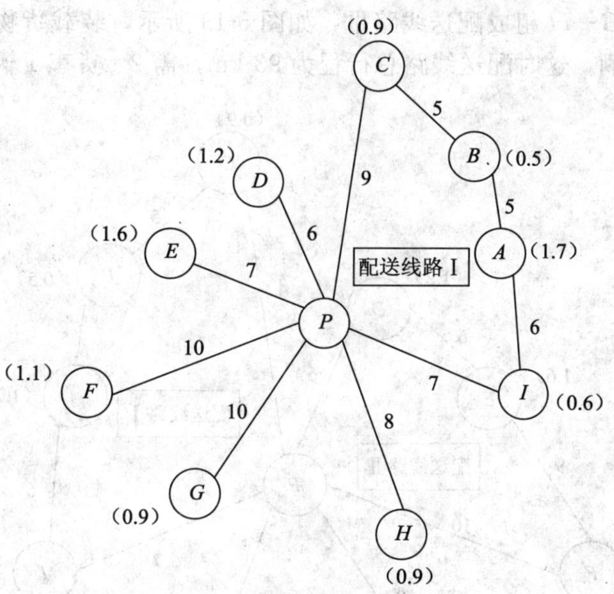

图 5-11　配送路线（1）

③ 三次解。考虑到单车载重量和线路均衡，配送线路Ⅰ不再增加配送客户。按节约里程的大小顺序，连接 E—F、D—E，同时取消 P—E 路线，形成巡回路线 P—D—E—F—P 的配送线路Ⅱ，如图 5-12 所示，装载货物 3.9 t，运行距离为 31 km，需 4 t 货车 1 辆。这时配送线路总行程为 99 km，需 2 t 货车 2 辆，4 t 货车 2 辆。

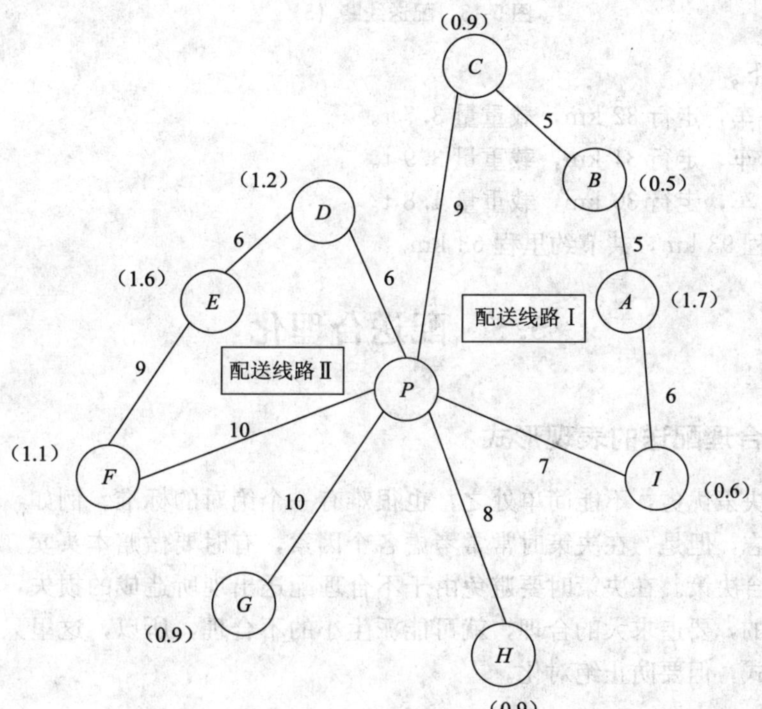

图 5-12　配送线路（2）

④ 最终解。连接 G—H 组成配送线路Ⅲ，如图 5-13 所示，装载货物 1.8 t，运行距离为 30 km，需 2 t 货车 1 辆。这时配送线路总行程为 93 km，需 2 t 货车 1 辆，4 t 货车 2 辆。

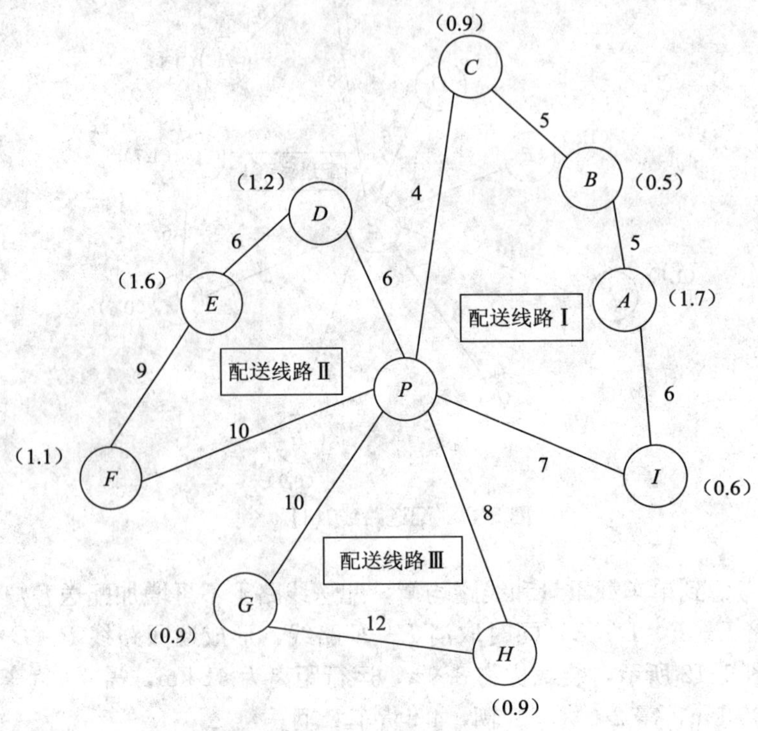

图 5-13 配送线路（3）

配送线路如下。

线路Ⅰ：4 t 车，走行 32 km，载重量 3.7 t。

线路Ⅱ：4 t 车，走行 31 km，载重量 3.9 t。

线路Ⅲ：2 t 车，走行 30 km，载重量 1.8 t。

总共走行里程 93 km，共节约里程 63 km。

5.5 配送合理化

5.5.1 不合理配送的表现形式

对于配送的决策优劣，不能简单处之，也很难有一个绝对的标准。例如，企业效益是配送的重要衡量标志，但是，在决策时常常考虑各个因素，有时要做赔本买卖。所以，配送的决策是全面、综合决策。在决策时要避免由于不合理配送出现所造成的损失，但有时某些不合理现象是伴生的，要追求大的合理，就可能派生小的不合理，所以，这里只单独论述不合理配送的表现形式，但要防止绝对化。

1. 资源筹措的不合理

配送是利用较大批量筹措资源。通过筹措资源的规模效益来降低资源筹措成本，使配送

资源筹措成本低于用户自己筹措资源成本，从而取得优势。如果不是集中多个用户需要进行批量筹措资源，而仅仅是为某一两个户代购代筹，对用户来讲，就不仅不能降低资源筹措费，相反却要多支付一笔配送企业的代筹代办费，因而是不合理的。

资源筹措不合理还有其他表现形式，如配送量计划不准，资源筹措过多或过少，在资源筹措时不考虑建立与资源供应者之间长期稳定的供需关系等。

2. 库存决策不合理

配送应充分利用集中库存总量低于各用户分散库存总量，从而大大节约社会财富，同时降低用户实际平均分摊库存负担。因此，配送企业必须依靠科学管理来实现一个低总量的库存，否则就会出现单是库存转移，而未解决库存降低的不合理。

配送企业库存决策不合理还表现在储存量不足，不能保证随机需求，失去了应有的市场。

3. 价格不合理

总的来讲，配送的价格应低于不实行配送时，用户自己进货时产品购买价格加上自己提货、运输、进货之成本总和，这样才会使用户有利可图。有时候，由于配送有较高服务水平，价格稍高；用户也是可以接受的，但这不能是普遍的原则。如果配送价格普遍高于用户自己进货价格，损伤了用户利益，就是一种不合理表现。

价格制定过低，使配送企业处于无利或亏损状态下运行，会损伤销售者，也是不合理的。

4. 配送与直达的决策不合理

一般的配送总是增加了环节，但是这个环节的增加，可降低用户平均库存水平，以此不但抵消了增加环节的支出，而且还能取得剩余效益。但是如果用户使用批量大，可以直接通过社会物流系统均衡批量进货，较之通过配送中转送货则可能更节约费用，所以，在这种情况下，不直接进货而通过配送，就属于不合理范畴。

5. 送货中不合理运输

配送与用户自提比较，尤其对于多个小用户来讲，可以集中配装一车送几家，这比一家一户自提，可大大节省运力和运费。如果不能利用这一优势，仍然是一户一送，而车辆达不到满载（即时配送过多过频时会出现这种情况），则就属于不合理。

此外，不合理运输若干表现形式，在配送中都可能出现，会使配送变得不合理。

6. 经营观念的不合理

在配送实施中，有许多是经营观念不合理，使配送优势无从发挥，相反却损坏了配送的形象。这是在开展配送时尤其需要注意克服的不合理现象。例如，配送企业利用配送手段，向用户转嫁资金、库存困难，在库存过大时，强迫用户接货，以缓解自己库存压力；在资金紧张时，长期占用用户资金；在资源紧张时，将用户委托资源挪作他用获利等。

5.5.2　配送合理化

1. 配送合理化的判断标志

对于配送合理化与否的判断，是配送决策系统的重要内容，目前国内外尚无一定的技术经济指标体系和判断方法，按一般认识，以下若干标志是应当纳入的。

1）库存标志

库存是判断配送合理与否的重要标志。具体指标有以下两方面。

(1) 库存总量。库存总量在一个配送系统中，从分散于各个用户转移给配送中心，配送中心库存数量加上各用户在实行配送后库存量之和应低于实行配送前各用户库存量之和。

此外，从各个用户角度判断，各用户在实行配送前后的库存量比较，也是判断合理与否的标准，某个用户上升而总量下降，也属于一种不合理。

库存总量是一个动态的量，上述比较应当是在一定经营量前提下。在用户生产有发展之后，库存总量的上升则反映了经营的发展，必须扣除这一因素，才能对总量是否下降做出正确判断。

(2) 库存周转。由于配送企业的调剂作用，以低库存保持高的供应能力，库存周转一般总是快于原来各企业库存周转。

此外，从各个用户角度进行判断，各用户在实行配送前后的库存周转比较，也是判断合理与否的标志。

为取得共同比较基准，以上库存标志，都以库存储备资金计算，而不以实际物资数量计算。

2）资金标志

总的来讲，实行配送应有利于资金占用降低及资金运用的科学化。具体判断标志如下。

(1) 资金总量。用于资源筹措所占用流动资金总量，随储备总量的下降及供应方式的改变必然有一个较大的降低。

(2) 资金周转。从资金运用来讲，由于整个节奏加快，资金充分发挥作用，同样数量资金，过去需要较长时期才能满足一定供应要求，配送之后，在较短时期内就能达此目的。所以资金周转是否加快，是衡量配送合理与否的标志。

(3) 资金投向的改变。资金分散投入还是集中投入，是资金调控能力的重要反映。实行配送后，奖金必然应当从分散投入改为集中投入，以能增加调控作用。

3）成本和效益

总效益、宏观效益、微观效益、资源筹措成本都是判断配送合理化的重要标志。对于不同的配送方式，可以有不同的判断侧重点。例如，配送企业、用户都是各自独立的以利润为中心的企业，则不但要看配送的总效益，而且还要看对社会的宏观效益及两个企业的微观效益，不顾及任何一方，都必然出现不合理。又例如，如果配送是由用户集团自己组织的，配送主要强调保证能力和服务性，那么，效益主要从总效益、宏观效益和用户集团企业的微观效益来判断，不必过多顾及配送企业的微观效益。

由于总效益及宏观效益难以计量，在实际判断时，常以按国家政策进行经营，完成国家税收及配送企业及用户的微观效益来判断。

对于配送企业而言（投入确定了的情况下），则企业利润反映配送合理化程度。

对于用户企业而言，在保证供应水平或提高供应水平（产出一定）前提下，供应成本的降低，反映了配送的合理化程度。

成本及效益对合理化的衡量，还可以具体到储存、运输的具体配送环节，使判断更为精细。

4）供应保证标志

实行配送，各用户的最大担心是害怕供应保证程度降低，这是个心态问题，也是承担风险的实际问题。

配送必须提高而不是降低对用户的供应保证能力，才算合理。供应保证能力可以从以下方面判断。

(1) 缺货次数。实行配送后，对各用户来讲，该到货而未到货以致影响用户生产及经营的次数，必须下降才算合理。

(2) 配送企业集中库存量。对每一个用户来讲，其数量所形成的保证供应能力高于配送前单个企业保证程度，从供应保证来看才算合理。

(3) 即时配送的能力及速度。即时配送的能力及速度是用户出现特殊情况的特殊供应保障方式，这一能力必须高于未实行配送前用户紧急进货能力及速度才算合理。

特别需要强调一点，配送企业的供应保障能力，是一个科学的合理的概念，而不是无限的概念。具体来讲，如果供应保障能力过高，超过了实际的需要，属于不合理。所以追求供应保障能力的合理化也是有限度的。

5）社会运力节约标志

末端运输是目前运能、运力使用不合理、浪费较大的领域，因而人们寄希望于配送来解决这个问题。这也成了配送合理化的重要标志。

运力使用的合理化是依靠送货运力的规划和整个配送系统的合理流程及与社会运输系统合理衔接实现的。送货运力的规划是任何配送中心都需要花力气解决的问题，而其他问题有赖于配送及物流系统的合理化，判断起来比较复杂。可以简化判断如下。

(1) 社会车辆总数减少，而承运量增加为合理。

(2) 社会车辆空驶减少为合理。

(3) 一家一户自提自运减少，社会化运输增加为合理。

6）用户企业仓库、供应、进货人力物力节约标志

配送的重要观念是以配送代劳用户；因此，实行配送后，各用户库存量、仓库面积、仓库管理人员减少为合理；用于订货、接货、搞供应的人应减少才合理，才能真正解除用户的后顾之忧，配送的合理化程度则可以说是一个高水平了。

7）物流合理化标志

配送必须有利于物流合理，这可以从以下几方面判断。

(1) 是否降低了物流费用；

(2) 是否减少了物流损失；

(3) 是否加快了物流速度；

(4) 是否发挥了各种物流方式的最优效果；

(5) 是否有效衔接了干线运输和末端运输；

(6) 是否不增加实际的物流中转次数；

(7) 是否采用了先进的技术手段。

物流合理化的问题是配送要解决的大问题，也是衡量配送本身的重要标志。

2. 配送合理化可采取的做法

国内外推行配送合理化，有一些可供借鉴的办法，简介如下。

1）推行一定综合程度的专业化配送

通过采用专业设备、设施及操作程序，取得较好的配送效果并降低配送过分综合化的复杂程度及难度，从而追求配送合理化。

2）推行加工配送

通过加工和配送结合，充分利用本来应有的这次中转，而不增加新的中转求得配送合理化；同时，加工借助于配送，加工目的更明确，和用户联系更紧密，更避免了盲目性。这两者有机结合，投入不增加太多却可追求两个优势、两个效益，是配送合理化的重要经验。

3）推行共同配送

通过共同配送，可以以最近的路程、最低的配送成本完成配送，从而追求合理化。

4）实行送取结合

配送企业与用户建立稳定、密切的协作关系，配送企业不仅成了用户的供应代理人，而且承担用户储存据点，甚至成为产品代销人。在配送时，将用户所需的物资送到，再将该用户生产的产品用同一车运回，这种产品也成了配送中心的配送产品之一，或者代存代储，免去了生产企业库存包袱。这种送取结合，使运力充分利用，也使配送企业功能有更大的发挥，从而追求合理化。

5）推行准时配送系统

准时配送是配送合理化的重要内容。配送做到了准时，用户才有资源把握，可以放心地实施低库存或零库存，可以有效地安排接货的人力、物力，以追求最高效率的工作。另外，保证供应能力，也取决于准时供应。从国外的经验看，准时供应配送系统是现在许多配送企业追求配送合理化的重要手段。

6）推行即时配送

即时配送是最终解决用户企业担心断供之忧，大幅度提高供应保证能力的重要手段。即时配送是配送企业快速反应能力的具体化，是配送企业能力的体现。

即时配送成本较高，但它是整个配送合理化的重要保证手段。此外，用户实行零库存，即时配送也是重要保证手段。

运输方式选择的基本流程

实训目的

熟悉运输方式选择的基本流程，掌握运输方式选择时各环节的要求。

实训步骤

（1）运输速度的考虑。

（2）运输工具的容量及线路的运输能力选择。

（3）运输成本分析。

（4）经济里程的确定。

（5）考虑环境保护的因素。

实训方式

分组练习，教师指导。

实训课时

4 课时。

复习思考题

一、选择题

1.（　　）是配套成套配送的特点。

A. 成套性　　B. 进货

C. 拆装　　D. 分拣

2.（　　）是指企业创建完全为本企业生产经营提供配送服务的组织模式。

A. 即时配送模式　　B. 第三方配送模式

C. 自营配送模式　　D. 共同配送模式

3. 车辆积载的原则有（　　）。

A. 随意搭配原则　　B. 轻重搭配的原则

C. 大小搭配的原则　　D. 装载效率

4. 车辆调度的方法有（　　）。

A. 最短路径法　　B. 表上作业法

C. 重心法　　D. 图上作业法

二、判断题

1. 定时配送是按事先协议规定的数量（批量），在一个指定的时间范围内（对配送时间不严格限定）进行配送。（　　）

2. “门到门”宅配模式是一种全新的包裹寄送服务方式，要求在指定时间内将货物精确送达目的地，最早是进行对一般消费者家庭的小型货物配送，对配送货物要求很小。（　　）

3. 节约里程法的基本原理是三角形两边之和大于第三边。（　　）

4. 库存标志是配送合理化的标志。（　　）

5. 即时配送的能力及速度是用户出现特殊情况的特殊供应保障方式，这一能力必须高于未实行配送前用户紧急进货能力及速度才算合理。（　　）

三、简答题

1. 影响车辆记载的主要因素有哪些?

2. 车辆调度的方法有哪些?

3. 不合理配送有哪些表现形式?

部分习题参考答案

一、选择题

1. B　2. C　3. ABC　4. BD

二、判断题

1. ×　2. √　3. ×　4. √　5. √

货物运输线路如何优化

随着竞争越来越激烈，客户对供货时效要求也越来越高。时间就是金钱，时间就是生命，既快又准的时效已成为物流人不断优化和追求的目标和努力的方向，那么，如何优化和提高运输时效呢？在物流服务KPI指标中，绝大部分企业都采用平均运输周期来衡量物流服务时效的好坏，这样的衡量方法真的有效吗？客户会满意吗？下面来看一个具体的例子。下面是某企业运输时效采取措施后的改进情况。

序号	1	2	3	4	5	6	7	8	9	10	平均
改进前	9	5	7	4	9	6	5	7	2	6	6
改进后	7	2	4	2	8	3	5	3	4	2	4

对某企业来说，平均运输时效从6天降低到4天，已是非常不错的成绩，但询问客户后，客户还是对改进后的时效不满意，为什么呢？因为客户关注的是每一单的时效，客户会想起最长的时效8天，其肯定不会满意。

从以上的案例可以看出，其存在的主要问题是送货过程的不稳定性，即可靠性不够，虽说平均运输时效是4天，但客户印象最大的是8天。所以在设定运输时效衡量指标的时候，要以客户为导向，在关注平均指标的同时还是要关注指标的可靠性，使订单尽可能的都在指标以内，而衡量送货时间是否可靠的指标可用准时交货率来计算。

1. 影响运输时效的因素

由于运输的不可控性，影响运输时效的因素比较多，也难以防范，这也就是为什么很多客户及物流企业对时效感到头痛的原因之一，其涉及人（搬运工、司机等）、车辆、货物、制度、环境等多方面的因素。

2. 运输时效的优化和提高

设立合理的运输时效考核指标，客户对运输时效的一般要求不外乎两种：缩短产品交货期和提高产品交货准时率，这也是运输时效优化追求的目标。产品交货期能体现企业的运作水平好坏，准时交货率能体现企业的诚信和竞争力。两个指标缺一不可，而且这两个指标互相依存互相冲突，符合背反原理，延长产品交货期可提高产品的准时交货率，缩短产品交货期则会增加准时交货率的达标难度。因此，企业在考核运输时效的时候一定要设立两个指标：平均运输周期（衡量产品交货期的指标）和准时交货率（衡量产品交货是否可靠的指标），只有在平均运输周期和准时交货率之间找到平衡，才能最终取得客户的满意，增强企业的竞争力。我们在考察某物流公司运输时效的服务水平时，也不能单纯的考察某一指标，而是两个指标都要考察。举例来说，上海到北京，A物流公司的准时交货率是100%，B物流公司的准时交货率是95%，难道就能说A公司比B公司的运输时效水平高吗？其实不然，让我们再看看，A公司的平均运输周期为48小时，B公司的平均运输周期为30小时，综合来看应是B公司的运作好于A公司的运作，因为B公司的平均运输周期短，而且准时情况也比较好。

既然考核运输时效的指标包括平均运输周期和准时交货率，那么他们的指标设定为多少合适呢？是不是越高越好呢？大家都知道，高服务是与高成本互相对应的，运输时效也不例外。我们需要找到服务和成本的平衡点，使总成本最低。建议此类指标设定的范围应参考行业内的标准和企业的实际运行情况来设定，不要太高，也不要太低，略高于行业标准即可，比如，准时交货率一般可设定为 95%，此时总成本最合适，客户也能接受此服务水平。平均运输周期因不同的运输方式会不一样，采取什么样的运输方式取决于企业的市场策略和客户的需求。通常来讲，600 km 以内比较适合公路运输，1 500 km 以内比较适合铁路运输，1 500 km 以上比较适合航空运输。公路的平均运输周期可按 40 km/h 来计算，比如，上海到北京，1 500 km，如走公路，平均运输周期可定为 38 小时，把火车发运前等待时间（火车出发时间—发货确认时间）、火车运行时间、提货时间和配送时间相加，得出铁路的平均运输周期，航空也可按如此操作。另外，每一个公司需要根据自己的企业特点和实际运作现状按照以上的常规计算规则进行适当的修正，以较低的物流成本满足客户的时效需求。在进行运输时效优化分析的时候，首先要解决标准（平均运输周期）问题，只要标准没问题，其余的就是运作问题。如标准制订的有问题，物流公司再怎么努力也达不到，就需要考虑修改标准，举例来说，以上海到乌鲁木齐的航空为例，假设航空时效是 36 小时，一般发完货时间是晚上 21：00，加 36 小时应是第三天 9：00 前送到不算迟到，此时客户刚上班而且客户晚上又不收货，肯定就无法做到 36 小时的指标，根据一般的运作规律，在第三天 12：00 前送到应该属于正常合理时效，因此上海到乌鲁木齐的航空时效就要从 36 小时调整到 39 小时才比较合理和可操作，如物流公司在 39 小时以内还送不到，就是其运作问题，如航空拉货没赶上航班，未及时配送等。解决了标准的问题就相当于解决了平均运输周期问题，下面主要就是解决准时交货率的问题。

3. 运作问题优化和防范

人，是运输时效所有因素中影响最大也是最关键的因素，要提高运输时效必须先从人的因素着手。

派专人对准时交货率负责，发现问题，及时解决。健全和完善全程信息跟踪系统与数据采集流程，做到信息当天反馈、当天分析，对任何一票延迟的货物都要查出相应的原因，如是不可抗力因素则只做记录不去关注，如属于相关环节的问题，则需要跟进相关人员分析原因并提交改进措施，直到问题最终落实解决。

加强对相关的人员时效方面的培训和宣传。通过迟到数据的分析，有相当一部分属于操作人员对时效标准不熟悉导致，私自认为早一点晚一点无所谓，只要客户不投诉就行，因此需要把时效方面的要求宣传到每一个人，让每一个人都明确时效的标准和注意事项，培训内容可包括时效考核标准，时效计算方法，装运操作要求，配送操作要求，信息反馈操作要求，异常问题处理操作要求等。

领导、司机和相关操作人员要重视。时效运作好坏与承运商相关人员重视程度有很大关系，只有重视，才会想很多办法去解决。需要派懂业务的人来负责车辆的调度和计划，如派多大体积的车辆，每车装几个送货点，车辆几点出发，各城市的装货顺序如何？如何跟客户沟通，如何把握客户的真实需求等，只有业务熟练才能很好地满足时效的需求。

车辆，这是运输时效发生的载体，也是不容忽视的因素，因为车辆在中途出现任何问题或差错都会导致货物的迟到。可采取的措施有：成立安检小组，定期对车辆进行保养和维修，并定期检查维修记录，不得弄虚作假，一经发现将严肃处理。轮胎根据规定定期更换报废，不能贪图省小钱反而花大钱，并建立强制性更换制度。车辆改装要符合国家对车辆的改装要求，符合《道路车辆外廓尺寸、轴荷及质量限制》，并在正规车辆改装厂进行改装。在车上装载汽车行使记录装置又称汽车“黑匣子”，其能够自动、连续、真实地记录几十小时内驾驶员的行驶速度和连续行车情况，而且还有语音安全提示功能，当行驶车辆超过预设速度时，汽车行使记录装置便会发出语音安全提示，督促司机采取减速措施，预防事故发生。每辆车发出前必须车检，对有安全隐患的车辆坚决不予出车，车检需检查的内容有：检查转向灯、刹车灯、远光灯、近光灯、防雾灯、尾灯、示宽灯、双跳灯是否能正常工作；查看各种仪表的工作状况，如油压表、电压表、燃油表、制动压力表等；进行车辆制动性能检测。一般中型货车，在良好路面上，以 30 km/h 的速度行驶，制动距离应不大于 8 m；而且要看制动是否跑偏，是否灵敏，制动装置是否可靠；检查车辆各传动部分连接是否可靠，紧固螺柱是否松动。轮胎要符合高速公路的行驶要求。据统计，在高速公路上约有 28% 交通事故是由于爆胎引起的；检查油料是否充分，消除油料还够用的麻痹思想。

货物，也是导致时效低的一个重要因素。如出现货物短缺、包装破损，客户肯定不会正常签收，因此在运输整个过程中需要关注货物的好坏，在装货物的时候要注意一些技巧，如装卸的时候要轻拿轻放，不要站在货物上进行作业操作；半装车的时候，应按阶梯形码放，而不是垂直码放，避免运输途中货物波动带来的车辆不稳和货物的损坏；运易燃易爆物品应用专门有危险品运营资质的车辆操作，并做好妥善的保护措施；货物码放的时候尽量不要混放，应将类似货物放到一起，避免货物的损坏，而且最好能轻重搭配，保持车辆的平衡；对易损坏物品做类似的二次包装防护等。

制度，是控制运输时效的保障。任何问题靠人去盯总会出问题，因此要养成把任何措施和规范都通过流程固化下来的习惯，只有形成制度才能很好地落实贯彻下去，才能减少人为原因造成的问题，如关于时效的考核奖励机制，异常问题反馈机制等，为保证司机和配送人员清楚公司的配送时效相关规定，可以给司机和配送人员一份配送须知，人手一份，如干线时效 8 小时，配送时效 6 小时，送货前提前 2 小时给客户打电话通知客户做好接货准备，遇到异常情况的信息反馈机制等。

环境，是运输时效最不能预知的因素，因此也要采取一些措施来防范，如事先做好线路调查报告，写明甲地到乙地要经过什么地方，有多少收费口，收费多少，当地的路况如何，当地的治安如何，应走那一条道，如修路或堵车又可改走哪一条道，建议在什么地方停车吃饭休息等，并把线路调查报告宣传到每一位司机，让每一位司机对当地的线路了如指掌。每天给司机手机发送当地的天气预报信息，让司机提前了解当地的天气情况，做好相应的防范。司机相互间及时提醒路途中的路况，避免走弯路等。严寒气候、冰雪道路驾驶注意必须随车携带防滑链条、绳索、小型铁镐、喷灯及其他防滑、取暖物品和必要的个人防寒用品。大雾天气行驶必须注意，能见度在 30 m 以内的道路段最高时速不得超过 20 km。碰到紧急情况要有紧急响应机制，如出现交通事故、车辆抛锚，影响时间较长，就应该让最近的公司派车去把货物转接下来进行派送等。

4. 运输时效优化案例

为此，该公司针对 2003 年的具体运作情况数据进行了彻底详细的分析，发现以下几个问题是影响其准时交货率的主要因素。

(1) 对物流公司的监控力度不够。该公司只是每月对承运商的运作时效做一统计，缺乏

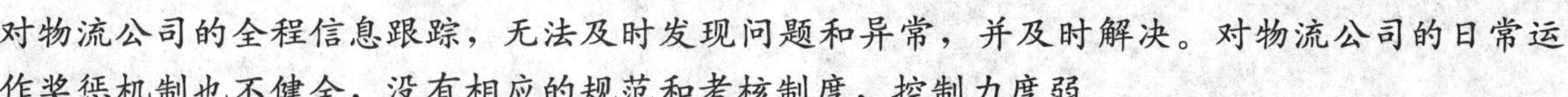

对物流公司的全程信息跟踪，无法及时发现问题和异常，并及时解决。对物流公司的日常运作奖惩机制也不健全，没有相应的规范和考核制度，控制力度弱。

（2）流程不够优化。从接收发货数据到客户签收的整个运作流程不够优化，发货端环节太多，发货速度慢，发货顺序混乱，导致配送端分拣困难，影响整体运输时效，对于整票货物需要进配送中心而未直接配送到最终客户等。

（3）承运商运作水平问题。个别区域的承运商运作能力受限，如当地的配送资源不够，车辆太少，如货量大就会导致迟到比较多，另外，司机的责任心也不强，本来 10 个小时可到，其在路上睡觉结果花了 16 小时才到等。

（4）对客户的需求了解不够明确。未提前跟客户联系，有的客户在某段时间因要发货，他是不收货的，如此段时间送过去，他不收货肯定会影响下一家的到货等。

2004 年该公司采取的针对性改进措施如下。

（1）加大对承运商的监控。完善全程信息跟踪系统与数据采集流程，做到信息当天反馈、当天分析，发现问题及时解决。对于交货迟到或时效较长的单据，要求承运商书面说明，分析原因，提出根本解决方法并督促改进。组织对承运商及司机进行时效性意识宣传，如对所有承运商领导进行时效性准确意识的宣传；制作司机培训教材及司机操作守则；对所有承运商客服人员进行信息反馈培训等。完善对承运商的考核与奖惩机制，突出时效性。

（2）对现有流程进行优化，如按城市和发货单进行发货、交接环节的简化等。

（3）引入新的更有实力的承运商，提高配送能力，并通过相关的培训和经验交流，提高承运商的运作能力。

（4）以前期的运输周期数据为基础，采用加权平均方法，经反复摸索与修正，制订了比以往经验标准更严格的时效监控标准；并向所有客户进行公布，作为对客户的服务承诺；以此标准对承运商的运作进行监控，确保过程稳定，对异常情况及时进行分析。

（5）摸索出每一城市的最佳运输线路、运输方式与起运时间，提高运输时效和准时交货率。通过以上措施的落实，该公司 2004 年的准时交货率得到了大幅提高，不仅每个月都达标，高于目标值 95%，而且平均准时交货率从 2003 年的 94.7%，上升到 2004 年的 96.45%，从平均数据上来看好像提升不大，但由于 2004 年的准时交货率比较稳定，可靠性高，波动不大，客户比较满意，满意度也由 2003 年的 90 分上升到 2004 年的 95 分。

综上所述，运输时效涉及人（搬运工、司机等）、车辆、货物、制度、环境五大因素，贯穿物流运作全过程，是一项复杂的系统工程，必须以客户为导向，不断优化现有流程，加强全程监控，提高运输时效，满足客户不断增长的服务需求。

思考题： 1. 影响运输时效的因素包括哪些？

2. 企业要提高准时交货率，需要在哪些方面进行努力？

案例分析参考答案

1. 影响运输时效的因素包括人、车辆、货物、制度、环境五大因素。

2. （1）加大对承运商的监控；（2）对现有流程进行优化；（3）引入新的更有实力的承运商；（4）制订严格的时效监控标准；（5）摸索出每一城市的最佳运输线路、运输方式与起运时间，提高运输时效和准时交货率。

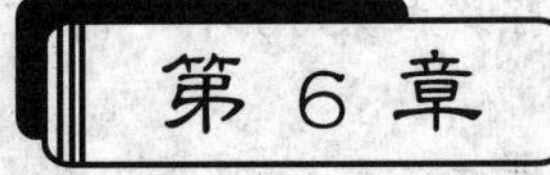

第6章

库存控制

本章要点

- 掌握库存与库存控制的基本概念；
- 掌握固定订货量系统；
- 掌握固定间隔期系统；
- 掌握ABC分类法；
- 掌握EOQ；
- 掌握MRP、MRPⅡ、ERP；
- 掌握JIT、VMI；
- 掌握库存绩效与标杆管理。

开篇案例

安科公司ABC分析法的应用

ABC分析法是经济学中帕累托原理在库存管理上的一种应用，它将公司的产品按照销售额和客户的购买频率分为ABC三类，对于不同类的产品、不同类的客户采用不同的管理方法。安科公司是一家专门经营进口医疗用品的公司，2001年该公司经营的产品有26个品种，共有69个客户购买其产品，年营业额为5 800万元人民币。

对于安科公司这样的贸易公司而言，因为进口产品交货期较长，库存占用资金大，因此库存管理显得尤为重要。安科公司按销售额的大小，将其经营的26种产品排序，划分为ABC三类。排序在前三位的产品占总销售额的97%，因此把它们归为A类产品，第4、5、6、7种产品每种产品的销售额在0.1%～0.5%，把它们归为B类，其余的19种产品占总销售额的1%，将它们归为C类。对于A类的三种产品，安科公司实行了连续性检查策略，每天检查库存情况，随时掌握正确的库存信息，进行严格的控制，在满足客户需要的前提下维

持尽可能低的经常量和安全库存量。经过与国外供应商的协商，并且对运输时间作了认真的分析，算出该类产品的订货提前期为两个月（也就是从下订单到货物从安科公司的仓库发运出去，需要两个月的时间）。即如果预测在6月份销售的产品，应该在4月1日下订单给供应商，才能保证在6月1日出库。对于B类产品的库存管理，该公司采用周期性检查策略。每个月检查库存并订货一次，目标是每月检查时库存数量不低于以后两个月的销售数量，其中一个月的用量视为安全库存，另外在途还有一个月的预测量。每月进货时，再根据当时剩余的实际库存数量，决定需进货的数量。这样就会使B类产品的库存周转率低于A类。对于C类产品，该公司则采用了定量订货的方法。根据历史销售数据，得出产品的半年销售量，为该种产品的最高库存量，并将其两个月的销售量作为最低库存量。一旦库存达到最低库存时就订货，将其补充到最高库存量。这种方法比前两种更省时间，但是库存周转率更低。

该公司实行了产品库存的ABC管理以后，虽然A类产品占用了最多的时间和精力进行管理，但得到了满意的库存周转率。而B类和C类产品，虽然库存的周转较慢，但其对于很低的资金占用和很少的人力支出来说，这种管理方法也是最适宜的。

思考题：分析安科公司是怎样用ABC分类法达到库存控制的目标的？

6.1　库存与库存控制

6.1.1　库存概述

1. 库存的概念

库存是指暂时闲置的用于将来的资源。

这里所说的资源，不仅包括工厂里的各种原料、毛坯、工具、半成品和成品，还包括银行里的现金，医院里的药品、病床，运输部门的车辆等。资源的闲置就是库存，与这种资源是否能够存放在仓库中没有关系，与资源是否处于运动状态也没有关系。

2. 库存研究的内容

在什么时间，以什么数量，从什么来源补充库存，使得保持库存和补充采购的总费用最少。在制造业和仓储业中，库存分析的目的是为了规范以下两个问题。

(1) 应该什么时候进行订购？

(2) 订购量应该为多少？

3. 库存的作用

(1) 库存使企业能够实现规模经济。在采购方面，大批量的采购可以获得价格折扣，可以减少由于价格上涨而带来的损失，可以限制或降低运输成本。在制造方面，库存也可能实现制造的规模经济。

(2) 库存能够平衡供给与需求。

(3) 库存能够预防不确定性的、随机的需求变动及订货周期的不确定性。

(4) 库存在供应链中起缓冲器的作用。

(5) 库存能够消除供需双方在地理位置上的差异。

4. 库存的弊端

(1) 占用大量资金。

(2) 发生库存成本。

(3) 带来其他一些管理上的问题。

5. 库存管理的基本目标

库存管理的基本目标就是防止超储和缺货，以最合理的成本，为用户提供所期望的服务水平。即在达到顾客期望的服务水平上，尽量将库存成本减少到可以接受的水平。最好的库存管理就是平衡库存成本与库存收益的关系，决定一个合适的库存水平，使库存占用的资金带来的收益，比投入其他领域的收益更高。

6. 库存的分类

可以从不同的角度对库存进行多种的分类，考试主要涉及以下三种分类。

1) 按其在生产过程和配送过程中所处的状态分类

(1) 原材料库存（各种原材料，一般由供应部门来管理）。

(2) 在制品库存（各种半成品，一般由生产部门来管理）。

(3) 维修库存（各种维修用品，一般由维修部门来管理）。

(4) 产成品库存（一般由销售货物流部门管理）。

2) 按库存的作用分类

(1) 周转库存（周期性批量购入所形成的经常性库存；订货周期，订货批量）。

(2) 安全库存（为应对需求、提前期等不确定性而设的超过周转库存部分）。

(3) 调节库存（为调节供需不平衡、生产与供应不平衡、各阶段生产不平衡而设的季节性库存）。

(4) 在途库存（尚处于运输过程的库存）。

3) 按用户对库存的需求特性分类

(1) 独立需求库存。

(2) 相关需求库存。

7. 库存成本

库存成本是在建立库存系统时或采取经营措施所造成的结果。库存系统的成本主要有购入成本、订货费用、保管（储存）费用及缺货成本。

1) 购入成本

购入成本的两种含义如下。

(1) 当物品从外部购买时，购入成本是指单位购入价格与购入数量的乘积。

(2) 当物品由企业内部制造时，购入成本是指单位生产成本与生产数量的乘积。

单位成本始终要以进入库存时的成本来计算。对于外购物品来说，单位成本包括购价加上运费。对于自制物品来说，单位成本则包括直接人工费、直接材料费和企业管理费用等。

2) 订购成本（或称订货费用）

订购成本是指从需求的确认到最终的到货，通过采购或其他途径获得物品或原材料的时候发生的费用。订购成本包括：提出订货申请单、分析货源、填写采购订货单、来料验收、跟踪订货等各项费用。

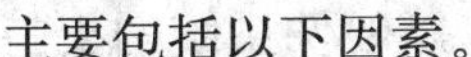

主要包括以下因素。

(1) 内部各部门人员的费用，如采购、财务、原材料、仓库管理人员的工资等。

(2) 管理费用，如办公用品、电话、计算机系统的应用所需的费用。

说明：

① 订购成本的主要特征是和采购次数直接有关，而与订货量的大小无关。

② 不同公司的平均订购成本相差很大。

③ 确定订购成本并不是一件容易的事情。

④ 可用采购总成本除以年订货次数来估算订购成本。

3) 储存（保管）成本

储存成本是指物品在仓库储存过程中所发生的各种成本，包括收货、存储和搬运费用等。

(1) 存储费用，即取暖、照明及仓储建筑物的折旧费。

(2) 人员费用。

(3) 库存记录的保存费用，即管理和系统费用，包括盘点和检查库存。

(4) 安全与保险的费用。

(5) 库存物品变质、损坏和过时所发生的成本。

4) 缺货成本

缺货成本是由于外部或内部中断供应所产生的成本。当企业的用户得不到他们的全部订货时，叫做外部缺货。它可以导致死期付货成本、当前利润损失和未来利润损失。当企业内部某一个班组或一个部门得不到它的全部订货时，叫做内部缺货。它导致停工待料损失和完工日期的延误。

6.1.2 库存控制

1. 库存控制概念

库存控制又称库存管理，是对制造业或服务业生产、经营全过程的各种物品、产成品及其他资源进行管理和控制，使其储备保持在经济合理的水平上。

2. 库存控制系统要素

(1) 仓库所在的地理位置。仓库所在的地理位置是库存控制系统中决定库存控制结果的最初要素。它在一定意义上是对存货供应条件的选择，即该供应条件是否能保证或满足某种方式的库存控制。

(2) 订货批次和订货数量。订货批次和订货数量是决定库存水平非常重要的因素。对于一个企业而言，库存控制建立在一定要求的输出前提下，因此，需要调整的是输入，而输入的调整依赖于订货。所以，订货与库存控制关系十分密切，乃至不少企业的库存控制转化为订货控制，以此解决库存问题。

(3) 运输。运输是库存控制的一个外部影响要素。有时候库存控制不能达到预期目标并不是控制本身或订货的问题，而是缘于运输的提前或延误。提前则提高了库存水平，延误则使库存水平下降，甚至会出现失控状态。

(4) 信息。在库存控制系统中，监控信息的采集、传递、反馈是控制的一个关键，它是信息要素在这个系统中的突出点。

(5) 管理。库存控制系统不是靠一条流水线、一种高新技术工艺等硬件系统的支持，而是靠管理，因此，管理要素的作用可能更大一些。

3. 库存控制的过程

(1) 确定需求。确定需求即需求识别与需求预测。

(2) 存货识别与编码。① 存货识别与合理化。② 存货编码。

物品编码通常有以下几种组成方式：字母符号；字母与数字符号；数字符号。

编码的方法有以下两种：组码；条形码。如图 6-1 所示。

第一组 主分类	第二组 主分类的子组	第三组 子组下的具体分类

图 6-1 编码示意图

条形码是由一组规则排列的条、空及对应的字符组成的标记。“条”是指对光线反射率较低的部分，“空”是指对光线反射率较高的部分。这些“条”和“空”组成的数据表达一定的信息，并能够用特定的设备识读，转换成与计算机兼容的二进制和十进制信息。目前有很多种条形码，每种条形码都有它自己的特征。一个完整的条形码符号由两侧静区、起始字符、数据字符、校验字符和终止字符组成。

(3) 订购批量与订购时间的确定。订购批量与订购时间的确定是指决定何时补充订货，补充多少数量。

(4) 服务水平与安全库存的确定。① 服务水平是指客户提出订货要求时，企业能够满足客户需求的可能性。如果能够在任何时候都能满足全部客户的订货要求，则订货服务水平为100%；如果只能满足80%的需求，则其订货服务水平为80%。由于客户需求通常无法准确预测，企业要想提高系统服务水平，常常采用增大库存量的方法。② 安全库存是指在库存水平上增加一部分以满足不可预见的需求。安全库存取决于供需因素、库存策略及客观条件。安全库存可以预防预测与实际消耗之间的差异及期望运输时间与实际时间的差异所造成的损失，补充周转库存预防缺货。

(5) 采购提前期管理。采购提前期又叫做前置时间，一是指从订单发出到接收物品的时间间隔，它包括识别库存、确认库存、补充库存、与供应商联系、签订订单、催交货及到货和验货时间。采购提前期可以是不变的，也可以是可变的。当采购提前期可变时，可以用某种概论分布来描述它。采购提前期的变化，常常会导致库存过多或缺货，因此在库存管理中应当重视采购提前期的管理。固定的、已知的和可靠的采购提前期通常都比变化的、较短的提前期好，因为后者会造成“放大”效应，即供应链局部小的波动会造成其他部分的很大的变化，到时对采购提前期的管理就会变得更复杂一些。

4. 库存控制的意义

(1) 在任何买卖交易中，客户都要求七个“合适”：合适的产品、合适的质量、合适的地点、合适的时间、合适的形式、合适的价格及合适的信息。库存管理与控制的重要意义，在于把这些“合适”在提供给客户的过程中能起到重要作用，尤其是合适的地点、合适的时间、合适的价格及合适的信息。

(2) 库存管理对于企业和整个供应链上的企业联盟大幅度降低成本具有极为重要的意义。通过加强库存管理而缩短生产周期和流通周期，不仅能大幅度降低成本，而且会带来另一种竞争优势——快速交货。

(3) 在世界经济逐步趋于一体化的大趋势下，越来越多的企业开始面向全球经营、全球生产运作。这种全球生产运作离不开库存管理的支持，而且使库存管理面临许多新的挑战。这些挑战不仅增加了库存管理的重要性，而且对库存管理提出了更高的要求，进一步促进了库存管理理论的发展。

良好的库存管理可以为企业大幅度降低总成本，以更低的总成本为顾客提供更多的时间或服务价值，从而为企业增强竞争优势作出相应的贡献。

6.2 库存控制模型

6.2.1 固定订货量系统

1. 固定订货量系统的运行机制

固定订货量系统是应用广泛的一类库存控制系统，其运行机制可叙述如下：每当库存余额小于订货点时，就发出固定批量的订货。固定订货量系统又称为连续（检查控制）系统。因为在这种系统中，要随时将库存余额与订货点作比较，决定是否发出订货。固定订货量系统是订货点和订货量都固定的库存控制系统。

2. 固定订货量系统模型

由图 6-2 可知，企业采用连续检查控制方式后，其库存有如下特点。

(1) 每次订货批量通常是固定的，批量大小选择时主要考虑总库存成本最低的原则。

(2) 每相邻两次订货的时间间隔通常是变化的，其大小主要取决于需求量的变化情况，需求大则时间间隔短，需求小则时间间隔长。

(3) 订货提前期基本不变，订货提前期是由供应商的生产与运输能力等外界因素决定的，与物资的需求情况没有直接的联系，故通常认为是一个常数，用符号 L 表示。

(4) 连续检查控制方式的库存控制要点是订货批量的确定与订货警戒线的设立，后者影响服务水平。

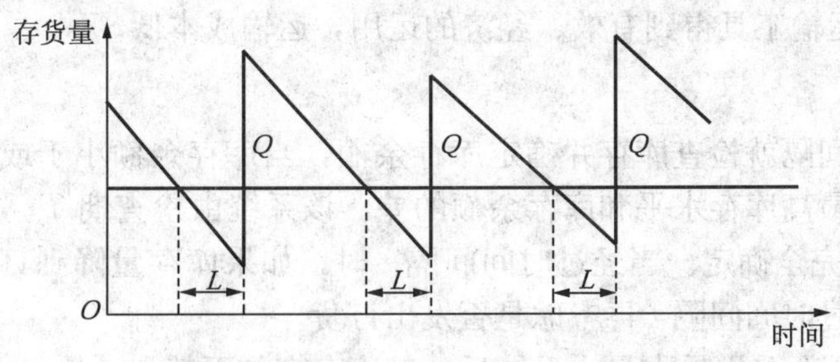

图 6-2 连续检查控制方式下的库存变化示意图

6.2.2 固定间隔期系统

1. 固定间隔期系统的运行机制

固定间隔期系统也称为定期库存系统，其运行过程可叙述如下：每隔固定的时间就检查库存，确定库存余额并发出订货，订货量等于最大库存量与库存余额的差。这种系统检查期是固定的，订货量、需求率和订货点（检查时的库存余额）是可变的。用固定间隔期系统进行控制，可以对多种物品规定同一长度的检查期，但要对每一物品规定最高的库存水平。

2. 固定间隔期系统模型

由图 6-3 可知，企业采用固定间隔期系统后，其库存有如下特点。

(1) 每相邻两次的订货的时间间隔是固定的。

(2) 订货批量通常是变化的，订货点也往往不同。

(3) 由于固定间隔期系统采用固定的订货间隔期，通常按月或季度来划分，有利于科学管理。

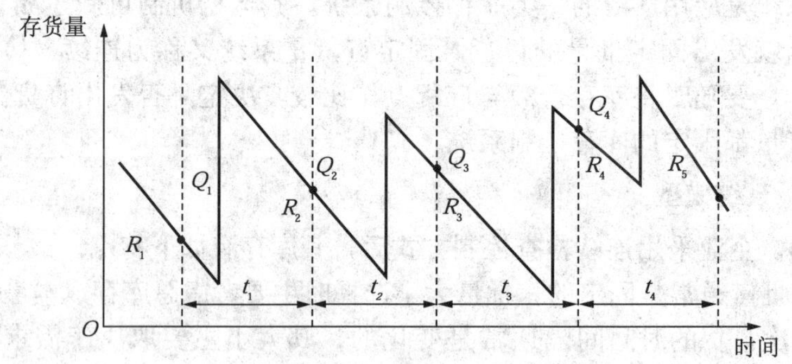

图 6-3 固定间隔期系统的库存变化示意图

3. 固定间隔期系统模型优点

(1) 一次办理多种物品的订货，订货费用低。

(2) 一次订货的金额大，易于获得供应商按一次订货总金额提供的价格折扣。

(3) 订货量大使运输工具得到有效、经济的运用，运输成本低。

4. 最大最小系统

每隔固定的时间间隔就检查库存并确定库存余额，当库存余额小于或等于订货点时就发出订货，订货量等于最高库存水平和库存余额的差。该系统由检查期 T、最高库存水平 E 和订货点 R 三个变量所完全确定。当经过时间间隔 t 时，如果库存量降到订货点及以下，则发出订货；否则，再经过时间间隔 t 再考虑是否发出订货。

由图 6-4 可知，企业采用最大最小系统后，其库存有如下特点。

(1) 最大最小系统属于固定间隔期系统，具有固定间隔期系统的特点。

(2) 最大最小系统具有一个固定的订货点，这个特点和固定订货量系统比较类似。

(3) 最大最小系统有一个固定的最高库存水平 E。

最大最小系统可能需要相当大的安全库存。若在检查时库存水平稍高于订货点，则安全库存需要两个订货间隔期再加前置时间内的需求量。

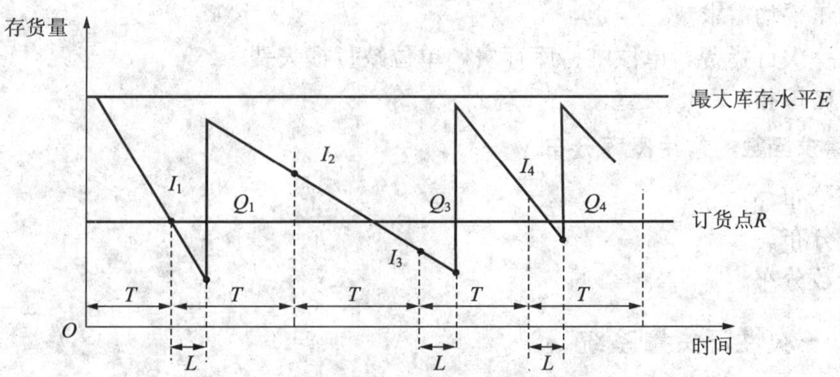

图 6-4　最大最小系统的库存变化示意图

6.2.3　定量订货模型与定期订货模型的比较

这两种系统各有优劣，定量订货与定期订货的基本区别是：定量订货模型是“事件驱动”，而定期订货模型是“时间驱动”，也就是说，定量订货模型当达到规定的再订货水平的事件发生后，就进行订货，这种事件随时有可能发生，主要取决于对该物资的需求情况。相比而言，定期订货模型只限于在预定时期期末进行订货，是由时间来驱动的。现将两种模型的比较情况列举如下。

(1) 定期订货模型平均库存较大，以防在订货周期（T）发生缺货情况；定量订货模型没有盘点期。

(2) 因为定量订货模型的平均库存量较低，所以该模型有利于贵重物资的库存控制。

(3) 对于重要的物资如关键维修零件，定量订货模型将更适用，因为该模型对库存的监控更加密切，这样可以对潜在的缺货更快地作出反应。

(4) 由于每一次补充库存或货物出库都要进行记录，维持定量订货模型需要的时间更长。

定量订货系统着重于订购数量和再订购点，每次每单位货物出库都要进行记录，并且立即将剩余的库存量与再订购点进行比较。如果库存已降低到再订购点，则要进行批量为 Q 的订购；如果仍位于再订购点之上，则系统保持闲置状态直到有再一次的出库需求。对于定期订购系统，只有当库存经过盘点后才作出订购决策。是否真正订购依赖于进行盘点的那一时刻的库存水平。

6.2.4　随机型库存控制系统

固定订货量系统和固定间隔期系统都是基于确定型需求情况下的库存控制系统，即物品的需求率是已知和确定的，且补充供应的前置时间也是固定的。但是，当这两个假设条件之一得不到满足时，确定型模型就不再适用了。这时就需要引进随机型库存控制系统来解决库存控制问题。

1. 随机型库存控制系统的假设条件

(1) 需求率和提前期为已知分布的随机变量，且在不同的补充周期。

(2) 补充订货在同一时间交付。

(3) 允许晚交货，即供应过程中允许缺货，但一旦到货，所缺货的部分必须补上。

(4) 已知年平均需求量。
(5) 已知一次订货费，单位维持库存费，单位缺货损失费。
(6) 无价格折扣。

2. 描述需求函数的常用概率分布

(1) 正态分布。
(2) 泊松分布。
(3) 负指数分布。

6.2.5 一次性订货量系统

固定订货量系统和固定订货间隔期系统，它们的共同特点是适用于需要经常保持库存的独立需求物品的库存控制。一次性订货量系统研究在一个时期内仅仅采购一次或仅能安排一次批量生产的物品的库存控制问题。

1. 一次性订货量系统的特点

(1) 一次性订购物品的需求量不连续。
(2) 不同时期一次性订购物品的需求量可能有很大变化。
(3) 由于易过时和易腐，使一次性订购物品的市场寿命非常短。
(4) 为了确定最优的订货量，有两种成本需要考虑，即超储成本和机会成本。

2. 一次性订货量系统的分类

(1) 已知需求量，已知提前期。
(2) 已知需求量，可变提前期。
(3) 可变需求量，已知提前期。
(4) 可变需求量，可变提前期。

3. 一次性订货量系统的适用范围

(1) 偶尔发生的某种物品的需求。
(2) 经常发生的某种市场寿命非常短促的物品的不定量需求。

6.3 库存控制决策的定量分析

6.3.1 ABC 分类法

很多时候企业生产或销售的产品数量可能很多，如果对所有的产品投入同等的物力和人力，对于企业来讲几乎是不太可能的，也是不经济的。因为企业的资源非常有限，从经济学的角度来讲，企业所从事的行为就是要把最有限的资源配置到最高效的地方，而且很多时候对于一个企业来讲，并不是所有的产品都是同等重要的，那么这时候，就有必要对产品进行分类。1879 年，意大利经济学家维尔弗雷多·帕累托在研究个人收入的分布状态时，发现少数人的收入占全部人收入的大部分，而多数人的收入却只占一小部分，他将这一关系用图表示出来，就是著名的帕累托图。该分析方法的核心思想是在决定一个事物的众多因素中分清主次，识别出少数的但对事物起决定作用的关键因素和多数的但对事物影响较少的次要因素。

后来，帕累托图被不断应用于管理的各个方面。1951 年，管理学家裁克将其应用于库存管理，命名为 ABC 法。1951—1956 年，约瑟夫・朱兰将 ABC 法引入质量管理，用于质量问题的分析，被称为排列图。1963 年，彼得・德鲁克将这一方法推广到全部社会现象，使 ABC 法成为企业提高效益的普遍应用的管理方法。

1. ABC 分类的基本原理

按照所控制对象价值的不同或重要程度的不同将其分类，通常根据年耗用金额（存货价值或数量×成本）将物品分为三类。A 类是指存货数量占 10%左右，但它们在存货总价值中所占比例在 70%左右；B 类是指存货数量占 20%左右，它们在存货总价值中所占比例在 20%左右；C 类存货是指存货数量占 70%左右，它们在存货总价值中所占比例只在 10%左右。ABC 分类常应用于少数物品品种占用大量的资金，而大多数物品品种占用的资金却很少的情况。

2. ABC 分类法的依据

一般情况下，根据年使用费的多少来分类（对于费用支出大的物品品种，给予最大的注意），其他的分类指标有：库存价值；供应的不确定性；过期或变质的风险；缺货后果。

3. ABC 分类库存策略

对存货进行分类后，不同类别的存货其库存控制策略是不同的。不同类别存货的库存控制策略见表 6-1。

表 6-1　不同类别存货的库存控制策略

存货类别	库存控制策略
A类	严密控制，每月检查 1 次
B类	一般控制，每 3 个月检查 1 次
C类	自由处理

4. ABC 分类步骤

(1) 将物品按需求价值从大到小进行排序。

(2) 计算各种物品占用金额的百分比并进行累计。

(3) 按照分类标准，即选择断点进行分类，确定 A、B、C 三类物品。

ABC 分析表见表 6-2。

表 6-2　ABC 分析表

材料名称	占总金额比率/%	累计比率/%	分类
A	25	25	A类
B	20	45	
C	15	60	
D	10	70	

续表

材料名称	占总金额比率/%	累计比率/%	分类
E	8	78	B类
F	6	84	
G	4	88	
H	2	90	
I			C类
J			
K			
L			
M			
合计		100	

5. 几点需要说明的情况

(1) ABC分析法的优点是减轻而不是加重库存控制。这是因为没有把重点放在占库存物品大多数的C类物品上。

(2) 针对企业的具体情况，可以将存货分为适当的类别，不要求局限于三类。

(3) 对于物流企业经营的物品而言，分类情况并不揭示物品的获利能力。

(4) 分类情况不反映物品的需求程度。

6.3.2 经济订货批量

1. 经济订货批量的概念

订货批量，指消耗一次订货费用一次采购某种产品的数量。经济订货批量（Economy Order Quantity，EOQ），就是按照库存总费用最小的原则确定出的订货批量，这种确定订货批量的方法就称为经济订货批量法。

2. 经济订货批量的确定

计算经济订货批量的目的是为了平衡订货成本和存储成本之间的关系，使得库存总成本最小。为了确定经济订货批量，需要作出一些假设。

(1) 需求稳定，单位时间内的系统需求恒定。

(2) 订货提前期 L 不变。

(3) 每次订货批量 Q 一定。

(4) 每批订货一次入库，入库过程在极短的时间内完成。

(5) 订货成本、单件存储和单价固定不变。

(6) 不允许出现缺货现象。

订货量与成本之间的关系如图 6-5 所示。

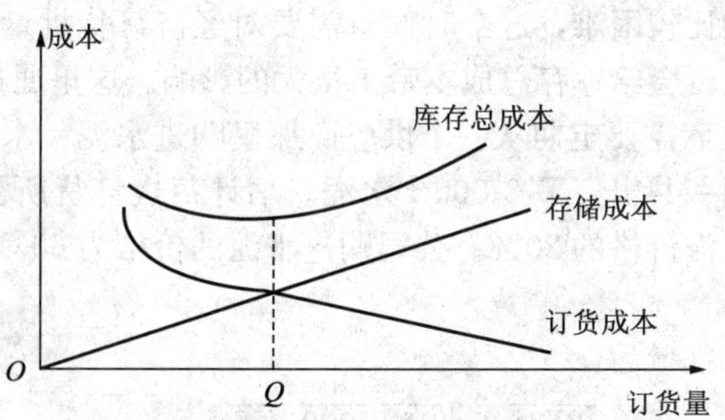

图 6-5 订货量与成本的关系图

现暂定计划期为一年，年需求量为 D，订货量为 Q，每次订货成本为 C，物品的订购单价为 P，年存储费率为 H。此时，年订货次数等于 D/Q，年库存量为 $Q/2$。

年订货成本可表述为：

$$年订货成本=C\times D/Q$$

年存储成本为：

$$年存储成本=P\times H\times Q/2$$

若不允许缺货，则年库存总成本可分析如下。

年库存总成本=年订货成本+年存储成本

即

$$TC=C\times D/Q+P\times H\times Q/2$$

利用微分法进行求解，对决策变量 Q 求一阶导数，并令其为零：

$$d（TC）/dQ=-DC/Q^2+PH/2=0$$

推出经济订货批量 $EOQ=\sqrt{\dfrac{2DC}{PH}}$。

【例 6-1】某企业每年需要耗用 1 000 件的某种物资，现已知该物资的单价为 20 元，同时已知每次的订货成本为 5 元，每件物资的年存储费率为 20%，试求经济订货批量、年订货成本及年存储成本。

解 经济订货批量：

$$EOQ=\sqrt{\frac{2DC}{PH}}=\sqrt{\frac{2\times 1\ 000\times 5}{20\times 0.2}}=50（件）$$

年订货成本：

$$C\times\frac{D}{EOQ}=5\times\frac{1\ 000}{50}=100（元）$$

年存储成本：

$$\frac{EOQ}{2}\times PH=\frac{50}{2}\times 20\times 0.2=100（元）$$

从这个例题可以看出，在订货量等于经济订货批量时，订货成本等于储存成本。这是个非常重要的特点。

3. 经济订货批量的敏感性

因为根据经济订货批量的公式算出来的数据可能很精确，这样对于采购人员来讲，要完全按照这个量来进行采购比较困难，这个时候就需要对经济订货批量的敏感性进行研究，观察经济订货批量的波动是否会给库存总成本带来很大的影响。这里通过一个例题进行分析。

【例 6-2】某建筑批发商需要定期从一个供应商那里购进水泥。水泥在一年之中的需求是非常稳定的。去年，公司一共出售了 2 000 t 水泥。估计每次订货所需花费的订购成本在 25 美元左右，存储成本为水泥价格的 20%。公司购进水泥的价格为 60 美元/t。它每次的订货量应该是多少?

解 水泥的经济订货批量为：

$$EOQ=\sqrt{\frac{2DC}{PH}}=\sqrt{\frac{2\times 2\ 000\times 25}{60\times 0.2}}=91.287\ (\mathrm{t})$$

当订货量=91.287 t 时：

$$\begin{aligned} TC &= C\times\frac{D}{Q}+P\times H\times\frac{Q}{2} \\ &=25\times\frac{2\ 000}{91.287}+60\times 0.2\times\frac{91.287}{2} \\ &=1\ 095.445\ (美元) \end{aligned}$$

当订货量=100 t 时：

$$\begin{aligned} TC &= C\times\frac{D}{Q}+P\times H\times\frac{Q}{2} \\ &=25\times\frac{2\ 000}{100}+60\times 0.2\times\frac{100}{2}=1\ 100\ (美元) \end{aligned}$$

从例 6-2 可以看出，年库存总成本变化并不大。

结合图 6-2 订货量与成本的关系图可知道，经济订货批量不敏感。所以，在存储成本和订货成本预测过程中的一些小误差不会造成经济订货批量的显著变动，因此，为库存管理者带来了极大的方便。

4. 存货地点数量变化对经济订货批量的影响

在年需求总量不变的情况下，随着存货地点的增加，库存总成本也随之增加，这是大多数企业会采用集中库存的原因之一。

5. 考虑折扣因素的经济订货批量

在考虑价格折扣的情况下，一定批量的年库存总成本仍由上面的公式计算，但式中的购入价格 P 取决于订货批量 Q。当订货批量由小到大增加但小于折扣点时，上式所对应的成本曲线是连续的订货批量达到折扣点时，年库存总成本突然下降，随后又连续变化。价格折扣点形成了成本函数的间断点。由于总成本曲线的不连续性，所以不能像无折扣时那样容易用一阶导数来求出最低成本点。最低成本点或者就在中断点上，或者就在导数为零的点上。考虑折扣因素的经济订货批量需要分段进行计算，分析比较，最终通过比较年库存总成本来确定有价格折扣时的经济订货批量。

6.3.3 经济订货间隔期

1. 经济订货间隔期的概念

在定期订货系统中，库存只在特定的时间进行盘点，例如，每周一次或每月一次，当供应商走访顾客并与其签订合同或某些顾客为了节约运输费用而将他们的订单合在一起的情况下，必须定期进行库存盘点和订购。另外，一些公司实行定期订货系统是为了促进库存盘点。经济间隔期是使总库存成本最低的订货间隔期，经济间隔期决定某项或数项物品应在何时发出订货，即物品的订货都是按固定的时间周期进行的。

2. 基本经济订货间隔期

固定订货间隔期系统的基本问题是确定订货间隔期 T 和最高库存水平 E。对于基本经济订货间隔期模型而言，其假设与经济订货量模型的假设相同。年库存总成本可分析计算如下：

年库存总成本＝年订货成本＋年存储成本

$$\mathrm{TC}=mC+\frac{DPH}{2m}=\frac{C}{T}+\frac{DPHT}{2}$$

式中：$m=\frac{1}{T}$——每年订货检查次数；

$\frac{D}{2m}=\frac{DT}{2}$——平均库存量；

$T=\frac{1}{m}$——订货间隔期，以年计；

其他符号含义同前。

令年库存总成本对订货间隔期 T 的一阶导数等于零，得出经济订货间隔期为：

$$T_0=\sqrt{\frac{2C}{DPH}}$$

最优年检查次数为：

$$m_0=\frac{1}{T_0}=\sqrt{\frac{DPH}{2C}}$$

在确定库存模型中，固定订货间隔期系统与固定订货量系统相同，因这时两者库存相同的订货间隔期和订货量，即

$$\mathrm{EOQ}=DT_0=D\sqrt{\frac{2C}{DPH}}=\sqrt{\frac{2DC}{PH}}$$

设检查期的库存数量为 I，订货量 $Q=E-I$，从而 $E=Q+I$，在确定性的情况下，订货提前期内物品消耗量为 L，订货间隔期 T 内物品消耗量为 Q，故最高库存数量由下式给出：

$$E=D(T+L)$$

当订货间隔期和订货提前期均以“日”给出，且一年内有 N 个作业日时，可用下式计算最高库存数量：

$$E=D(T+L)/N$$

用经济订货间隔期 T_0 代替年库存总成本表达式中的 T，得最低年库存总成本公式：

$$\mathrm{TC}_0=\frac{C}{T_0}+\frac{DPHT_0}{2}$$

【例 6-3】某制造公司每年以单价 10 购入 8 000 单位的某种物品，每次订货的订货成本为 30 元，每单位每年的储存成本为 3 元（即 $PH=3$），若前置时间为 10 日，一年有 250 个作业日，问经济订货间隔期、最高库存数量和年库存总成本各为多少？

解　$T_0=\sqrt{\frac{2C}{DPH}}=\sqrt{\frac{2\times 30}{8\,000\times 3}}=0.05(\text{年})=0.05\times 250=12.5(\text{天})$

$$E = D(T+L)/N = 8\,000 \times (12.5+10)/250 = 720$$

$$\mathrm{TC}_0 = \frac{C}{T_0} + \frac{DPHT_0}{2} = \frac{30}{0.05} + \frac{8\,000 \times 3 \times 0.05}{2} = 1\,200(\text{元})$$

6.3.4 安全库存的确定

1. 安全库存的概述

安全库存是用来补偿在补充供应的前置时间内，实际需求量超过期望需求量或实际订货提前期超过期望订货提前期所产生的需求。中转仓库和零售业备有安全库存是为了在用户的需求率不规律或不可预测的情况下，有能力供应他们。工厂成品库持有安全库存是为了零售和中转仓库的需求量超过其期望值时补充它们的库存。若出现以下情况，就会发生缺货现象。

(1) 单位时间内的需求量不变，但实际订货提前期大于期望提前期。

(2) 实际订货提前期等于期望值，但订货提前期内的需求量超过其期望值。

实际库存模型中，对某一订货周期而言，可出现如下三种情况。

(1) 前置期内的需求量很大，不但用完了安全库存，而且发生了缺货现象。

(2) 前置期内的需求量小于其期望值，没有动用安全库存。

(3) 前置期内的需求量大于其期望值，动用了部分安全库存。

在以下情况下要保存较高的安全库存量，以尽量避免缺货。

(1) 缺货成本高或服务水平要求较高。

(2) 储存成本低。

(3) 需求量的波动较大。

(4) 前置时间的波动较大。

2. 安全库存的作用

安全库存的作用如下。

(1) 中转仓库和零售业备有安全库存是为了在用户的需求率不规律或不可预测的情况下，有能力供应他们。

(2) 工厂成品库持有安全库存是为了零售和中转仓库的需求量超过期望值时补充它们的库存。

(3) 如果无安全库存，当前置时间内的需求量超过其期望值时追加一单位安全库存，都会对缺货具有预防作用。

6.3.5 订货点的确定

订货点是指企业发出订货单时库存的储存量，确定订货点必须掌握以下五种数据。

(1) 全年需要量及经济订购批量。

(2) 预计平均每天（或每周）的正常耗用量。

(3) 预计每天（或每周）的最大耗用量。

(4) 订货提前期的正常天数（或周数）是指从提出订货申请直至收到订货的期间。

(5) 安全存储量，是指为了防止临时用量增加或交货误期等特殊原因而预计的保险储备量。

1. 连续检查系统的订货点的计算

计算公式为：

$$R = \text{订货提前期内的平均需求} = DL$$

式中：R—— 订货点，以单位计；

D—— 单位时间内的系统需求，常用日需求量；

L ——订货提前期（前置时间），常用日为单位。

【例 6-4】 某企业每年需要耗用 1 000 件的某种物资，假定每年有 250 个工作日，订货提前期为 10 天。求其订货点的库存储备量。

解　订货点的库存储备量为：

$$R = DL = (1\ 000/250) \times 10 = 40(\text{件})$$

2. 需求与订货提前期可变时订货点的计算

计算公式为：

订货点=订货提前期平均需求+防止供给不确定性的安全库存+防止需求不确定性的安全库存

(1) 订货提前期平均需求：

订货提前期平均需求=订货提前期×平均需求

(2) 防止供给不确定性的安全库存：

防止供给不确定性的安全库存=提前期变化量×平均需求

(3) 防止需求不确定性的安全库存：

$$\text{防止需求不确定性的安全库存}=\text{需求的标准差}\times\text{服务水平因子}\times\sqrt{\text{提前期}+\text{提前变化期}+\text{检查期}}$$

在一般情况下，大多数库存系统使用固定提前期，但在计算过程中可以包含提前期可变性的度量。提前期变化可能是由供应商的因素造成的，也可能是由企业内部处理过程引起的，如物品进厂后没有及时入库造成的耽搁。

我们可以假定提前期的分布和可变性遵循正态分布。因此，可以通过计算标准差/平均绝对误差得出可靠的提前期估计。

【例 6-5】 平均提前期为 21 天，标准偏差为 5 天，服务水平为 95%时的提前期变化量为多少？

解　查正态分布表，可以得出服务水平为 95%时，对应的正态偏差为 1.645 标准差，这样，就可以计算出提前期变化量为：21+5×1.645=29.2（天）。

从上述计算结果可以看出，当提前期变化比较大时，会对安全库存产生较大的影响。

3. 定期检查系统订货点的确定

定期检查系统的最大库存=(提前期+检查期）×平均需求+防止供给不确定性的安全库存+防止需求不确定性的安全库存

【例 6-6】 提前期为 3 周，检查期为 4 周，每周的平均需求为 76，标准偏差为 12.5，提前期变为 1 周，服务水平为的 95%时的最大库存水平为多少？

解　查正态分布表，可以得出服务水平为 95%时，对应的正态偏差为 1.645 标准差，这样，就可以计算出最大库存水平为：

$$\text{最大库存水平}=(3+4)\times76+1\times76+12.5\times1.645\times\sqrt{3+1+4}=666$$

6.3.6 一次性订货量的确定

1. 已知需求量与可变前置时间情况下的订货量决策方法

当需求量已知时，一次性订货量就等于需求量。假如不允许缺货，订单应在可能最长的前置时间之前发出。当已知前置时间的概论分布时，也可以规定订货先于需求发生日期到达的概率，从而决定订货发生的日期。

2. 已知前置时间与可变需求量情况下的决策方法

如果前置时间确定，并且已知需求量的概率分布和有关的成本参数，就可以利用期望值法、边际分析法及成本分析法进行决策。

(1) 期望值法。当已知需求量的概论分布时，可以根据使用期望利润最大或期望成本最小的原则确定订货量。为采用期望值法进行决策，可以利用输出或益损值来决定订货量，为期望收益最大或期望损失最小。

(2) 边际分析法。应用期望值法进行决策，要对订货量和需求量可能取值的所有组合计算益损值。当益损值表规模较大时，计算工作量较大，这时可用边际分析法进行决策。

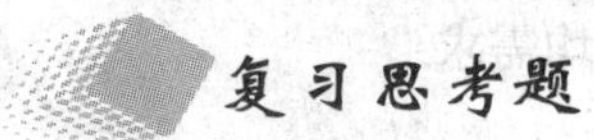

复习思考题

一、选择题

1. (　　) 是库存管理的基本目标。

A. 防止超储与缺货　　B. 提高服务水平

C. 收入最大化　　D. 成本最小化

2. (　　) 是由于外部或内部中断供应所产生的成本。

A. 储存成本　　B. 购入成本

C. 订购成本　　D. 缺货成本

3. 常见的库存控制模型有 (　　)。

A. 定量订货系统　　B. 定期订货系统

C. 不定时订货系统　　D. 定时定量订货系统

4. 经济订货批量是指 (　　)。

A. 使得成本最小化的订货数量　　B. 使得收入最大化的订货数量

C. 固定时间间隔的订货数量　　D. 固定订货量的订货数量

二、判断题

1. 资源，不仅包括工厂里的各种原料、毛坯、工具、半成品和成品，还包括银行里的现金，医院里的药品、病床，运输部门的车辆等。(　　)

2. 经济订货批量，指消耗一次订货费用一次采购某种产品的数量。(　　)

3. 一般情况下，根据年使用费的多少来分类（对于费用支出大的物品品种，给予最大的注意），其他的分类指标有：库存价值；供应的不确定性；过期或变质的风险；缺货后果。(　　)

4. 订货点是指企业发出订货单时库存的储存量。(　　)

5. 周转库存是用来补偿在补充供应的前置时间内，实际需求量超过期望需求量或实际订

货提前期超过期望订货提前期所产生的需求。（ ）

三、简答题

1. 试简要分析库存控制的一般意义。

2. 简要比较定量订货和定期订货的差别。

3. 试论述ABC分类法的策略。

部分习题参考答案

一、选择题

1. A 2. D 3. AB 4. A

二、判断题

1. × 2. × 3. √ 4. √ 5. ×

案例分析

大胆的零库存管理

2000年的家电领域，“扁平化”是个最为时髦的词语，这一年，格兰仕进行了一场组织架构扁平化的内部管理改革，砍掉了集团内部层层架构的设置，最终形成了决策、管理、执行三层结构制，由8位副总分管各自的八个领域，格兰仕集团副总经理俞尧昌称之为“把一个集团变成一个工厂”，使整个企业的反应能力提上去。扁平化的原因则是由于过去垂直式的多层管理与生产的协同制造、大规模定制之间，存在着不可避免的矛盾。

实行扁平化策略之后，随着组织结构的精简，首当其冲的问题是如何在人员更少的情况下与外部进行更有效的沟通。格兰仕整个集团近2万人当中仅有100人在销售部门工作，而其中还有20人是行政内勤人员，怎样与客户进行一对一的沟通是一个重要的问题，尤其是由于海外业务发展迅速，在拥有了200个国家的4 000多名客户后，依靠传统的打电话、传真等方式已经完全不能适应业务需要了。而决策层如何了解和管理分布在各个分支机构中的数据信息，更是一个令人头疼的问题。一年超过1 000万台的微波炉产能如何才能有效地发挥作用，客户需求和市场更新的快速变化又是他们面临着新的挑战。

早在1996年，格兰仕就开始在集团内部引入了信息化这个概念，在办公自动化、供应链、财务等方面引进了一些管理软件，建立了公司网站。但1998年当格兰仕成为世界第一大的专业微波炉制造商后，信息系统的局限性开始凸现。特别是当2000年格兰仕提出了“全球家电制造战略”后，产品线和客户的不断增多、业务范围的继续拓展，以及全球战略的日渐清晰，促使格兰仕制定出了信息化的系统框架。

到了2003年6月，格兰仕的信息化系统已经覆盖了财务管理、仓库管理、制造管理、营销管理、客户关系、电子商务等领域。和许多企业一样，格兰仕的信息管理系统仍然以财务为核心，通过对集团内部资金往来与资金结算的集中和分布管理，不定时地收集、分析各分支机构的财务数据，总部能够实现对各个分支机构的有效监控，资金的运作效率大大提高。同时，由于实现了完善的“数据—信息—决策—控制”循环，不仅在一定程度上满足了财务

管理和经营决策的需要，还建立起了一个高效、有组织的信息管理平台和体系，为开展电子商务提供了良好的数据接口和可持续发展能力。

1. 大胆的零库存管理

在家电业中，人们一直视格兰仕为“打价格战的好手”，尽管价格战在人们眼里是一个略带些贬义的字眼，但经济学家钟朋荣却这样解释格兰仕在微波炉上的低价格：格兰仕的降价，不是在产品成本之下进行的倾销，也不是以质量下降为前提的价格战，而是建立在成本降低的基础之上，而成本的降低又来自于它的规模优势。对信息技术的有效利用为格兰仕的规模竞争和成本下降打下了基础。

格兰仕“零库存”的管理思想通过对生产计划和物料的系统规划，实现了材料和产品的库存都按照计划来流动，只保留少量的合理库存。而以这个思想作为经营指导战略的，还有大名鼎鼎的 PC 制造商戴尔，而它的成功早已是享誉全球的商业传奇。

格兰仕企划中心的游丽敏向记者介绍道，“零库存管理的核心在于尽快地采购最好的原材料、制造更好的产品，并通过反应迅速的营销体系以最快的速度传递到消费者手中。通过对金碟 K/3 和 Forgood ERP 系统的规划和运用，集团能够对库存进行数字化管理，具体到每个型号的产品在工厂有多少库存、经销商仓库里有多少台产品、每个时期的产品库存周转率，都有了准确的统计数据，决策层在调配资源、落实产供销平衡的问题上能够获得充分的依据。其实，零库存在应用过程中就是一种信息流的规划，通过这种规划，能够提高企业的资金周转率，很好地降低经营风险”。

零库存管理是建立在整个企业信息化管理基础之上的，经过了近十年的信息化建设，格兰仕的集约管理水平也随着企业的逐渐做大而进一步提升。伴随着零库存管理的思想，格兰仕还向合作伙伴们提出了“商家经营零风险”的策略，这一措施使得原材料供应商、销售合作伙伴都主动接受“格兰仕的目标就是我们的目标”的理念。正是零库存给了格兰仕在家电制造领域强有力的自信。尽管两年前，首次涉水空调产业时，人们纷纷表达了对这个微波炉企业的质疑，但今天格兰仕已经成功地将微波炉生产中积累起来的信息化经验引入空调的生产和营销中，并取得了不俗的业绩。

除了产品供应和原材料采购信息外，格兰仕在自己的企业网站上建立起了用户和客户的档案和交流平台。不过，更有意思的是，格兰仕在网站上还提供了一个视频系统，客户和用户可以通过这个系统看到格兰仕的原材料、产品，甚至还能够直接看到工厂的生产线。视频系统的运用给格兰仕带来的是更多的市场机会。2003 年上半年，尽管 SARS 肆虐给国内的经济蒙上了一层阴影，不少企业业绩下降，但格兰仕却因为对这个视频系统的积极利用，避开了这一劫。因为海外客户虽不能像过去一样亲自到生产现场进行考察，可视频系统却仍然能够使他们“身临其境”，对企业的生产、检测、出货等流程一目了然。2003 年，格兰仕的出口不降反升，空调出口更是实现了同比 220%的增长。

游丽敏坦言，在格兰仕尚很少有完全依靠网络进行的销售，这可能与整个中国乃至世界电子商务的大环境还不够成熟有关。一般情况下，大部分客户愿意亲自到基地进行实地考察后才决定是否下订单。但是，海外客户占格兰仕所有客户中的绝大多数，去年产销的 1 600 万台微波炉中，1 100 万台都是销往国外的，电子商务作为销售部门一个重要的辅助手段是不可取代的。而在一些爆发性需求增长的情况下，电子商务更能够加快商品交换的速度。

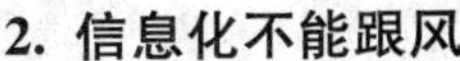

2. 信息化不能跟风

对于信息化，格兰仕的信息部门一直强调多做实事，采取了谨慎的作风，简单地说，就是不能跟风。“现在针对信息化的名词太多了，以前有什么 MRP、MRPⅡ，现在又是 ERP、SCM，不是说这些系统不好，但关键的问题是什么东西才是最适合自己的。每一个企业的用户群、目标市场的特点都不同，在应用上自然也有所不同，先进的东西也要经过一定程度的改造才能符合我们自己的业务流程。上一个系统，首先要由我们 IT 部门的人‘吃透’了，才能进行实施。现在的软件提供商虽然多，但大部分比较缺乏规划能力，市场上少的就是真正能够杀入企业、摸透企业特点的顾问型服务提供商。而上一个系统对我们来说，如果在企业未成体系之前进行，就像白描，想怎么画就怎么画，但我们已经发展到这样的规模了，画好了再擦去重描是很难的。而高层可能对信息化不够了解，当一个新的信息系统出来时，他可能会有‘别人都在做了，我们是不是也应该做’的想法，但是这个想法不一定是正确的，所以从信息部门到其他的业务部门一直都希望能够多做些实际的事情，为管理的真正提升打基础。”游丽敏这样表达着格兰仕对信息系统的态度。

现在，格兰仕还不能完全通过信息系统来实现决策支持，高层仍然更多地参照盈利链来进行决策，但是他们迫切地希望能够通过持续而踏实的努力将信息化扩大到客户，包括海外代理商，根据环境的不断变化来调整客勤关系，最后实现一种文化的延伸，能够及时地为终端顾客提供相关的服务和知识普及。这种新的客勤关系不是简单的买和卖的关系，而是一种一对一的交流。

思考题：格兰仕是如何实现零库存的呢？

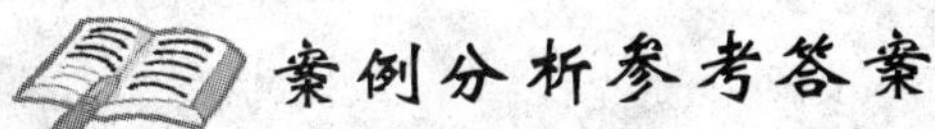

案例分析参考答案

引入管理软件；信息化；搭建与用户和客户的档案及交流平台。

第 7 章

配送成本和价格管理

本章要点

- 了解和熟悉配送成本的含义；
- 掌握配送成本的构成；
- 掌握配送成本的计算；
- 掌握配送服务成本的含义和特点；
- 掌握配送服务成本的影响因素；
- 掌握配送价格的特点和有关制定方法。

开篇案例

自从 1962 年管理大师彼德在美国《财富》杂志上发表经济的“黑暗大陆”一文，近 40 年来，不论学术界或产业界，无不承认物流管理对于企业竞争力之贡献。物流成本通常被认为是业务工作中的最高成本之一，仅次于制造过程中的材料费用或批发、零售成品的成本。以美国为例，物流成本等于销售费用的 50%。在美国，产品的直接劳动成本已不足全部成本的 10%，全部生产过程中只有 5%的时间直接用于加工制造，95%的时间用于储存、运输等物流过程，发挥物流的作用能为企业带来更多的盈利空间。在一个典型的公司中，全部库存的 30%处于采购阶段，30%处于生产阶段，40%处于配送阶段。

发达国家的企业界对现代物流高度重视，物流成本在美国的国内生产总值中占 10%以上，一般占一个公司总销售的 10%～35%。在北美，有 50%的公司总裁把供应链计划纳入其总体规划，并认识到物流的发展必须依靠全球化、信息技术和一体化。资料表明，发达国家连锁企业的统一配送率在 80%左右。

美国的沃尔玛、凯玛特和标靶三大零售商运用规模经济的原理，即配送中心的联合采购和仓储式门店计划，通过降低商品流通成本，运用低价策略加快商品周转率，提高企业竞争力。根据美国《财富》杂志 1998 年世界十大公司排名，名列第四位、零售业排名第一位的跨

国企业沃尔玛集团，其1998年营业额达1 392.1亿美元，按美国企业调查的综合数据，物流业可降低商品总价值30%～50%的物流成本，现代物流对提高沃尔玛集团的竞争力具有莫大的帮助，使其成为全球最大零售商和1998年全球盈利最多的第四大企业集团。在服装业方面，典型的有德国的ADIDAS公司，该公司通过对原有的简陋仓库的改造，在德国建立一个现代化的大型配送中心，为企业在全欧洲和中东的销售提供配送服务，物流配送的效率与经济效益大大提高。而NIKE公司则对其在欧洲的两个小型配送中心进行改造，在比利时重新建立一个大型的现代化配送中心，提供NIKE公司产品在欧洲的配送业务。

对物流的认识，一方面，大多数企业惊异于物流成本在成本中的比例之高，并由此想方设法来深刻理解成本的内容及如何降低成本；另一方面，许多企业同时着眼于定位其自身的物流能力，以获取竞争优势。纵观世界500强企业，他们都是拥有世界一流物流系统的厂商，通过向顾客提供优质服务获得竞争优势。这是因为，物流是作为一种能力在企业内部及企业间进行定位的，它对创造顾客价值的一般过程作出贡献。

思考题：物流成本都包括哪些？以前你是否意识到物流成本有如此重要的作用？

7.1　物流成本

物流成本是指产品的空间移动或时间占有中所耗费的各种活劳动和物化劳动的货币表现。具体地说，它是产品在实物运动过程中，如包装、搬运装卸、运输、储存、流通加工等各个活动中所支出的人力、物力和财力的总和。

7.1.1　物流成本的构成

物流成本主要包括如下三部分内容：伴随着物资的物理性流通活动发生的费用及从事这些活动所必需的设备、设施费用；完成物流信息的传送和处理活动所发生的费用及从事这些活动所必需的设备和设施费用；对上述活动进行综合管理所发生的费用。

7.1.2　物流成本的计算条件

根据物流成本的冰山理论，有很多项物流成本是隐藏的，物流成本可大可小，完全在于其计算的范围和方法。因此，在计算物流成本时，必须首先明确计算条件。如果无视计算条件，物流成本也就失去了存在的意义。物流成本的计算条件是指物流范围、物流功能范围和会计科目范围。

1. 物流范围

物流范围顾名思义，指的是物流的起点和终点的长短。人们通常所讲的物流有：原材料物流，即原材料从供应商转移到工厂时的物流；工厂内物流，即原材料、半成品、成品在工厂的不同车间、不同地点的转移和存储；从工厂到仓库的物流；从仓库到客户的物流，这个范围相当广阔。所以，从哪里开始到哪里为止，作为物流成本的计算对象，会使物流成本发生很大的变化。

2. 物流功能范围

物流功能范围是指在运输、保管、配送、包装、装卸、信息管理等众多的物流功能中，把哪种物流功能作为计算对象。可以想见，把所有的物流功能作为计算对象的成本与只把运输、保管这两种功能作为计算对象，所得到的成本会相差悬殊。

3. 物流成本核算科目范围

物流成本核算科目范围是指在会计科目中，把其中的哪些科目列入计算对象的问题。在科目中，有运费开支、保管开支这类企业外部的开支，也有人工费、折旧费、修缮费、燃料费等企业内部的开支。这么多开支项目，把哪些列入成本核算对象中，对物流成本的大小影响颇大。所以，这三方面的范围选择，决定着物流成本的大小。企业在制定计算条件时，绝不可盲目或大意，而应立足于本企业的实际情况，来决定自己的合理的物流成本核算范围。成本只有在相同的条件下进行比较时，才能得出正确的结果。因此，为了各个企业间的相互比较，在计算物流成本时，应尽快统一行业标准。

7.1.3 物流成本核算存在的主要问题

1. 物流会计核算的范围、内容不全面，只涉及部分物流费用

目前，企业日常物流会计核算的范围着重于采购物流、销售物流环节，忽视了其他物流环节的核算。按照现代物流的内涵，物流应包括：供应物流、生产物流、企业内部物流、销售物流、逆向物流等。与此相应的物流费用包括：供应物流费、生产物流费、企业内部物流费等。

从核算内容看，相当一部分企业只把支付给外部运输、仓储企业的费用列入专项成本，而企业内部发生的物流费用，由于常常和企业的生产费用、销售费用、管理费用等混在一起，因而容易被忽视，甚至没被列入成本核算。其结果导致物流成本的低估或模糊。影响了会计信息的真实性，不利于相关利益者及企业内部管理者的决策。

2. 物流会计信息的披露与其他成本费用的披露混杂

从物流会计信息的披露看，由于物流活动贯穿于企业经营活动的始终，因而对于相关物流费用的核算基本上并入产品成本核算之中，与其他成本费用混合计入相关科目。例如，对于因取得存货而发生的运输费、装卸费、包装费、仓储费、运输途中的合理损耗、入库前的挑选整理费等，作为存货的实际成本核算，进而作为销售成本的一部分从总销售收入中扣除以得到总利润。物流会计信息与其他信息混杂，致使有关物流的信息需从相关会计信息中归纳，过程复杂且数据的时效性差，不利于物流管理和绩效的评价。

3. 部分物流费用是企业间接费用的一部分，其分配方法依然沿用传统会计方法

随着物流费用对企业利润贡献的加大，传统会计方法中间接费用依据生产过程中的直接人工工时或机器工时的分配不仅歪曲了产品、服务成本，不利于生产业绩的考核、评价，而且高级管理人员基于这些数据所做的决策也是不正确的。

7.1.4 物流成本的核算方法

1. 按支付形态划分并核算物流成本

这种核算方法把物流成本分别按运费、保管费、包装材料费、自家配送费（企业内部配送费）、人事费、物流管理费、物流利息等支付形态记账。从中可以了解物流成本总额，也可

以了解什么经费项目花费最多，对认识物流成本合理化的重要性，以及考虑在物流成本管理中应以什么为重点，十分有效。

2. 按功能划分并核算物流成本

这种核算方法分别按包装、配送、保管、搬运、信息、物流管理等功能来核算物流费用。从这种方法可以看出哪种功能更耗费成本，比按形态计算成本的方法能更进一步找出实现物流合理化的症结。而且可以计算出标准物流成本（单位个数、质量、容器的成本），进行作业管理，设定合理化目标。

3. 按适用对象划分并核算物流成本的方法

这种核算方法按适用对象核算物流成本，可以分析出物流成本都用在哪一种对象上。如可以分别把商品、地区、顾客或营业单位作为适用对象来进行计算。

按支店或营业所核算物流成本，就是要算出各营业单位物流成本与销售金额或毛收入的对比，用来了解各营业单位物流成本中存在的问题，以加强管理。

按顾客核算物流成本的方法，又可分为按标准单价计算和按实际单价计算两种计算方式。按顾客计算物流成本，可用来作为选定顾客、确定物流服务水平等制定顾客战略的参考。

按商品核算物流成本是指通过把按功能计算出来的物流费，用以各自不同的基准分配各类商品的方法计算出来的物流成本。这种方法可以用来分析各类商品的盈亏，在实际运用时，要考虑进货和出货差额的毛收入与商品周转率之积的交叉比率。

4. 采用 ABC 成本法核算物流成本

以活动为基础的成本分析法是人为确定和控制物流费用最有前途的方法。

这种核算方法以作业为基础，把企业消耗的资源按资源动因分配到作业，以及把收集的作业成本按作业动因分配到成本对象。其理论基础是：生产导致作业的发生，作业消耗资源并导致成本的发生，产品消耗作业，因此，作业成本法下的成本核算程序就是把各种资源库成本分配给各作业，再将各作业成本库的成本分配给最终产品或劳务。

以作业为中心，不仅能提供相对准确的成本信息，而且还能提供改善作业的非财务信息。以作业为纽带，能把成本信息和非财务信息很好地结合起来，即以作业为基础分配成本，同时以作业为基础进行成本分析和管理。

应用作业成本法核算企业物流并进行管理可分为如下四个步骤。

(1) 界定企业物流系统中涉及的各个作业。作业是工作的各个单位，作业的类型和数量会随着企业的不同而不同。例如，在一个顾客服务部门，作业包括处理顾客订单、解决产品问题及提供顾客报告三项作业。

(2) 确认企业物流系统中涉及的资源。资源是成本的源泉，一个企业的资源包括直接人工、直接材料、生产维持成本（如采购人员的工资成本）、间接制造费用及生产过程以外的成本（如广告费用）。资源的界定是在作业界定的基础上进行的，每项作业涉及相关的资源，与作业无关的资源应从物流核算中剔除。

(3) 确认资源动因，将资源分配到作业。作业决定着资源的耗用量，这种关系称作资源动因。资源动因联系着资源和作业，它把总分类账上的资源成本分配到作业。

(4) 确认成本动因，将作业成本分配到产品或服务中。作业动因反映了成本对象对作业消耗的逻辑关系，例如，问题最多的产品会产生最多顾客服务的电话，故按照电话数的多少

（此处的作业动因）把解决顾客问题的作业成本分配到相应的产品中去。

7.1.5 物流成本分析的方法

物流成本分析的方法很多，下面简述一下全面分析和详细分析的主要内容。

1. 配送中心物流成本的全面分析

计算出配送中心物流成本之后，可以计算出以下各种比率，再用这些比率同前年、大前年比较来考察配送中心物流成本的实际状况，还可以与同行业其他企业比较，或者与其他行业比较。

1）单位销售额物流成本率＝物流成本/销售额×100％

这个比率越高则对价格的弹性越低，从连锁企业历年的数据中，大体可以了解其动向，另外，通过与同行业和行业外进行比较，可以进一步了解配送中心的物流成本水平。

该比率受价格变动和交易条件变化的影响较大，因此，作为考核指标还存在一定的缺陷。

2）单位营业费用物流成本率＝物流成本/（销售额＋一般管理费）×100％

通过物流成本占营业费用（销售额＋一般管理费）的比率，可以判断连锁企业物流成本的比重，而且这个比率不受进货成本变动的影响，得出的数值比较稳定，因此，适合做连锁企业配送中心物流合理化指标。

3）物流职能成本率＝物流职能成本/物流总成本×100％

该指标可以明确包装费、运输费、保管费、装卸费、流通加工费、信息流通费、物流管理费等各物流职能成本占物流总成本的比率。

2. 配送中心物流成本的详细分析

通过全面分析，可以了解物流成本的变化情况及变化趋势，但是对引起物流成本变化的原因，还要进一步按照职能分类，对物流成本进行详细分析，然后提出对策，详细分析所用的指标有四类，通过这四类指标的序时分析或按配送中心内的部门、设施分类比较及与同行业其他企业进行比较，就可以掌握物流成本的发展趋势及其差异。

1）与运输、配送相关的指标

装载率＝实际载重量/标准载重量×100％

车辆开动率＝月总开动次数/拥有台数×100％

运行周转率＝月总运行次数/拥有台数×100％

单位车辆月行驶里程＝月总行驶里程/拥有台数

单位里程行驶费＝月实际行驶三费/月总行驶里程

行驶三费＝修理费＋内外胎费＋油料费

单位运量运费＝运输费/运输总量

2）有关保管活动指标

仓库利用率＝存货面积/总面积×100％

库存周转次数＝年出库金额（数量）/平均库存金额（数量）

＝年出库金额（数量）×2/（年初库存金额＋年末库存金额）

3）有关装卸活动指标

单位人时工作量＝总工作量/装卸作业人时数

（装卸作业人时数=作业人数×作业时间）

装卸效率=标准装卸作业人时数/实际装卸作业人时数

装卸设备开工率=装卸设备实际开动时间/装卸设备标准开动时间

单位工作量修理费=装卸设备修理费/总工作量

单位工作量卸装费=装卸费/总工作量

4）有关物流信息活动指标

物流信息处理率=物流信息处理数量（传票张数等）/标准物流信息处理数（传票张数等）

7.1.6 物流成本管理方法

1. 通过采用物流标准化进行物流管理

物流标准化是以物流作为一个大系统，制定系统内部设施、机械设备、专用工具等各个分系统的技术标准。制定系统内各个分领域如包装、装卸、运输等方面的工作标准，以系统为出发点，研究各分系统与分领域中技术标准与工作标准的配合性，统一整个物流系统的标准。物流标准化使货物在运输过程中的基本设备统一规范，如现有托盘标准与各种运输装备、装卸设备标准之间能有效衔接，大大提高了托盘在整个物流过程中的通用性，也在一定程度上促进了货物运输、储存、搬运等过程的机械化和自动化水平的提高，有利于提高物流配送系统的运作效率，从而降低物流成本。

2. 通过实现供应链管理，提高对顾客物流服务的管理来降低成本

实行供应链管理不仅要求本企业的物流体制具有效率化，也需要企业协调与其他企业及客户、运输业者之间的关系，实现整个供应链活动的效率化。正因为如此，追求成本的效率化，不仅仅企业中物流部门或生产部门要加强控制，同时采购部门等各职能部门都要加强成本控制。提高对顾客的物流服务可以确保企业利益，同时也是企业降低物流成本的有效方法之一。

3. 借助于现代信息系统的构筑降低物流成本

要实现企业与其他交易企业之间的效率化的交易关系，必须借助于现代信息系统的构筑，尤其是利用因特网等高新技术来完成物流全过程的协调、控制和管理，实现从网络前端到最终端客户的所有中间过程服务。一方面是各种物流作业或业务处理正确、迅速地进行；另一方面，能由此建立起战略的物流经营系统。通过现代物流信息技术可以将企业订购的意向、数量、价格等信息在网络上进行传输，从而使生产、流通全过程的企业或部门分享由此带来的利益，充分应对可能发生的各种需求，进而调整不同企业间的经营行为和计划，企业间的协调和合作有可能在短时间内迅速完成，这可以从整体上控制物流成本发生的可能性。同时，物流管理信息系统的迅速发展，使混杂在其他业务中的物流活动的成本能精确地计算出来，而不会把成本转嫁到其他企业或部门。

4. 从流通全过程的视点来加强物流成本的管理

对于一个企业来讲，控制物流成本不只是本企业的事情，即追求本企业的物流效率化，而应该考虑从产品制成到最终用户整个流通过程的物流成本效率化，亦即物流设施的投资或扩建与否要视整个流通渠道的发展和要求而定。例如，有些厂商是直接面对批发商经营的，因此，很多物流中心是与批发商物流中心相吻合，从事大批量的商品输送，然而，随着零售业界便民店、折扣店的迅速发展，客户要求厂商必须适应零售业这种新型的业态形式，展开直接面向零售店铺的物流活动。因而，在这种情况下，原来的投资就有可能沉淀，同时又要求建立新型的符合现代物流发展要求的物流中心或自动化的设备。显然，这些投资尽管从企业来看，增加了物流成本，但从整个流通过程来看，却大大提高了物流绩效。

5. 通过效率化的配送降低物流成本

针对用户的订货要求，尽量短时间、正确的进货是企业物流发展的客观要求，但是，随着配送产生的成本费用要尽可能降低，特别是多频度、小单位配送要求的发展，更要求企业采取效率化的配送，这就要求重视配车计划管理，提高装载率及车辆运行管理。

一般来讲，企业要实现效率化的配送，就必须重视配车计划管理，提高装载率及车辆运行管理。通过构筑有效的配送计划信息系统就可以使生产商配车计划的制订与生产计划联系起来进行，同时通过信息系统也能使批发商将配车计划或进货计划相匹配，从而提高配送效率，降低运输和进货成本。

6. 通过削减退货来降低物流成本

退货成本也是企业物流成本中一项重要的组成部分，它往往占有相当大的比例，这是因为随着退货的发生会产生一系列的物流费用，如退货商品损伤或滞销而产生的经济费用及处理退货商品所需的人员费和各种事务性费用。退货的情况下，一般由商品提供者承担退货所发生的各种费用，而退货方因为不承担商品退货而产生的损失，因此，容易很随便地退回商品，并且由于这类商品大多数数量较少，配送费用有增高的趋势。不仅如此，由于这类商品规模较小，也很分散，商品入库、账单处理等业务也很复杂。由此，削减退货成本是物流成本控制活动中需要特别关注的问题。

物流成本降低是个持续不断的过程。物流系统优化是关系到企业的竞争能力、影响到企业盈利水平的重大问题，应从战略的高度规划企业的物流系统。同时，要协调各部门之间的关系，使各个部门在优化物流系统的过程中相互配合。

7.2 配送成本

7.2.1 配送的概念

配送是指在经济合理区域范围内，根据用户要求，对物品进行拣选、加工、包装、分割、组配等作业，并按时送达指定地点的物流活动。配送发挥了资源配置作用，而且是“最终配置”，即配送是最接近用户的物流阶段。配送的主要经济活动是送货，但应该是现代送货，即与当代科技相结合，是“配”和“送”结合的配送，以用户的需要为出发点，但应该以最合理的方式满足用户需求，配送是有一定合理的区域范围的配送，已逐步成为企业发展的重要战略手段。

配送是物流中一种特殊的、综合的活动形式，是商流与物流的紧密结合，包含了商流活动和物流活动，也包含了物流中若干功能要素的一种形式。

从物流角度来讲，配送几乎包括了所有的物流功能要素，是物流的一个缩影或在某小范

围中物流全部活动的体现。一般的配送集装卸、包装、保管、运输于一身，通过这一系列活动完成将货物送达的目的。特殊的配送则还要以加工活动为支撑，所以包括的方面更广。但是，配送的主体活动与一般物流却有不同，一般物流是运输及保管，而配送则是运输及分拣配货，分拣配货是配送的独特要求，也是配送中有特点的活动，以送货为目的的运输则是最后实现配送的主要手段，从这一主要手段出发，常常将配送简化地看成是运输的一种。

从商流来讲，配送和物流的不同之处在于，物流是商物分离的产物，而配送则是商物合一的产物，配送本身就是一种商业形式。虽然配送具体实施时，也有以商物分离形式实现的，但从配送的发展趋势看，商流与物流越来越紧密的结合，是配送成功的重要保障。

7.2.2 配送成本的特性

1. 配送成本的隐蔽性

日本早稻田大学的教授，物流成本研究的权威西泽修先生提出了著名的“物流成本冰山”说，其含义是说人们对物流成本费用的总体内容并不掌握，提起物流费用大家只看到露出海水上面的冰山的一角，而潜藏在海水里的整个冰山却看不见，事实上海水中的冰山才是物流费用的主体部分。他透彻地阐述了物流成本的难以识别性。同样，要想直接从企业的财务中完整地提取出企业发生的配送成本也是难以办到的，例如，通常的财务会计通过“销售费用、管理费用”科目可以看出部分配送成本的情况，但这些科目反映的费用仅仅是全部配送成本的一部分，即企业对外支付的配送费用。而且这一部分费用往往是混同在其他有关费用中，而不是单独设立配送费用科目进行独立核算。因此，配送成本确实犹如一座海里的冰山，露出水面的仅是冰山一角。

2. 配送成本削减的乘法效应

配送成本削减具有乘法效应，配送成本的减少可以显著增加企业的效益与利润。假定销售额为 1 000 元，配送成本为 100 元。如果配送成本降低 10%，就可能得到 10 元的利润。假定这个企业的销售利润率为 2%，则创造 10 元利润，需要增加 500 元的销售额。即降低 10% 的配送成本所起的作用相当于销售额增加 50%所带来的利润。可见，配送成本的下降会产生极大的效益。

3. 配送成本的效益背反

所谓的效益背反是指在同一资源的两个方面处于相互矛盾的关系之中，要达到一个目的必然要损失一部分另一个目的；要追求一方，必得舍弃另一方的一种状态。这种状态在配送诸活动之间也是存在的。譬如，尽量减少库存据点及库存，必然引起库存补充频繁，从而增加运输次数，同时，仓库的减少，会导致配送距离变长，运输费用进一步增大。此时一方成本降低，另一方成本增大，产生成本效益背反状态。如果运输费的增加超过保管费的降低部分，总成本反而会增加，这样减少库存据点及库存变得毫无意义。

4. 配送成本与服务水平的背反

高水平的配送服务是由高的配送成本来保证的，企业很难既提高了配送服务水平，同时也降低了配送成本，除非有较大的技术进步。要想超过竞争对手，提出并维持更高的服务标准就需要有更多的投入，因此一个企业在作出这种决定时必须经过仔细研究和对比。

5. 配送系统各功能活动的效益背反

所谓“鱼和熊掌不可兼得”，配送系统的各项活动处于一个相互矛盾的系统中，要想较多地达到某个方面的目的，必然会使另一方面受到一定的损失。在物流活动中，一种功能的成本削减会使另一种功能的成本增高，也就是说出现了此消彼长的现象。例如，企业尽量减少库存点及库存，必然引起库存补充频繁，从而增加运输次数，同时，仓库的减少，会导致配送距离变长，运输费用进一步增大。此时库存费用降低，而运输费用增加，产生配送成本的效益背反状态。因此，配送活动是个整体，企业必须考虑整个配送系统的成本最低，而非局部或某个环节的节约，这就要求从系统高度寻求总体成本的最优化。

其实，物流系统诸要素间存在“效益背反”现象——同一资源所完成的诸多功效间存在互相制约的现象。如果成本的两个方面处于相互矛盾的关系之中，想要较多地达到其中某一方面的目的，必然使另一方面的目的受到部分损失。

6. 配送成本的不可控性

配送成本中有许多是物流管理部门不可控制的，例如，保管费用中包括了过多进货或过多生产而造成积压的库存费用，以及紧急运输等例外发货的费用。这些费用是物流部门不能控制的。

7.2.3 影响配送成本的因素

配送成本的高低受多种因素的影响，有配送管理因素、配送货物自身的因素，货物的数量、重量、体积及作业过程等，也有市场因素配送的距离及外部其他因素等，具体如下所述。

1. 配送管理因素

1）配送满足率

配送满足率是指配送中心的取货量占顾客所需要的货物数量的比率。如果配送满足率高，可以一次性、大批量地进行配送，而配送满足率较低，则配送中心就会分次进行配送，对不足的货物还需要花费其他的时间和车辆进行配送，这些额外的工作同样也会增加配送成本。有时还可能因缺货而失去客户。

2）配送周期

配送持续时间的长短直接影响着配送成本的高低，如果配送效率低下，对配送中心的占用时间长，就会耗用更多的仓储固定成本。而这种成本往往表现为机会成本，使得配送中心不能提供其他配送服务获得收入或者在其他配送服务上需要另外增加成本。

3）配送工具

不同的配送工具，其成本不同，运输能力大小也不同。运输工具的选择，一方面取决于所运货物的体积、重量及价值大小，另一方面又取决于企业对所运货物的需求程度及工艺要求，因此选择运输工具既要保证客户的需求，又要力求配送成本最低。

4）配送物的数量和重量

数量和重量增加虽然会使配送作业量增大，但大批量的作业往往使得配送效率提高。配送的数量和重量是配送企业获得折扣的理由。而单件、小批量的配送不仅不能体现配送的优势，而且由于单位固定成本较高，因此其配送成本相对也会较高。

2. 配送货物自身的因素

1）配送货物的价值

配送货物价值的高低会直接影响配送成本的大小。随着所配送货物价值的增加，每一物流活动的成本都会增加，运费在一定程度上反映货物移动的风险，一般来说，配送货物的价值越大，对其所需要的运输工具要求就越高，其分拣、配装、流通加工所花费的成本也会增加。

2）配送货物的密度

配送货物的密度越大，相同运输单位所装的货物越多，运输成本就越低。同样，配送中心一定空间领域存放的货物也越多，库存成本也会降低。

3）易碎性

易碎性的货物，在配送时对运输、包装、储存等提出了更高的要求，自然会增加成本。

4）特殊要求的货物

有些货物在配送过程中有特殊要求（如加热、制冷等），这些都会增加配送成本。

3. 市场因素

1）配送距离

运输成本是构成配送成本的主要内容，而距离则是影响运输成本的主要因素。距离越远，也就意味着运输成本越高；同时造成运输设备需要增加，送货员工需要增加。

2）外部成本

配送经营时有时还需要使用到配送企业以外的资源。而外部资源的使用成本是企业无法控制的，特别是一些垄断性的外部资源，配送企业在使用的过程中都会增加额外的成本开支。

7.2.4 降低配送成本途径及意义

降低配送成本的途径主要有如下几种。

1. 利用标准成本法控制配送成本

(1) 制定控制标准。成本控制标准是控制成本费用的重要依据，物流配送的成本标准的制定，应按实际的配送环节分项制定。

(2) 揭示成本差异。成本的控制标准制定后要与实际费用比较，及时揭示成本差异。差异的计算与分析也要与所制定的成本项目进行比较。

(3) 成本信息反馈。成本控制中，成本差异的情况要及时反馈有关部门，以便及时控制与纠正。

2. 合理选择配送策略

1）混合策略

混合策略是指配送业务一部分由企业自身完成，另一部分则外包给第三方物流公司完成。这种策略的基本思想是，尽管采用纯策略（即配送活动要么全部由企业自身完成，要么完全外包给第三方物流公司完成）易形成一定的规模经济，并使管理简化，但由于产品品种多变、规格不一、销量不等等情况，采用纯策略的配送方式超出一定程度不仅不能取得规模效益，反而还会造成规模不经济。而采用混合策略，合理安排企业自身完成的配送和外包给第三方物流企业完成的配送，能使配送成本最低。

2）差异化策略

差异化策略的指导思想是：产品特征不同，顾客服务水平也不同。当企业拥有多种产品线时，不能对所有产品都按同一标准的顾客服务水平来配送，而应按产品的特点、销售水平来设置不同的库存、不同的运输方式及不同的储存地点，忽视产品的差异性会增加不必要的配送成本。

3）合并策略

合并策略包含两个层次，一是配送方法上的合并；另一个则是共同配送。配送方法上的合并是指企业在安排车辆完成配送任务时，充分利用车辆的容积和载重量，做到满载满装。共同配送是一种产权层次上的共享，也称集中协作配送。它是几个企业联合集小量为大量共同利用同一配送设施的配送方式。

4）延迟策略

实施延迟策略常采用两种方式：生产延迟（或称形成延迟）和物流延迟（或称时间延迟）。

延迟策略的基本思想就是对产品的外观、形状及其生产、组装、配送应尽可能推迟到接到顾客订单后再确定。一旦接到订单就要快速反应，因此采用延迟策略的一个基本前提是信息传递要非常快。一般说来，实施延迟策略的企业应具备以下几个基本条件：①产品特征：模块化程度高，产品价值密度大，有特定的外形，产品特征易于表述，定制后可改变产品的容积或重量；②生产技术特征：模块化产品设计、设备智能化程度高、定制工艺与基本工艺差别不大；③市场特征：产品生命周期短、销售波动性大、价格竞争激烈、市场变化大、产品的提前期短。

而配送中往往存在着加工活动，所以实施配送延迟策略既可采用形成延迟方式，也可采用时间延迟方式。具体操作时，常常发生在诸如贴标签（形成延迟）、包装（形成延迟）、装配（形成延迟）和发送（时间延迟）等领域。美国一家生产金枪鱼罐头的企业就通过采用延迟策略改变配送方式，降低了库存水平。历史上这家企业为提高市场占有率曾针对不同的市场设计了几种标签，产品生产出来后运到各地的分销仓库储存起来。由于顾客偏好不一，几种品牌的同一产品经常出现某种品牌的畅销而缺货，而另一些品牌却滞销压仓。该企业在产品出厂时都不贴标签就运到各分销中心储存，当接到各销售网点的具体订货要求后，才按各网点指定的品牌标志贴上相应的标签，这样就有效地解决了此缺彼长的矛盾，从而降低了库存。

5）标准化策略

标准化策略就是尽量减少因品种多变而导致附加配送成本，尽可能多地采用标准零部件、模块化产品。如服装制造商按统一规格生产服装，直到顾客购买时才按顾客的身材调整尺寸大小。采用标准化策略要求厂家从产品设计开始就要站在消费者的立场去考虑怎样节省配送成本，而不要等到产品定型生产出来了才考虑采用什么技巧降低配送本。

3. 优化配送流程

配送是配送中心的核心环节。高效的配送需要的是配送调度和配送运输、交货等具体操作的整合优化。在专业化分工越来越细的经济环境下，物流配送流程优化的发展方向将趋向于利用集成供应链来达到配送流程的上中下游的连贯性及降低各相关企业的物流成本。

4. 推广使用现代化信息技术

配送企业可以通过加强自动识别技术的开发与应用来提高入货和发货时商品检验的效率。

使用自动化智能设备提高保管、装卸、备货和拣货作业的效率。采用先进的计算机分析软件，优化配送运输作业，降低配送运输成本。可以采用解析法、线性规划法或静态仿真法对配送中心选址进行合理布局，使用车辆安排程序，合理安排配送运输的路线、顺序、积载等来降低成本。

5. 实行责任中心管理

随着企业规模的扩大，企业应把配送中心作为一个责任中心来对待，并考虑划分若干责任区域，并指派下属经理——配送经理进行管理。为了指导各责任中心管理者的决策，并评估其经营业绩和该中心的经营成果，企业实施责任中心管理的关键是制定一个业绩计量标准。总之，配送中心既要提高服务水平，又要降低配送运营总成本，是一个难度很大的课题。其意义在于通过对配送成本的有效把握，利用物流要素之间的效益背反关系，科学、合理地组织物流活动，加强对配送活动过程中费用支出的有效控制，降低配送活动中的物化劳动和活劳动的消耗，从而达到降低物流总成本，提高企业和社会经济效益的目的。

降低配送成本会给企业带来三个方面的经济效益：一是在其他条件不变的情况下，降低配送成本意味着扩大了企业的利润空间，提高了利润水平；二是配送成本的降低，意味着增强了企业的产品价格竞争优势，企业可以利用相对低廉的价格出售自己的产品，从而提高产品的市场竞争力，扩大销售，并以此为企业带来更多的利润；三是配送成本的降低，意味着企业可以用更少的资源投入和消耗，创造出更多的物质财富，进而推动资源节约型企业的创建。

7.2.5　配送成本的构成与核算

1. 配送成本的构成

1）按照配送成本的现实表现的划分

(1) 材料费。指因物料消耗而发生的费用，它主要包括物资材料费、燃料费、消耗性工具、低值易耗品摊销及其他物料消耗费。

(2) 人工费。指对配送作业中消耗劳务所支付的费用，它主要包括工资、奖金、补贴、福利以及职工教育培训费等。

(3) 维护费。指土地、建筑物、机械设备、车辆、搬运工具等固定资产的事业、运转和维修保养所发生的费用，它主要包括维修保养费、折旧费、房产税、土地、租赁费用、保险费等。

(4) 一般经费。相当于财务会计中的一般管理费，指差旅费、会议费、交际费、邮电费、城建税、能源建设税及其他税款，还包括商品损耗费、事故处理费及其他杂费等。

(5) 特别经费。指采用不同于财务会计的计算方法计算出来的配送费用，它主要包括按实际使用年限计算的折旧费和企业内利息等。

(6) 对外委托费。指向企业外支付的运输费、保管费、包装费、出入库装卸费、委托物流加工费。

(7) 向其他企业支付费用。在配送成本中还应该包括向其他企业支付的费用。比如，商品购进采用送货制时包含在购买价格中的运费和商品销售采用提货制时因顾客自己取货而从销售价格中扣除的运费。在这种情况下，虽然实际上本企业内并未发生配送活动，但却发生了相关费用，因此也应该把其作为配送成本核算在内。

2）按照配送成本在配送过程的发生阶段划分

根据配送流程及配送环节，配送成本实际上包含配送运输费用、分拣费用、配装及流通加工费用等全过程。

（1）配送运输费用。配送运输费用主要包括以下两个方面。① 车辆费用。车辆费用指从事配送运输生产而发生的各项费用。具体包括驾驶员及助手等工资及福利费、燃料、轮胎、修理费、折旧费、养路费、车船使用税等项目。② 营运间接费用。这是指营运过程中发生的不能直接计入各成本核算对象的站、队经费。包括站、队人员的工资及福利费、办公费、水电费、折旧费等内容，但不包括管理费用。

（2）分拣费用。包括人工费用和设备费用。① 分拣人工费用。这是指从事分拣工作的作业人员及有关人员工资、奖金、补贴等费用的总和。② 分拣设备费用。这是指分拣机械设备的折旧费用及修理费用。

（3）配装费用。包括配装材料费用、辅助费用和人工费用。① 配装材料费用。常见的配装材料有木材、纸、自然纤维和合成纤维、塑料等。这些包装材料功能不同，成本相差很大。② 配装辅助费用。除上述费用外，还有一些辅助性费用，如包装标记、标志的印刷、拴挂物费用等的支出。③ 配装人工费用。这是指从事包装工作的工人及有关人员的工资、奖金、补贴等费用总和，即配装人工费用。

（4）流通加工费用。① 流通加工设备费用。流通加工设备因流通加工形式不同而不同，购置这些设备所支出的费用，以流通加工费用的形式转移到被加工产品中去。② 流通加工材料费用。这是指在流通加工过程中，投入到加工过程中的一些材料消耗所需要的费用，即流通加工材料费用。③ 流通加工费用。在流通加工过程中从事加工活动的管理人员、工人及有关人员工资、奖金等费用的总和。

实际应用中，应该根据配送的具体流程归集成本，不同的配送模式，其成本构成差异较大。相同的配送模式下，由于配送物品的性质不同，其成本构成差异也很大。

2. 配送成本核算方法

正确计算配送成本是配送管理的基础，配送成本核算的方法之一是作业成本法（ABC分析法）。作业成本法在配送成本管理中运用的实际效果通过一些研究机构和学者进行的调查，被证明是促进企业配送管理合理化的有效方法。

1）作业成本法的基本原理

作业成本法，即基于作业的成本核算方法，是指以成本动因理论为基础，通过对作业进行动态追踪、确认和计量来评价作业业绩和资源利用情况的一种方法。作业成本法的理论基础是：生产导致作业的发生，作业消耗资源并导致成本的发生，产品消耗作业。因此，作业成本法下的成本核算程序就是把各种资源库分配给各项作业并形成作业库，再将作业库的成本按作业动因分配给最终产品。作业成本法的基本原理是：根据“产品耗用作业，作业耗用资源；生产导致作业的产生，作业导致成本的发生”的指导思想，以作业为成本核算对象，首先通过资源动因的确认、计量将资源费用追踪到作业，形成作业成本；再通过作业动因的确认和计量将作业成本追踪到产品，最终形成产品的成本。作业成本法为作业、经营过程、产品、服务、客户提供了一个更精确的分配间接成本和辅助资源的分配方法。通过对作业及作业成本的确认、计量，最终算出相对真实的产品成本。同时，通过对所有与产品相关联的

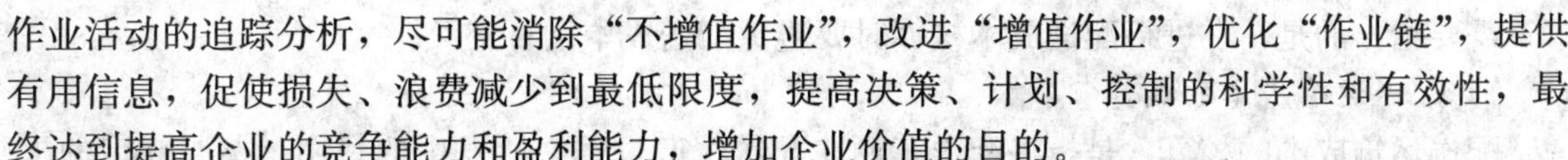

作业活动的追踪分析，尽可能消除“不增值作业”，改进“增值作业”，优化“作业链”，提供有用信息，促使损失、浪费减少到最低限度，提高决策、计划、控制的科学性和有效性，最终达到提高企业的竞争能力和盈利能力，增加企业价值的目的。

2）作业成本法的核算程序

作业成本法应用于配送成本的核算时，它突破了产品这个界限，而把成本核算深入到作业层次；它以作业为单位收集成本，并把“作业”的成本按作业动因分配到产品。应用作业成本法核算配送成本并进而进行管理可按如下步骤进行。

（1）界定配送系统中涉及的各个作业。作业是工作的各个单位，作业的类型和数量会随着企业的不同而不同。

（2）确认企业配送系统中涉及的资源。资源是成本的源泉，一个企业的资源包括直接人工、直接材料、生产维持成本（如采购人员的工资成本）、间接制造费用及生产过程以外的成本（如广告费用）。资源的界定是在作业界定的基础上进行的，每项作业必涉及相关资源，与作业无关的资源应从物流核算中扣除。

（3）确认资源动因，将资源分配到作业。作业决定着资源的耗用量，这种关系称作资源动因。资源动因联系着资源和作业，它把总分类账上的资源成本分配到作业。

（4）确认成本动因，将作业成本分配到产品中。例如，问题最多的产品会产生最多顾客服务电话，故按照电话数的多少，把解决顾客问题的作业成本分配到相应的产品中去。

3）作业成本法（ABC 分析法）计算的步骤

（1）确认和计算耗费的各种资源。通过对公司的总账和明细账进行分析，将属于配送相关的费用从经营费用和管理费用中分离出来，得到该公司所耗用的资源：工资性费用、仓库除湿除潮费用、租金、车辆相关费用、包装打码费用、仓储修理费、分拣配货相关费用。

（2）将资源分配到作业，开列作业成本单，归集作业成本库成本。首先要将这些资源消耗分配到作业中去。以卷烟配送商的配送为例，将卷烟配送商的配送作业分为储存保管、包装打码、分拣配货、送货四个作业，对作业的分类相对集中，以简化分配和计算，确认各作业所包含的资源，也就是确认每一种作业所包含的成本要素。其次确认各类资源的资源动因，将资源分配到各收益对象（作业），据此计算出该作业的成本要素的成本额。在确认作业所包含的资源及各类资源的资源动因后，开列成本单，得到作业成本库的总成本额。

（3）选择作业动因，把作业成本库的总成本分配到产品，开列服务成本单。确认各作业的作业动因，并统计作业动因的因数，据此分别计算各作业的单位成本分配率。根据仓储保管、包装打码、分拣配货、送货作业与服务对象之间的逻辑关系，选择的作业动因依次为库存量、配送量、送货次数、行驶里程。通过成本核算，可以得出成本控制的重点，并进一步采取措施，达到降低配送成本的目的。

3. 物流配送成本的核算

配送成本的核算是多环节的核算，是各个配送环节或活动的集成。配送各个环节的成本核算都具有各自的特点，如流通加工的成本核算与配送运输成本的核算具有明显的区别，其成本核算的对象及计算单位都不同。配送成本的计算由于涉及多环节的成本核算，对每个环节应当计算各成本核算对象的总成本。总成本是指成本核算期内成本核算对象的成本总额，即各个成本项目金额之和。配送成本总额由各个环节的成本组成。其计算公式如下：

配送成本＝配送运输成本＋分拣成本＋配装成本＋流通加工成本

需要指出的是，在进行配送成本核算时要避免配送成本重复交叉。

1）配送运输成本的核算

配送运输成本的核算，是指将配送车辆在配送生产过程中所发生的费用，按照规定的配送对象和成本项目，计入到配送对象的运输成本项目中去的方法。运输成本的核算方法这里只作简单介绍。

（1）配送运输成本的数据来源。①工资及职工福利费。根据“工资分配汇总表”和“职工福利费计算表”中各车型分配的金额计入成本。②燃料。根据“燃料发出凭证汇总表”中各车型耗用的燃料金额计入成本。配送车辆在本企业以外的油库加油，其领发数量不作为企业购入和发出处理，应在发生时按照配送车辆领用数量和金额计入成本。③轮胎。轮胎外胎采用一次摊销法的，根据“轮胎发出凭证汇总表”中各车型领用的金额计入成本；采用按行驶胎公里提取法的，根据“轮胎摊提费计算表”中各车型应负担的摊提额计入成本。发生轮胎翻新费时，根据付款凭证直接计入各车型成本或通过待摊费用分期摊销。内胎、垫带根据“材料发出凭证汇总表”中各车型成本领用金额计入成本。④修理费。辅助生产部门对配送车辆进行保养和修理的费用，根据“辅助营运费用分配表”中分配各车型的金额计入成本。⑤折旧费。根据“固定资产折旧计算表”中按照车辆种类提取的折旧金额计入各分类成本。⑥养路费及运输管理费。配送车辆应缴纳的养路费和运输管理费，应在月终计算成本时，编制“配送营运车辆应缴纳养路费及管理费计算表”，据此计入配送成本、车船使用税、行车事故损失和其他费用。如果是通过银行转账、应付票据、现金支付的，根据付款凭证等直接计入有关的车辆成本；如果是在企业仓库内领用的材料物资，根据“材料发出凭证汇总表”、“低值易耗品发出凭证汇总表”中各车型领用的金额计入成本。营运间接费用，根据“营运间接费用分配表”计入有关配送车辆成本。

（2）配送运输成本核算表。物流配送企业月末应编制配送运输成本核算表，以反映配送总成本和单位成本。配送运输总成本是指成本核算期内成本核算对象的成本总额，即各个成本项目金额之和。单位成本是指成本核算期内各成本核算对象完成单位周转量的成本额。各成本核算对象计算的成本降低额，是指用该配送成本的上年度实际单位成本乘以本期实际周转量计算的总成本，减去本期实际总成本的差额。它是反映该配送运输成本由于成本降低所产生的节约金额的一项指标。按各成本核算对象计算的成本降低率，是指该配送运输成本的降低额与上年度实际单位成本乘以本期实际周转量计算的总成本比较的百分比。它是反映该配送运输成本降低幅度的一项指标。

各成本核算对象的降低额和降低率的计算公式如下：

成本降低额＝上年度实际单位成本×本期实际周转量－本期实际总成本

成本降低率＝成本降低额/（上年度实际单位成本×本期实际周转量）×100％

2）流通加工成本的核算

（1）流通加工成本项目和内容。①直接材料费。流通加工的直接材料费用是指对流通加工产品加工过程中直接消耗的材料、辅助材料、包装材料及燃料和动力等费用。与工业企业相比，在流通加工过程中的直接材料费用，占流通加工成本的比例不大。②直接人工费用。流通加工成本中的直接人工费用，是指直接进行加工生产的生产工人的工资总额和按工资总额提取的职工福利费。生产工人工资总额包括计时工资、计件工资、奖金、津贴和补贴、加班工资、非工作时间的工资等。③制造费用。流通加工制造费用是物流中心设置的生产加工单位为组织和管理生产加工所发生的各项间接费用。主要包括流通加工生产单位管理人员的工资及提取的福利费，生产加工单位房屋、建筑物、机器设备等的折旧和修理费、生产单位固定资产租赁费、机物料消耗、低值易耗品摊销、取暖费、水电费、办公费、差旅费、保险费、试验检验费、季节性停工和机器设备修理期间的停工损失及其他制造费用。

(2) 流通加工成本项目的归集。①直接材料费用的归集。直接材料费用中，材料和燃料费用数额是根据全部领料凭证汇总编制的“耗用材料汇总表”确定的；外购动力费用是根据有关凭证确定的。在归集直接材料费用时，凡能分清某一成本核算对象的费用，应单独列出，以便直接计入该加工对象的成本核算单中；属于几个加工成本对象共同耗用的直接材料费用，应当选择适当的方法，分配计入各加工成本核算对象的成本核算单中。②直接人工费用的归集。计入成本中的直接人工费用的数额，是根据当期“工资结算汇总表”和“职工福利费计算表”来确定的。“工资结算汇总表”是进行工资结算和分配的原始依据。它是根据“工资结算单”按人员类别（工资用途）汇总编制的。“工资结算单”应当依据职工工作卡片、考勤记录、工作量记录等工资计算的原始记录编制。“职工福利费计算表”是依据“工资结算汇总表”确定的各类人员工资总额，按照规定的提取比例计算后编制的。③制造费用的归集。制造费用是通过设置制造费用明细账，按照费用发生的地点来归集的。制造费用明细账按照加工生产单位开设，并按费用明细账项目设专栏组织核算。流通加工制造费用表的格式可以参考工业企业的制造费用表的一般格式。由于流通加工环节的折旧费用、固定资产修理费用等占成本比例较大，其费用归集尤其重要。

7.2.6　物流配送成本的监控及指标分析

公司的成本管理体系一般是建立在每一成本发生的分类账户基础之上的。成本一般与产品、计算时期有关。一般情况下，劳动力或材料成本可分别计入一个特定的订单中，而有些成本，如租金或折旧，是与时间有关的，它们可计入同期所生产的产品中。在成本核算系统中，这两大类费用被计入功能活动和设备之中，并在部门会计时期（一般为月度）中报告。因此，物流配送系统的成本可以从每一设施的月度要素成本中得到。物流配送部门将知道以活动、设施和成本中心计算的物流配送成本。发生的每项成本通常在月末、年末进行分析，并与年度执行计划或预算及前一执行年度相比较。

物流配送中心的成本一般细分为以下方面：管理费用、劳动力成本、补贴、租金（建筑物折旧）、电、热、动力、电话、税、设备租金或折旧及其他。成本可以计入下列项目之一。

(1) 进货物流费用。

(2) 出货物流费用。

(3) 内部设施之间的物流费用。由其他公司支付的运费可以减去，每一公司都有如何计入运输成本的不同习惯，然而，总成本是一致的。虽然成本的细分可以给出一些供监控用的信息，但用以监控的成本还需作进一步的分析。因为每日、每周和每季度的量是不同的，绝对值很难说明问题，所以一般物流项目经理对设备的控制要用一些成本的相对数，经常使用的两个成本比率如下。①成本占收入的比例。大部分公司预算是按销售额作出的，这样，仓库功能将根据历年货运成本与销售额的比例来分配费用。仓库费用额是很大的，可能占销售额的 2%。②成本占重量的比例。这一比例常用于由第三方或公共仓库来进行存储与发运的货物。类似地，比例也可以根据订单处理数、处理箱数等来确定。其他方面，如订单的下达、客户服务和配送网络管理等也可用类似的方法。运输成本是会计期间的累积成本除以运输的重量或周期销售收入。这些有用的比率数字形成了最基本的物流配送成本监控系统，一般需要用微机和有关软件来处理大量的数据。

此外，还可以用表 7-1 中给出的一些指标来判断配送管理的合理性，以便于找到问题的症结，进行有针对性的改进。

表 7-1　配送管理的有关评价指标

衡量要素	衡量指标	计算方法	指标意义
人员负担	平均每人配送量 平均每人配送距离 平均每人配送重量 平均每人配送车次	=出货量 / 配送人员数 =配送总距离 / 配送人员数 =配送总重量 / 配送人员数 =配送总车次 / 配送人员数	评估配送人员的工作分摊（距离、重量、车次）及其作业贡献度（配送量），以衡量配送人员的能力负荷与作业绩效，同时判断是否应增添或裁减配送人员，或者作出其他作业调整
车辆负荷	平均每台车配送距离 平均每台车配送重量 平均每台车配送吨公里数 空车率	=配送总距离/（自车数量+外车数量） =配送总重量/（自车数量+外车数量） =（配送总距离×配送总重量）/（自车数量+外车数量） =空车走行距离 / 配送总距离	评估配送车辆的产能负荷，以判断是否应增减配送车数量；空车率主要用来衡量车辆的空间活用率
时间效益	配送时间比率 单位时间配送量 单位时间生产力	=配送总时间 /（配送人员数×工作天数×正常班工作时数） =出货量/配送总时间 =营业额 / 配送总时间	观察配送时间的贡献度，通过相关指标分析，提高配送效率和配送服务的及时性
配送成本	配送成本比率 每吨重配送成本 每单元配送成本 每车次配送成本 每公里配送成本	=（自车配送成本+外车配送成本）/ 物流总费用 =（自车配送成本+外车配送成本）/ 配送总重量 =（自车配送成本+外车配送成本）/ 出货品材积数 =（自车配送成本+外车配送成本）/ 配送总车次 =（自车配送成本+外车配送成本）/ 配送总距离	衡量配送成本花费多少，并通过各项成本比较分析，找到降低成本的改进方案
配送品质	配送延迟率	=配送延迟车次 / 配送总车次	掌握交货时间，尽量减少配送延迟情况，以确保公司信用度

7.3　配送服务成本概述

7.3.1　配送服务成本的概念

配送服务成本的概念有广义和狭义之分。

狭义配送服务成本，是指在配送过程中，企业为了提供有关的配送服务，要占用和耗费一定的活劳动和物化劳动，这些活劳动和物化劳动的货币表现，即为配送服务成本，也称配送服务费用。在商品经济中，配送服务是创造时间价值、空间价值的过程，要保证配送服务有秩序、高效率、低消耗地进行，需要耗费一定的人力、物力，投入一定的劳动，配送服务和其他服务一样，也创造价值。狭义配送服务成本在一定程度上，即在社会需要的限度内会增加商品价值，扩大生产耗费数量，成为生产一定种类及数量产品的社会必要劳动时间的一项内容，其产额必定在产品销售收入中得到补偿。另一方面，配送服务并不增加产品使用价值总量；相反，产品总量在配送过程中会由于种种原因而损坏、丢失。

广义的配送服务成本，包括狭义的配送服务成本与客户服务成本。配送服务是企业追求客户满意、提高客户服务水平的关键因素和重要保障。客户服务是连接和统一所有配送活动的重要方面。配送系统的每一组成环节都会影响客户是否在适当的时间、适当的地点、以适当的条件收到适当的产品。现实配送服务过程中，常有企业因为配送服务水平低，客户满意程度不高，从而造成现有与潜在客户的丢失。此类情况造成的成本，笔者将其归纳为客户服务成本。

7.3.2　配送服务与配送成本的关系

配送服务与配送成本之间一直是企业需要很好平衡的问题，而且两者之间的效益是背反的。所谓效益背反是指配送服务的高水平必然提升客户对企业的满意度，使企业的业务量增加、营业收入增加，经济效益提高，但同时也带来了企业配送成本的增加。也就是说，高水平的配送服务是以较高的快递配送成本为支撑的，较高的配送成本又会使得企业的效益下降。而且，配送服务水平与配送成本之间并非成比例变动。当配送成本和服务水平都处在较低水平时相加一定数量的配送成本就可以使配送服务水平有一个较明显的提升，但是，当配送服务水平提升到一定程度时，再通过增加配送成本来提升快递配送服务水平的效果就不再那么明显。也就是说用来提升配送服务水平的配送成本的边际效益是递减的。

企业应根据配送成本效益递减的原理，以及企业自身的目标市场定位和企业的市场战略，科学地、有针对性地确定配送的服务水平。企业所追求的目标应是，要在尽可能低的总成本条件下实现既定的顾客服务水平，而不是追求最高的配送服务水平，因为它需要企业为之付出很高的配送成本，当然也不是用最低的快递配送成本，来换得顾客的不满意。公司配送服务水平的高低直接取决于企业的战略定位，所有的企业都必须通过快速配送来达到其业务目标。从战略上看，快速配送的重要程度常取决于是否积极利用快速配送的能力去获得竞争优势，所有的企业都必须努力为顾客创造价值，这种价值是获得并维系忠诚顾客的关键。创造顾客价值的方法就是为顾客提供满意的配送。

7.3.3 配送服务成本的特点及影响因素

1. 配送服务成本的特点

通过配送企业的配送服务实践活动，笔者认为配送服务成本具有以下特征。

(1) 在一般的企业财务报表中，配送服务的成本核算主要包括人工费用、设备折旧费、车辆运营费、理赔费用等，然而从现代配送服务成本的管理角度看，企业难以准确把握真正的配送服务成本，先进国家的实践经验表明，实际产生的配送服务成本往往是常规配送服务成本的3倍以上。

(2) 对配送服务成本的计算与控制，各企业通常是依据自身的理解来把握的，企业间无法就配送服务成本进行比较分析，也无法得出行业平均值。

(3) 从销售关联的角度看，配送服务成本中由于服务不可靠所造成的惩罚成本与正常配送服务所产生的成本是混同在一起的，因此，很多企业在分析配送服务成本时难以准确把握由于不可靠所产生的成本及其对配送服务成本产生的影响，只是模糊地认识到不可靠会增加服务成本。综合以上配送服务成本的特征可以看出，对企业而言，要实施现代化的配送服务，首先要全面、正确地把握企业内外发生的所有配送服务成本，也即，要消减配送服务成本必须以企业整体配送服务成本为对象。另外，配送服务成本管理不能因为降低配送成本而影响对用户的配送服务质量。特别是现代化配送中多批次、少批量、定时定量配送服务要求的越来越广泛，需要配送企业能够应对这种趋势。

2. 配送服务成本的影响因素

1) 同行业的竞争因素

随着经济全球化的进行，企业所处的市场环境充满了竞争，企业之间的竞争表现在产品或服务的价格、质量以及客户满意度等方面，优质的客户服务质量是企业赖以生存的基础，而提高配送服务的可靠性是稳定和发展客户的有效手段，而可靠性又直接表现在配送服务成本上，因此，配送服务成本在很大程度上是由于日益激烈的竞争而不断发生变化的，企业必须对来自同行业的竞争作出快速有效的反应。现代的竞争市场由原先单纯的竞争转变为竞争与合作并存，企业可以将自己不擅长的且不是很重要的业务外包给同行业其他企业，将资金和精力投放在本企业的核心竞争力领域，这样不仅不会导致企业客户的流失，而且还会吸引新的客户并塑造自己的品牌。

2) 产品因素

(1) 产品价值。产品价值的高低会直接影响配送服务成本的大小。随着产品价值的增加，每一项配送活动的成本都会增加，运费在一定程度上反映货物移动的风险。一般情况下，产品的价值越大，对其所使用的运输工具要求越高，运输和包装成本也随着产品价值的增加而增加。

(2) 产品密度。产品的密度越大，相同运输单位所装的货物越多，运输成本也就越低。因此，不同产品的单位配送成本也会不同。

(3) 产品废品率影响配送服务成本的另外一个重要方面还在于产品配送的质量，也即，产品发生货损货差概率的高低。精细化的配送方式可以减少因货损货差等因素而增加的服务成本。

(4) 特殊搬运。有些物品对配送提出了特殊的要求。如对长、大物品的搬运，需要特殊的装载工具；有些物品在搬运过程中需要加热或制冷等，这些都会增加配送服务成本。

3) 环境因素

环境因素包括空间因素、地理位置及交通状况等。空间因素主要指配送服务系统中配送中心相对于目的地的位置关系等，若企业离目的地较远，所需经过的路网状态较差，则必然会增加运输成本及因不可靠而导致的惩罚成本，因此，环境因素是影响配送服务成本的一个重要方面。

4) 管理因素

管理成本属于配送服务成本中的隐性成本，影响制约着配送服务成本的高低。节约办公费、水电费等管理成本可以相应地降低配送服务成本的总体水平，另外，企业投入到配送服务中的人力、物力还存在着机会成本，人力、物力利用率的高低，影响着配送服务成本的机会成本的高低。

5) 配送货流的不均衡性

货流的不均衡性直接影响着配送成本。当发生空车返回时，劳动、燃料和维修保养等费用将等同于原先的全程费用，由于不同地区的货物配送数量和时间需求的不均衡性，会导致配送成本随之发生变化。

图 7-1 形象地给出了物流系统中有关因素之间的相互关系。

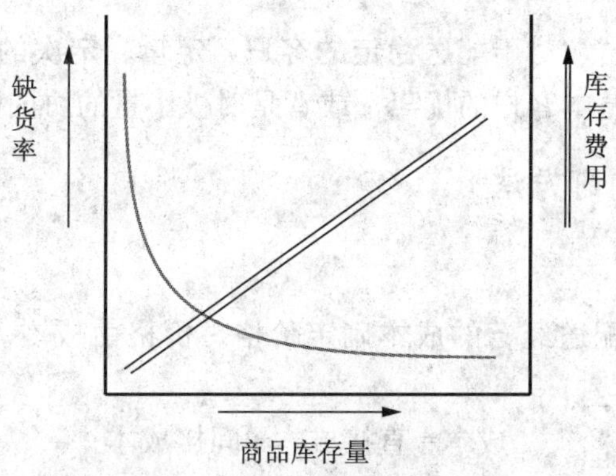

图 7-1　物流系统中有关因素之间的相互关系

7.4　配送价格概述

7.4.1　配送定价方式

1. 单一价格

在一个配送区域内不论配送到哪儿，对同一计费单位采用同一个价格。采用单一价格一般需要有对被配送品的规格限定来配合，如每件不超过 5 kg 或者 1 m^3。

2. 分区价格

将配送覆盖区划分成若干个价格区间，对运送到不同区间的配送采用不同的价格。一般来说，区间的划分以距离为原则，或者根据该区间的交通条件、需要通过收费路口等制定不同价格。

3. 分线价格

将配送区按照配送运输线路进行划分，对每一条线路进行定价。只要是属于该线路的配送，就使用该线路价格，而无论是否达到该设计线路的基点。

7.4.2 配送收费计费方式

1. 按配送量收费

以每单位的配送量为计费单位。如采用重量单位，总收费即为总配送量与费率的乘积。但是由于配送不同商品的作业有一定的差别，所投入的劳动不同，如重大货物与轻巧货物作业不同，可以按商品类别进行分类、分等级。按配送量收费还有采用按所配送的货物的体积计费、按件数收费等方式。

2. 按配送次数收费

以提供的配送次数为收费单位，不计具体的配送量。此种收费方式相当于包车配送，一般有每次配送最大量的限制，如每次不超过一整车。

3. 按期收费

以一定时期为计费单位。对于配送稳定的客户，定量、定次的配送，则仅仅是计费形式的不同。否则，则是对于基本客户的优惠，或者是对极小量的协同配送收费。

7.4.3 配送价格制订方法

1. 成本定价法

成本定价法是指根据配送经营的成本确定价格。价格由成本、利润、税收三部分组成。其中：

$$成本=直接成本+间接成本$$

$$利润=成本\times成本利润率$$

税收则根据国家税收政策确定。配送经营的税收有营业税和企业所得税。营业税直接计入成本；企业所得税则包含在成本利润之中。

$$营业税=（配送收入-外包的运输费支出）\times营业税率$$

没有外包运输时，则：

$$营业税=配送收入\times营业税率=价格\times计费量\times营业税率$$

根据总收入等于总支出加利润，则：

$$总收入=成本+利润+税收$$

而：

$$总收入=价格\times计费量$$

$$价格\times计费量=（直接成本+间接成本）\times（1+成本利润率）+价格\times计费量\times营业税率$$

$$价格=\frac{(直接成本+间接成本)\times(1+成本利润率)}{计费量\times(1-营业税率)}$$

2. 边际成本定价法

在达到规模经济时，获得利润最大化的条件是边际成本等于边际收益，这是经济学的基本原理。该原理利用在配送定价上，指的是当配送达到规模经济时，利用边际成本作为价格的一种定价方法。

3. 市场价格定价法

市场价格定价法是依据市场均衡价格制定配送价格的一种方法。在配送市场上，存在着由众多的配送经营人组成的配送供给者和众多对配送产品的需求者，他们形成了配送供给和配送产品需求两方。在某个价格上，双方的数量与价格关系相同，达到平衡，这时的价格就是供需平衡时形成的市场均衡价格，同时也是配送供应商所能定的最高价格，此时的数量就是市场的供给和消费的平衡容量。对于众多中小规模的配送经营者，只能是配送市场价格的接受者，需要采用市场价格确定配送价格，并按照该价格管理和控制成本支出。

4. 综合定价法

产品定价是企业与客户、竞争对手的博弈行为，既要保证产品尽可能被广泛接受，经营规模扩大，又要实现最高的获益。综合定价法是指应根据成本、市场需求、市场竞争的需要，合理确定配送价格。总的来说，正常定价不能低于成本，但也不能高于市场均衡价格。

公司的成本管理体系一般是建立在每一成本发生的分类账户基础之上的。成本一般与产品、计算时期有关。一般情况下，劳动力或材料成本可分别计入一个特定的订单中，而有些成本，如租金或折旧，是与时间有关的，它们可计入同期所生产的产品中。

在成本核算系统中，这两大类费用被计入功能活动和设备之中，并在部门会计时期（一般为月度）中报告。因此，物流配送系统的成本可以从每一设施的月度要素成本中得到。物流配送部门将知道以活动、设施和成本中心计算的物流配送成本。发生的每项成本通常在月末、年末进行分析，并与年度执行计划或预算及前一执行年度相比较。

物流配送中心的成本一般细分为以下方面：管理费用、劳动力成本、补贴、租金（建筑物折旧）、电、热、动力、电话、税、设备租金或折旧及其他。

成本可以计入下列项目之一：

(1) 进货物流费用；

(2) 出货物流费用；

(3) 内部设施之间的物流费用。

由其他公司支付的运费可以减去，每一公司都有如何计入运输成本的不同习惯，然而，总成本是一致的。虽然成本的细分可以给出一些供监控用的信息，但用以监控成本还需作进一步的分析。因为每日、每周和每季度的量是不同的，绝对值很难说明问题，所以一般物流项目经理对设备的控制要用一些成本的相对数，经常使用的两个成本比率如下。

① 成本占收入的比例。大部分公司预算是按销售额作出的，这样，仓库功能将根据历年货运成本与销售额的比例来分配费用。仓库费用额是很大的，可能占销售额的2%。

② 成本占重量的比例。这一比例常用于由第三方或公共仓库来进行存储与发运的货物。类似地，比例也可以根据订单处理数、处理箱数等来确定。

其他方面，如订单的下达、客户服务和配送网络管理等也可用类似的方法。

运输成本是会计期间的累积成本除以运输的重量或周期销售收入。

这些有用的比率数字形成了最基本的物流配送成本监控系统，一般需要用微机和有关软件来处理大量的数据。

复习思考题

一、选择题

1.（　　）指产品的空间移动或时间占有中所耗费的各种活劳动和物化劳动的货币表现。

A. 设备费用　　B. 包装成本

C. 物流成本　　D. 生产成本

2. 以（　　）为基础的成本分析法是被人为确定的控制物流费用最有前途的方法。

A. 活动　　B. 成本

C. 功能　　D. 费用

3. 配送成本的特性有（　　）。

A. 隐蔽性　　B. 效益背反

C. 不可控性　　D. 随机性

4. 配送货物的影响因素有（　　）。

A. 配送货物的价值　　B. 配送货物的密度

C. 易碎性　　D. 特殊要求的货物

二、判断题

1. 按支店或营业所核算物流成本，就是要算出各营业单位物流成本与销售金额或毛收入的对比，用来了解各营业单位物流成本中存在的问题，以加强管理。（　　）

2. 狭义的配送服务成本，包括狭义的配送服务成本与客户服务成本。（　　）

3. 物流配送中心的成本一般细分为以下方面：管理费用、劳动力成本、补贴、租金（建筑物折旧）、电、热、动力、电话、税、设备租金或折旧及其他。（　　）

4. 配送中心既要提高服务水平，又要降低配送运营总成本，是一个难度很大的课题。（　　）

5. 基本定价法是指根据配送经营的成本确定价格，价格由成本、利润、税收三部分组成。（　　）

三、简答题

1. 物流成本核算中存在哪些问题?

2. 物流成本管理的方法有哪些?

3. 试简要分析影响物流服务成本的因素。

部分习题参考答案

一、选择题

1. C　2. A　3. ABC　4. ABCD

二、判断题

1. √　2. ×　3. √　4. √　5. ×

案例分析

深圳市配送成本分析

物流业是深圳的四大支柱之一。在全球金融危机的影响下，我国物流业受到严重冲击，深圳作为外向度较好的地区，全球金融危机对深圳经济影响巨大，物流业作为深圳的支柱产业也受到巨大冲击，其影响不断向产业链上游传导。金融危机对深圳物流业的影响有运输、仓储、配送、国际货代和快递业。

1. 运输

运输是物流最基础的环节之一，是衔接上下游产业的纽带。制造业的采购量、生产量及出口量的萎缩直接对深圳运输业造成严重影响，首当其冲的是港口运输。自金融危机以来，深圳港口运输业面临巨大挑战，见表 7-2。

表 7-2　深圳 2008 年港口及集装箱吞吐量及同比增长情况

项目类别	2008 年吞吐量	同比增长	增幅回落
港　口	21 115.43 万吨	6.01%	7.19%
集装箱	2 141.63 万标箱	1.50%	12.70%
外贸出口集装箱	1 086.92 万标箱	1.30%	15.90%

各项指标均出现了较大幅度的下滑。港口运输业务量的大幅下降，给下游的集装箱拖车运输带来了严重的冲击。作为珠三角地区重要的货物中转站之一，深圳的铁路车站、港口码头和机场的货物集疏运输都离不开公路运输。2008 年，深圳货运量为 14 843.57 万 t，同比增长 8.52%，增幅回落 11.78 个百分点，完成货物运输周转量 749.60 亿吨公里，同比下降 5.61%，运输环节业务量大幅度下滑。更为严重的是，虽然运输的成本在上升，但因为货量减少，运力相对过剩，运输空车率高，企业间竞争激烈，运价只能维持在较低水平上，企业压力不断增大。

2. 仓储

据相关统计，深圳物流企业中经营含仓储业务的企业比率大致为 30%，仅次于运输企业(含货代)。依靠仓储周转创造效益的仓储企业在金融危机下受到很大影响，特别是以外贸业务为主的仓储企业业务量大幅度下滑。影响主要体现在客户减少、出租率下降、租金下跌等方面，大量的仓库资源闲置，货物周转率降低。受人力成本上升、人民币升值及土地使用费改税等影响，仓储企业的运营成本上升。出口业务量的减少却导致港口堆场的业务量增多，许多原本计划出口的货物滞留在港口，使得港口仓库出现“满仓”现象。积聚在港口的集装箱无法创造周转价值和时间价值，在一定程度上给整个深圳物流业带来了停滞效应。

3. 配送

专业化的物流配送有助于企业降低成本、提高效率。随着深圳加工制造业和零售商业的不断发展，将物流配送外包给第三方物流公司是物流业的发展趋势。金融危机影响加工制造业的生产量和交易量，导致服务于加工制造业的配送企业业务量减少和订单周期延长，而且制造业利润降低会通过压低配送服务价格等方式减少成本，进一步挤压配送企业的利润空间。

配送业的发展对终端消费市场具有依赖性，金融危机逐渐从实体经济传导到消费市场层面后，消费者可支配收入减少和信心低迷影响到消费市场。零售商业交易量下降对物流配送企业的业务量产生关联影响，为商业配送的物流需求也有所降低。

4. 国际货代

深圳港连续7年居全球集装箱枢纽港第四位，外贸出口总额连续15年位居全国大中城市首位，外贸出口稳定持续增长，是促进深圳货代业不断发展的重要因素。但自金融危机以来，深圳集装箱吞吐量和外贸进出口受到显著影响，2008年深圳外贸进出口总额2 999.75亿美元，同比增长4.3%，增幅比2007年同期下降16.8个百分点。其中出口总额1 797.44亿美元，同比增长6.6%，增幅比去年同期下降17.2个百分点。

以上数据反映目前外贸进出口额大幅度下降，也反映了外贸公司的业务量减少，而与外贸公司有紧密业务联系的国际货代业也受到相关影响。货代业务量减少，远洋运费降至历史新低，货主延长货款付款期，甚至许多货主为节省成本，直接与船公司签订运输合同；货代企业间竞争激烈，企业为了争取客户，采取压低价格等竞争手段，处于保本微利状况。

5. 快递

深圳快递业发展十分迅速。据相关统计，快递企业的业务量中80%是企业客户，20%是个人客户，企业客户中的大部分是制造业客户，制造业产量下降，为制造业企业生产销售提供快速物流服务的快递公司受到连带影响。

深圳存在大量的中小型快递企业，这些企业存在一些共同的问题，如管理粗放，技术含量低，信息化水平差等，导致物流成本居高不下，难以实现规模效应，企业未能建立良好的信誉，在金融危机导致快递市场萎缩的情况下，这些问题凸显出来，快递市场开始了低层次、无序的价格战。而外资快递巨头如DHL、联邦快递等纷纷乘机加快了争夺中国市场的步伐，导致本土快递企业客户流失严重，面临被淘汰或兼并的格局。（来源：《开放导报》2009年第3期）

思考题： 1. 分析概括金融危机对深圳物流业的影响。

2. 根据前面有关章节所学内容试分析从政府和企业两个层面如何应对金融危机对深圳物流业的影响，并提出有关对策和建议。

3. 根据本章所学内容，试分析如何降低深圳物流业的配送成本。

案例分析参考答案

1. 金融危机对深圳物流业的影响有运输、仓储、配送、国际货代和快递业。

(1) 运输。港口运输业务量的大幅下降，给下游的集装箱拖车运输带来了严重的冲击。

(2) 仓储。影响主要体现在客户减少、出租率下降、租金下跌等方面，大量的仓库资源闲置，货物周转率降低。受人力成本上升、人民币升值及土地使用费改税等影响，仓储企业的运营成本上升。

(3) 配送。导致服务于加工制造业的配送企业业务量减少和订单周期延长，而且制造业利润降低会通过压低配送服务价格等方式减少成本，进一步挤压配送企业的利润空间。

(4) 国际货代业。货代业务量减少，远洋运费降至历史新低，货主延长货款付款期，甚至许多货主为节省成本，直接与船公司签订运输合同；货代企业间竞争激烈，企业为了争取客户，采取压低价格等竞争手段，导致处于保本微利状况。

(5) 快递业。外资快递巨头如DHL、联邦快递等纷纷乘机加快了争夺中国市场的步伐，导致本土快递企业客户流失严重，面临被淘汰或兼并的格局。

2. 政府层面制定适当的保护措施；企业加强自身有关环节建设，积极面对挑战。

3. 利用标准成本法控制配送成本；合理选择配送策略；优化配送流程；推广使用现代信息技术；实行责任中心管理。

第 8 章

配送中心信息管理

本章要点

- 掌握配送中心信息系统的特征；
- 掌握建设配送中心信息系统的原则；
- 掌握配送中心信息的构成；
- 理解配送中心信息系统的功能；
- 掌握配送中心的几种常见的信息技术；
- 重点掌握配送中心仓储信息系统。

信息在小红帽物流配送系统的运用

小红帽报刊发行服务有限责任公司（以下简称“小红帽”）是北京著名的配送企业。该公司全面代理40多种报刊的发行工作，还涉及投递广告、收购旧报及送书、送奶、送水上门等多项业务，这些服务极大地方便了北京广大市民的生活。小红帽在北京地区已先后建立了10个发行区站，近80个发行分站。为了适应市场竞争和发展的要求，“小红帽”在微机化管理、网络化建设等方面做了不懈的努力。2000年初公司就有7个部门、10个区站和43个发行站实现了微机联网，大大提高了发行业务的技术含量，有效地保证了各项业务的顺利开展。前段时间方正数码有限公司在“小红帽”物流配送中成功运用了位置信息技术，进一步提高企业实现电子商务的竞争实力。“小红帽”地理信息系统针对订阅发行、订货送货、广告投递业务在地理信息方面的需求，以业务数据图形化管理和业务机构、业务对象图形化编辑为核心，从客户、产品、业务结构三个管理层面上实现对“小红帽”业务的全面图形化管理。“小红帽”业务主要包括订阅发行、订货送货、报刊零售、广告投递，总公司负责汇集、整理各种业务客户的要求，管理各类业务产品和各业务机构的人事、行政，再将整理后的客户和产品

信息作为任务，下达给相关的各下属业务机构执行。

思考题：小红帽如何运用物流信息技术？

8.1 配送中心信息概述

配送中心信息系统是计算机管理系统在物流领域的应用，广义上配送中心信息系统应包括配送中心业务过程的各个领域：订单处理、出入库作业、仓储作业拣选作业、运输配送作业等，是一个由计算机技术应用软件及其他高科技的物流设备，通过计算机网络将供应链上下游连接起来的动态互动系统。

作为一个现代化的配送中心，其最主要的业务功能是依靠物流信息的科学运筹管理，通过系列化的先进物流技术支撑，实现及时化、信息化与智能化的物流服务操作与管理，集储存保管、集散转运、流通加工、商品配送、信息传递、代购代销、连带服务等多种功能于一体。所以配送中心的信息系统应以现有的公共信息基础设施为通路，以电子商务服务平台为支撑，按照物流市场运行的要求，改变原有物流信息系统的封闭、单向、单通道的特征，建立具有开放、双向、多通道特征的、能够支持物流体系高效运作的、分层次的物流信息应用系统，增强企业服务国内外市场的能力。

8.1.1 配送中心信息系统的特征

物流配送中心信息系统主要实现对物流信息的收集处理发布及交易，并在此过程中不断进行物流资源的整合和物流信息的反馈，一个先进的物流配送中心信息系统应具有以下特征。

(1) 开放性。物流信息系统不但要与企业内部其他系统相连接以实现企业内部数据的整合和信息的流通，还应与企业外部供应链的各个环节进行数据交换，实现各节点的不间断连接。

(2) 信息量大。物流配送中心的信息随着物流和商流活动的展开而大量生成，尤其现代物流的配送越来越趋向多品种、小数额、高频度的配送，使进货、库存、发货和运输等物流活动的信息量与日俱增。

(3) 可扩展性。物流配送中心信息系统应能随着配送中心的发展而发展，在信息系统设计时，应充分考虑未来的业务需求，以便能在原有基础上进行扩展。

(4) 安全性。随着系统应用的增加特别是网上支付的实现，电子单证的使用，安全性成为配送中心信息系统的首要问题。

8.1.2 配送中心建设信息系统应遵循的原则

配送中心在建设自己的信息系统时，有必要结合几条原则来满足管理信息的需要，并充分支持管理者制订物流运作计划和实际的业务操作。

(1) 可用性。信息系统所储存的信息，例如，订货和存货在库或出库状况的信息，必须具有可用性，也就是信息系统应能够在第一时间内向其供应商和客户提供最新的电子信息，应能向信息需求方提供简易、快捷获取信息的方式，而不受时空的限制。

(2) 精确性。信息系统提供的信息能否精确地反映配送中心处理货物的当前状况，将衡量配送中心的整体业务运作水平。精确性可以解释为信息系统的报告与配送中心的实际业务运作状况吻合的程度。例如，平衡的物流作业要求实际的存货与物流信息系统报告的存货相吻合的精确度最好在99%以上。当实际存货和信息系统之间存在较低的一致性时，就有必要采取安全的方式来适应这种不确定性。

(3) 及时性。信息系统必须提供及时、快速的信息反馈。及时性指一种活动发生时与该活动在信息系统内体现时的时间差。例如，在某些情况下，系统要经过几个小时或几天才能将一个新订货看作为实际需求，因为该订货不一定会直接进入现行的需求量数据库。结果，在认识实际需求量时就出现了耽搁，这种耽搁会使计划制订的有效性减少，而使存货量增加。信息系统的存货状况也许是按每小时、每工班或按每天进行更新的。显然，实时更新或立即更新更具及时性，但是这会导致增加工作量。

(4) 处理异常情况的主动性。信息系统应能帮助配送中心的管理者识别需要引起注意的决策。使得管理人员能够把精力集中在最需要引起注意的情况，或者能提供最佳机会来改善配送服务或降低运营成本的情况。

(5) 灵活性。信息系统必须有能力提供能符合特定客户需要的数据。例如，有些客户想要把订货发货票跨越地理或部门界限进行汇总，有些客户想要每一种商品的发票。而另外一些客户却可能需要所有商品的总发票。这就要求信息系统要有持续不断地快速更新和升级能力。

(6) 易操作性。信息系统必须友善和容易操作。适当的系统界面要求提供的信息要有正确的结构和顺序，能有效地向管理人员和客户提供相关的信息。

8.1.3 配送中心信息系统的功能

配送中心信息系统的核心部分，主要是基本信息管理、订货信息管理、入库信息管理、在库信息管理、出库信息管理和配送信息管理等信息处理和作业指示等功能。

1. 基本信息管理

基本信息管理系统包括主档案管理（货主、商品）、用户管理（包括权限管理）、基本查询、库区划分和库位管理、接口管理、计费管理、报表单据管理七个子模块。如图 8-17 所示。主要的功能是为物流配送中心提供基本的管理数据。

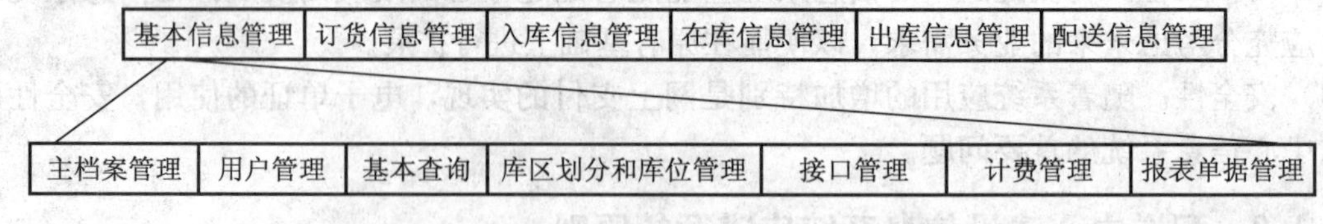

图 8-1　基本信息管理

(1) 主档案管理。①货主主档案：包括货主的姓名、联系方式、地址、采购单号、生产日期、批号、单价等。②商品主档案：包括存储商品的名称、编号、规格、尺寸、重量、属性等。

(2) 用户管理。对用户及其权限进行定义。

(3) 基本查询。包括查询字段的定义，如位置、状态、数量、批号、单价、属性；

(4) 库区划分和库位管理。包括库区的定义、划分原则、库区编号以及对库区内货架行、列、排的定义，储位属性的定义等。

（5）接口管理。指对包括 RFID、电子标签、上位信息系统、客户端等在内的外围系统进行连接、管理。

（6）计费管理。针对不同物流特性、客户服务要求，进行多种收费组合。

（7）报表单据管理。指物流配送中心各种表格的设定、单据的生成及管理。

2. 订货信息管理

订货信息管理主要包含客户订单接收与处理、客户订货确认两个功能模块部分。

（1）客户订单接收与处理。配送中心应要求客户逐步采取网上订货和进行在线实时信息传递，这样，配送中心不仅可以有效克服以前通过电话、传真等订货方式所造成的订货成本较高的弊端，而且还可以使客户的订单信息自动地转入配送中心的信息系统，从而减少了员工订单输入的工作，并防止了订单输入错误的发生。

在设计客户订单接受与处理功能模块时，配送中心要把握好两点。一是要让接受订货的信息尽可能充分全面，应当包含客户名称、客户代码、客户资信等级、订货时间、订货商品名称、数量、客户期望的到货时间、地点、商品属性、包装形态等信息。二是要坚持 20/80 原则。即确保对重要客户进行特殊化服务，如优先配送、提供增值服务等。对重要客户的确认可通过对客户资信等级进行检查和分析客户的历史记录得出。

（2）客户订货确认。配送中心可通过采用 GPS、GIS 等信息监控技术，更好地掌握客户订货商品的物流运动状态，尽量使客户的订货商品在入库时就处于随时待发的准备状态。如图 8-2 所示。

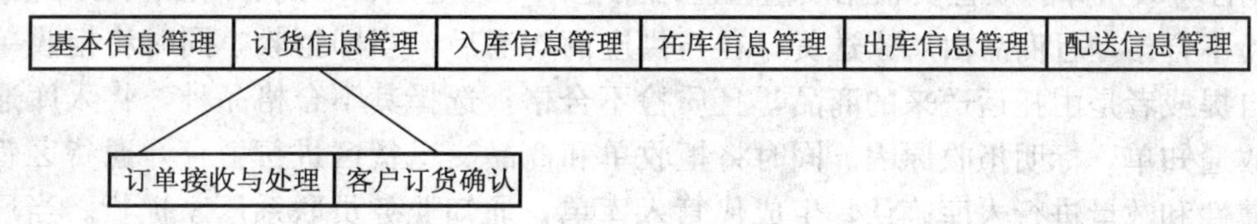

图 8-2　订货信息管理

3. 入库信息管理

入库信息管理主要功能应当包括接受货物入库、货物储存计划及储存确认、数据库系统的数据更新、入库确认、生成相应的财务数据信息等。在这一环节，更多的属于业务操作工作。配送中心应通过采用条形码技术、RFID 技术、智能卡等提高员工入库操作的准确度和工作效率。在入库货物的货位选择方面，还应当考虑货物出库和保管的效率和便利性。

进货入库模块包含进货预定、收货验收、推荐库位、入库上架、入库进程管理五个子模块。如图 8-3 所示。

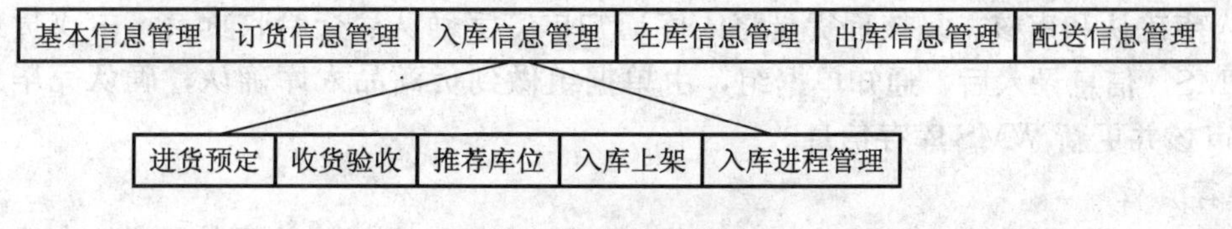

图 8-3　入库信息管理

1）进货预定

采购人员根据供应商送货批次的时间、数量，通知配送中心进行收货准备，包括储位的调整、物流设备的准备、作业人员的安排、单据的审核等。

基本流程如下。

(1) 制订供应计划。配送中心相关部门制订供应计划，确定供应商名单和各自供货商品的名称及数量，以电子版或传真的形式，发给供应商，待供应商确定并回复。

(2) 签订订货合同。供应商同意并确认回复后，签订订货合同。

(3) 采购部制订采购计划。配送中心采购部根据市场的需求及配送中心的实际库存水平，合理制订采购计划。在总经理和采购部经理签字确认后，将采购计划发至各供应商，执行采购计划。

(4) 采购部联系供应商。完成采购相关事宜后，由采购部相关人员联系供应商，以获得到货的相关信息。

(5) 供应商提交到货预告。供应商在确认采购计划后，在7个工作日之内联系配送中心采购部，并以电子版或传真的形式提交到货预告。

2) 收货验收

收货作业人员根据无线手持终端的提示，到相应收货月台验收供应商送来的货物。主要是对质量及数量进行验收。

基本流程如下。

(1) 验收。质管部门在收到收货组的到货信息后，立刻派质检员对到货商品进行质量验收。根据检验结果，若全部检验，则生成检查记录；若部分抽样检验，则生成抽样记录。

(2) 是否验收入库。质检员根据质量检验结果记录，确定是否对到货商品进行验收入库。

若质检不合格，且商品由厂家送货，在与供应商沟通后，当即拒收，同时将拒收单交厂家。若是自提或者是由托运送来的商品，且质检不合格，选择其不合格品种，将入库通知单转化为拒收通知单，标明拒收原因。同时将拒收单和商品交退货区进行暂存，退货区管理员根据商品属性和数量进行入库确认，生成代管入库单，通知业务员联系厂家提货。当厂家提货时，生成代管出库单，将拒收单交给送货厂家。

若质检合格，进行入库开票，填上质检员姓名，并生成入库验收单。通知收货组进行数量验收和复核。若在验收过程中，质检员将当时不能立即做判断的商品存放待检区，等待质检部门确认后，再进行处理。如果质检合格，生成入库验收单，如果不合格，则生成拒收通知单。

(3) 验收。根据到货预告和入库验收单，收货员对待入库商品的数量进行验收作业。若数量有差异，通知采购部门联系厂家，在厂家确认回复后，以实际点数数量填写入库通知单，交由复核理货员复核。

(4) 复核。复核理货员对入库通知单进行复核，确认无误后，在入库通知单上签字确认。

(5) 入库确认和审核。复核理货员将入库通知单签字确认后交给收货员，由收货员将信息录入WMS，信息录入后，通知单据组，由单据组做到货商品入库确认；确认完毕后，配送主管做审核并更新WMS库存信息。

3) 推荐货位

信息系统根据商品的属性（生产厂家、商品分类、ABC分类、物品特性等）向入库上架作业人员推荐商品上架货位，供作业人员参考。

4）入库上架

作业人员根据无线手持终端的提示，将验收合格的商品放在仓库中相应货位。

基本的流程如下。

(1) 打印上架单。系统会根据商品属性，自动进行货位分配，收货员打印上架单。

(2) 人员安排和设备选择。根据上架商品的数量，储存形式及存放位置的高低，搬运组组长选择和确定进行上架作业的设备，并合理安排相应的搬运人员。

(3) 贴标识牌。搬运员将商品放至准确的货位，收货员在商品包装箱的表面贴附有相关信息的标识牌，以便以后查找。

(4) 收货员完成系统操作，做上架确认。

5）入库进度管理

信息系统对入库的进度实时监测，便于管理人员对入库作业人员考核，同时也可以根据入库进度合理调配人员及设备，以保证及时完成商品的入库作业。

4. 在库信息管理

其核心工作在于确订货物的保管位置、数量和入库日期，使在库数据与实际货物保持一致。从不同货物接受订货处理到作出货物出库指示，应保证货物快进快出和先进先出。如图 8-4所示。

(1) 接收货物。该环节主要确认客户的订货是否到货或入库。系统管理人员可首先对当天未到订货清单或当天计划到货的订货清单进行详细查核，然后将订货清单打印并交给验货人员进行核对。验货人员可采用手持条形码输入终端进行验货确认。

(2) 入库保管。对货物的入库保管作业来说，信息系统的应用，不仅在于提高作业效率和精度。而且在于最大限度地利用有限的商品储存空间，尽量避免缺货或货物出库后货位空网所造成的巨大损失和资源浪费。例如，库存管理系统可随时对货物的保管存放货位进行恰当安排，库存操作人员只要按照系统所指示的位置进行商品存放就可以了。操作人员可从存取货物较方便的近距离货位开始存放，因而存货效率较高。

(3) 货物盘点。货物盘点是指作业人员对在库货物实数与信息系统的在库数据进行核实并作相应更正。货物盘点工作主要是为了防止由于作业人员在出库操作时出现差错以及货物损坏等原因，而造成实际在库货物数据与信息系统数据不吻合。

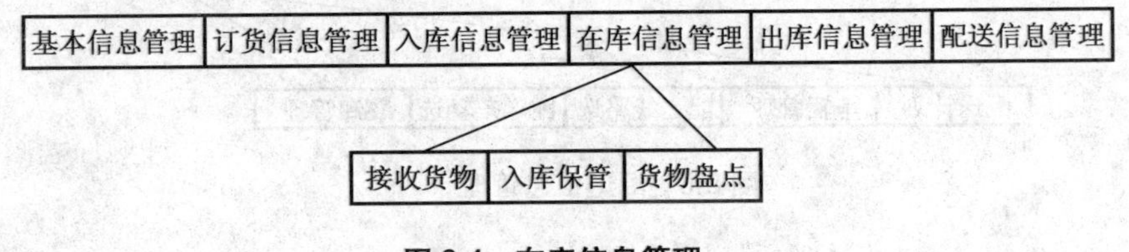

图 8-4　在库信息管理

5. 配货信息管理

配货作业是配送中心在员工对客户订单的相关信息（如商品名称、数量、到货时间等）进行与配货有关的处理时作出相关的作业指示。例如，每一个货位上设立一个配货提示器，在提示器亮灯并显示数量下，员工进行商品寻找作业，这样可提高配货的效率并减少差错。

根据订单和拣取商品的对应关系及操作流程，可将配货作业分为摘取式配货和播种式配货。摘取式配货一般用于配送对象多但商品货位固定的情形。这种作业方式具有作业方法单纯、订单处理前置时间短、作业人员责任明确等优点，但其突出缺点是作业人员的工作量较大。在配送中心大多采用自动化分拣系统的情形下，配货方式也逐渐由摘取式改为播种式，从而大大减轻了配货工作量，缩短了配货时间，压缩了配货费用和成本。

6. 出库信息管理

货物出库管理包含出库计划、出库指示和未能出库等内容。其中，出库计划包括：出库日的指示、每个客户的订货数据汇总、分批发货和完成发货等内容。出库指示包括出库部门输出各种出库用的票据；未能出库是掌握出库的实态，对预定出库但还未出库情况的管理。出货出库模块包含出货预定、订单管理、补货作业、缺货管理、出货作业、出货进程管理六个子模块。如图 8-5 所示。

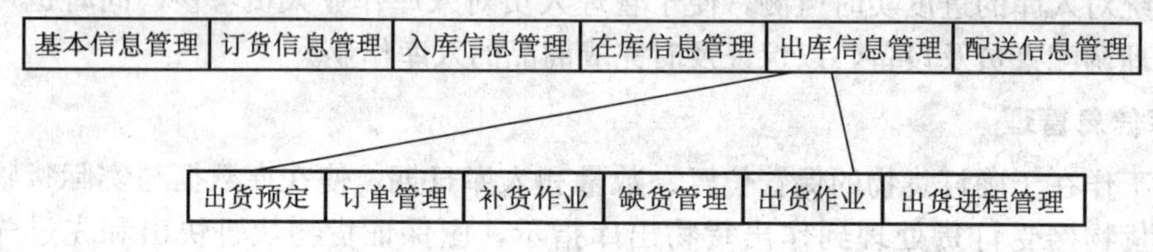

图 8-5 出库信息管理

7. 配送信息管理

配送信息管理既是最后一个主要环节，也是全部配送工作中的核心业务。要想合理、经济地进行货物配送，必须尽可能地实现“六个最”，即最少环节、最短距离、最低费用、最高效率、最大效益和最佳服务。配送管理中的配送路线选择和配送车辆安排都要紧紧围绕上述目标来展开工作。

（1）配送路线选择。配送中心应在利用计算机系统进行货物配送路线的模拟基础上，选择适宜的配送路线。配送路线选择要避免迂回运输、相向运输、空车往返等不经济的现象。

（2）配送车辆安排。可利用一些车辆配送安排的软件模型作为决策的备考依据。要立足于对车辆实行单车经济核算，提高配送车辆的装载使用效率。

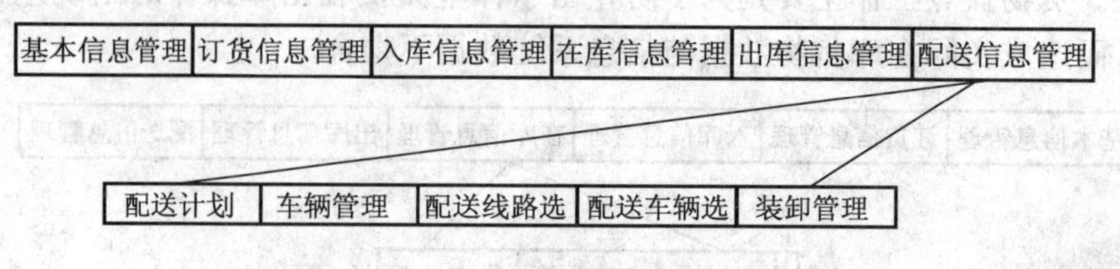

图 8-6 配送信息管理

8.1.4 配送中心的基本信息

配送中心的基本信息包括商品信息、供应商信息、价格信息、客户信息、系统信息，如图 8-7 所示。

（1）商品信息。商品基本属性、分类、包装、价格、销售形式、保质期、条形码、证书和税率等信息。商品的多层包括：零售包装、配送包装、进货包装。价格形式：定价、定时削价等形式。

(2) 供应商信息。供应商的各种证书、可供商品、属性、分类、信誉情况、供货情况、付款情况等；应建立供应商基本档案信息，支持实时查询；对不同的供应商应建立不同的信誉等级以引导进货的顺利完成；对供应商的付款方式及付款期限根据情况加以设定。

(3) 价格信息。价格信息反映商品流转过程中的各种价格信息，从进价角度看，有含税进价、无税进价；从销售角度看，有零售价、促销价、优惠价、批发价。

(4) 客户信息。客户信息分为两类，第一类是会员企业，第二类是单位配送客户、各会员企业批发对象、销售各门店食品的其他零售超市商场、住宅配送的客户，对客户应实行分类管理。

会员企业客户的信息包括：客户名称、地址、联系方式，经营品种、价格、标准、质量，历史销售额，信誉情况、信誉等级等。销售对象的信息包括：客户名称、地址及联系等，客户属性、分类、购买品种、批量、信誉等级及信誉额度等。

(5) 系统信息。部门信息和操作员信息。部门信息除了基本信息如名称、账户等，对商场还包括其销售信息及其分析。对不同的部门，可设置相应的进货载点菜权限。操作员信息包括：基本信息及操作员权限信息等，对于不同级别的操作员设定相应的数据访问权限，部门的负责人设定每个人的操作权限。

(6) 配送中心内部环境设施信息。包括库位、面积、温度、湿度、区域等。如图 8-7 所示。

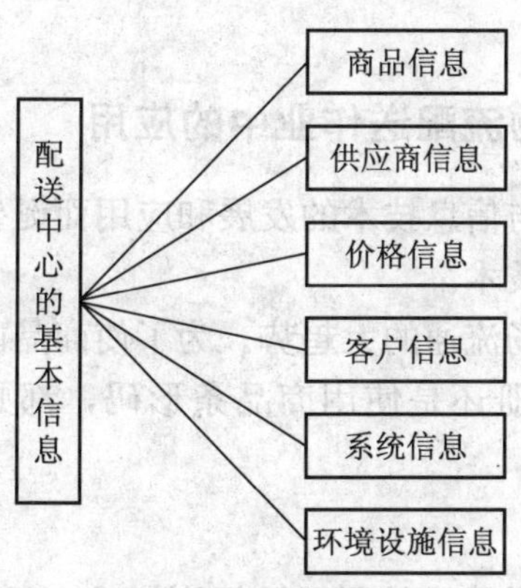

图 8-7 配送中心的基本信息

8.1.5 配送中心信息的输入与输出

(1) 数据文件管理。数据文件管理内容包括商品主文件、科目主文件、人员主文件、货位主文件、客户主文件、入出库地点主文件等。

(2) 订单管理的输出。订单管理的输出内容包括订单查询处理、订单查询时间、订单清单等。

(3) 入出库预定管理的输入与输出。入出库预定管理的输入内容包括：入库预定、出库预定。

入出库预定管理的输出内容包括：入库预定查询、出库预定查询、入库预定一览表、出库预定一览表、未入库一览表、未出库一览表（预定)、未出库一览表 。

(4) 入出库管理的输入与输出。入出库管理的输入内容包括：入库、即时出库、出库指示、实际出库、入出库变更。

入出库管理的输出内容包括：入出库变更查询、出库指示查询、历史查询、货标签、入库票据、出库票据、入出库票据检验清单（按客户）、入出库票据检验清单（按单号）、配货清单（按商品）、配货清单（按出库地点）、配货清单（按货位）、入库流通加工清单、入库流通加工清单（按商品）、入库流通加工清单（按货位）、入库流通加工清单（按出库地点）、入出库日报、历史清单等。

（5）在库管理的输入与输出。在库管理的输入内容包括：货位及在库区分、在库变更。

在库管理的输出内容包括：不同商品在库查询、货位使用情况查询、盘点清单（按品名）、盘点清单（按货位）、在库报告书、长期在库清单、在库警告清单。

（6）配送管理的输入与输出。配送管理的输入内容包括：配送指示（商品明细）、配送指示（出库连动）、实际配送（个别）、实际配送（一览）。

配送管理的输出内容包括：配送查询（个别）、配送查询（一览）、配送指示查询（商品明细）、配送指示查询（出库连动）、配送预定一览表、配送量一览表（按客户）、配送量一览表（按配送地点）、配送指示一览表（按重量）、配送指示一览表（按配送单号）、已配送和未完成配送清单等。

8.2 配送中心信息技术运用

8.2.1 条形码技术在物流配送作业中的应用

条形码技术是随着计算机与信息技术的发展和应用而诞生的，它是集编码、印刷、识别、数据采集和处理于一身的新型技术。

使用条形码扫描是今后市场流通的大趋势。为了使商品能够在全世界自由、广泛地流通，企业无论是设计制作，申请注册还是使用商品条形码，都必须遵循商品条形码管理的有关规定。

1. 条形码技术概述

条形码技术主要包括：条形码编码原理及规则标准、条形码译码技术、光点技术、印刷技术、扫描技术、通信技术、计算机技术等。具体来说条形码是一种可印制的机器语言，它采用二进制数的概念，经 1 和 0 表示编码的特定组合单元，它是一组规则排列的黑白条、空及对应字符组成，用以表示一定信息的特殊图形符号。为了方便人们识别条形码符号所代表的字符，通常在条形码符号的下面印刷出所代表的数字、字母或专用符号，只要借助于光电扫描阅读设备，即可迅速将条形码所代表的商品的生产、国别、制造厂商、产地、名称、特性、价格、数量、生产日期等一系列商品信息准确无误地输入电子计算机，并由计算机自动进行存储、分类、排序、统计、打印或显示。它是迄今为止最经济实用的一种自动识别技术，其功能强大，输入方式具有速度快、准确率高、可靠性强、采集信息量大、灵活实用等优点。条形码示意图如图 8-8 所示。

图 8-8 火车票条形码

2. 条形码的编码规则

(1) 唯一性。同种规格同种产品对应同一个产品代码，同种产品不同规格应对应不同的产品代码。根据产品的不同性质，如重量、包装、规格、气味、颜色、形状等，赋予不同的商品代码。

(2) 永久性。产品代码一经分配，就不再更改，并且是终身的。当此种产品不再生产时，其对应的产品代码只能搁置起来，不得重复起用再分配给其他商品。

(3) 无含义。为了保证代码有足够的容量以适应产品频繁更新换代的需要，最好采用无含义的顺序码。

3. 商品条形码

目前世界上常用的码制有 ENA 条形码、UPC 条形码、二五条形码、交叉二五条形码、库德巴条形码、三九条形码和 128 条形码等，而商品上最常使用的就是 EAN 商品条形码。

EAN 商品条形码亦称通用商品条形码，由国际物品编码协会制定，通用于世界各地，是目前国际上使用最广泛的一种商品条形码。我国目前在国内推行使用的也是这种商品条形码。EAN 商品条形码分为 EAN-13（标准版）和 EAN-8（缩短版）两种。

商品条形码是指由一组规则排列的条、空及其对应字符组成的标识，用以表示一定的商品信息。其中条为深色、空为白色，用于条形码识读设备的扫描识读。其对应字符由一组阿拉伯数字组成，供人们直接识读或通过键盘向计算机输入数据使用。这一组条、空和相应的字符所表示的信息是相同的。

EAN-13 通用商品条形码一般由前缀部分、制造厂商代码、商品代码和校验码组成。商品条形码中的前缀码是用来标识国家或地区的代码，赋码权在国际物品编码协会，如 00～09代表美国、加拿大，45～49 代表日本，690～694 代表中国内地。制造厂商代码的赋权在各个国家或地区的物品编码组织，我国由国家物品编码中心赋予制造厂商代码。商品代码是用来标识商品的代码，赋码权由产品生产企业自己行使，生产企业按照规定条件自己决定在自己的何种商品上使用哪些阿拉伯数字为商品条形码。商品条形码最后用 1 位校验码来校验商品条形码中左起第 1～12 数字代码的正确性。

商品条形码的编码遵循唯一性原则，以保证商品条形码在全世界范围内不重复，即一个商品项目只能有一个代码，或者说一个代码只能标识一种商品项目。不同规格、不同包装、不同品种、不同价格、不同颜色的商品只能使用不同的商品代码。

由于条形码的识读是通过条形码的条和空的颜色对比度来实现的，一般情况下，只要能够满足对比度（PCS值）的要求的颜色即可使用。通常采用浅色作空的颜色，如白色、橙色、黄色等，采用深色作条的颜色，如黑色、暗绿色、深棕色等。最好的颜色搭配是黑条白空。根据条形码检测的实践经验，红色、金色、浅黄色不宜作条的颜色，透明、金色不能作空的颜色。

EAN-8 商品条形码是指用于标识的数字代码为 8 位的商品条形码，由 7 位数字表示的商品项目代码和 1 位数字表示的校验符组成。

4. 商品条形码数字的含义

以如图 8-9 所示条形码 6934561310001 为例。此条形码分 4 个部分，从左到右分别如下。

1～3 位：共 3 位，对应该条形码的 693，是中国的国家代码之一。（690～695 都是中国的代码，由国际上分配）。

图 8-9　EAN-13 条形码

4～8 位：共 5 位，对应该条形码的 45613，代表着生产厂商代码，由厂商申请，国家分配。

9～12 位：共 4 位，对应该条形码的 1 000，代表着厂内商品代码，由厂商自行确定。

第 13 位：共 1 位，对应该条形码的 1，是校验码，依据一定的算法，由前面 12 位数字计算得到。

5. 条形码技术在配送作业中的应用

近年来，条形码技术在物流配送作业中已经得到广泛的应用，特别是在配送中心的收货、提货、摆货、仓储、配货、补货等业务处理中，条形码应用几乎出现在整个配送作业流程中的所有环节。其主要应用在如下方面。

（1）订货。无论是总部向供应商订货，还是连锁店向总部或配送中心订货，可以根据订货簿或货架牌进行订货。不管采用哪种订货方式，都可以用条形码扫描设备输入将订货簿或货架上的条形码。这种条形码包含了商品品名、品牌、产地、规格等信息。然后通过主机，利用网络通知供货商或配送中心自己订哪种货、订多少。这种订货方式比传统的手工订货效率高出数倍。

（2）入库。应用条形码进行入库管理，商品到货后，通过条形码输入设备将商品基本信息输入计算机，告诉计算机系统哪种商品要入库，要入多少。计算机系统根据预先确定的入库原则、商品库存数量，确定该种商品的存放位置。然后根据商品的数量发出条形码标签，这种条形码标签包含着该种商品的存放位置信息。然后在货箱上贴上标签，并将其放到输送机上。输送机识别箱上的条形码后，将货箱放在指定的库位区。

（3）摆货。人工摆货时，搬运工要把收到的货品摆放到仓库的货架上，在搬运商品之前，首先扫描包装箱上的条形码，计算机就会提示工人将商品放到事先分配的货位，搬运工将商品运到指定的货位后，再扫描货位条形码，以确认找到的货位是否正确。这样，在商品从入库到搬运到货位存放的整个过程中，条形码起到了相当重要的作用。商品以托盘为单位入库时，把到货清单输入计算机，就会得到按照托盘机数发出的条形码标签。将条形码贴于托盘面向叉车的一侧，叉车前面安装有激光扫描器，叉车将托盘提起，并将其放置于计算机所指引的位置上。在各个托盘货位上装有传感器和发射显示装置、红外线发光装置和表明货区的发光图形牌。叉车驾驶员将托盘放置好后，通过叉车上装的终端装置，将作业完成的信息传

送到主计算机。这样，商品的货址就存入计算机中了。

(4) 配送。在配货过程中，也都采用了条形码管理。在分拣、配送中应用条形码，能使拣货迅速、正确，并提高生产率。总部或配送中心在接受客户的订单后，将订货单汇总，并分批发出印有条形码的拣货标签。这种条形码包含有这件商品要发送到哪一家连锁店的信息。分拣人员根据计算机打印出的拣货单，在仓库中进行拣货，并在商品上贴上拣货标签（在商品上已有包含商品基本信息的条形码标签）。将拣出的商品运到自动分类机，放置于感应输送机上。激光扫描器对商品上的两个条形码自动识别，检验拣货有无差错。如无差错，商品即分别流向按分店分类的滑槽中。然后将不同分店的商品装入不同的货箱中，并在货箱上贴上印有条形码的送货地址卡，这种条形码包含有商品到达区域的信息。再将货箱送至自动分类机，在自动分类机的感应分类机上，激光扫描器对货箱上贴的条形码进行扫描，然后将货箱输送到不同的发货区。当发现拣货有错时，商品流入特定的滑槽内。条形码配合计算机应用于物流管理中，大大提高了物流作业的自动化水平，提高了劳动生产率。

(5) 补货。查找商品的库存，确定是否需要进货或者货品是否占用太多库存，同样需要利用条形码来实现管理。另外，由于商品条形码和货架是一一对应的，也可通过检查货架达到补货的目的。条形码不仅仅在配送中心业务处理中发挥作用，配送中心的数据采集、经营管理同样离不开条形码。通过计算机对条形码的管理，对商品运营、库存数据的采集，可及时了解货架上商品的存量，从而进行合理的库存控制，将商品的库存量降到最低点；也可以做到及时补货，减少由于缺货造成的分店补货不及时，发生销售损失。条形码同样可用来做配送中心配货分析。由于条形码和计算机的应用，大大提高了信息的传递速度和数据的准确性，从而可以做到实时物流跟踪，整个配送中心的运营情况、商品的库存量也会通过计算机及时反映到管理层和决策层。这样就可以进行有效的库存控制，缩短商品的流转周期，将库存量降到最低。

8.2.2 EID 技术在配送中心的应用

1. EDI 概述

EDI（Electronic Data Interchange，电子数据交换）是指按照同一规定的一套通用标准格式，将标准的经济信息，通过通信网络传输，在贸易伙伴的电子计算机系统之间进行数据交换和自动处理。根据联合国标准化组织的定义，EDI（电子数据交换技术）是指商业或行政事务处理，按照一个公认的标准，形成结构化的事务处理报文数据格式，从计算机到计算机的电子传输方法。EDI 遵循一定的国际标准或行业规则，自动地进行数据发送、传送及处理，而不需人工介入，从而实现事务处理或贸易自动化。

2. 配送中心应用 EDI 技术的必要性

EDI 的主要功能有：电子数据传输和交换、传输数据的存储、文书数据标准格式的转换、安全保密、提供信息查询、提供技术咨询服务、提供信息增值服务等。

通过在物流配送供应链管理中应用 EDI 技术不但可以降低运营成本，而且提高了供应链上数据传输速度和准确性，扩大信息含量，缩短订货采购周期，大大降低了库存费用。

(1) 通过在配送中心的客户设置 EDI 终端来处理和交换有关订货的库存、销售时的数据、需求预测，以及运输日程、通知等方面的信息；这样可以减轻票据处理、数据输入输出等事务性作业，而且可以减少库存、缩短订货时间、提高工作效率。

（2）应用EDI可以使各企业之间达到无纸化交易，能减少大量人力和纸张的浪费，从而降低交易成本。

（3）通过在配送中心、上游供应商、下游客户之间应用EDI可以实现信息共享，使供应链上各个节点企业都能了解到商品的销售、库存、生产进度等方面的信息，增强供应链经营的透明度。

（4）当今企业之间的市场竞争实际上是对时间的竞争，谁获取的信息越快、商品周转时间越短，谁就能掌握竞争的主动权；而应用EDI，则意味着电子传输的数据信息可以立即为用户所获得，因此应用EDI技术可以增强配送中心的市场竞争力。

3. 配送中心EDI系统框架

EDI系统主要包括两部分：一部分是EDI服务中心，面向用户提供EDI服务，供相关用户群使用；另一部分是EDI用户应用系统，完成EDI报文收发、翻译面向最终的具体应用业务。EDI作业系统如图8-10所示。

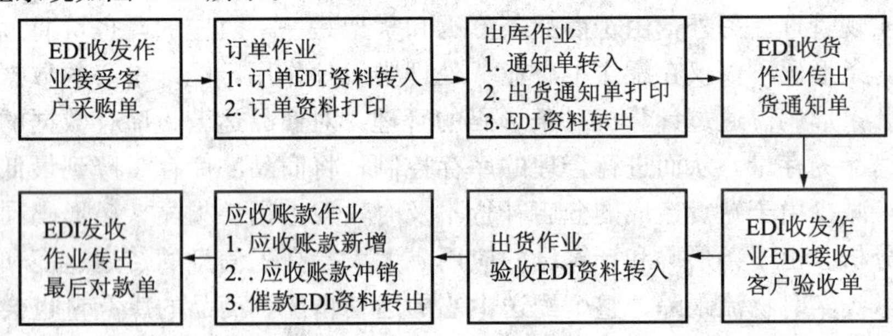

图8-10　EDI作业系统图

1）EDI服务中心

（1）EDI服务中心的组成。EDI服务中心提供的服务因系统的规模与内容不同，一般来说EDI中心应由以下四部分组成。

① 公用EDI服务手段：提供MHS的邮箱服务，基于UN/EDIFACT报文的成组交换及EDIFACT报文的翻译、验证、核查跟踪等功能，允许用户在不同阶段进行报文的翻译。

② 通信接口：用户可通过点对点方式、VAN方式或Internet等方式连接到中心，提供多种存取方式的接口。

③ 公共业务服务：代办用户委托的EDI业务，用户可以通过FAX柜台服务等方式委托进行现有纸面单证的EDI处理，协助用户向EDI化平稳过渡。

④ EDI最终用户服务系统：提供EDI应用系统解决方案供用户应用。

以上四部分实际包含两个层次问题：一是通信层次问题，包括通信网络和信箱系统；二是面向用户提供EDI业务服务的问题，包括协调用户之间EDI文件格式标准，确定EDI业务种类，解决文件传送的法律效力及安全问题，管理入网用户开发用户终端软件等。

（2）EDI服务中心提供的服务内容。提供多种通信与网络互联方案，提供安全可靠、高性能、高效率的电子数据传输及交换服务。

（3）EDI服务中心的选择。物流配送中心、上游供应商、下游客户之间，以及相关贸易伙伴（海关、银行、保险）应用EDI时，由于各自内部应用的信息系统不一样。因此，企业之间有个信息转换的问题，需由 EDI 服务中心来解决。供应链上各节点企业之间进行息交换时通过在企业设置的 EDI 终端先把信息传递到 EDI 服务中心，EDI 服务中心收到信息后，把它转换为 EDI 标准格式，然后再把它转发给目标企业。目标企业再由 EDI 终端把标准信息转换为企业信息系统的内部格式。

EDI 服务中心可以分为两种类型：一种是由大企业自己建立 EDI 服务中心，通过在业务往来频繁的企业设置 EDI 终端，来处理有关信息；另一种是由政府建立公众 EDI 服务中心，各企业成为 EDI 服务中心的会员，来享有特定的 EDI 增值服务。

相对来说，我国的物流配送企业大部分才刚起步，基础比较薄弱，还没有雄厚的经济实力来建立自己的 EDI 服务中心。因此，利用公众 EDI 服务中心来与供应链上各节点企业进行信息交换是比较可行的方法。

EDI 服务中心如图 8-11 所示。

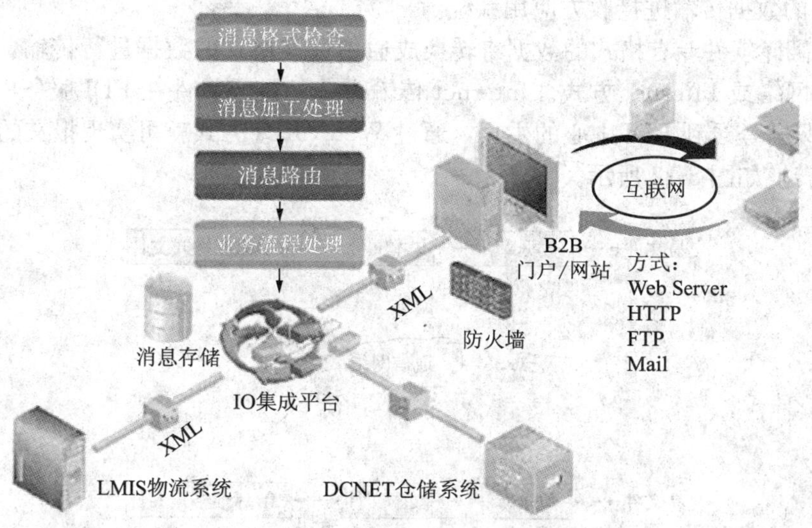

图 8-11　EDI 物流服务中心

2）EDI 用户应用系统

EDI 用户应用系统由三个要素组成：通信网络、计算机硬件及专用软件组成的应用系统、数据标准化。

（1）数据标准化。由于 EDI 是在国际范围内的计算机与计算机之间的通信，所以 EDI 系统成功的关键是建立被处理业务的数据格式的国际统一标准，EDI 传递的都是电子单证，为了能让不同用户的计算机系统均能够识别和处理这些电子单证，必须制定一系列各贸易伙伴都能理解和使用的协议标准。

（2）计算机软硬件。计算机软硬件可以根据物流配送中心自身的需求来选择。

（3）通信网络。应用 EDI 很重要的一步是选择 EDI 的通信方式，EDI 系统之间通信方式的不同，将直接影响到企业 EDI 系统的应用效果。EDI 的通信方式主要有如下几种：点对点连接、第三方（VAN）、Internet、Intranet、EDI 到传真。一般情况下，企业为了和它们的贸易伙伴进行商业活动，往往要选择贸易伙伴所采用的 EDI 通信方式。当决定采用什么通信方式时，需要考虑一些主要因素的影响，如数据安全性、服务范围、贸易伙伴的数量、费用、应用和维护的难易度、需要专业知识的水平、高级的操作图表。

(4) 物流配送中心 EDI 系统的工作过程。EDI 的实现过程，就是用户将相关数据从自己的计算机信息系统传送到有关交易方的计算机信息系统。该过程因用户应用系统以及外部通信环境的差异而不同。EDI 的实现过程如下。

① 发送方应用系统将要发送的数据生成数据文件。

② EDI 翻译器将数据文件转换成交易双方同意的 EDI 标准格式，并生成含有贸易伙伴 EDI 识别号码的电子数据包。

③ 数据包在 EDI 增值网或 Internet 上进行传输，同时进行一系列的合法性检验和数据完整性检验。

④ 通信软件根据数据包中的 EDI 将其放入相应的邮箱内。

⑤ 接收方上网取出邮箱里的信件。

⑥ EDI 翻译器打开数据包并将数据从标准格式转换成专有格式。

⑦ 转换后的数据传输进接收方应用系统。

通过 EDI 翻译软件专有格式的数据将转换成通用标准格式的数据进行传输，传输方式可采用 EDI 增值网络或 Internet 方式。Internet 传输方式的翻译软件在 EDI 服务中心，EDI 用户传输报文时只需登录到 EDI 中心的主页，通过 Web—EDI 方式就可实现报文的传输。

EDI 文件转换如图 8-12 所示。

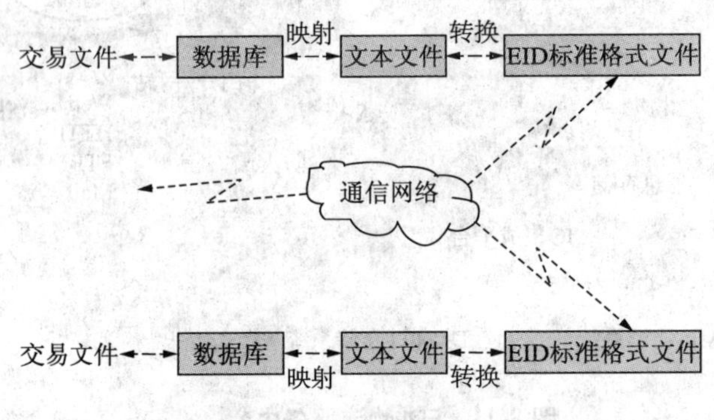

图 8-12　EDI 文件转换

8.2.3　销售点实时控制系统在配送中心的应用

1. 销售点实时控制系统概述

销售点实时控制系统（POS）是指通过自动读取设备在销售商品时直接读取商品销售信息并通过通信网络和计算机系统传送至有关部门进行分析加工以提高经营效率的系统，在 POS 系统中，用扫描装置读取在商品上的 JAN 条形码，并向计算机输入商品信息，通过 JAN 条形码就可以了解商品的信息数据，如商品的名称、规格、价格、数量，然后由 POS 生成账单。这样商店的每一件商品的售出都记录 POS 系统数据库会自动减少该商品的库存量。商店根据库存信息来控制库存量，并制订采购计划。

2. POS 系统的工作流程

(1) 商店在销售商品的时候，通过阅读器对商品条形码的扫描及解码，经电子收银机向后台计算机询价，价格信息由后台计算机调出输入电子收银机，并显示在屏幕上，收银机收

银后打印出购物清单。

(2) POS 终端机自动记录销售信息并整理，后台提供商品信息。

(3) POS 终端机上的小型印表机打印各种收银报表并具有读账、查账功能。

(4) 中央计算机通过网络连线，取得每个销售点的销售信息和库存信息。

(5) 根据商品的销售信息分析市场需求状况，制订采购计划。

现代配送活动的重要特征是信息化，配送可以看作是商品流通和信息流通的结合。在配送活动的过程中，通过使用计算机技术、通信技术等技术手段，加快了配送信息的处理和传递速度，从而提高了配送活动的效率，降低了配送成本。

销售点实时控制系统工作流程如图 8-13 所示。

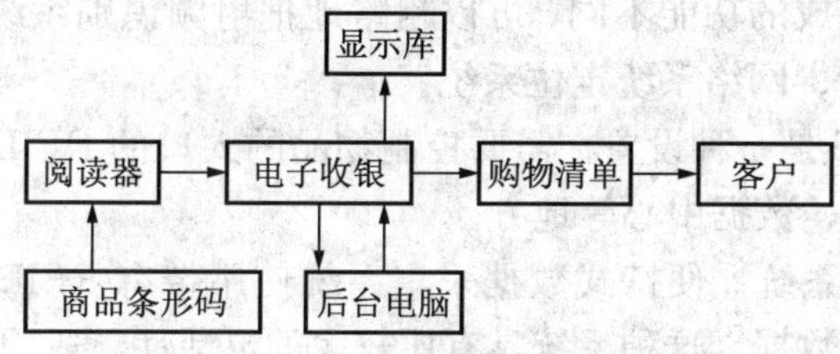

图 8-13　销售点实时控制系统工作流程

8.2.4　射频识别技术在配送中心的应用

1. 射频识别技术概述

射频识别技术（Radio Frequency Identification Technology，RFID），是一种非接触式的自动识别技术，它通过射频信号自动识别目标对象并获取相关数据，识别工作无须人工干预，可工作于各种恶劣环境。短距离射频产品不怕油渍、灰尘污染等恶劣的环境，可以替代条形码。RFID 系统示意图如图 8-14 所示。

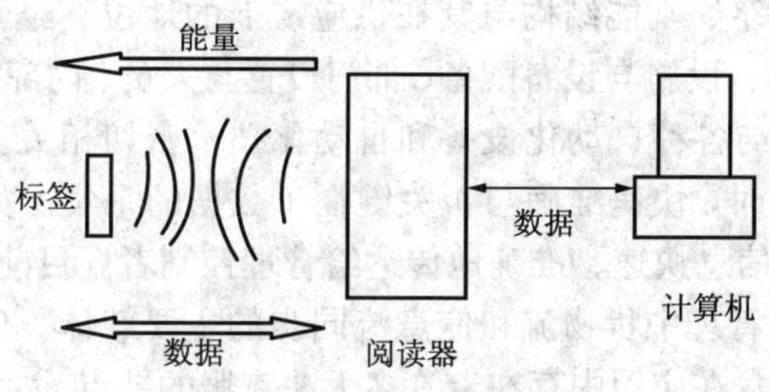

图 8-14　RFID 系统示意图

1) 射频识别系统的组成

射频识别系统在具体的应用过程中，根据不同的应用目的和应用环境系统的组成会有所不同，但从射频识别系统的工作原理来看，系统一般由信号发射机、信号接收机和发射接收天线几部分组成。

(1) 信号发射机。在射频识别系统中，信号发射机为了不同的应用目的，会以不同的形式存在，典型的形式是用来存储信息的标签（TAG）。标签一般是带有线圈、天线、存储器与控制系统的集成电路，能够自动或在外力的作用下，把存储的信息主动发射出去。

按照不同的分类标准，标签有许多不同的分类：主动式标签与被动式标签；只读标签与可读可写标签；标识标签与便携式数据文件。

（2）信号接收机。在射频识别系统中，信号接收机一般称作阅读器。根据支持的标签不同与完成的功能不同，阅读器的复杂程度也不同。阅读器基本功能就是提供与标签进行数据传输的途径。

（3）编程器。具有可读可写标签的系统才需要编程器。编程器是向标签写入数据的装置。

（4）天线。天线是标签与阅读器之间数据传输的发射和接收装置。在实际应用中，除了系统功率外，天线的形状和相对位置也会影响数据的发射和接收。

2）射频识别系统的分类

根据射频识别系统完成的功能不同，可以粗略地把射频识别系统分成以下类型：EAS 系统、便携式数据采集系统、网络系统定位系统。

（1）EAS 系统。EAS 是一种设置在需要控制物品的入口的 RFID 技术。这种技术的典型应用场合是商店、图书馆、数据中心等地方。

（2）便携式数据采集系统。便携式数据采集系统使用带有 RFID 阅读器的手持式数据采集器采集 RFID 标签上的数据。这种系统具有比较大的灵活性，适用于不宜安装固定式 RFID 系统的应用环境。

（3）物流控制系统。在物流控制系统中，RFID 阅读器分散布置在给定的区域，并且阅读器直接与数据管理信息系统相连，信号发射机是移动的，一般安装在移动的物体上面。当物体、人流经阅读器时，阅读器会自动扫描标签上的信息并把数据信息输入数据管理信息系统进行存储、分析、处理，达到控制物流的目的。

（4）定位系统。定位系统用于自动化加工系统中的定位及对车辆、轮船等进行运行定位支持。

2. 配送中心 RFID 系统的意义

配送中心信息系统网络、功能结构与其在供应链上的地位、经营模式、上下游客户的需求、服务项目与业务流程、设施与设备配备、部门设置与人员、内部操作流程与操作规范密切相关。配送中心信息系统与各种自动化设备和自动化技术密切相关。配送中心内作业流程的每一步操作都要准确、及时，快速准确与否关键在于数据的采集。如果没有一个高效率的数据采集技术，就不可能将信息快速、准确地传达给管理控制者。目前，国内配送中心大多采用条形码扫描技术作为仓库管理中货物流和信息流同步的主要载体。但是随着企业对信息化要求的不断提高，条形码技术在应用中存在着许多无法克服的缺点。

RFID 是一种数据采集技术，它优于条形码识别技术之处在于 RFID 可以动态地同时识别多个数据，识别距离大，信息可改写。由于 RFID 标签可以唯一地标识商品，所以可以在整个供应链上跟踪货物，实时掌握商品处于供应链上的哪个节点上并将信息及时反馈给配送中心。

3. RFID 在物流配送中的应用

配送中心的设立主要是为了实现物流中的配送，因此配送中心是位于物流节点上专门从事货物配送活动的经营组织或经营实体。建立物流配送中心的根本意义在于提高服务水平，降低成本和增加效益。配送中心信息系统是一个内部流程十分复杂，信息量十分大的系统。其

基本功能包括：系统管理、出入库管理、订单管理、发货计划、采购管理、报表管理、退货管理等。RFID 应用的重点在于：出入库管理、验收、订单处理等。

1）RFID 在供应链流程中的应用

由于 RFID 标签上的芯片提供了物理对象的唯一标识，商品在整个供应链上的跟踪功能也是 RFID 技术的一个发展方向。只有考虑贯穿于整个供应链的物流和 RFID 信息流动情况，才能更好地体现 RFID 技术给配送中心乃至整个供应链的各个节点所带来的巨大变化，才能体现 RFID 的真正价值。

（1）给产品加上射频识别标签。供应商给它生产的每一箱货物加上一个射频识别 RFID 标签，它含有一个独一无二的产品电子代码（ECP），存储在标签的芯片内，标签带一个微型的射频天线。有了这些标签，可以全自动对货物进行识别、计数和跟踪。

（2）出库。货物出库时，出库口门楣上的 RFID 阅读器发出的射频波射向智能标签，启动这些标签同时给其供电，标签“苏醒”过来，开始发射各自的 ID 标志号，阅读器读取标签信息，进行记录直到阅读完所有标签为止，从而实现了出库信息的自动识别和记录。

（3）配送中心内部作业。在入库操作时，由于在卸货区有 RFID 阅读器，因此不需要开包检查里面的货物，可以直接进行验收入库，通过同相应的采购单进行核对并确定无误后，这批货物就可以很快地上货架存放。与入库相似，在出库操作时，由于在仓库出口处设有 RFID 阅读器，因此不需要开包装箱检查里面的货，可以直接进行验收出库。

（4）零售商。当送货车抵达零售商时，零售商也装有货站阅读器，货物一送到，零售商的零售系统马上更新，将送到的每一箱记录下来，这样，零售商可以自动确认该种货物的存货量，精确可靠，且没有附加的成本。除此之外，零售商的零售货架上也装有集成式阅读器。商品进货时，货架就会向零售商的自动补货系统发出一个信息。自动识别技术还可以方便顾客，顾客不需要长时间排队等候付款，顾客只需要推着所送物品出门就行了。装在门上的阅读器可以通过货物的信息，辨认购物车里的货物，顾客只要刷一下信用卡就可离去。

从整个供应链情况来看，商品在整个供应链上流动。操作中最为频繁的就是出入库操作，RFID 在配送中心出入库过程中的应用具有很好的扩展价值。

2）RFID 在物流配送中心的应用

RFID 在物流配送中心的应用如图 8-15 所示。

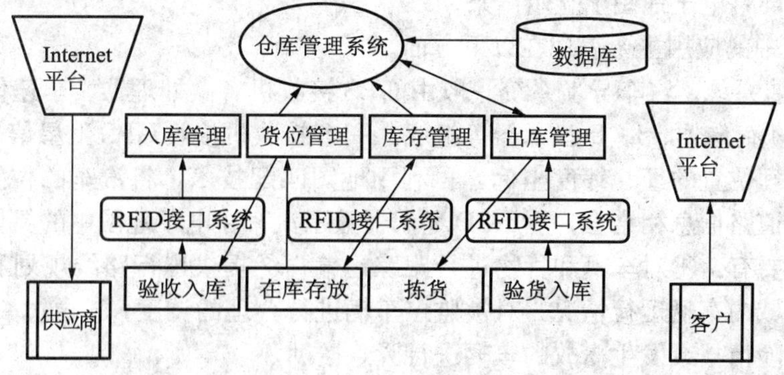

图 8-15 RFID 在配送中心的应用

(1) 入库。从所需要完成的任务来说，RFID入库作业与传统的入库作业并无太大区别，主要由接货验收和入库两部分组成。采用条形码等识别技术的仓库管理，在入库作业时，一般是先将货物搬运到收货区，对产品的种类和数量进行人工检验，然后操作人员利用条形码扫描仪依次对货物进行扫描，作为入库记录。应用RFID技术的配送中心，从接货到上货架的操作可以一步完成。货物到达配送中心后，直接利用叉车进行搬运，在经过入口处，验货、入库记录、货位分配操作一气呵成，大大减少了仓库内的搬运工作量，节省了时间。

(2) 出库。RFID的出库作业流程也与传统的作业流程一样，需要完成验收和出库等操作。与入库操作相似，应用RFID技术以后，核对及出库记录也是一步完成的。当阅读器读到出库的货品时，商品的详细信息如编号、名称、数量等显示在界面上，操作人员选择相应的客户订单号，从系统读取该订单的详细信息，进行核对，如果无误就可以出库。

(3) 订单处理流程。订单处理既是配送中心的物流作业的开始，也是整个信息流作业的起点。在配送中心整体作业里，订单管理通常扮演着非常重要的角色。从本质上来讲，整个物流过程都是为了订单而发生的。一般来说，是由客户端接受订货资料，将其处理、输出，然后仓库人员根据处理过的订单资料开始拣货、验货、配送等一连串物流作业。

8.2.5 全球定位系统在配送中心的应用

全球定位系统（Global Positioning System，GPS）是利用分布在20 000 km高空的多颗卫星对地面目标的状况进行精确测定，以进行定位、导航的系统。它主要用于船舶和飞机的导航、对地面目标的精确定时和精密的定位、地面及空中交通管制、空间与地面灾害的监测等。GPS能对静态或动态对象进行动态空间信息的获取，快速、精度均匀、不受天气和时间限制地反馈空间信息。GPS不仅是一种可以定时和测距的定点导航系统，它还可以向全球用户提供连续、实时、高精度的三维位置、三维速度和时间信息，满足军事部门和民用部门的需要。

随着我国配送业务的发展壮大，货物的运输量日益增多，对车辆和货物的经营管理和合理调度就成为一个关键技术问题。以前用于交通管理的通信设备主要是无线电通信设备，由调度中心向车辆驾驶员发出调度命令，驾驶员只能根据经验判断来确定自己的大致方位。GPS技术的应用解决了这一问题，通过车载GPS接收机，驾驶员能够随时知道自己的具体位置，并通过车载电台将GPS定位信息发送给调度指挥中心。调度中心就可以实时掌握车辆的具体位置，在大屏幕电子地图上显示出来。

GPS在配送中的应用主要表现在以下方面。

(1) 汽车导航系统。汽车导航系统一般由GPS接收机、微处理器、车速传感器、陀螺传感器、CD-ROM存储器、LCD显示器等组成。GPS接收机接收GPS卫星信号（三颗以上），求出车辆所在地理位置的经、纬度坐标，再利用地图匹配技术，将汽车的位置和CD-ROM存储器中存储的道路信息相结合，用LCD显示器显示汽车在电子地图中的具体位置。汽车导航系统的功能主要有：①对车辆和货物进行跟踪运输；②提供出行路线规划和导航；③信息查询；④监测区域内车辆运行情况，对被监控车辆进行合理的调度；⑤通过GPS定位和监控管理系统对有遇险情报或发生事故的车辆进行紧急援助。

(2) 城市交通疏导系统。GPS随时随地能够提醒驾驶员注意险情、道路拥挤阻塞等情况；还能提示怎么走最合理。例如，当汽车行驶到一个交叉路口时，GPS引导系统突然发现这条道上没有其他车辆，交通灯便立刻变绿，放行通过。当汽车通过收费站时不用停车，汽

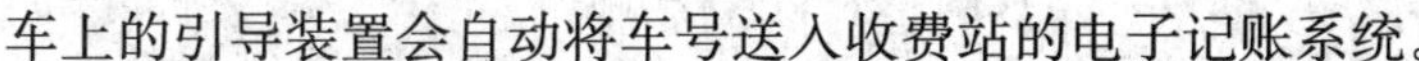

车上的引导装置会自动将车号送入收费站的电子记账系统。

8.2.6 GIS 在物流配送中心的应用

GIS 是集多学科为一身的交叉学科：GIS 和 MIS 相结合，GIS 可以用不同比例尺的电子地图和属性数据库，来实现直观生动的实际原料产地与产品销地的分布信息，使计算更加准确；GIS 和 GPS、GSM 相结合可以建立良好的监控系统，从而对车辆进行监控指挥调度，并且可以随时跟踪货物的在途信息，使物流服务及时、准确无误；利用 GIS 还可以对物流系统进行仿真，通过仿真了解货物运输、储存静动态过程的各种统计性能，例如，运输设备的利用是否合理，运输线路的安排是否通畅，配送中心的设置是否合理，货物送达时是否能满足客户要求等。GIS 在物流中最具经济价值的功能是实现辅助决策中的各项分析功能。

1. 物流配送中心选址

GIS 常用于确定一个或多个配送中心的位置。在物流系统中，配送中心、物流中心、客户点和运输路线共同组成了物流网络，配送中心、物流中心、客户点处于网络的节点上，节点决定网络路线。在限定的范围内成立合理数目的配送中心、物流中心和客户点，使得在满足客户实际需求、提高经济效益的基础上，物流成本最小；同时确定配送中心的位置、规模及彼此之间的物流关系等。诸如此类的问题，在 GIS 的辅助下均能很容易地得到解决。

2. 路径规划

在单对多和多对多的配送模式下，GIS 能够对路径进行合理的规划。比如在处理一个起始点、多个终点的货物运输中，解决如何降低物流作业费用并保证服务质量的问题，包括决定使用多少辆车、每辆车的行车路线。利用 GPS 和电子地图可以实时显示出车辆或货物的实际位置，为车辆提供导航服务，并能查询出车辆和货物的状态，以便进行合理调度和管理。在许多城市地区，由于交通情况复杂多变（如某路段上临时发生交通阻塞），适时地为司机提供更多的信息可以减轻交通拥挤，提高驾驶安全性并尽快到达目的地。为车辆运输安排恰当的时间出发并能按规定的时间到达目的地。对时间敏感性强的物料进行及时处理。

3. 地理信息定位

使用地理信息系统可以对某个城市或地区建立管理所需的电子地图，准确地反映出建筑物、道路和街道等信息，根据电子地图的地理坐标和地理坐标的描述，可以在地图上对新客户进行地理位置的定位或对老客户的地理位置进行修改，从而使企业能及时、精确地确定出配送中心、物流中心和客户点的位置。

4. 物流网络布局和配送中心选址的模拟与决策

利用长期客户、车辆、订单和地理数据等信息建立模型，对物流网络的布局进行模拟仿真，根据实际的需求分布规划出配送中心和运输线路，使用电子地图在显示器上显示出设计线路和网络节点，并同时显示配送中心的位置和汽车的运行方向，利用 GIS 的网络分析模型优化物流节点，使资源消耗最小化。并以此来建立决策支持系统，以提供更有效而直观的决策依据。

5. 地理信息系统在配送业务流程中需要的信息

使用地理信息系统涉及很多信息：配送基本信息、车辆信息、调度、客户服务部、车辆跟踪。

1）配送基本信息

(1) 调配中心对应关系表。描述调度中心和配送中心的对应关系，调度中心编号和配送中心编号唯一确定调配中心对应关系表。

(2) 距离参考表。描述距离参考实体的基本信息，记录两节点之间的距离。

2）车辆信息

(1) 车辆。描述了车辆实体的基本属性，车辆由车辆牌照唯一标识，记录了车辆的长宽高、车辆及车辆所属的车队等属性信息。

(2) 车队。描述了车队实体的基本属性，车队由车场编号和车队编号唯一标识，记录了车队的车辆数、司机人数等信息。

(3) 车型。描述了车型实体的基本属性，车型由车辆牌照唯一标识，通过车型对车辆的载重、装卸进行分类。

(4) 司机。描述司机实体的基本属性，通过司机的基本信息对司机进行调配。

3）调度

(1) 任务单。描述任务单实体的基本属性，任务单由总任务单号唯一标识，任务订单记录了任务单号对应的订单编号，以及与总任务单号对应的车队信息。

(2) 任务车辆。描述任务车辆实体的基本属性，任务车辆由任务操作号（TaskID）唯一标识，一个总任务单号对应多个任务操作号，一个任务操作号对应一辆车，记录该车的车型和所属车队，以及该车采购所需的费用。

(3) 车辆装载计划。描述车辆装载计划实体的基本属性，车辆装载计划由车辆装载编号唯一标识，车辆装载计划子表记录了车辆装载计划货物的详细信息，车辆装载要求记录了车辆装载的要求，如卸货顺序、排车要求、排车流程。

(4) 车辆装载计划子表。描述车辆装载计划子表实体的基本属性，车辆装载计划子表记录了车辆装载计划货物的详细信息。

(5) 回单表。描述了回单实体的基本属性，回单由回单编号唯一标识，记录了货品的到货情况。

(6) 配送协议单。描述配送协议单实体的基本属性，配送协议由协议单编号唯一标识，记录支付给车辆的费用，配送协议货物记录了该协议单号的货物信息。

(7) 配送协议货物情况。描述配送协议货物实体的基本属性，配送协议货物记录了该协议单号的货物信息。

(8) 任务订单。描述任务订单实体的基本属性，任务订单记录了任务单号对应的订单编号，以及该总任务单号对应的车队信息。

(9) 车辆装载要求。描述车辆装载要求的基本属性，它记录了车辆装载的要求，如卸货顺序、排车要求、排车流程。

(10) 订单。描述订单实体的基本属性，订单由订单编号唯一识别，订单子表、公司和货物记录了订单货物的详细信息。

(11) 车队。描述了车队实体的基本属性，车队由车场编号和车队编号唯一标识，记录了车队的车辆数、司机人数等信息。

(12) 车型。描述了车型实体的基本属性，车型由车辆牌照唯一标识，通过车型对车辆的

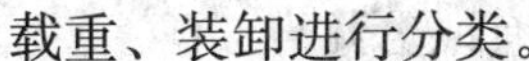

载重、装卸进行分类。

(13) 车辆。描述了车辆实体的基本属性，车辆由车辆唯一标识，记录了车辆的长宽高、车辆及车辆所属的车队等属性信息。

4) 客户服务部

客户投诉。描述客户投诉的基本属性，客户投诉由投诉编号唯一标识，一个投诉编号对应一个订单号和车辆装载编号。

5) 车辆跟踪

(1) 在途调度。描述在途调度的要素，记录接应车辆、受阻车辆、日期、费用等信息。

(2) 车辆时间对照。描述 GSM 跟踪的要素，车辆时间对照记录了配送点的顺序及车辆是否到达配送点，结合车辆装载计划和任务车辆可以跟踪车辆的货品信息及 GSM 位置。

(3) 任务车辆。描述任务车辆实体的基本属性，任务车辆由任务操作号唯一标识，一个总任务单号对应多个任务操作号，一个任务操作号对应一辆车，记录该车的车型和所属车队，以及该车采购所需的费用。

(4) 车辆装载计划。描述车辆装载计划实体的基本属性，车辆装载计划由车辆装载编号唯一标识，车辆装载计划子表记录了车辆装载计划货物的详细信息，车辆装载要求记录了车辆装载的要求，如卸货顺序、排车要求、排车流程。

(5) GPS 位置。描述 GPS 跟踪的要素，在 GSM 跟踪要素的基础上添加 GPS 位置信息可以利用 GPS 跟踪车辆。

6) 费用

(1) 对账单。描述对账单实体的基本属性，对账单记录多个工作单的费用，以对账单号为唯一标识。

(2) 配送支出。描述配送支出费用实体的基本信息，配送支出记录了每个协议单号的费用。

(3) 配送收入。描述配送收入费用实体的基本属性，配送收入记录了每个工作单的收入费用。

(4) 收入剩余费用。描述收入剩余费用的基本属性，收入剩余费用记录对账单剩余的收入费用。

8.3 物流配送中心仓储管理信息

8.3.1 物流配送中心仓储管理信息概述

物流配送中心仓储管理信息系统是现代配送中心在仓储环节进行货物管理和处理的业务操作系统。它可以实现配送中心仓储的精细化管理，对货物存储和出货等进行动态安排，可以对仓储作业的全过程进行电子化操作。另外，根据配送中心的作业情况可知，配送中心仓储管理信息系统在拣货作业管理上要求比其他仓储管理信息系统高，同时具备其他一般仓储管理信息系统不具备的流通加工平台。

配送中心仓储管理信息系统需采用实时处理系统，规范管理操作人员完成作业，从收货到发货全过程控制配送中心仓储作业的各个环节，这对改善配送中心服务质量，增强配送中心在市场竞争中的主动性具有非常重要的意义，具体来说，其作用主要有以下几点。

(1) 有利于实现仓储作业信息的透明化，使配送中心可以及时准确地掌握库内的货物存放情况，因此可以及时调配仓储资源，提高仓库利用率。

(2) 有利于保证配送中心与客户间的即时互动，便于管理更新。利用系统强大的查询和报表输出功能能很快地为客户提供货物在库“进、出、存”的实际情况及报表统计，确保市场信息的及时性和准确性。

(3) 有力于提高配送中心仓储的仓储服务水平和工作效率，特别是拣货作业的效率，以相对较小的资金投入，实现仓储管理的优化，合理调配配送中心仓储资源，提高库房和工具的使用率，减少了大量票据的传送，规范了工作流程；堵塞了管理漏洞，管理信息系统的运用使配送中心仓储管理更轻松，同时能达到减员增效的目的，有利于降低仓储成本。

8.3.2 物流配送中心仓储管理信息系统需求

1. 配送中心的作业流程

配送中心的效益主要来自“统一进货、统一配货”，统一进货的主要目的是避免库存分散，降低企业的整体库存水平。通过降低库存水平，可以减少库存商品占用的流动资金，减少为这部分占压资金支付的利息和机会损失，降低商品滞销压库的风险。统一配送的主要目的是减少送货的交通流量，提高送货车辆的实载率，从而减少送货费用。配送中心的作业流程设计要便于实现两个主要目标：一是降低企业的物流总成本；二是缩短补货时间，提供更好的服务队伍。配送中心一般要开展如下作业：接收种类繁多的大量物品；对物品的差错、残损和数量进行检验；按发货的先后顺序进行整理和储存保管；当接到订货通知后，立即进行拣选，按用户的要求把各类物品配齐、包装并按不同的方向对货物进行分类和发送。与此同时，还要进行流通加工和意外情况处理等业务。其业务流程可以概括为：工厂—进货—集货—储存—分货—配货—运输—用户网。流程中操作的每一步都要准确、及时，并且具备可跟踪性、可控制性和协调性。

2. 配送中心信息系统运作模式

物流配送中心是物流活动中的一个节点，是供应商和销售商之间的联系纽带，其主要目的是为了降低物流运输成本，减少产销差距的中介功能，减少销售机会的损失。配送中心这些目标的实现主要依赖于配送中心信息系统的建立，信息系统是物流配送中心的灵魂，其构建与否是物流配送中心能否真正发挥其作用的关键。信息化是现代物流的一个基本特征，已成为物流配送中心提高物流服务水平，获取竞争优势的主要手段之一。因此配送中心要建立自己的信息系统。

3. 配送中心信息系统作业流程

配送中心作为供货商与销售商之间的纽带，具有订单处理、仓储管理、流通加工、拣货配送等功能，因此，从广义上来讲，配送中心信息系统应该包括配送中心业务过程的各个领域的信息系统，包括订单处理、出入库作业运输、仓储作业、拣选作业、输配送运作等业务。该系统主要包括业务管理系统（采购处理系统、订单处理系统、仓库管理信息系统、输配送管理系统）、业务支持与决策系统（客户关系管理系统、财务管理系统及绩效评价系统等）。

(1) 运输配送管理系统。根据每一个批次要出货商品所需配送车辆的种类及数量，合理制订派车计划，依据配送路线算法来确定配送车辆的装车顺序和配送线路，以及利用 GPS 技术进行车辆配送状况跟踪。

(2) 客户关系管理系统。主要包括供货商和客户的相关信息及交易信息等。

(3) 财务管理系统。该系统连接其他的各个子系统获取相关的资料，输出相应的应收款账单，作为配送中心的收付款凭证。而且，还要输出各种财务报表以供制定营运政策和营运管理参考。

(4) 绩效评价分析系统。主要包括商品销售绩效管理、事务作业处理绩效管理、仓库报关效率管理、配送效率管理、设施设备器具管理模块等。该系统是为了帮助高层管理者通过各种考核评估来完成配送中心的绩效管理，并制定良好的营运决策和方针。

(5) 仓储管理信息系统。用来管理出入库操作、库存等的软件实施工具。配送中心的仓储管理信息系统需要其他子系统通过接口进行交流才能真正发挥其作用，这也是配送中心仓储管理信息系统的特点之一。

4. 配送中心仓储管理信息系统目标

仓储管理信息系统是配送中心信息系统的一个子系统，因此应把其放到配送中心管理信息系统中进行考虑，来制订其目标。

(1) 仓储作业功能完备。在系统设计之初，要充分考虑各种仓储作业流程，注意配送中心仓储管理信息系统与一般仓储管理系统的不同之处，把配送中心所特有的某些功能（例如流通加工功能）纳入该系统中。

(2) 仓储管理科学化、自动化。系统要能为配送中心仓储的所有活动提供及时准确的信息，保持信息的透明化，使企业可以实时掌握配送中心的库存情况及货物的存放情况，以及时调配仓储资源，提高仓库的利用率。

(3) 仓储作业的高效、准确。为了提高客户的满意度，应该尽量保持配送作业的准确性，避免货物的错配或漏配。

(4) 与客户即时互动。配送中心的服务对象大多是超级市场或零售商，因此该系统要能良好地与客户即时互动，能及时准确地为客户提供货物在库实时情况，确保市场信息的准确性。

(5) 与配送中心其他子系统良好协作。仓储管理信息系统是配送中心信息系统中的一个子系统，为了保持信息的共享性及避免大量的数据冗余，该系统要能够通过接口与其他的子系统之间进行数据交换和数据传输，并且能相互访问，为提供一体化的配送中心信息管理创造条件。

总之，配送中心仓储管理信息系统的目标是：以较小的资金投入实现配送中心仓储管理的系统优化，并通过系统优化提高配送中心仓储的工作效率，合理调配仓储资源，减少大量票据传输，使工作流程更加标准化、一体化，最终能够实现减员增效，降低仓储成本，提高客户满意度。

5. 配送中心仓储管理信息系统用户

系统需求分析是在对用户进行分析调查的基础上进行的，在系统设计之前，充分了解客户需求是完成系统设计的关键，也是系统可行的保证。

（1）系统管理员。主要负责对该系统用户进行权限分配、维护用户数据等，具有最高权限。可以添加、删除用户，修改用户信息及分配用户权限，以及必要时对系统的数据进行相关处理等。

（2）系统维护人员。主要负责整个系统的安全、稳定运行，负责数据库的维护、更新等。主要权限有：对系统中的业务数据进行查询，但是不可以进行修改、添加或者删除操作。

（3）一般用户。这类用户主要是配送中心仓储部门的相关工作人员，主要是利用该系统进行日常的工作．他们是该系统的主要用户，是该系统应该充分掌握的对象。

（4）仓库经理。主要负责对仓库的库位和货物信息等进行查询，随时了解仓储动态，以便做好接货、分拣、流通加工、送货等各种准备。同时，其还可以对货物的信息进行必要的修改、添加和删除。

（5）出入库相关人员。根据出入库通知单和系统中要出入库的货物信息进行核对，清点要出入库的物品，经核对无误后，进行出入库的操作。该用户只能对货物的信息进行查询，不能修改、添加或者删除货物的各种信息。但是，出入库管理员和出入库操作员可以分别对货物的出入库信息进行修改、添加或删除等。

（6）理货员。根据理货通知单对货物的质量、数量、规格等进行核对验收，将验收的结果记入系统，可以对货物的理货信息进行修改、添加、删除等操作。

（7）在库管理相关人员。在库管理人员要及时根据系统提示对货物进行盘点，对盘点的数据进行整理。

（8）拣货相关人员。根据系统提示对将要出库的货物进行拣选，记录货物的拣选信息，并可以对相关信息进行查询、修改和删除等。

（9）流通加工相关人员。对要出库的货物进行包装和流通加工处理，并记录相关信息，对相关信息进行查询、修改和删除等。

（10）系统调度员。根据货物和仓库库位的信息编排各种单据，打印报表等。该用户不能进行除查询以外的其他操作，即只能进行查询操作。

6. 配送中心仓储管理信息系统功能需求分析

根据对配送中心仓储管理信息系统的目标分析和客户分析，以及对其业务流程进行优化，得出该系统应具有以下功能。

（1）入库管理。该功能主要实现预入库、入库审核、入库验收及确认等操作管理，大部分的配送中心仓储都是用条形码技术，对于规模较大的配送中心可以使用射频识别技术，使用这些物流信息技术，以提高入库操作的准确性，减少出错几率，提高效率。

（2）出库管理。该功能主要实现出库审核、出库登记、记录出库现场作业情况等。和入库管理一样，属于业务操作工作。要根据出库记录的数据，及时更新数据库。

（3）理货管理。该功能主要实现对入库的货物进行清点、审核，安排货位，商品上架管理及处理现场记录等。

8.3.3　物流配送中心仓储管理信息系统各功能模块

1）入库管理模块

入库操作主要处理以下作业内容：首先从采购部门获取预入库的货物相关信息，进行预入库操作，然后根据入库货物的相关信息进行货位准备，根据实际入库时间进行入库操作。

(1) 预入库操作管理。入库操作主要是根据入库通知单来进行。采购管理信息系统相关人员通过网络接口把采购的货物信息传输到仓储管理信息系统，仓储管理相关人员根据采购货物信息生成入库通知单，然后对入库通知单上的数据和采购单上的货物信息进行审核，确认其信息无误后，根据仓库库位信息和货物的相关信息为其指定合适的库位，生成货物入库货位明细表，交给入库操作人员，为货物入库做好准备。入库货物通知单上的货物信息应包括货物的预计入库时间、货物名称、数量等，以备为货物指定合适的库位，库位的选择要遵从选择货位的原则，要对入库通知单进行编号，以便查询。如图 8-16 所示。

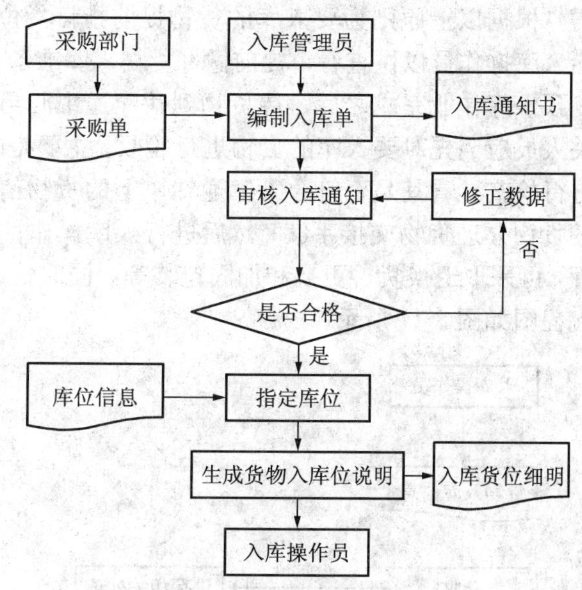

图 8-16　预入库操作流程图

(2) 确订货位。仓库货位是仓库内具体存放货物的位置。为了使配送中心仓储管理有序、操作规范、存货位置能准确表示，一般来说，都会对货位进行编号，一方面可以提高作业效率，减少出错率，另一方面系统可以通过货位编号将货位信息和货物信息联系起来，有利于对存放货物进行管理。

货位的使用主要有以下三种方式。

①固订货物的货位。货物只用于存放确定的货物，严格的区分使用，绝不混用、串用。配送中心大多使用此种方式。本系统设计也采用此方式。其优点是便于拣选、查找货物，缺点是仓容利用率较低。②不固订货物的货位。货物可以随意存放在有空的货位，不加以分类。其优点是有利于提高仓容利用率，缺点是使仓库内显得很混乱，而且不方便查找和管理货物。③分类固订货物的货位。对库位进行分区、分片，同一区内只存放一类货物，但在同一区内的货物则采用不固定使用的方式。此种方式既有利于货物保管，也方便查找货物，还提高了仓容的利用率。大多数存储仓库采用此种方式。

选择货位的原则：根据货物的尺度、货量，特性等选择货位。要注意货物对通风、光照、温度、排水、防风、防雨等保管要求的需要；货位尺度要与货物尺度相匹配；货位的容量要与货量接近；防止与相近货物相忌和相互影响等。

保证"先进先出"、缓不围急。安排货位时要尽量避免后进货物围堵先进货物，对于堆放期比较长的货物，不能围堵存放期较短的货物。有持续出入库的货物尽量安排在靠近出口的货位，以利于货物出入。流动性差的货物离出入口应相对较远。同样地，存期短的货物也应安排在出入口附近。

小票集中、大不围小、重轻轻远。多种小批量货物，应合用一个货位或集中在一个货位区，以便查找。重货应离装卸作业区最近；使用货架时，重货放在下层，需要人力搬运的重货，存放在腰部高度的货位。

作业分布均匀。所安排的货位应尽可能避免仓库内或者同作业线路上同时已有多项作业正在进行，以免互相妨碍。根据以上原则为要入库的货物提前指订货位，生成入库货物货位分配明细表，及时送递给入库操作员以供查看，提前做好货物入库准备。

(3) 入库操作管理。预入库作业完成之后，待货物到达配送中心当日进行入库操作。在进行入库之前，仓储相关人员应当先对要入库的货物进行验收。主要是对货物的种类、规格、数量和外包装的情况等进行检查，看其是否符合入库通知单上的货物信息，以及货物包装是否有损。对于检查合格的货物办理货物交接手续，然后进行入库操作；对于检查不合格的货物则视具体情况进行处理，可采取退换货、更换和加固包装等，同时输出不合格货物信息表，更新数据库。入库操作流程图如图 8-17 所示。

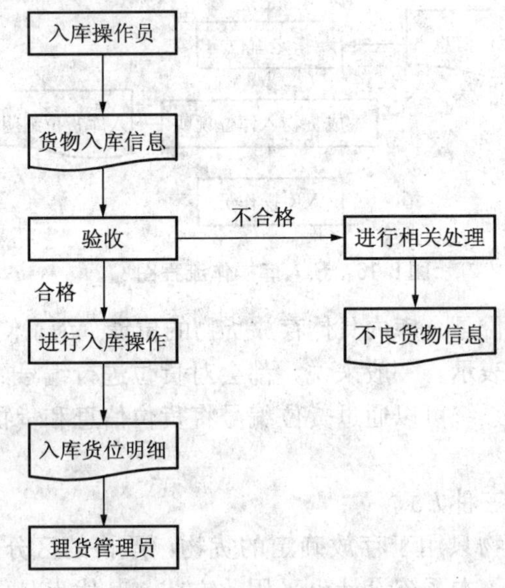

图 8-17 入库操作流程图

2) 理货管理模块

理货作业管理的主要功能是：对入库的货物按照入库管理模块指定的货位实现上架管理，记录事故现场处理信息等。理货操作流程如图 8-18 所示。

理货工作人员接收到要入库的货物后，根据系统输出的入库货物货位分配明细表进行货物的存放，可以采用无线传输等先进的信息技术，以实现货物上架的自动化或半自动化，提高货物的上架处理能力，缩短上架时间，降低了仓储的运作成本，提高了效率。

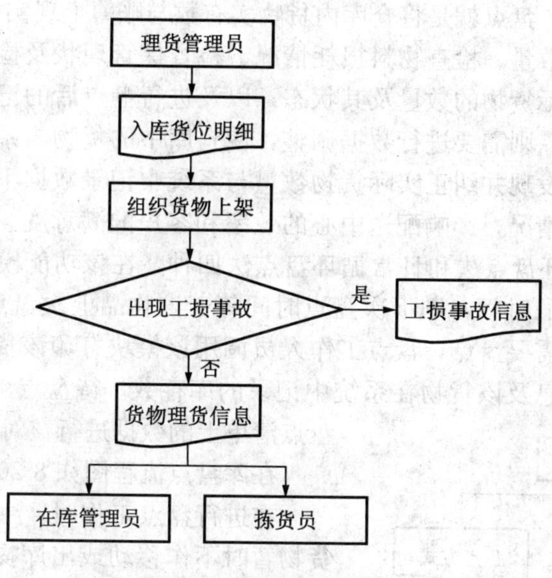

图 8-18　理货操作流程

理货操作完成之后，要及时对相关的数据进行更新，如库存数据、库位使用数据等，并且打印各种数据报表存档。同时还应对操作过程中发生的各种工损事故进行记录。

3）在库管理模块

该管理模块主要是对存储在配送中心的货物进行库存策略辅助决策、库存预警、在库盘点等。库存策略辅助决策根据订货系统的商品数量、入库所需时间来辅助制订库存策略，还可以设置采购时间预警，及时更新库存表、随时记录库存的情况，以供随时查询。

(1) 库存控制和预警。在前面的章节已经提到过，配送中心是以仓库为基础建立和发展起来的，为了满足客户的订货需求和维持货物配送的顺利进行，配送中心必须储存一定数量的货物来满足客户的订货需求。但是配送中心存储货物需要一定的维持费用，并且存在由于货物积压或损坏而产生库存风险。所以要严格控制库存，既要保持商品合理的库存量，又要避免库存过量，产生不必要的费用，降低企业风险。库存预警流程图如图 8-19 所示。

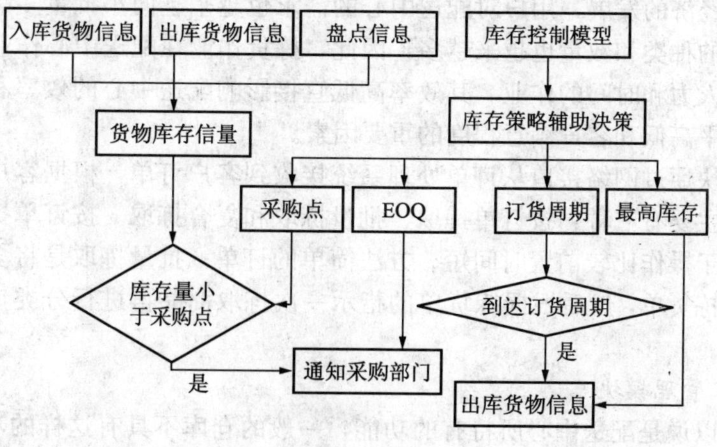

图 8-19　库存预警流程图

(2) 在库盘点管理。盘点就是将仓库内货物实有数与账簿上现实的数量及金额进行核对。其工作主要包括：核对数量、检查物料损耗情况、检查保管现状及检查常备库存情况等。该模块主要记录仓库内实际货物的数量及其状态，以及进行盘点后的记录，看是否与系统中的数据一致，如果有出入，则需要进行数据调整，使仓库中的货物与系统中的数据一致。进行在库货物盘点可以及时发现并纠正实际货物数量与系统中记录数据不一致的情况，可以最大限度地避免遗漏订货等情况，影响配送中心的效率和客户的满意度。盘点方法一般有一齐盘点法、分区盘点法、循环盘点法和日常循环盘点法四种，在该功能模块中设订货物盘点的周期，根据记录上次盘点的时间，则下次盘点时间等于该物品上次盘点日期和盘点周期之和，此时系统会提示该货物需要盘点，盘点工作人员调用该模块打印该货物盘点清单，清单上显示了货物具体的库位信息及该货物在系统中记录的库存数。待盘点工作人员进行盘点后，和盘点清单上的数据进行核对。

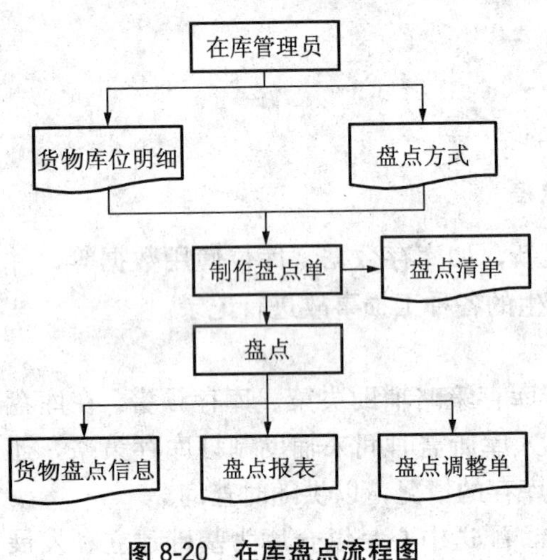

图 8-20 在库盘点流程图

在库盘点流程图如 8-20 所示。

在进行盘点工作时，注意对要进行盘点工作的货物暂时不作移动或出库操作，以保持货物在库盘点工作的正常运行。如果在盘点期间不得不进出货物时，也应该在盘点时刻切断进出库货物的相关资料，将其独立分开作业，待盘点完成后再将之汇总。

盘点之后要对第一次的盘点结构进行复核，如果结果与第一次盘点数据相符合，则复核数据不需要再进一步复核，假如结果与第一次盘点数据有出入，则需要再一次进行盘点复核，直到连续盘点结果复核相符合为止，然后系统将最终的复核结果生成盘点报告书。

4) 拣货管理模块

所谓拣货，是依据顾客的订货要求或者配送中心的作业计划，尽可能迅速、准确地将商品从其货位或其他区域拣取出来的作业过程，其主要目的是正确且迅速地集合客户所订购的货品。随着商品经济的发展，用户对配送中心的需求也越来越向小批量多品种方向发展，配送中心配送货物的种类和数量也越来越多，因此，拣货作业在配送中心作业中所占的比例越来越多，是最耗人力和时间的作业。其效率高低直接影响配送中心的效率和经济效益，也是配送中心服务水平高低和客户满意程度的重要因素。

拣货管理模块通过网络接口从订单处理系统接收到客户订单，根据客户订单作为拣货的依据。拣货方式主要有三种：按订单拣取、批量拣取和复合拣取。按订单拣取是分别按每份订单拣货，适合于操作比较前置时间短、方法简单的订单；批量拣取是将多张订单累积成一批，汇总后形成拣货单，然后根据拣货单的指示一次拣取商品再进行分类，比较适合配送批量比较大的订单。

5) 流通加工管理模块

流通加工可以说是配送中心所特有的功能，一般的仓库不具有这样的功能，因此，可以将是否具备流通加工管理模块作为区分一般仓储管理信息系统和物流配送中心仓储管理信息系统的标志之一。配送中心对要配送的货物进行拣取，为了便于运输和识别不同客户的货物，需要对配送的货物进行流通加工，以提高货物的附加值。流通加工是指从生产地向消费领域活动的过程中，根据需要施加包装、分割、计量、分拣、组装、价格贴付、标签贴付、商品检验等作业。拣取完的货物如果不需要进行流通加工，则可以直接进行出库操作；如果需要进行流通加工，根据拣货模块提供的流通加工货物明细单来生成流通加工分派工作单，根据此单调配相关的设备进行操作，包括对货物的分类、过磅、拆箱重新包装、贴标签及对商品的组合包装，等等。最后，流通加工操作人员核对货物的种类和数量，要注意可以将一张出库通知单上的货物装在一个或多个货箱中，但是不能把多张出库通知单上的货物装在一个货箱中。确认无误后装入货箱并封口，然后打印货物标签，并把标签贴到相应的货箱上。标签的内容主要包括：货物名称、数量、货主、发往地、出库日期等，主要是为了方便配送中心和客户了解货物的信息。最后，要对流通加工操作过程中发生的事故进行记录，制作事故报告。所有的操作完成之后，要及时更新数据库，并打印出相关报表存档。

6）出库管理模块

货物出库之前，首先要对出库的货物进行审核，把出库通知单和出库货物明细与系统中记录的要出库的货物信息进行核对，如果货物信息一致，则出库操作人员组织人员进行出库操作；如果货物信息不一致，则需要协调相关工作人员进行调整，直到要出库的货物信息一致，再进行出库操作。出库操作完成之后，需要更新数据库中相关数据。另外，该模块还要对出库操作过程中发生的事故进行记录，制作出事故报告。出库操作流程图如图 8-21 所示。

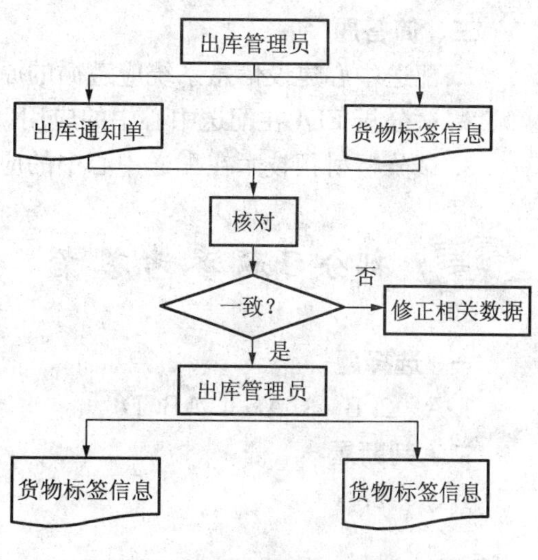

图 8-21　出库操作流程图

7）基本信息管理模块

该模块主要记录配送中心仓储人员的基本信息、仓库库区和库位的基本信息、用户权限、供货商信息等，是该系统的基本数据。主要是对这些数据进行维护，以及必要时进行添加、修改及删除等。具体信息参见数据库设计相关书籍。

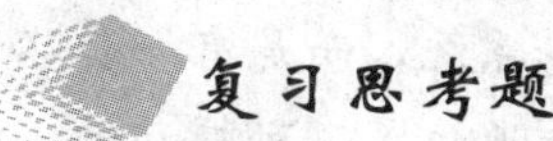

复习思考题

一、选择题

1. 条形码的编码规则有（　　）。

A. 唯一性　　B. 灵活性

C. 技术性　　D. 经济性

2. RFID 应用的重点有出入库管理、验收和（　　）。

A. 信息处理　　B. 订单处理

C. 流通加工　　D. 定位跟踪

3.（　　）的主要功能是对入库的货物按照入库管理模块制订的货位实现上架管理，记录事故现场处理信息等。

A. 理货管理模块　　　　　　B. 在库管理模块
C. 拣货管理模块　　　　　　D. 入库管理模块

4. 配送中心信息系统的特征有（　　）。

A. 开放性　　　　　　　　B. 信息量大
C. 可扩展性　　　　　　　D. 安全性

二、判断题

1. 信息系统提供的信息能否精确地反映配送中心处理货物的当前状况，将衡量配送中心的整体业务运作水平。（　　）

2. 出库管理主要功能应当包括接受货物入库、货物储存计划及储存确认、数据库系统的数据更新、入库确认、生成相应的财务数据信息等。（　　）

三、简答题

1. 配送中心建设信息系统应遵循的原则有哪些？
2. 试分析 EDI 在配送中心中的应用。
3. 试分析射频技术在配送中心中的应用。

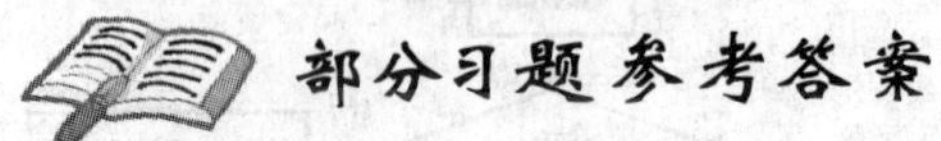

部分习题参考答案

一、选择题

1. A　2. B　3. A　4. ABCD

二、判断题

1. √　2. ×

案例分析

配送计划建模软件

做销售预测，嘉实多既不倚重人的主观经验，也不过多凭借信息系统，而是有一套环环相扣的计划机制。在过去一个多世纪，嘉实多润滑油在行业内的领先地位是不可撼动的。它生产和研发的尖端产品在经历 F1 赛场的检验之后，再回归民用，当这些竞赛等级的润滑油用于日常的机车运行时，产品的卓越品质已自不待言。但是客户对嘉实多还是有怨言，因为公司在供应链方面的表现远不能与其产品相匹配：经常的缺货和拖沓的配送削弱了客户对其产品的满意程度；另一方面，过剩的库存长久以来也让嘉实多的物流经理伤透脑筋。

嘉实多欧洲地区物流经理 Alesandro Tenaglia 说，“客户调查显示，客户最头疼的问题之一就是库存不足。很多时候，他们订 10 个单位的货，而我们能马上发货的只有 5 个单位，从其他库里调配 2 个单位，再从工厂补足另外 3 个单位。这种情况对客户和我们都不是好事，不能一次而是分三次发货，肯定会让客户不满，不得不安排的紧急运输也加大了我们的成本。最让人生气的是，我们的库存不足只是在某些产品，很多时候我们的产品库存是过剩的。”掌

握客户需求，从而确定一个合理库存，并以此更好地满足客户，同时实现最经济的产品周转，这个道理虽然不难理解，但它确实就像Tenaglia所说，这是供应链管理中的一个经典难题，要理清问题的千头万绪不是一件容易的事情。

Tenaglia说："这些数据只是使我们的生产具备了一定的反应能力。但是我们有太多的工厂，太多的仓库，如果我们不能提前做好所有计划，就不能有效减肥。我们真正要做的是提高对市场需求的理解能力，改善销售和生产两个部门的沟通，以及生产部门、采购部门和分拨中心的沟通。"

理顺内部的改革思路之后，第二步是借助外力。嘉实多安装的是阿姆斯特丹ToolsGroup公司的库存优化软件，名为DPM（配送计划建模软件）。Tenaglia知道技术只是解决方案的因素之一，在了解了软件的功能之后，嘉实多开始了硬件组织的改变——创建供应链计划部门，把这个部门完全从原来的执行层面中脱离出来。

第三步的工作是对人的旧有思维方式的改造，这是一项长期的挑战，这步工作如果做得不到位，前两项的努力也就毫无意义了。这个阶段，Tenaglia要做的是要求销售部门今后做销售预测时，要学会使用DPM这个工具。工具的分析结果将替代个人的判断，而个人的经验和智慧将退居二位，成为改进和提高统计预测准确性的补充。

新成立的计划部门第一项工作，同时也是一项优先权就是负责改进每一个SKU安全库存的算法，以满足客服水平和库存需求水平两方面的协调一致。首先，计划部门必须决定哪个货种是为了库存而生产，哪个是为了订单而生产。然后运用DPM软件，把为库存而生产的货种分为三个等级：A、B和C级，而每一个等级的货种背后附带的是特定服务。Tenaglia说："当A等级服务水平达到99%时，意味着每100个A等级货种中有99个必须提供A级服务，仓库里必须常有备货，只有一个订单的货种不能马上提货，或是必须等待库存被再次补充时才会有货。"也就是说，高等级的货种越多，就需要更多的库存来支持它。DPM使用特有的运算法则来平衡最优化库存和特定服务等级之间的关系，它是通过在最优化服务水平和最小化两个假设因素之间取一个平均值来实现的，Tenaglia说，"这个假设因素可以是库存的成本，或是仓库的空间，或是收益等"。

这样复杂的算法仅凭经验和手工是无法做到的，Tenaglia说："DPM能帮助我们细分货种，哪些是战略上的需要考虑给予高水平服务的，哪些是客户可以接受断货情况，可以考虑适当降低服务水准的。"他说，"我们会因此节省出大量的库存空间，那些销得慢的货种会适当撤出仓库，而那些销得很快的货种则保证不会出现断货局面"。关注结果如果具备量化服务成本的能力，那么很多决定就会变得容易得多。相反，如果不能正确对待成本和服务之间的内在联系，在决定对待不同产品和不同客户应该采取何种水平的服务时，必定会掺杂进很多主观因素，影响结果的正确性。很多公司在作决定时的情形多类似后者，嘉实多曾经也是这样。

因此，在计划制订出来并被执行之前，Tenaglia要求其结果一定要被不断测试和论证，同时不断调整和改进计划，测试和调整的过程是通过ToolsGroup系统来实现的。过去，当计划和执行部门的意见相左导致局面混乱时，相关人员就会很容易忘掉大的原则和目标，为摆脱当时的困境急得团团转，不惜代价地去补救。而事后，人们大多会想到要重新制订生产计划，而很少会重新审视这个系统，去修正事故产品从订货到交货时间之间每一步运作的精

确性。其结果就是这个系统的仿真精确度降低，系统的作用也大打折扣，系统因为并非自身的原因变得越来越不可靠，而人们开始重新依赖人和个人的判断。Tenaglia说："这是一个怪圈，很容易陷进去却很难出来。"解决这个问题的办法是事前作为，不要等到陷入之后再去就系统的可行性展开辩论。

首先，将计划和执行两个部门区分开，两个部门对如何才能使系统最精确地预测结果负相应的责任。除了人为因素，另外一个影响市场需求预测结果精准程度的是形形色色的促销活动，促销会对某个时间段某个地区的市场需求带来冲击。基本上，市场对润滑油的需求是比较平稳的，但嘉实多在欧洲所有国家和地区的销售部门经常通过促销活动以提高销售额，这样的促销活动每年都有数十次之多，使得对货量需求的预测变得极其复杂和困难。"预测促销行为带来的影响并不是嘉实多在和 ToolsGroup 谈合同时提出的条件，但 ToolsGroup 在为嘉实多设计系统时，还是把这个情况考虑进去了。" Tenaglia 说，"DPM 系统中就有为某种产品在每年某时段、某种类型促销中的销售情况的建模功能"。DPM 类似的功能可以实现通过对造成市场需求波动较大的因素进行分析，从而改善预测能力，提高计划的成功率。"我们的系统不仅仅是给出一个预测数据，" ToolsGroup 的营销副总裁 Jeff Bodenstab 说，"它实际上能根据一系列结果，测算出某种机会可能出现的几率"。比如对订单频率的预测。对订单频率的准确预测有助于减轻和消除销售旺季的忙乱情况，Bodenstab 举了一个汽车轮胎的简单例子："假设某个销售点每 4 个月就会接到一个订购 4 个轮胎的订单。一般而言，这个需求预测的结果会被视为每个月一个轮胎。但我们的系统预测的结果更侧重于订单的频率，根据它分析的结果，该销售点在某个时间段存储的轮胎就会是多于 4 个而不会是 1 个，不会发生缺货的情况。"这种情况对于那些碰巧了解这个订单情况的销售人员来说很好理解，但在现实世界里，需要管理的是成千上万的具有不同特点的 SKU，某些货种是小订单，某些是大批订货——靠人力去跟踪所有订单的情况是不可能的。但如果了解某个货种的订单频率，就能调整库存目标以更好地适应订单，也就是说，并不一定需要增加库存就能实现更高级的服务水平。计划是嘉实多重整供应链的关键，而预测的能力则是计划成功的前提，Tenaglia 说，对嘉实多预测能力影响最大的是引进了 DPM："它能以 SKU 为单位作出今后 18 个月销售预测，使嘉实多的计划真正告别了手工作业。解放出来的人力可以去完成更多有价值的事情。" DPM 前期项目启动后，嘉实多的库存利用率得到了极大的提高。Tenaglia 说："头一年库存减少了 20%，第二年又节省了 20%。大部分节省的库存是在原材料部分：原油、添加剂、标签和包装物。生产计划一旦能平稳运行起来，往日原材料堆积如山的场面就再也见不到了。"在重整供应链的过程中，借助外力固然重要，但要达到理想的状态还是要倚重自己的专家队伍，这是嘉实多总结出来的经验。打造一个核心专业团队是一项长期的工作，而且成本很高，但效果是值得拥有的。Tenaglia 说："熟悉企业业务特点的技术力量，可以更深入、更灵活地运用整个系统，使之更好地服务企业的业务。建立一支由自己人组成的技术团队是成功的关键。当然，对这个团队的管理，是要求有专业技巧的，否则，一旦出现人才流失的状况，公司会很被动，金钱上损失，业务也会受到影响。"

其实人员的变动并不是 DPM 项目执行的唯一难题，在项目实施的过程中，嘉实多碰到的一个最大难题出现在 2000 年 7 月，它被 BP 收购了。由于是被收购的一方，所以不可能将自身的运作原则强加给对方。在被收购的头几年，嘉实多的 DPM 计划实际上是被搁置了，

直到BP方面开始理解嘉实多为什么一再强调销售和生产的计划性。随着和BP达成共识，DPM项目的投入和实施进入了第二次高潮，系统的使用范围进一步扩大，嘉实多在欧洲和南美25个国家29个安装系统上使用ToolsGroup的解决方案。在这个阶段，嘉实多对供应链改造的要求提高了，如果前期阶段强调的是要有计划的意识，那么在第二阶段则是强调计划的能力。这是一项挑战，尤其是当检验的范围被扩大到全球时。当各分部关于订单的履行报告送达总部时，Tenaglia总能看到99%的订单处理是被高质量且按时完成的。Tenaglia说："但这是不可能的，我相信任何一个分部的断货记录要比日历还厚。"嘉实多在欧洲20个国家有业务分支，使用的ERP系统多达10个版本。"当我向这些部门征询一个KPI时，即使我的要求被描述得非常严谨精确，但还是很难得到相同的结果。在系统语言相互沟通方面，我们还有很多工作要做。"在一次测试中，Tenaglia要求嘉实多在8个不同国家分部的经理根据同一个原始数据用全球通用的公式计算出预测数据，他得到了8种答案。虽然这个公式很简单，但由于每个人做事的方式和习惯有所不同，有的人不喜欢小数点后面跟着一连串数字，干脆就化零为整，有的人认为测试的货种需要特殊处理，有的人则认为不同的业务需要区别对待，等等。Tenaglia说："系统的功能往往取决于使用者是否严格执行工作流程。"目前，嘉实多公司正在开发一套新的KPI，它将能更好的反映流程过程。Tenaglia认为，预测的精确性取决于三个因素：需求的可变性，这是企业不能控制的；市场人员在深入了解促销、价格变化和竞争性活动对市场的影响之后，所具备的预测能力；产品本身的复杂性。"我们尝试在每一种上述变化的情况下计算出KPI。但是，我们在衡量相关员工的能力时，并不以预测的准确度为标准，而是以提高统计预测的能力为标准。"当企业用KPI作为衡量员工业绩的标准之一时，它有可能会产生负面作用。"因为，相对于公司的业绩而言，人们更关心自己的业绩情况。"

思考题： 1. 实施配送计划建模软件带来哪些效果？

2. 根据案例，谈谈配送中心信息建设应注意哪些方面？

案例分析参考答案

1. 通过配送建模软件带来如下效果。

(1) 企业的战略经营有计划，能够根据预测得到市场的数量，订单的频率，使企业生产平稳化。

(2) 改变仓库堆积如山的产品的情况，减少库存，节约资金。

(3) 能够对产品进行细分货种，哪些是战略上的需要考虑给予高水平服务的，哪些是客户可以接受断货情况，可以考虑适当降低服务水准的。

(4) 省出大量的库存空间，为整个欧洲配送中心的仓库节约大量成本。

(5) 预测促销行为，很好进行配送，能够按时、有计划地、最优化地把货物配送到客户的手中。

2. 根据案例，进行配送中心信息建设注意以下方面。

(1) 可用性：信息系统所储存的信息，必须具有可用性，也就是信息系统应能够在第一时间内向其供应商和客户提供最新的电子信息，应能向信息需求方提供简易、快捷获取信息的方式，而不受时空的限制。

(2) 精确性：信息系统提供的信息能否精确地反映配送中心处理货物的当前状况，将衡量配送中心的整体业务运作水平。

(3) 及时性：信息系统必须提供及时、快速的信息反馈。及时性指一种活动发生时与该活动在信息系统内体现时的时间差。

(4) 处理异常情况的主动性：信息系统应能帮助配送中心的管理者识别需要引起注意的决策。

(5) 灵活性：信息系统必须有能力提供能符合特定客户需要的数据。

(6) 易操作性：信息系统必须友善和容易操作。适当的系统界面要求提供的信息要有正确的结构和顺序，能有效地向管理人员和客户提供相关的信息。

(7) 企业领导的重视。

(8) 员工的接受能力。

第 9 章

配送质量管理

本章要点

- 掌握配送质量的基本含义；
- 掌握配送管理的基本工作；
- 掌握配送质量的基本评价指标；
- 理解配送商品的质量保证；
- 理解配送服务的质量体系构成；
- 掌握配送质量管理的常用方法。

开篇案例

某肉制品企业的配送质量管理

我国的肉制品主要分为生肉制品和熟肉制品两大类。生肉制品主要是指冷却肉。熟肉制品主要是指以畜禽肉为原料，经选料、修割、腌制、调味和填充（或成型）后再经酱、卤、熏、烧、烤或蒸煮等工艺熟化（或不熟化）而成的方便食品。根据加工工艺和产品口味，还可以细分为腌腊制品、酱卤制品、熏烧烤制品、火腿制品、香肠制品、肉干制品、油炸制品、罐头制品和其他制品等九类。进入 21 世纪，我国的肉制品产销量一直保持着强劲的增长势头。2001 年我国肉类总产量（主要为肉制品）已经跃居世界第一位。据专家预测，随着我国居民生活水平的提高和消费习惯的转变，肉制品将成为未来居民的肉类消费主流，到 2010 年，我国的肉制品产量将达到 1 200 万 t，表明肉制品有着巨大的市场空间和发展潜力。

现阶段，国内肉制品供应链中，从养殖场到餐桌，需经过养殖生产、肉制品加工与商品流通等诸多环节。供应链上的每一个环节，尤其是配送环节，都可能因肉制品的温度变化而使得肉制品变质，因肉制品受到微生物侵蚀或有害物质污染而使得肉制品对人体有毒有害，因此肉制品配送的质量安全管理直接关系到广大消费者的身体健康与人身安全。为此，如何通过对某肉制品加工企业的配送管理进行现场调研，重点分析肉制品配送的质量安全隐患，研究肉制品的产品特性，提出肉制品配送的质量安全管理对策成为肉制品企业的重中之重。

思考题：对于肉制品企业的配送质量管理应该如何采取措施？

9.1 配送质量管理概述

9.1.1 质量

人们对质量的理解通常是指产品质量。这是狭义的质量含义，而广义的质量是指产品、过程或服务满足规定要求的一切特征和特性的总和，包括产品质量、工程质量和工作质量。

1. 产品质量

产品质量是指产品满足社会和人们需要所具备的特性，是反映最终产品质量水平的质量特性值。反映产品质量特性的指标可分为性能指标、可靠性指标、安全性指标、经济性指标、适用性指标、环保性指标等种类。各类指标构成产品的整体特性和质量水平。在不同环境情况下，产品质量特性指标所要求的侧重点也有所不同。

2. 工程质量

工程质量是指工序能够稳定地生产合格产品的能力，是企业为保证提供合格产品而具备的全部手段和条件所达到的水平，反映的是企业对产品服务达到质量标准的技术水平和能力。它包括企业的人员、设备、材料、方法、测量工具和手段、生产环境等因素。

3. 工作质量

工作质量是指企业的管理工作、技术工作、组织工作为达到质量标准和提高产品质量的水平和能力，是企业技术工作和组织管理工作及销售服务过程中的工作对产品达到质量要求的保证程度。

尽管产品质量、工程质量和工作质量是三个不同的范畴，但三者之间密切联系、相互影响。产品质量是通过提高工作质量、改善工程质量来得以保证和实现的。工程质量是对产品质量的直接保证，并通过工作质量得以改善和提高。工作质量存在于企业设计、运作、组织与管理的全部过程之中，并通过工程质量体现为产品质量，并使产品质量得到改善和提高。因此，物流企业必须提高产品质量、工程质量和工作质量，建立全面的质量概念。

9.1.2 配送质量

根据国家标准 GB 6583—1994 中对“质量”的定义，可以将“配送质量”的含义理解为：反映配送活动过程中满足客户明确和隐含需要的能力的特性的总和。

配送是物质的小范围空间转移，它涉及物流的大部分业务，甚至可以说是一个小范围的物流系统。而从一般意义上讲，凡具有使用价值的产品和服务，都要涉及质量问题。配送质量是指物流企业向社会提供的配送服务能够满足客户需要的程度。配送服务是物流企业的产品，是无形的。与有形产品相比，配送服务产品的最基本特征是具有不可感知性。配送活动发生前，客户往往很难确定所能得到的配送质量；配送活动发生后，客户也难以对配送质量做出客观评价和标准核定，也难以用检测手段进行检测，而只能根据一定时期内的质量数据加以统计分析和评价。从过程来看，配送无需对货物本身进行太多的加工。但如果保管不当，

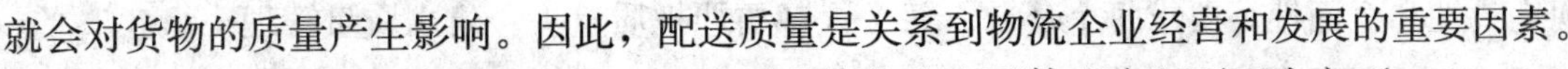

就会对货物的质量产生影响。因此，配送质量是关系到物流企业经营和发展的重要因素。

从满足客户需要的角度来分析，配送质量的优劣主要体现在以下五个方面。

1. 质量方面

在付出同等费用的情况下，客户总希望得到更好的服务，因此都会结合货物的具体特征对各种配送工具的功能性、可靠性、安全性、经济性都会作出详细的比较分析。配送产品的质量反映了客户物质方面的要求。

2. 数量方面

根据配送物质的数量要求和配送工具的情况，综合考虑配送需求，以求降低配送费用。

3. 时间方面

尽量缩短货物待运和在途时间，加速货物流通，满足物质的市场供给；确保准时性，合理的配送间隔和发货密度，保证物质流动的畅通和及时；尽量做到门对门服务，必要时可提供特殊的及时配送服务。

4. 价格方面

有两种类型的客户，一类希望寻找价格低的承运人，另一类希望提出特殊、高端的运输服务。前一类客户的目的是获得基本服务，以较低价位、保质保量按时交货。后一类客户为了实现自己的竞争战略，宁可为特殊的配送服务承担额外、特殊的价位。

5. 服务方面

客户在接受配送服务的过程中，货物将经过装卸作业人员、驾驶人员、分拣人员、信息跟踪人员、单证签发人员等全面系统的全过程服务，这些人员的经验及责任心也是影响配送质量的一个重要因素。由于涉及事前价格、班次及事中货物跟踪、事后运价核算等一系列的查询处理工作，货主还希望得到快速反应、态度和谐、手续简单方便的软性服务。服务质量反映了客户精神方面的质量要求。

9.1.3　配送质量管理的基本工作

配送质量管理的基本工作主要包括以下几方面。

1. 加强全体职工的质量意识和质量管理水平，建立必要的管理组织和管理制度

质量管理工作是在配送的每一个过程中体现的，因此，质量工作应是整个配送组织的事情。但是，正因为各个过程都有其独特的功能，往往在操作时只注重实现这一独特的功能，如完成装卸、搬运等任务，而忽视质量管理。另外，配送过程的连续性，又很难明确区分质量状况和质量责任。所以，建立一个统筹的质量组织，实行质量管理的规划、协调、组织、监督是十分必要的。另外，在各个过程中建立质量小组并通过质量小组带动全员、全过程的质量管理也是很重要的方式。

（1）增强职工的质量意识和质量管理水平。通过对全员进行培训教育，使全体人员的质量意识和质量管理能力达到一定的水平。质量管理全员培训使质量意识和技术、技能两者并重，否则，单有意识而无能力，仅有能力而无责任心都是搞不好质量管理的。

（2）建立必要的管理组织。质量管理组织分两个方面，即领导机构与群众组织。要有领导机构，同时又要有领导分工管理。其责任是进行宣传、教育、培训、计划、实施和检查。

为体现全员性和全面性，要求每个环节、每个人都要严把质量关，建立质量管理小组。

2. 做好配送质量管理的信息工作

配送过程涉及的范围比生产过程更广，信息传递距离更远，收集难度大，及时性差。为了解决这个问题，应采取管理、技术等方面的办法，建立有效的质量信息系统，彼此对配送实行动态的管理。为提高质量保证程度，要建立合理的信息管理网络，用以指导配送质量管理工作。

3. 做好实施质量管理的基础工作

质量管理的主要基础工作包括以下几方面。

(1) 标准化工作。标准化是开展配送质量管理的依据之一。在标准化中，要具体制定各项工作的质量要求、工作规范、质量检查方法，各项工作的结果，都要在标准对产品质量的规定范围内。因此，搞配送质量管理时，要花费很大力气制定标准。

(2) 制度化。将质量管理作为配送的一项永久性工作，必须有制度的保证。建立协作体制、建立质量管理小组都是制度化的一部分。要使制度程序化，以便于了解、便于执行、便于检查。制度化的另一个重要方式是建立责任制，在岗位责任制的基础上，或在岗位责任制的内容中，订立或包含质量责任，使质量责任能在日常的细微工作中体现出来。

4. 开发差错预防体系

配送过程中的差错问题是影响配送质量的主要因素。由于配送商品数量大，操作程序多，差错的发生可能性很大，因此，建立差错预防体系也是质量管理的基础工作。根据国内外已经有的这方面实践的经验来看，差错预防体系的建立有以下几方面的工作。

(1) 配送中心库存货物的调整。对存储区进行规划调整，以将库存商品有序地放置，能准确地、方便地进行存取。我国的四号定位等方式便是有效的方式；在国外常用不同颜色进行标识，以有序放置和有效区分；灵活利用不同货架、货仓等放置货位也是一个很有效的办法。

(2) 运用新技术。现在已开发的条形码系统应用技术，配合便携式扫描仪可准确无误地确认商品。采用电子计算机控制的分拣系统和采用电子计算机控制的存储系统都是避免差错的有效方式。

(3) 建立智能配送系统。建立能对配送过程全部活动进行核对、监测的系统，就能及时发现问题而防止差错持续或差错发展，进而再寻找差错产生源头，予以解决。

9.2 配送质量管理的评价指标

配送质量是配送企业经营生产效果的综合反映，是配送活动的最终目的。配送质量评价指标主要表现在运输的安全性、完整性、经济性、及时性、方便性、服务性等方面。

1. 安全性评价指标

安全性是配送质量的首要特性，是工作质量的集中体现。它包括货物安全和车辆运行安全，如果配送过程中发生安全事故，就会造成货物、车辆的损毁。

2. 完整性评价指标

完整性是配送质量的基本特性，是指完全按照合同要求完成运输过程，而未造成货物数

量和质量变化的特性。

3. 经济性评价指标

经济性是指以尽可能少的劳动消耗实现产品价值的特性。它一方面要求企业制定最佳配送方案，在保证质量的前提下，降低成本，提高经济效益，追求利润的最大化；另一方面，用户要求企业提供安全及时的配送服务，而且费用支出能公平合理，这是配送质量的经济特性。因此，企业必须在质量管理上狠下工夫，不断降低成本，同时确保货物安全。

4. 及时性评价指标

及时性是配送质量的时间特性，它包括三个方面：一是及时，在客户需要的时间提供服务；二是准时，按准确的时间为客户提供服务；三是省时，在保证安全的前提下，提高配送速度，缩短时间。配送企业应在合同规定的期限内（若无合同，则应在客户要求的期限或企业承诺的期限内），将货物送达目的地。配送的速度越快，资金周转就越快，从而加快社会再生产过程，减少货物的在途积压和自然损耗，提高经济效益。对于企业也可以加速车辆的周转，提高设备利用率，相应减少仓储规模、运输车辆需求量。

5. 方便性评价指标

方便性是指尽可能地满足客户需求的特性，包括为客户提供便利服务条件和服务过程的直达性、深入性等。如手续简便、代办包装、储存、中转、交付、开展联运、取货方便、信息公开和咨询、货物在途或终到查询等。服务的方便性评价指标不易量化，以货主的主观感受为重点。

6. 服务性评价指标

配送服务是为客户服务的，服务性是配送质量特征的综合表现，一般包括满足用户物质和精神两个方面的需求，或者说包括企业的服务条件和服务态度两个方面。

以下是一些常用的配送质量管理指标。

1）配送服务水平指标

（1）服务水平指标（F）。

$$F=\text{满足客户要求配送次数}/\text{客户要求配送总次数}$$

（2）满足程度指标（M）。

$$M=\text{满足客户要求配送商品数量}/\text{客户要求配送商品总数量}$$

（3）交货水平指标（$J_{\text{水}}$）。

$$J_{\text{水}}=\text{按交货期交货次数}/\text{总交货次数}$$

（4）交货期质量指标（$J_{\text{天}}$），以实际交货与规定交货期相差日（时）数表示，正号为提前交货，负号为延迟交货。

$$J_{\text{天}}=\text{规定交货期}-\text{实际交货期}$$

（5）商品完好率指标（W）。

$$W=\text{交货时完好商品量}/\text{配送商品总量}\times 100\%$$

或以缺损率表示（Q'）

$$Q'=\text{缺损商品量}/\text{配送商品总量}$$

（6）配送吨费用指标（C）。

$$C=\text{总配送费用}/\text{配送商品总量}$$

2）储存作业质量指标

（1）仓库吞吐能力实现率（T）。

$$T=计划期内实际吞吐量/仓库设计吞吐量$$

（2）商品收发正确率（S）。

$$S=某批吞吐量-出现差错量/同批吞吐量\times100\%$$

（3）商品完好率（$W_{库}$）。

$$W_{库}=某批商品库存量-出现缺损商品量/某批商品库存量\times100\%$$

（4）库存商品缺损率（$Q'_{库}$）。

$$Q'_{库}=某批商品缺损量/该批商品总量\times100\%$$

（5）仓库面积利用率（M）。

$$M=库房内存储商品面积/库房使用面积\times100\%$$

（6）仓库利用率（R）。

$$R=存储商品实际数量或容积/设计库存数量或容积\times100\%$$

（7）设备完好率（$W_{设}$）。

$$W_{设}=计划期内设备完好台数/同期设备总台数\times100\%$$

（8）设备利用率（L）。

$$L=全部设备实际工作时数/设备工作总能力（时数）\times100\%$$

（9）仓储吨成本（$C_{仓}$）。

$$C_{仓}=仓储费用/库存量$$

3）运输作业质量指标

（1）正点运输率（Z）。

$$Z=正点运输次数/运输总次数\times100\%$$

（2）满载率（$M_{运}$）。

$$M_{运}=车辆实际装载量/车辆装载能力\times100\%$$

（3）运力利用率（Y）。

$$Y=实际运输量/往返运输能力\times100\%$$

9.3 配送商品的质量保证

9.3.1 影响商品质量变化的因素

影响商品质量变化的因素很多，但归结起来主要是内因和外因两方面因素。

1. 内部因素

商品自身的特性是商品发生变化的内因，主要包括商品的化学成分、物理形态、理化性质、机械及工艺性质等，它们之间相互联系，彼此影响，构成一个统一体。

（1）化学成分。不同化学成分及其不同的含量，既影响商品的基本性质，又影响商品抵抗外界自然因素侵蚀的能力。

（2）结构形态。商品的结构有两个方面，一个方面是宏观结构，另一个方面是微观结构。

宏观结构主要是指外观形态，如弯形铸造件的弯处，因机械应力影响使弯处易生锈。另外，由于外观形态的多样化，要根据形态结构合理堆码，以防机械变化发生。商品的微观结构，对商品的性质影响也很大，有些商品的分子组成和分子量完全相同，但是由于微观结构不同，性质就有很大差别。

（3）商品性质。商品的性质是由商品的组成成分和结构决定的，主要包括商品的物理性质和力学性质。商品的物理性质是指商品的形态、结构在外界条件作用下，发生不改变商品本质变化的性质，如商品的吸湿性、导热性和耐热性。力学性质是指商品的形态、结构在外力作用下的反应，是体现商品的适用性、坚固耐久性的重要内容，包括硬度、韧性、脆性、弹性等。

2. 外部因素

影响商品质量变化的外部因素主要有温度、湿度、大气、日光、生物和微生物等。空气中的氧，是许多商品质量变化的参与者，它占空气体积的 1/5，其性质非常活跃，能与许多商品发生作用，如锈蚀、燃烧、酸败等。对鲜果、鲜菜等鲜活商品，生理生化活动中的有氧呼吸需要氧，因此，要控制氧的影响，通常可以采取密封充氮或充二氧化碳等方法，以隔绝氧气。日光是许多商品质量变化的催化剂，特别是日光中的紫外线，由于其能量高，常诱发氧化反应的进行，使高分子发生老化，如感光纸发生光化学变化而失去使用价值。

环境温度对商品的质变影响很大。通常当温度升高 10℃，反应速度常提高 2～4 倍。因此，温度能加快或减缓商品质变的速度。另外，温度降低，也会造成某些商品的冻结现象。空气的湿度，一般是指空气的相对湿度。湿度适宜，可保持商品的正常含水量、外形或体态结构及重量。湿度下降，将使商品的正常含水量和重量减少，如果蔬、肥皂会发生干缩现象。若湿度过高，则会导致商品增重、结块和溶化，同时也给微生物生长带来便利条件。

9.3.2　配送商品质量保证工作

1. 严格验收

要防止商品在配送过程中发生各种不应有的质量变化，首先在商品进入配送中心前要严格验收，弄清商品及其包装的质量状况，对吸湿性商品要检测其含水量是否超过安全水分，对有其他异常情况的商品要查清原因，针对具体情况进行处理和采取救治措施，做到防微杜渐。

2. 科学分类与分区

由于不同商品性能不同，对保管条件的要求也不同。如怕潮湿和易霉变、易生锈的商品，应存放在较干燥的区域里；怕热易熔化、发黏、挥发、变质或易发生燃烧、爆炸的商品，应存放在温度较低的阴凉场所；一些既怕热又怕冻，且需要较大湿度的商品，应存放在冬暖夏凉的楼下库房或地窖里。此外，性能相互抵触或易串味的商品不能在同一区域混存，以免相互产生不良影响。尤其对于化学危险物品，要严格按照有关部门的规定，分区分类安排储存地点。

3. 加强温湿度管理

温度和湿度对商品质量变化的影响极大。各种商品由于其自身特性，对温湿度一般都有一定的适应范围，超过这个范围，商品质量就会发生不同程度的变化。因此，应根据商品的性能要求，适时采取密封、通风、吸潮和其他控制与调节温湿度的办法，力求把温湿度保持在适应商品保管的范围内，以维护商品的质量安全。

4. 加强检查与监控

做好商品在配送过程中的检查与监控，对维护商品质量安全具有重要作用。商品质量发生变化，如不能及时发现并采取措施进行救治，就会造成或扩大损失。因此，对商品的质量情况，应该在日常监控的基础上，同时进行定期或不定期的检查。

5. 做好清洁卫生工作

配送环节不清洁，容易引起微生物、虫类孳生繁殖，危害商品。因此，对配送中心的内外环境应经常清扫，彻底铲除杂草、垃圾等物，必要时使用药剂杀灭微生物和潜伏的害虫。

9.4 配送服务质量体系

9.4.1 建立配送服务质量体系的意义

1. 融入世界经济贸易一体化的需要

国际标准组织质量管理和质量保证技术委员会（ISO/TC176）于 1987 年 3 月正式发布了 ISO9000—9004 系列质量管理和质量保证标准；1994 年 7 月发布了 ISO9000 系列质量管理和质量保证标准。到目前为止，世界上已有 100 多个国家和地区相应采用了这一标准。我国企业于 1992 年正式采用这一标准，已有五千多家企业和两万多种产品获得了质量认证，还有一大批企业和产品正在认证当中。由此可见，按照 ISO9000 标准进行质量体系认证，已成为当今国际服务贸易领域的发展趋势。配送企业属于服务贸易的范畴，要把企业融入世界经济贸易一体化市场就必须实施 ISO9000 质量标准并进行认证。这是认证工作的重要性之一。

2. 获得 ISO9000 认证，就获得了通往一体化市场的通行证

“入世”后，国内市场将进一步向世界开放，国内外市场的一体化，需要企业尽快实施 ISO9000 标准和认证。实践证明，凡属注册认证的企业，都会在服务质量和业务开拓上取得优势，而没有认证的企业，在激烈的市场竞争中将会失去本来已经微弱的优势，最终被市场淘汰。

3. 实施 ISO9000 标准，有利于提高管理水平，增强企业竞争能力

我国现有的物流企业，有相当一部分是由传统的仓库、车队改制而来的，在内部机制和运作方式上对内缺少凝聚力，对外缺少竞争力。ISO9000 标准是对世界主要发达国家几十年实施质量管理和质量保证经验的总结，具有严谨的科学性、广泛的实用性。其核心是“以法治企”，实施 ISO9000 标准，将把企业的管理机制和管理程序纳入法制轨道，进行计算机程序管理，实施一整套现代化管理方法。从上海外贸系统一些已经获得认证的企业的情况看，多数企业的内部管理有质的改变，业务有不同程度的发展。总之，实施 ISO9000 标准及其认证，是配送企业在一体化市场的情况下，管理好企业并不断发展的有效途径。

9.4.2　配送质量体系要素的选择

ISO9000 系列标准中，ISO9001、ISO9002、ISO9004 为质量保证模式，它们各自的内容不同，证实的范围、质量体系要素不同，是分别代表三种不同供方质量的质量保证模式。配送企业在实施 ISO9000 系列标准时，应在了解各种保证模式内容的基础上，从企业实际出发，对质量保证模式和质量体系要素进行恰当的选择。通过实施和认证，达到提高配送企业服务质量的目的。

1. 配送服务应选择的保证模式

物流企业通常选择的质量保证模式标准一般都是 ISO9002，这是因为 ISO9002 适宜于服务性企业。配送企业是为生产工厂、销售商、代理商提供全过程的配送服务的，一般不涉及产品的设计和生产过程，选择 ISO9002 是比较合适的。

2. 配送质量体系要素的选择

ISO9002 质量保证模式中有 19 个要素，构成质量保证体系，质量保证体系各要素在实施中可全部采用，也可有选择地采用。质量体系要素的选用一般以企业选定的质量保证模式为前提，根据企业的实际情况，经与第三方认证机构协商，确定全部采用或增加删减。

3. 配送服务实施质量体系证实方式的选择

企业在选择了质量保证模式和质量体系要素之后，有责任向客户证实质量体系的适用性和有效性。证实的程度大致可分为三种：证实程度较低的是“存在声明”，即企业将实施质量体系的要素及实施结果，向客户作出口头或文字说明；第二级是“文件证据”，即企业向客户或认证机构提供有关质量体系的文件，并附以情况说明；第三级是“执行见证”，是级别程度最高的证实，即企业向客户或认证机构提供相关体系的文件，并提供实施过程的质量记录等见证材料。

9.4.3　配送质量体系的建立

实施质量保证标准，要使全体员工在熟悉 ISO9000 标准内容的基础上，建立与其管理运作相适应的质量体系，一步一个脚印地推进，最后通过第三方认证。这是一项系统工程，应有计划、有组织、有步骤地进行。通常情况下，整个认证工作大致需要经过五个阶段，即前期准备、确立质量体系要做的工作、编写质量体系文件、质量体系的运行、质量体系的注册认证等。

(1) 前期准备。准备的内容包括：主要由领导层统一思想，作出实施认证的决策；选择合适的咨询机构；组织企业高层领导、中层干部学习培训，动员全体员工投入认证工作；成立贯标小组或贯标办公室等。

(2) 确立质量体系要做的工作。主要包括以下工作：贯标办公室和文件编写人员深入学习 ISO9000 标准的内容；了解和收集企业现行服务贸易的运作方法、规章制度、组织机构、职责职权、有关法律、法令、法规、条例、规定，制订贯标工作计划，确定质量方针，确定质量目标，分解到各职能部门具体实施。

(3) 编写质量体系文件。质量体系文件主要包括质量手册、质量体系程序及其他质量文件。编制的质量文件应有系统性、可操作性。

(4) 质量体系的运行。把质量体系文件中的规定内容，分配到部门、专业和岗位进行实际运作，发现问题应及时纠正、修改，完善体系文件。

(5) 质量体系的注册认证。企业在确认自身的质量体系达到了质量保证模式标准的要求后，向认证机构提出认证申请，对企业质量体系运转情况进行预审，发现问题应采取对策予以纠正，然后向认证机构提出正式认证申请。认证机构审查合格后，就可以获得该机构颁发的质量体系认证证书，有效期一般为 3 年，每年要进行 1～ 2 次监督式审核，如发现重大问题，则有可能被暂停或取消认证资格。因此，企业应定期开展质量审核和管理评审，保持质量体系正常运转，不断提高服务质量。

9.5 配送质量管理的常用方法

质量管理中广泛使用各种方法，统计方法是重要的组成部分。常用的质量管理方法包括因果图、排列图、直方图、控制图、散布图、分层图、调查表等。近年来又有很多新方法得到了广泛的关注，具体包括：质量功能展开、田口方法、故障模式和影响分析、头脑风暴法、六西格玛法、水平对比法、业务流程再造等。本节主要介绍一些常用的统计检查方法。

在配送的许多环节中，常要利用检查方法对配送服务质量和工作质量进行判断。同时，检查也是为质量管理提供数据的重要工作。在采用协作方式进行质量管理时，必须了解协作企业的质量管理水平及质量保证能力。这就需要知道对方在管理过程中对配送对象的检查，要求协作企业互相间对检查都有所了解。

但是，在配送工作中，使用检查方法较多的还是进货环节。进货检查是进货验收的一项主要内容。检查方法的主要内容如下。

9.5.1 决定是否进行质量检查

是否对到货的质量或仓库存货的质量进行检查，这是需要慎重决定的事。进行检查要付出相应的费用并要花费一定的时间，不进行检查，则要冒一定风险。所以，要按以下情况作出是否检查的判断。

(1) 上一环节有可靠的质量管理系统和符合要求的工程能力，则可完全信赖，决定免检。这样，既对到货的质量有充分把握，又可节省检查费用、人力和时间，简化验收程序。

(2) 到货中有不合格品存在，使用时可能造成一定的损失。在对损失的程度和费用有充分了解的前提下，如果检查的费用大大高于使用不合格品所造成损失的费用，则可决定免检。但是，如果检查费用不是大大高于损失费用，而是高一些或两者关系不清，则一般以检查为好。

(3) 按一般的情报或预估的不合格品率 P 大大低于损益分歧点所对应的不合格品率 P_0，则可肯定，免检在经济上是合算的，可决定免检。

9.5.2 决定检查方式

经过上述分析，决定应在验收时进行检查的物资批次后，还需要决定对物资质量采取什么样的检查方式。一般说来，检查分全检及抽检两种。决定全检或抽检的依据如下。

1. 全检

有以下几种情况时应进行全检。

(1) 不允许混入一个不合格品，否则就会对使用造成极大的危害。异常贵重的物资，即使混入一个不合格品也会造成很大的经济损失。

(2) 当检查费用很低时，即使全检也无需付出太多的费用，为了不承担风险，可决定全检。

(3) 如果按一般的情报或预估，可以大致肯定 P 大大高于 P_0，则应进行全检，以剔除不合格品。

(4) 货物批量较小，没有抽样检查的价值，则应决定全检。

2. 抽检

抽检即抽样检查，是从一批货物中随机抽取一定数量的试样（子样），通过对试样的检查来判断到货批（母体）的质量。有以下几种情况时应进行抽检。

(1) 检查需要破坏被检物，或者会降低被检物的使用价值，就不允许全检。

(2) 检查费用高，如果全检，耗费太大。

(3) 时间紧迫，力量不足，不允许实施全检。

(4) 如果根据一般情报或预估的不合格品率 P，不是明确地肯定大于或小于 P_0。

(5) 到货批量太大，无法进行全检。

(6) 检查项目太多，不可能全部实施检查。

(7) 全数检查的结果，会形成供货单位的依赖情绪，不利于促进供货单位质量系统的改进，可决定抽检。

9.5.3 决定抽样方式

确定进行抽样检查之后，还要决定如何抽样，采取何种抽取层次及数量等问题。

1. 如何抽样

抽样的方法分有意抽样及随机抽样两种。

有意抽样是抽取有代表性的样品，抽样检查的结果往往夸大了母体的问题，子样不能充分反映母体的情况，因此，在一般检查中不主张采用。但是，在某些特殊情况下，例如，只想了解到货批中有或没有不合格品，或者要求特别严的到货，只要混有不合格品，到货批则不合格，在这种情况下，可采用有意抽样，以尽快得出结果。在配送管理工作中，往往由于供需双方在抽样时都采用了有意抽样的办法，一方有意抽取质量好的，另一方有意抽取质量差的，容易造成双方的争执。就我国当前的实际情况，为了促使产品质量的提高，应当特别防止主观因素的干扰，不提倡有意抽样的方法。

随机抽样是运用统计手法进行检查的现代方法，如抽签一样，从到货中抽取试样。这样做可以使到货批中的任一部分都有相同的机会（概率）出现在试样中，试样检查的结果排除了某些主观因素的干扰，对母体有较强的代表性。所以，一般的到货抽样检查，采取随机抽样为好。

2. 抽样层次及数量

确定了随机抽样的原则之后，还要解决抽样的具体方式，即层次与数量问题。

（1）一次抽样。从到货批中一次抽取足够的检查试样，为保证抽检的准确性。抽样数量一般不能太低，因而检查工作量较大。一次抽样的数量一般按标准及合同规定，或通过概率的方法确定。

（2）二次抽样。从到货批中先抽取一定数量的试样（试样数低于按一次抽样法的数目），如果能明确判定是否合格，则以此为结论，不再抽样；如果第一次抽样检查结果不能明确判定是否合格，则第二次扩大抽样数量再进行检查，根据两次抽检结果判断到货批是否合格。

（3）多次抽样。多次抽样是在二次抽样基础上的繁衍，每次抽样数量较少，直到能够作出合格与否的判断为止。

（4）连续抽样。从到货批中每次抽取一个试样进行检查，然后决定是否继续抽样，如不能判定合格与否，则再抽一个试样，如此反复，直到能够判断是否合格为止。

9.5.4 对检查结果的处理

对合格与否进行判定后，需对到货批进行处理，方法如下。

1. 对全数检查结果的处理

对全数检查结果的处理有以下两种处理方法。

第一种，全部留下合格的到货而将不合格品剔除并退货。

第二种，检查后，不合格品率 P 如果低于标准及合同规定数值，则整批合格，应予验收，但在对内供应时应剔除不合格品另作处理；如果 P 高于规定，则整批不合格，整批退货。

2. 对抽样检查的处理

对抽样检查的处理有两种方法，一为界限控制法，二为范围控制法。界限控制法规定不合格的界限，试样不合格品率高于此限，则到货批全不合格，应退货或改用全检法剔除不合格品；试样不合格品率低于此限，则到货批定为合格，准予验收。

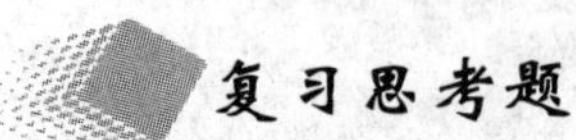

复习思考题

1. 配送质量的涵义是什么？
2. 配送质量管理的基本工作有哪些？
3. 建立配送质量管理的评价指标的原则是什么？
4. 配送商品的质量保证工作包括哪些内容？
5. 如何建立配送服务质量体系？
6. 如何选择合适的质量检查方法？

案例分析

21世纪初，北京物流公司建造了一座高层货架仓库（自动化立体仓库）作为中间仓库，存放装配汽车所需要的各种零配件。此公司所配送的汽车零配件大多数是由其协作单位生产，然后运至配送中心自动化立体仓库。该公司是我国第一批发展自动化立体仓库的企业之一。

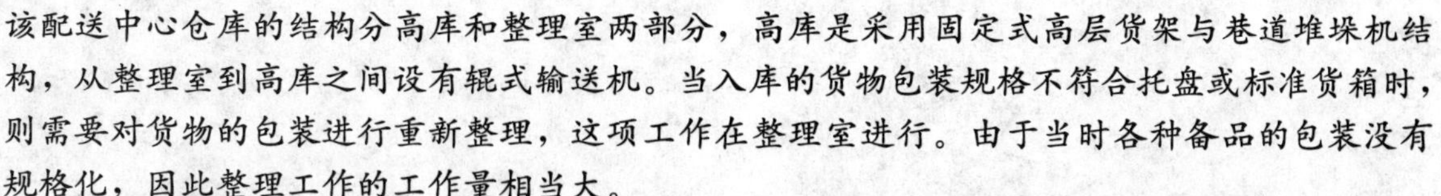

该配送中心仓库的结构分高库和整理室两部分，高库是采用固定式高层货架与巷道堆垛机结构，从整理室到高库之间设有辊式输送机。当入库的货物包装规格不符合托盘或标准货箱时，则需要对货物的包装进行重新整理，这项工作在整理室进行。由于当时各种备品的包装没有规格化，因此整理工作的工作量相当大。

配送货物的出入库是运用电脑控制与人工操作相结合的人机系统。这套设备在当时是相当先进的。该库建在配送中心的东南角，距离分拣中心较远。因此，在仓库与分拣中心之间需要进行二次运输，即将所需的零配件先整单位出库，装车运输到分拣中心，然后才能进行分拣配装。自动化仓库建成后，这个先进设施在企业的配送效率中所起的作用并不理想。因此其利用率也逐年下降，最后不得不拆除。

思考题：1. 该企业自动化立体仓库为什么没有发挥应有作用？
2. 从该案例中得到哪些启示用于提高配送效率？

案例分析参考答案

1. 原因。产品包装不规范，造成大量的人工二次整理；人机系统已造成混乱；仓库的选址存在问题。

2. 启示。仓库在选址的时候，应该重点注意中心内流线；重新建立计算机管理信息系统，按标准化操作；要求供应商设立供应商管理库存（VMI）系统，要求供应商采取及时制(JIT) 运作方式，将零部件直接送到分拣中心；在条件成熟时再采用自动化立体仓库。

第 10 章

物流配送的新趋势

本章要点

- 发达国家的配送现状及发展；
- 共同配送；
- 电子商务配送；
- 分拨配送；
- 绿色物流配送。

开篇案例

连锁零售业配送发展趋势

连锁零售业的发展状况在过去的几十年中，以连锁化、信息化和规模化为特征的零售业发展很快，已成为当今社会经济的支柱产业。目前，就销售额而言，零售企业已超过制造、金融服务、信息等类型企业而成为世界第一，这在过去是不可想象的。而其中连锁这个先进的企业组织形式的应用是今天商品零售企业能发展到如此大的规模的一个核心因素。我国发展连锁商业的时间不长，但已逐步成为商业零售业的一支主力军，最近几年，连锁企业的销售增长均在50%以上，预计 2003 年中国 100 强连锁企业将实现销售额 3 500 亿元。门店总数将达到 20 000 个左右，连锁百强企业销售额占社会消费品零售总额将在 8.0%以上。连锁企业逐步扩大的销售规模使连锁商业企业在供应链上的作用日益增大，并且对中国的流通现代化产生巨大的推动。连锁企业的实质是五个统一，即统一采购、统一配送、统一核算、统一标识、统一管理。而统一配送是连锁企业核心竞争力的一个重要部分。

思考题： 试结合现实情况，分析连锁零售业的配送发展趋势。

10.1　发达国家的配送现状与发展

10.1.1　发达国家对配送的认识

发达国家对配送的认识并非完全一致，在表述上有区别。但是，一个非常重要的共同认识，配送就是送货。美国配送的英语原词是 delivery，是送货的意思，强调的是将货送达。日本对配送的权威解释，应该是日本工业标准 JIS 解释。

“将货物从物流节点送交收货人”，送货含义明确无误，配送主体是送货。当然，现代经济中的送货也必定比历史上送货有所发展，这种发展是竞争的产物，受利润和占领市场驱使，想方设法使送货行为优化，于是实践上出现了送货时车辆合理调配、路线规划选择、送货前配货、配装等。

一般的送货形态在西方国家已有相当长的历史，可以说是随市场而诞生的一种必然市场行为。尤其是伴随资本主义经济的生产过剩，在买方市场情况下，必然采取各种各样推销手段，送货最初便是作为一种不得已的推销手段出现的。仅将其作为推销手段而不认识到作为企业发展的战略手段，在有些国家持续了很长时间，甚至出现经济发展的高峰期仍然如此，很多企业直到 20 世纪 70 年代仍然将送货看成“无法回避、令人讨厌、费力低效活动，甚至有碍企业的发展”，正是反映了这种现实。从历史上曾采用的一般送货，发展到以高技术方式支持的、作为企业发展战略手段的配送，也是近一二十年的事情。许多国家甚至到 80 年代才真正认识到这一点。国外一篇文章提到，“在过去 10 年里，这种态度和认识有极大转变。企业界普遍认识到配送是企业经营活动主要组成部分，它能给企业创造出更多盈利，是企业增强自身竞争能力的手段”。这种认识的转变有着深厚的历史根源。

（1）科学技术的进步和生产力的发展，可以为经济界提供省力且高效的管理方式与技术装备方式，将无法回避、令人讨厌、费力低效的活动转变为刻意追求，容易接受，且活力高效的活动。

（2）生产领域生产率的提高，越发使人看出流通和物流过程中的潜力，不少实践证明，包括配送在内的物流领域开发，可以取得很高的经济效益，因此，就不再有碍企业的发展。

（3）生产力发展大大促进了社会分工，服务性生产大大发展。服务性社会的出现，使人们增强了配送的主动服务性质，成为企业“增强自身竞争能力的手段”。

10.1.2　发达国家的配送现状及发展

在观念发生变化的同时，配送方式和手段也有很大发展，尤其突出反映在以下几方面。

1. 配送共同化的进展

初期送货，是以单独企业为主体，为满足用户配送要求，出现了配送企业车辆利用率低，不同配送企业之间交错运输，交通紧张，事故频繁等许多方面不合理。例如，日本于 60 年代开始的“共同配送”，是在各个公司效率低而且难以解决的情况下才被采用，如果在本公司就能建立合理化配送系统，也就没有必要考虑共同配送了。但近来的发展，已上升到从大范围考虑合理化，致力于推行到整个城市，所有企业的共同配送。

2. 配送计划化的进展

初期配送，强调即时较多，即完全按顾客要求办事，而并不是按顾客的合理要求办事。制订合理计划而不是完全按顾客要求那样进行配送，是高水平的计划配送的一大进展。计划有效地促进了配送合理化，由于可采用大量发货减少收费，也受到用户的欢迎。物流管理要求定量化的分析来确认其系统的特征和工作绩效，虽然这些分析都有章可循，但是在实际工作中，往往要根据专门或者特定的需要进行改进，以提供地域管理信息，如配送路线的分析就是其中的一个典型示范。为了顺利完成配送任务，降低物流成本，提高配送中心的效率，要使用先进合理的方式对货物进行配货，同样，还要利用相关技术，对车辆进行配载，以提高车辆的利用率。

3. 配送区域的扩大

近些年，配送已突破了一个城市范围，在更大范围中找到了优势。美国已开展了洲际配送，日本不少配送是在全国范围或在很大区域范围进行的，如日本东京的三味株式会社的全国性配送系统、日本 Asica 配送系统、日本资生堂配送系统等都是全国性的配送系统。特别是近年来随着电子商务的发展，市场上客户的分散给物流配送带来了极大的挑战，配送区域已经从一个城市发展到跨省甚至国际间的运输。

4. 直达配送的进展

不经过物流基地中转，在有足够批量且不增加用户库存情况下，配送在“直达”领域中也找到了优势，因而突破了配送原来的概念，有了新的发展，对于生产资料而言，直达配送有更广泛的应用。直达运输加速了货物到达时间，减少了倒运所引起的货损和货差。

5. 计算机管理配送的进展

随着配送规模的扩大和计算机的微型化，计算机管理配送取得了很大进展，这个进展突出表现在以下三个方面。

(1) 信息传递与处理，甚至建立了 EDI、GPS、GIS、ITS 系统。

(2) 计算机辅助决策，如辅助进货决策、辅助配货决策、辅助选址决策等，目前各个企业广泛使用的辅助决策系统有 EOS、POS、ERP 等系统。

(3) 计算机与其他自动化装置的操作控制，如无人搬运车、配送中心的自动分拣系统等。

6. 配送技术装备现代化

配送技术装备作为支撑配送的生产力要素，是进展很大的领域。现代化配送与传统配送的最大区别就是信息技术和先进装备在配送领域内的应用研究，有一篇名为《日本制造业行业配送系统变革》的文章认为，配送领域“技术条件的核心，就是信息系统和建立在该项系统上的分拣系统”，这句话反映了配送发展的核心条件是信息技术与自动化机械技术的应用。计算机系统、自动搬运系统、大规模分拣、光电识别、条形码等的使用大大提高了相关领域的效率，减少了物流成本；全自动计数如机器人、无人搬运车等的迅速采用大大提高了效率。

10.1.3 发达国家和地区物流配送方式的比较与借鉴

2009 年 2 月，国务院把物流业列为十大产业调整和振兴计划之一，充分体现了国家政策

对物流行业的支持，其中物流配送作为一种专业化、社会化的服务模式，适应了经济一体化的需要，适应了社会化大生产的发展，体现了现代经济的发展趋势。世界上的发达国家和地区已经形成了从生产资料到最终商品的现代化流通体系，比较、分析发达国家和地区现代物流配送模式，对构建具有我国本土特色的现代物流体系，应对发达国家的挑战，具有重要的现实意义。

1. 发达国家和地区现代物流配送的发展状况

在三年左右的时间内，国内将陆续放开对外商在中国国内开办流通企业地域、数量、经营范围、股份比例等方面的限制，这就更加刺激了外资加快进入我国物流业的步伐。发达国家和地区现代物流企业拥有先进的技术和管理经验，我国的物流产业必须学习和借鉴它们的先进经验，这对我国物流产业体系的构建及在传统商业模式转换过程中经济的持续发展是很有必要的。

1）美国

从 20 世纪 60 年代起，商品配送的合理化在美国普遍得到重视。为了在流通领域产生效益，美国企业采取了以下措施：①将老式的仓库改为配送中心；②引进计算管理网络，对装卸、搬运、保管实行标准化操作，提高作业效率；③连锁店共同组建配送中心，促进连锁店效益的增长。美国连锁店的配送中心有多种，主要有批发型、零售型和仓储型三种类型。批发型配送中心主要靠计算机管理，业务部通过计算机获取会员店的订货信息，及时向生产厂家和储运部发出订货指示单。零售型配送中心。以美国沃尔玛商品公司的配送中心为典型，该类型配送中心一般为某零售商独资兴建，专为本公司的连锁店按时提供商品，确保各店稳定经营。仓储型配送中心以美国福来明公司的食品配送中心为典型，它的主要任务是接受独立杂货商联盟的委托业务，为该联盟在该地区的若干家加盟店负责商品配送。

2）日本

在日本，零售业是首先建立先进物流系统的行业之一。便利店作为一种新的零售业态迅速成长，现已遍及日本，正影响着日本其他的零售商业形式。这种新的零售商业业态需要利用新的物流技术，以保证店内各种商品的供应顺畅。因此，日本的物流配送具有以下特点。

(1) 分销渠道发达。许多日本批发商过去常常把自己定位为某特定制造商的专门代理商，只允许经营一家制造商的产品。为了保证有效率地供应商品，日本许多物流公司不得不对旧有的分销渠道进行合理化改造，更好地做到与上游或下游公司的分销一体化。

(2) 频繁、小批量进货。日本物流配送企业的很大一部分服务需求来自便利店，便利店依靠的是小批量的频繁进货，只有利用先进的物流系统才有可能发展连锁便利店，因为它使小批量的频繁进货得以实现。

(3) 物流配送体现出共同化、混载化的趋势。共同化、混载化的商品配送使原来按照不同生产厂、不同商品种类划分开来的分散的商品物流转变为将不同厂家的产品和不同种类的商品混合起来运送的聚合的商品物流，从而得以发挥商品物流的批量效益，大大提高了运货车辆的装载率。

(4) 合作型物流配送。在日本，生产企业、零售企业与综合商社、综合物流公司之间基本上都存在一种长期的物流合作关系，并且，这种合作关系还随着日本工业生产的国际化延伸到国外。

(5) 政府规划在现代物流配送发展过程中具有重要作用。

2. 几个主要国家和地区的物流配送模式比较

美国、日本物流配送的区别和差异主要体现在以下几方面。

1）商业形态或作业方式的区别

美国由于地大物博，相对的人口密度较低，城市与城市的间距较远，人们有购物囤积的习惯，通常隔一段时间到购物中心大量采购满足数天或数星期的需求，所以造成购物中心所提供的货品必须齐备和货源充足。日本则由于即时送货制度的施行，增加了运送费用与运送劳力，因此，一般商家为了降低运送成本纷纷将货品交由货运公司及物流配送中心来运送，以减少运送风险及提高配送时效。因此，由专业的物流配送来降低配送成本提高配送时效就成为必要条件。

2）物流配送软硬件的开发及应用侧重点不同

美国物流中心所使用的资讯系统资料显示，除一般的管理系统外，美国物流配送中心在发展过程中还存在对多仓储、多配送中心管理系统和分布面积较散的连锁商店之间货品运送的侧重。日本则因为地域狭窄、交通复杂而具备一个较富弹性且经济的配送系统。在机械自动化程度方面，美、日等国由于其物流中心的发展历史较久，所以机械自动化程度较高，作业方式较为成熟。

3）配送中心的特色功能存在差异

日本配送中心通过提高商品质量、增加花色品种、增加供货频率等方式强化供货枢纽的战略功能；通过综合物流管理方式以控制物流成本的功能；通过增强应变能力以适应物流量常随经营规模的发展不断变化的应变功能。而美国配送中心的特色功能是特别重视单个消费者服务功能，即尽力满足顾客提出的各种要求。

4）管理存在差异

物流水平代表一个国家的经济发展程度，物流管理体现各个国家民族性情和经济模式的差异。日本注重物流成本测算，美国则以物流机械的现代化作为物流管理切入点。本质是将分散的网络进行连接并使其优化。

3. 在构建我国现代物流配送体系过程中可供借鉴的经验

为了使物流配送体系的建设不走或少走弯路，引导其顺利发展，我国必须借鉴发达国家和地区物流配送的先进经验。依据以上对发达国家和地区商业物流配送体系状况的分析和归纳比较，总结出了以下可供我国借鉴的先进经验。

1）配送中心的区位选择和用地规模的确定

一是要靠近商业网点集中的市中心，达到靠近市场、缩短运距、降低运费、迅速配送的目的。二是要靠近交通主干道出入口。公路是配送中心供、配货的主要货运方式，靠近交通便捷的干道进出口便成为配送中心布局的主要考虑因素之一。三是要追求较低的地价区位。物流企业以效益为宗旨，一般占地面积较大，地价的高低对其区位的选择有重要影响。

2）物流企业规模化

中小企业过多并不是好事情，所以目前中国最快最有效的办法就是通过资产重组建立物流企业联盟，形成优势互补的大型物流企业。在当前网络技术、电子商务迅速发展的有利环境下，我国的物流企业很有必要结成战略同盟，增强综合实力。美国和日本的配送企业就是

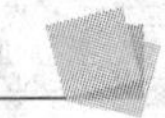

在不断的重组过程中取得规模效益，从而整合市场资源、信息资源，达到降低管理和交通运输成本的。

3）发挥国家和地方政府在配送中心发展中的作用

日本等物流配送发达地区的成功经验告诉我们，物流产业在落后国家的发展过程中离不开政府的正确引导，日本的物流配送产业园区的建立和健全，主要得益于政府合理科学的规划，从而减小市场的盲目性及重复建设造成的资源浪费。对于正在进行产业结构和产业空间布局调整的我国，在资金供给、物流园区组建、政策优惠扶持及调整城市功能布局上都应体现出政府的宏观产业政策。

4）充分利用和整合现有资源

不盲目追求先进技术是台湾地区在物流配送方面成功的经验。中国内地现有仓库多为平房，和台湾地区当初的情况类似，可考虑借鉴台湾地区“本土化物流”的观念，在此基础上予以改造，节约资金。虽然应当追求现代化，但是也应充分考虑到人的作用，用劳动力对资金进行适当的替代，同时改进管理。

5）强化物流配送标准化建设

引进外资与应用先进技术，尤其是应注意引进环保型技术与设施，推进各类物流配送装备的现代化，并且广泛应用条形码技术（BAR CODE）和电子数据交换技术（EDI）。用信息化带动物流的现代化，强化物流标准化体系建设是美国和日本的成功之处，同时也是我国现代物流配送体系硬件平台的发展方向。

6）发展集成化的混载服务

学习日本通产省倡导的“城市内最佳配送系统”，即围绕某个标准轴心，将城市内无规则地发生的各种方向、数量、时间的货运需要汇集、总括起来，开展高效率的混载化配送。引导运输企业积极开展地区混载服务，并将不同厂家的产品和不同种类的商品混合起来，从而发挥商品物流的批量效益，提高运货车辆的装载率。

10.2　共同配送

10.2.1　共同配送的产生与发展

1. 共同配送的产生背景

共同配送最早产生于日本，有以下原因。

一是日本企业间的竞争导致资源无法合理分配和利用。现代企业竞争越来越激烈，各个企业试图拥有自己的车辆，甚至车队，而本身运输量不够或者不均匀将导致运输成本的上升；为了提高顾客满意度，相对企业来讲偏远的分散的客户的配送将导致配送成本的上升；为了企业自身的利益，企业不愿意将自己的信息与别的企业共享这些都导致资源的无法合理分配和利用。

二是发货频率增高导致了许多日本的社会问题。在买方市场条件下，为了满足顾客的需求，多品种小批量的发货成为主流，这使发货频率越来越高，使得车辆的利用率不高，使得本已拥挤的交通更加不堪重负。由此带来的社会问题、环境问题日益突出，受到伤害的不只是企业，也有社会。

三是生产规模的扩大也为共同配送的产生创造了条件。在这样的背景下共同配送在日本出现了，并开始了它的早期发展。

2. 共同配送的内涵

共同配送是经长期的发展和探索优化出的一种追求合理化配送的配送形式，也是美国、日本等一些发达国家采用较广泛、影响面较大的一种先进的物流方式。它对提高物流运作效率、降低物流成本具有重要意义。中华人民共和国国家标准 GB/T 18354—2006 中对配送的定义是：在经济合理区域范围内，根据客户要求，对物品进行拣选、加工、包装、分割、组配等作业，并按时送达指定地点的物流活动。对共同配送的定义为：由多个企业联合组织实施的配送活动。从配送及共同配送的定义可以看出：配送通过现代物流技术的应用来实现商品的集货、储存、分拣和输送。因此，建立现代化的高效率的配送系统，必须以信息技术和自动化技术等各种现代物流技术为手段，以良好的交通设施为基础，不断优化配送方式，实现配送合理化。而实行共同配送就是实现配送合理化的一个主要方式，其实质是在同一个地区，许多企业在物流运作中相互配合，共同进行理货、送货等活动的一种组织形式。

3. 共同配送的方式

(1) 由一个配送企业对多家用户进行配送。即由一个配送企业综合一个区域内多个用户的要求，统筹安排配送时间、次数、路线和货物数量，全面进行配送，以代替对多个货主分别送货。其目的是为了节约配送资源，提高配送效率。

(2) 配送企业综合考虑多个客户的配送要求，在配送时间、地点、数量、次数、路线等方面进行系统的规划，在满足客户要求的前提下，实现全面规划、合理计划的配送。即仅在退货环节上将多家用户等待运送的货物混载于同一辆车上，然后按照用户的要求分别将货物运送到各个接货点，或者运到多家用户联合设立的配送货物接货点。这种配送有利于节省运力和提高运输车辆的货物满载率。

4. 共同配送的发展

早期的共同配送是以产品制造为中心，力图提高生产率、降低成本、提高产量。它是企业实施敏捷制造的重要技术之一。所谓的共同配送，其实就是由供应商、制造商、仓库、配送中心和渠道商等构成的物流网络。同一企业可能构成这个网络的不同组成节点，但更多的情况是由不同的企业构成这个网络中的不同节点。在分工愈细，专业要求愈高的共同配送中，不同节点基本上由不同的企业组成。在共同配送各成员单位间流动的原材料、在制品库存和产成品等就构成了共同配送的货物流。近年来随着国民经济的迅速发展和人民生活水平的提高，消费者的需求日益向个性化方向发展。制造商为了满足市场的需求，纷纷采用多品种、小批量的生产方式。相应地，高频、少量的配送方式也随之产生。这些都导致物流成本的上升。一些工业企业、商品流通企业纷纷建立自己的配送中心，或实现横向、纵向联合，实现共同配送，以降低物流成本，提高物流服务质量和水平。与此同时，这些企业都面临物流成本上升、投资物流现代化能力不足及物流专业人才缺乏等问题。因此，采用共同配送模式，整合社会资源以提升物流作业的效率、降低物流成本，已成为目前企业物流管理目标中关键的项目之一。

10.2.2　共同配送的优势与劣势

1. 共同配送的优势

从企业的角度来看，实现共同配送有以下优势：一是达到配送作业的经济规模，提高物流作业的效率，降低企业营运成本；二是不需投入大量资金、设备、土地、人力等。可以节省企业的资源；三是企业可以集中精力经营核心业务，促进企业的成长与扩张；四是扩大市场范围，消除原有封闭性的销售网络，建立共存共荣的经营环境。

从整个社会的角度来讲，实现共同配送有以下优势：一是减少社会车流总量，改善交通运输状况；二是实现供销方库存集约化和需方零库存；三是实现物流的系统化和专业化；四是通过提高服务水平，促进产品销售；五是减少中间环节，降低物流成本；六是促进地区经济的快速增长。总之，共同配送可以最大限度地提高人员、物资、金钱、时间等物流资源的使用效率，提高服务水平，降低成本，取得最大效益；还可以减少重复配送或交错配送，并取得缓解交通、保护环境等社会效益。

2. 共同配送的劣势

共同配送是物流配送发展的必然趋势，但因为共同配送涉及很多具体的细节问题，在实施过程中难免会出现一些困难和不足。具体表现在以下几个方面。

(1) 各业种经营的商品不同，有日用百货、食品、酒类饮料、药品、服装乃至厨房用品、卫生洁具等，难以进行商品管理。

(2) 不同的商品特点不同，对配送的要求也不一样，难以满足不同企业要求。

(3) 有可能泄露企业的商业机密。

(4) 容易出现纠纷，影响物流服务水平。

(5) 成本收益的分配容易出现问题。

(6) 为建立共同配送而投入的资源不易合理分配。

(7) 缺乏实现共同配送的领头企业。

(8) 建立共同配送的专家不足。

总之，各企业的规模、商圈、客户、经营意识等方面存在差距，往往很难协调一致；各企业经营业态的不同，对于配送的要求也不同，共同配送在管理上存在一定的难度。而且企业在决策时，可能由于一点不利因素或疑虑（如费用的分摊、泄露商业机密的担忧等），就否定了共同配送所具有的优势，不利于共同配送业务的拓展。

10.2.3　实施共同化配送的作用

长期以来，由于受到计划经济的影响，我国物流配送社会化程度低。物流管理体制混乱。机构多元化，各自为政，没有统一的领导。使得集约化经营优势难以发挥；规模经营、规模效益难以实现；设施利用率低，布局不合理，重复建设，资金浪费严重。而现代企业在商品生产、经营和配送上要适应不同区域、不同时间和不同消费需求的客户需要。客观上也要求多品种、少批量、高频率的现代物流服务，同时还要求提高服务水平，降低物流成本。这些都必须通过物流共同配送来实现。即通过共同配送中各种资源运作效率的提供，来适应市场变化，降低企业乃至整个社会的物流成本和物流费用水平，从而做到物尽其用、货畅其流。

1. 使物流系统无缝连接

这是使共同配送获得协调运作的前提条件，因为如果没有物流系统的无缝连接就会产生运输的货物逾期未到，顾客的需要就不能得到及时满足，采购物资中途受阻，这都会使共同配送的合作可能性和持续性大打折扣。

2. 有效减少库存总量

共同配送环境下，成员企业通过信息共享，加强了相互之间的沟通与合作，有助于集成化管理，这样就可以减少供应链上每个成员企业的不确定性，减少了每个成员的安全库存量。

3. 缩短企业订单处理周期

订单处理是企业商务环节中的一部分，缩短订单周期，可以使整个生产经营周期缩短。

4. 提高资金使用效率，降低营运资金财务成本

通过共同配送过程缩短库存周期，从而改善企业资金状况，增强企业现金流，提高企业经营效益。

5. 提高服务水平

共同配送管理环境下，企业可以尽快地把握真实的用户需求（一般性产品及服务、个性化产品与特殊服务）和准确的需求量，使企业的供应活动建立在真实的市场需求上。在共同配送环境下。物流通畅，企业能比竞争对手更快、更经济地将产品供应给用户，极大地提高了服务质量和用户满意度。

6. 提高了物流系统的快速反应能力

共同配送管理，使其成员企业能及时获得并处理信息，加速了作业流程重组能力，从而提高了整个系统对客户需求快速有效反应的能力。从以上分析可以看出，共同配送有利于克服不同企业之间的重复配送或交错配送。提高车辆使用效益，减少城市交通拥挤和环境污染；通过共同配送，可以扩大经营范围，满足用户不断发展的多样化需求，使物流更加合理。实现共同配送，将带来良好的社会效益和经济效益。因此，实施物流共同配送是必要的。

10.2.4 共同化配送的管理措施

共同配送的本质在于发挥企业人、财、物、时间等物流经营资源最大效率的同时，促进物流服务效益及社会效益的提高。同时要将信息技术体系应用于物流共同配送系统之中。因此，物流企业在实现共同配送的过程中，要时刻观察和克服配送不合理的现象。这些不合理表现在经营观念、配送决策、库存决策、送货运输及各种资源的配置，等等。为了更好地实施共同配送，提高效率，企业可以采取以下措施来加强物流管理。

1. 运用现代信息技术

共同配送管理环境下的物流高度依赖于对大量数据、信息的采集、分析、处理和及时更新。现代信息技术在物流管理中的应用主要有以下几种：电子数据交换技术；条形码技术；地理信息系统；全球定位系统；电子商务。

2. 建立科学、合理的社会化物流配送中心和实行电子商务物流配送

（1）建立社会化物流配送中心。以“一流三网”的模式，即以订单信息流、全球供应链

资源网络、全球用户资源网络和计算机信息网络的“同步模式”，整合业务流程，提供优质的多样化和个性化服务，从而实现零库存、零距离、零营运资本的“三零”目标。近年来，随着连锁商业的发展，配送中心的建设受到重视，特别是连锁企业自建配送中心的积极性很高。目前全国有 700 多家连锁公司，较大型的连锁公司已在建设自己的配送中心，一些店铺数量少、规模不大的小型连锁企业也在筹建配送中心。以期实现 100%的商品由自己的配送中心配送。而一个功能完善的社会化的配送中心的投资相当巨大，配送量过小必然造成负债过多、回收期长，反过来又影响连锁企业的发展；同时，社会上又有相当数量的仓库、车辆等设施在闲置。形成了投资上的重复、浪费。因此，建立社会化物流配送中心，对于合理配置社会资源，减少浪费，促进国民经济的健康发展有着积极意义。

(2) 建立电子商务物流配送。近年来，我国的电子商务企业发展迅猛，业务量呈几何级数增长。电子商务的快速发展带来对物流的巨大需求，而我国物流对电子商务发展的制约瓶颈问题也日益突出。但目前不宜普遍采用自建物流中心的物流模式，而应与第三方物流公司签订长期稳定的合作关系，建立共同配送模式，从整体上提高供方取得价格优惠的能力，并实现优势互补，促进企业走向联合的规模经济之路。电子商务作为一种快捷的交易方式，只有将虚拟活动与实体形式有效结合，才可能具有整体优势；现代物流能提高电子商务的效率，快速、有效地达到电子商务的供应目标。两者的有效结合，能使我国经济更为快速稳健地发展，创造最大价值。

(3) 培养物流管理专业人才。随着信息技术在物流领域中的广泛应用和物流企业信息密集程度的提高，对物流从业人员的知识水平和技能水平的要求也随之发生变化。因此，加强物流从业人员信息技术知识与技能的培训，培养既懂现代物流实务又懂信息技术，有创新思维的复合型人才，才能满足相关企业的物流人才需求，促进企业的快速发展。

10.3　电子商务配送

10.3.1　电子商务概述

电子商务（Electronic Commerce，EC），通常是指在全球各地广泛的商业贸易活动中，在因特网开放的网络环境下，基于浏览器/服务器应用方式，买卖双方不谋面地进行各种商贸活动，实现消费者的网上购物、商户之间的网上交易和在线电子支付及各种商务活动、交易活动、金融活动和相关的综合服务活动的一种新型的商业运营模式。“中国网络营销网”相关文章指出，电子商务涵盖的范围很广，一般可分为企业对企业（Business-to-Business，B2B），或企业对消费者（Business-to-Customer，B2C）两种。另外还有消费者对消费者(Customer-to-Customer，C2C) 这种大步增长的模式。随着国内因特网使用人数的增加，利用因特网进行网络购物并以银行卡付款的消费方式已渐流行，市场份额也在迅速增长，电子商务网站也层出不穷。

1. 电子商务的发展阶段

第一阶段，是电子邮件阶段。这个阶段可以认为从 20 世纪 70 年代开始，平均的通信量以每年几倍的速度增长。

第二阶段，是信息发布阶段。从 1995 年起，以 Web 技术为代表的信息发布系统，爆炸式地成长起来，成为目前因特网的主要应用。

第三阶段，是 EC（Electronic Commerce），即电子商务阶段。

EC 在美国也才刚刚开始。之所以把 EC 列为一个划时代的东西，笔者认为，是因为因特网的最终主要商业用途，就是电子商务。同时反过来也可以很肯定地说，若干年后的商业信息，主要是通过因特网传递。因特网即将成为我们这个商业信息社会的神经系统。

2. 电子商务的类型

（1）C2C。C2C 电子商务的发展趋势应该是向精细化和区域化发展，也就是说，今后再也不会出现像淘宝那样大型的 C2C 平台，而是会在全国各个中小城市出现一批面向当地客户的 C2C 平台，这种模式的特点是，规模小，交易平台可带可不带，信任度高。

C2C 技术方面的发展趋势是 3D 技术的应用，3D 技术的应用为 C2C 平台提供了更为人性化的服务，比如，可以在一些提供 3D 技术的平台上，根据自己的体型设计出跟自己体型大体一致的 3D 模型，在购买衣物或鞋子的时候，完全可以用模型来代替自己试穿，这也省去了很多调换的成本和麻烦。

（2）B2C。B2C 电子商务的发展趋势是更多的中小企业开始建立自己的网站，并且通过因特网来销售自己的产品，宣传自己的企业品牌，网站推广和网络营销成为他们关注的问题。如果企业网站上的产品价格够实惠，就会吸引更多的消费者来直接选择在企业网站上交易，而不会再去真正意义上的 C2C 平台上去购物。说明线上的交易也要配合线下的销售和宣传才能达到一定的效果，这也是 B2C 电子商务的发展趋势。

（3）B2B。电子商务发展趋势应该是向产品和服务的创新性上发展，传统的 B2B 提供的发布供求信息及线上交易，已经满足不了如今需求不断改变的客户了，需要 B2B 平台更多的开发出新的带有创新性和人性化的产品。比如慧聪就没有沿用阿里的盈利模式而是不断发展同盟及合作伙伴，加上由其组织的开办展会为其会员服务就是一种不错的尝试，而且事实证明他们这种尝试是正确的，再比如更多的新型的 B2B 平台开始尝试商业化视频方面的发展，这种盈利模式也是一种技术和服务上的创新，瀛商网，就主推其商业化视频的优势，为客户提供视频化的 B2B 平台，以及推出了类似于电视台一种网络广告电视，在创新意识上可谓是领先于同行业者。并且他们也像慧聪一样办起了自己的供求洽谈会，不同的是瀛商网自己斥资上亿元建设了商务中心来开办展会，可谓是大手笔，在国内也是首屈一指的，当然这种模式成功与否还需要时间来证实，但是创新的思维的确是 B2B 平台发展必需的一个元素。

（4）C2B。这是电子商务领域新出现的模式。C2B 模式是先在网上聚合一个庞大用户群，形成一个社区，以团购等形式获得批发商的价格。

3. 电子商务与物流配送的关系

1）电子商务给配送带来了新的挑战和机遇

表面上看，电子商务似乎只是交易方式的改变。实际上，电子商务及其核心技术——信息技术也改变着社会经济的各个方面，给配送的经济环境带来了全方位的变化，从而对配送提出了新的要求。由于配送是电子商务不可或缺的组成部分，配送能力不足必将阻碍电子商务的进一步发展。当前，配送对电子商务发展的制约是国际性的，即使在发达国家也没有完全克服。世界上最大的亚马逊网上书店至今仍未摆脱赤字经营的主要原因就在于它不得不投巨资建设物流中心并支付大量的物流费用。对于物流发展滞后的我国来说，这种挑战显得更

为严峻。

2）配送是电子商务中必不可少的组成部分

无论是 B2B 还是 B2C，电子商务的每笔交易都包含三个基本过程即商品信息的发布与交流；网上商品的交易与结算；商品送达用户手中的配送过程。其中，信息流、商流和资金流的处理都可以通过计算机和网络通信设备实现，而商品实体的流动则是较为特殊的一种。除了少数电子产品（如软件、电子出版物、信息咨询服务等）可以直接通过网络传输的方式交货，大多数商品仍要通过物理方式传输。因此，配送在整个电子商务活动中占据着非常重要的地位，它的成功与否直接关系到电子商务的成败，它的运作效率和成本决定着电子商务所带来的经济价值。配送是保障电子商务生存和发展，实现电子商务“以顾客为中心”理念的根本保证。电子商务归根到底是商务，没有准确、及时的配送，再先进的电子商务都只能是空中楼阁。相反，快捷、准确又便宜的配送服务则有利于扩大电子商务的市场范围，提高其市场竞争力，从而推动电子商务的快速发展。纵观世界各国电子商务发展较快的企业，不难发现他们都是以强大的配送能力为支撑的。电子商务是交易方式的又一次革命，它可能引发的交易规模的扩大和生产力的迅速发展是前所未有和难以估量的。因此，尽管电子商务的近期利益不太明显，但从长远来看，当前发展电子商务的必要性不容置疑。由此可以看到我国发展电子商务配送的紧迫性。我国电子商务的配送问题是一个既有共性，又有个性的问题，它既有历史的必然性，又与我国的现实状况息息相关。

10.3.2 电子商务下物流配送的地位与作用

1. 电子商务下物流配送的地位

电子商务的主体是商务，商务的核心是商品交易，这必然涉及商品所有权的转移，货币的支付，相关信息的传递，商品实体的转移。即商流、资金流、信息流、物流。在电子商务环境下，这四部分都与传统情况不同。电子商务通过快捷、高效的信息处理手段可以比较容易地解决信息流（信息交换）、商流（商品所有权的转移）和资金流的问题，而将商品及时地配送到用户手中，即完成商品的空间转移（物流）才标志着电子商务过程的结束。因此，作为整个交易的最后一个过程，物流配送执行结果的好坏将对电子商务交易的成败起着十分重要的作用，对整个电子商务过程的实现起着决定性的作用，没有物流的实现，整个商务过程就等于失败。

2. 电子商务下物流配送的特征

电子商务下的物流配送定位在为电子商务的客户提供服务，根据电子商务的特点，对整个物流和配送体系实行统一的信息管理和调度，按照用户订货要求，在物流基地进行理货工作，并将配好的货物送交收货人的一种物流方式。作为一种新型物流配送方式，它具有以下特征。

(1) 信息化。电子商务下的物流配送是建立在电子信息技术基础上的。信息技术实现了数据的快速、准确传递，提高了仓库管理、装卸运输、配送发运的现代化水平。

(2) 现代化。电子商务下的新型物流配送使用条形码、语音、射频、自动分拣系统、自动存取、自动跟踪等先进的技术、设备与管理，提高配送的反应速度，缩短配送时间，为销售提供服务。

(3) 自动化。电子商务下的物流配送中的运送规格标准、仓储货、货箱排列装卸、搬运等均按照自动化标准作业，并按照最佳配送路线配送商品。

(4) 社会化。很多传统的物流配送中心往往是某企业为给本企业或本系统提供物流配送服务而建立起来的，这些物流配送中心虽然也有为社会服务的，但具有很大的局限性。电子商务下的新型物流配送打破以前物流配送的各项功能分别从属于社会各单位、各部门，条块分割，导致物流配送功能弱化，系统不完整等局面，遵循社会化大生产分工协作的客观要求，加快了物流配送活动的社会化进程。

(5) 合理化。电子商务下物流配送通过一个渐进的过程，将物流配送各个环节合理地相互衔接，相互适应，形成最佳的结构、流程和运行机制，既能够充分发挥各环节的效率，又能够充分发挥物流配送整体的效率，实现了物流配送的合理化。在电子商务下，物流配送合理化是物流配送系统的基本功能和运行特征。

(6) 虚拟性。基于网络所具有的虚拟性特征，企业可以在网络上对电子商务下的物流配送活动进行现实虚拟，生成各种环境，作用于人的视觉和听觉等，使人们不仅可以看到配送活动的图像，而且还可以进行配送的操作演示，产生身临其境的感觉，可使企业有效地对配送活动进行实时监控，保证配送环节的合理衔接，提高配送效率。这一特征是传统物流配送无法比拟的。

10.3.3 我国电子商务下物流配送发展现状与分析

随着电子商务在我国的飞速发展，各种类型的购物网站纷纷涌现，为消费者和顾客提供了大量的商品。电子商务交易的绝大多数商品都是有形产品，交易是否成功很大程度上依赖于实际物流操作，即能否及时把货物送到顾客手中。没有及时、准确的配送，电子商务的快捷、便捷优势就会消失殆尽，物流配送环节转而成为制约电子商务发展的瓶颈。对顾客来说，物流配送是电子商务交易过程中最后也是关键的一环，物流配送服务质量的高低直接影响到顾客以后是否还将选择电子商务这种交易方式。事实上，在中国电子商务快速发展过程中，物流配送发展严重不足。在网上实现商流活动后，没有一个有效的社会物流系统对实物的转移提供低成本的、适时的、适量的转移服务。严格意义上讲，中国目前的物流配送体系非常落后，存在着以下问题。

1. 物流基础设施不完善，物流技术落后

大多数物流配送中心各种软硬件设施、设备落后，无法实现管理科学化、作业机械化、自动化。

2. 物流配送成本高

电子商务下的物流配送，既要面向批发商和零售商，还要直接面对大批的最终消费者，由于各方面配送需求的不均衡，较难形成集中的有规模的配送流量，由此造成配送任务复杂而琐碎，导致成本居高不下。目前，绝大多数电子商务企业和它的物流配送合作伙伴都直接让用户承担送货成本，使大众因费用的增加而远离电子商务。

3. 可以配送城市范围还很小，服务水平不均衡

由于电子商务下的客户在地理分布上是十分分散的，要求送货的地点不集中，配送网络不可能有像因特网那样广的覆盖范围。所以，电子商务下的物流配送往往会根据销售区域的

不同采取不同的配送服务政策。如在电子商务普及的大城市，订货可能比较集中，物流配送便提供快捷、准确、及时、免费的服务。但对偏远地区的客户，由于要进行集货，送货期限肯定比大城市长得多，这些地区的电子商务消费者享受的服务就要差一些。仍然面对的是传统的、低效的、收费的物流配送服务。

4. 物流配送信息化、集成化管理水平普遍较低

当前物流企业的信息化程度还很低，管理信息系统不健全，企业间物流共享机制尚未形成，信息资源的利用尚未跨部门、跨行业整合，利用系统集成软件技术优化物流配置的企业非常少，大大影响了物流配送服务水平。

5. 电子商务物流人才缺乏

我国电子商务教育和物流管理教育都处于落后状态。电子商务物流人才的稀缺，已成为制约我国电子商务和物流业发展的巨大障碍。

10.3.4　发展电子商务配送的对策

针对我国电子商务下的物流配送现状，在推行或应用电子商务过程中，物流业必须制订切实可行的措施，发展适合我国电子商务发展的物流配送。为此我国应加强物流基础设施的建设，做好总体物流规划；重视物流管理的教育和研究，培养物流专业人才；建立物流配送中心的信息管理系统；建立大型物流中心，形成规模优势。

1. 正确地选择物流配送模式，以改善配送效果、提高物流配送的效率和效益

目前在我国电子商务实践中，从事电子商务的公司为解决物流配送的问题，主要采取了三种方式：一是建立自己的配送渠道和设施，依靠自己的能力搞配送；二是委托专业物流配送机构完成商品配送；三是与百货商店、连锁店、邮政快递等原有配送网络搞联合、协作，共同完成物流配送。第一种方式适合实力雄厚的大型企业，但这种方式不宜作为国内电子商务物流配送的主要发展方向；第三种方式将电子商务配送与传统物流一体化，有利于集中使用物流资源，优化物流配送网络，应提倡和鼓励。此种方式可进一步向供应链管理发展，但应解决传统企业信息化程度低、配送渠道和设施不完善等问题；笔者认为第二种方式比较适合我国国情，可进一步向独立第三方物流发展，但应解决好目前矛盾比较集中的商品配送价格等问题。由于第三方物流企业物流设施力量比较雄厚，地理位置比较好，有一定管理人才和管理经验，有遍布全国的物流渠道和物流网络，适应性强，能根据客观经济需要，转变思想提高物流水平，完成物流配送各项任务。所以选择该模式，可以实现高效率、高收益的物流配送。

2. 加强物流基础设施建设，建立物流配送管理信息系统，实现物流配送信息化

首先，应加强物流活动中涉及的各种机械设备、运输工具、道路建设、仓库建筑、场站等基础设施和服务于物流配送的计算机网络设施的建设和改造。其次，建立物流配送管理信息系统，以有效弥补交通等其他条件的不足，优化配送流程，选择低成本的运输方式或路径实现配送，实现物流配送信息化。

3. 大力培养电子商务物流与配送方面的人才

电子商务物流配送需要的人才是指从事物流理论研究与实务的专门人才；是懂电子商务

理论和实务的专门人才；是既懂IT技术又懂电子商务网络经济的人才；是既懂电子商务又懂现代物流的有创新思想的复合型人才。电子商务物流人才的培养将有利于电子商务物流的发展。首先，应建立由政府、物流企业、社团组织、科研院校等机构部门参与的产学研体系，解决物流企业人才缺乏等现实问题。其次，应对现有职工进行有计划的定期培训，使职工成为具有一定物流知识水平和实践经验的物流配送方面的从业人员。

电子商务的任何一笔网上交易，都必须涉及信息流、商流、资金流和物流等这几种基本“流”，而作为整个交易的最后一个过程，物流和配送执行结果的好坏对电子交易的成败起着十分重要的作用。我们应结合具体实际，建立和发展电子商务物流配送体系，加快实现物流配送的信息化、现代化、社会化，以适应电子商务发展需求。

10.4 分拨配送

10.4.1 分拨配送的概念

分拨配送首先是由日本兴起的。在20世纪60年代，日本经济起飞的同时，出现了生产发展与流通落后矛盾的尖锐化，为解决这一矛盾，日本政府和企业各界开始重视“物流”，随着日本物流理论的研究与实践，物流在日本发展很快，分拨配送就是在这种背景下产生的。而配送之所以能够发展至今，并在世界上许多国家成功推广，其根源是由经济利益驱动的。

目前分拨配送的表述有以下几种。

(1) 最终将物品按指定时日安全准确地送达客户的输送活动。

(2) 面向城市区域范围内，对需求者进行的运输。

(3) 从分拨配送中心到顾客之间的空间移动。

(4) 把货物从物流据点送交到收货人处。

(5) 从中央仓库或小型存货点运货给顾客的发送活动。

(6) 根据用户的需求，在物流据点中进行分货、配货工作，并将配好之货物送交收货人。

10.4.2 分拨配送的特点

从上述对分拨配送的各种表述中，我们认为分拨配送至少应有以下特点。

(1) 分拨配送是直接面向用户的运送活动，配送的终点是顾客。

(2) 分拨配送是一种短程运送，一般是终端运输，在某一城市或区域内进行。

(3) 分拨配送是根据用户的需要进行的，因此，在运输前需要进行必要的配货。

(4) 分拨配送是采用现代化手段进行的，必须具有现代化的装卸和配送设施。

10.4.3 分拨配送的作用

在整个物流过程中，配送与运输、储存、装卸、搬运等环节构成物流系统。而分拨配送在物流中占有重要地位，由于物流的最终目的是为了满足用户对所需要的货物的要求，其中，包括对货物的品种、数量、质量、供应时间及送达方式等方面，而分拨配送恰恰体现了物流的最终效果，它直接为用户服务，从这个意义上讲，物流成果主要是通过分拨配送来实现的。分拨配送在物流乃至整个流通中的作用，体现在以下几个方面。

1. 有利于降低企业库存，改善生产企业的外部环境

分拨配送可以降低各个生产企业的库存，实现零库存，可以大大地改善生产企业的外部环境，提高原材料供应的保证程度。

2. 有利于完善运输过程

分拨配送是运输过程中的末端运输部分，它具有灵活性、适应性的特点，有利于改善支线运输条件，有利于提高整体运输效率，使运输过程得以完善和优化。

3. 有利于促进流通的社会化

分拨配送能够改变原来不合理的流通形式和流通格局。由于集中配送取代的是原来的一家一户的小生产的流通方式，现代化的大配送能够取代分散、多元化的物流格局，有利于打破条块分割、部门分割的局面，可以从根本上结束小生产方式和低效率运行的状态。

4. 有利于提高物流的经济效益

通过货物的集中库存和集中分拨配送，有利于维持合理的社会库存水平，减少不必要的中间环节，消除不合理的运输方式，缩短货物周转时间和减少货物的损失，加快资金周转速度等，这些都有利于提高企业的经济效益，对提高社会经济效益也有一定的促进作用。

10.4.4　分拨配送中心

1. 分拨配送中心的形成

分拨配送中心的形成和发展是与流通规模的不断扩大及消费需求水平的不断提高相联系的。日本有关资料记载：由于用户在货物处理的内容上、时间上和服务水平上都提出了更高的要求，为了顺利地满足用户的这些要求，就必须引进先进的分拣设施和配送设备，因此，在运输界大部分企业都建造了正式的分拨配送中心。可以看出，配送中心的形成与输送的关系极为密切。在日本，分拨配送中心是从运输界先行起步的，此时配送中心也可称为集配中心。

而后，为了适应经济变化，在激烈的市场竞争中求得生存与发展，西方的一些工业发达国家也逐步发展起分拨配送中心。而这些分拨配送中心有些是从传统的仓库发展而来的，这些传统仓库既具有储存功能，又不是被动地长期储存，从而成为物流系统中的一个重要环节，起到货物的集散作用，这就极大地缩短了物流的停留时间，加快了物流速度。

2. 建立分拨配送中心的必要性

开展分拨配送活动是否必须建立现代化的分拨配送中心，这一问题关系到国家投资、土地占用等重大决策，因此，要慎重从事。从我国的实际出发，应贯彻两条腿走路的方针，既要建立一定数量配有先进配送设施的分拨配送中心，以满足我国生产日益发展的需要；又要充分利用现有普通流通仓库或中转站的设施和人员，广泛开展分拨配送活动。

3. 分拨配送中心的功能

由于分拨配送中心是通过集货、备货、配货和送货等环节来实现货物的配送任务，为此，配送中心一般应该具有以下几方面的功能。

(1) 集货功能。分拨配送中心为了实现按用户的需要来配送货物，那么，首先必须从众多的生产企业中收集大量品种规格较齐全的货物，一般集货批量应该大于配货批量。集货一般采用大批量运输手段，如火车、船舶、大型卡车，并有装卸能力较大的设备，这样可以提高卡车的满载率，降低费用成本。

(2) 储存保管功能。储存，一是为了解决季节性货物生产计划与销售季节的时间差问题；二是为了解决生产与消费这间的平衡问题。为保证配送活动能够正常开展，满足用户的随机需求，配送中心不仅应保持一定量的商品储备，而且要做好库存货物的保管保养等工作，以保证储备商品的数量，确保质量完好。

(3) 分货、拣货与配货功能。将集中的大量商品按用户的需要重新分拣、配齐后，送至用户。这是配送中心的主要功能之一，也是区别传统仓库的主要方面。

(4) 装卸搬运功能。集货、储存、分拣配货等过程都需要进行装卸搬运，装卸搬运作业效率的高低、质量的好坏直接影响配送的速度和质量。因此，分拨配送中心必须具有快速的装卸搬运设备。

(5) 流通加工功能。在分拨配送过程中，为了解决生产中大批量和消费中的小批量、多样化要求的矛盾，按照用户对货物的不同要求，对货物进行分装、配装等加工活动，这也是分拨配送中心的职能之一。

10.5 绿色物流配送

10.5.1 绿色物流的定义

所谓绿色物流，就是以降低对环境的污染、减少资源消耗为目标，利用先进物流技术规划和实施运输、仓储、装卸搬运、流通加工、配送、包装等物流活动。

绿色物流是部分学者近几年提出的一个新课题，是从环境和可持续发展的角度建立的环境共生型的物流管理系统。

目前，对绿色物流还没有形成较为成熟的定义，随着供应链管理理论的发展，绿色供应链、生态供应链的概念也应运而生，绿色物流理论主要是改变原来由“资源— 产品—废弃物排放”所构成的开环型物质单向流动模式，而构成一种“资源—产品—再生资源”的闭环型物质流动系统。为此引入了逆向物流的概念，所谓逆向物流是指在废弃物回收利用过程中产生的物流活动。

当前研究主要限于绿色物流、绿色供应链管理等概念，研究成果主要是针对物流系统某些环节的单项技术，缺乏可持续发展的整体思想指导。研究工作一方面着重于研究物流与环境问题，而忽视了物流与资源消耗，物流与社会发展等问题的研究；另一方面，目前研究工作大多将资源与环境作为外生变量来加以分析，以寻求一些缓解物流与环境两者之间矛盾的办法，并未将资源、环境、物流与经济发展等作为一个整体来进行考虑。

绿色物流说则是从可持续发展的角度出发，认为现代物流是一个循环物流系统，它是由正向物流和逆向物流共同组成的系统，研究现代物流必须在综合考虑物流、经济、资源、环境等因素的前提下，分析现代物流系统的运行机理、发展战略和模式。

10.5.2 绿色物流的起因分析

1. 人类环境保护意识的觉醒

随着世界经济的不断发展，人类的生存环境也在不断恶化。具体表现是：能源危机，资

源枯竭，臭氧层空洞扩大，环境遭受污染，生态系统失衡。以环境污染为例，全球 20 多个特大城市的空气污染超过世界卫生组织规定的标准。人类的认识往往滞后于客观自然界的发展，当前生态环境保护的意义逐渐被人类所认识。20 世纪 60 年代以来，人类环境保护意识开始觉醒，十分关心和重视环境问题，认识到地球只有一个，不能破坏人类的家园。于是，绿色消费运动在世界各国兴起。消费者不仅关心自身的安全和健康，还关心地球环境的改善，拒绝接受不利于环境保护的产品、服务及相应的消费方式，进而促进绿色物流的发展。与此同时，绿色和平运动在世界范围内展开，环保勇士以不屈不挠的奋斗精神，给各种各样危害环境的行为以沉重打击，对于激励人们的环保热情、推动绿色物流的发展，也起到了极其重要的作用。

2. 各国政府和国际组织的倡导

绿色物流的发展与政府行为密切相关。凡是绿色物流发展较快的国家，都得益于政府的积极倡导。各国政府在推动绿色物流发展方面所起的作用主要表现在：一是追加投入以促进环保事业的发展；二是组织力量监督环保工作的开展；三是制定专门政策和法令来引导企业的环保行为。

环保事业是关系到人类生存与发展的伟大事业，国际组织为此作出了极大的努力并取得了显著成效。1992 年，第 27 届联大决议通过把每年的 6 月 5 日作为世界环境日，每年的世界环境日都规定有专门的活动主题，以推动世界环境保护工作的发展。联合国环境署、世贸组织环境委员会等国际组织展开了许多环保方面的国际会议，签订了许多环保方面的国际公约与协定，也在一定程度上为绿色物流发展铺平了道路。

3. 经济全球化潮流的推动

随着经济全球化的发展，一些传统的关税和非关税壁垒逐渐淡化，环境壁垒逐渐兴起。为此，ISO 14000 成为众多企业进入国际市场的通行证。ISO 14000 的两个基本思想是预防污染和持续改进，它要求建立环境管理体系，使其经营活动、产品和服务的每一个环节对环境的影响最小化。ISO 14000 不仅适用于第一、二产业，也适用于第三产业，更适用于物流业。物流企业要想在国际市场上占一席之地，发展绿色物流是其理性选择。尤其是我国加入 WTO 后，将逐渐取消大部分外国股权限制，外国物流业将进入我国市场，势必给国内物流业带来巨大冲击，也意味着未来的物流业会有一场激烈的竞争。我国物流业加紧发展绿色物流，是应对未来挑战和在竞争中占得先机的重要机遇。

4. 现代物流业可持续发展的需要

绿色物流是现代物流可持续发展的必然。物流业作为现代新兴产业，有赖于社会化大生产的专业分工和经济的高速发展。而物流要发展，一定要与绿色生产、绿色营销、绿色消费等绿色经济活动紧密衔接。人类的经济活动不能因物流而过分地消耗资源、破坏环境，以至于造成重复污染。此外，绿色物流还是企业最大限度降低经营成本的必由之路。一般认为，产品从投产到销出，制造加工时间仅占 10%，而几乎 90%的时间为仓储、运输、装卸、分装、流通加工、信息处理等物流过程。因此，物流专业化无疑为降低成本奠定了基础。但当前我国的物流基本上还是高投入大物流、低投入小物流的运作模式，而绿色物流强调的是低投入大物流的方式。显而易见，绿色物流不仅是一般物流所追求的降低成本，更重要的是物流的绿色化和节能高效少污染，由此可以带来物流经营成本的大幅度下降。

10.5.3 绿色物流配送的方式

绿色配送是指以节约能源、减少废气排放为特征的配送。其实施途径主要包括：合理选择配送工具和运输路线，克服迂回运输和重复运输，以实现节能减排的目标；改进内燃机技术和使用清洁燃料，以提高能效；防止运输过程中的泄漏，以免对局部地区造成严重的环境危害。

运输配送是物流活动中最主要的活动，但同时也是物流作业耗用资源、污染和破坏环境的重要方面。运输配送过程中产生的尾气、噪声、可能出现的能源浪费等都对绿色物流管理提出了课题。近年来激烈的能源供求矛盾使运输的绿色化更加凸显出来。如何实现绿色配送，保证配送与社会经济和资源环境之间的和谐发展，实现配送的可持续发展模式已成为我国物流业发展的重要内容。发达国家的成功经验为我国企业配送绿色化提供了借鉴。

1. 发展多式联运

伴随着我国国际化步伐的加快，国家对资源节约和环境保护的重视程度将与日俱增。我国已实施了一些法律并制定一些优惠政策如对公路运输提价，鼓励铁路运输等鼓励企业绿色生产、绿色经营。而从美国运输企业实现绿色化的经验来看，大量采取多式联运是企业遵守国家法律和制度、推行物流绿色化的有效途径。

多式联运可以减少包装支出，降低运输过程中的货损、货差。多式联运的优势还表现在：它克服了单个运输方式固有的缺陷，通过最优化运输线路的选择，各种运输方式的合理搭配，使各种运输方式扬长避短，实现了运输一体化，从而在整体上保证了运输过程的最优化和效率化，以此降低能源浪费和环境污染；另一方面，从物流渠道看，它有效地解决了由于地理、气候、基础设施建设等各种市场环境差异造成的商品在产销空间、时间上的分离，促进了产销之间紧密结合及企业生产经营的有效运转。

多式联运不是单纯的运输方式的转换，而是运输企业或运输承运人的自觉行动，以提高运输效率。联运的主要特点是：在从生产者到消费者的整个行程中，货物运输在公路和铁路（有时是水上）之间连续不断的，联运的核心是每一种运输形式都发挥出最适应其运输特点的应有的作用。

2. 发展共同配送

配送是指在经济合理区域范围内，根据用户要求，对物品进行拣选、加工、包装、分割、组配等作业，并按时送达指定地点的物流活动。配送作为一种现代流通组织形式，集商流、物流、信息流于一身，是具有独特运作模式的物流活动。在物流活动中，运输主要是指长距离两地间的商品和服务移动，而短距离、少批量、高频率的商品和物品的移动常常称之为配送。

共同配送指由多个企业联合组织实施的配送活动。它主要是针对某一地区的客户所需要物品数量较少而使用车辆不满载、配送车辆利用率不高等情况。共同配送可以最大限度地提高人员、物资、资金、时间等资源的利用效率，取得最大化的经济效益。同时，可以去除多余的交错运输，并取得缓解交通，保护环境等社会效益。对企业界而言，向物流绿色化推进就必须实行共同配送，以节约能源，防止环境污染。

3. 建立信息网络

当前经济形式对多品种小批量的物流要求成为趋势，就更要求企业信息系统的顺畅可靠。

因此采用和建立库存管理信息系统、配送分销系统、用户信息系统、EDI/Internet 数据交换、GPS 系统及决策支持系统、货物跟踪系统和车辆运行管理系统等，对提高物流系统的运行效率起着关键作用。同时要更好地建立和运用企业间的信息平台，将分属不同所有者的物流资源通过网络系统连接起来进行统一管理和调配使用，物流服务和货物集散空间被放大，使物流资源得到充分利用。

10.5.4　绿色物流配送实施策略

1. 树立绿色物流观念

观念是一种带根本性和普遍意义的世界观，是一定生产力水平、生活水平和思想素质的反映，是人们活动的指南。由于长期的低生产力，人们更多地考虑温饱等低层次问题，往往为眼前利益忽视长远利益，为个体利益忽视社会利益，企业因这种非理性需求展开掠夺式经营，忽视长远利益和生态利益及社会利益，进而导致来自大自然的警告。人们开始意识到：一切经济活动都离不开大自然，取之于大自然，复归于大自然。于是乎，循环经济或绿色经济应运而生，引起人们经济行为的变化，甚至社会经济结构的转变，一系列新的市场制度和经济法规，迫使企业降低环境成本而采用绿色技术，进行绿色生产、绿色营销及绿色物流等经济活动。许多专家认为，21 世纪是绿色世纪。据世界经济合作与发展组织统计，2000 年世界绿色消费总量已达到 3 000 亿美元，以后还会大幅度增长。循环经济或绿色经济要求物流企业，在经营决策的时时刻刻，综合考虑人们的近期需求和长远利益、企业利益和社会利益、有形利益和无形利益。并以此观念，策划绿色物流活动。因此，企业经营者必须尽快提高认识和转变观念，绝不能存在"环保不经济，绿色要花费"的思想，把绿色物流作为世界全方位绿色革命的重要组成部分，确认和面向绿色物流的未来。

2. 推行绿色物流经营

物流企业要从保护环境的角度制订其绿色经营管理策略，以推动绿色物流进一步发展。

(1) 选择绿色运输。通过有效利用车辆、降低车辆运行，提高配送效率。例如，合理规划网点及配送中心、优化配送路线、提高共同配送、提高往返载货率；改变运输方式，由公路运输转向铁路运输或海上运输；使用绿色工具，降低废气排放量，等等。

(2) 提倡绿色包装。包装不仅是商品卫士，而且也是商品进入市场的通行证。绿色包装要醒目环保，还应符合 4R 要求，即少耗材（Reduction)、可再用（Reuse)、可回收(Reclaim) 和可再循环（ Recycle)。

(3) 开展绿色流通加工。由分散加工转向专业集中加工，以规模作业方式提高资源利用率，减少环境污染；集中处理流通加工中产生的边角废料，减少废弃物污染，等等。

(4) 搜集和管理绿色信息。物流不仅是商品空间的转移，也包括相关信息的搜集、整理、储存和利用。绿色物流要求搜集、整理、储存的都是各种绿色信息，并及时运用于物流中，促进物流的进一步绿色化。

3. 开发绿色物流技术

绿色物流的关键所在，不仅依赖绿色物流观念的树立、绿色物流经营的推行，更离不开绿色物流技术的应用和开发。没有先进物流技术的发展，就没有现代物流的立身之地；同样，没有先进绿色物流技术的发展，就没有绿色物流的立身之地。而我们的物流技术与绿色要求

有较大的差距，如物流机械化方面、物流自动化方面、物流的信息化及网络化，与西方发达国家的物流技术相比，大概有 10～20 年的差距。要大力开发绿色物流技术，否则绿色物流就无从谈起。

4. 制定绿色物流法规

绿色物流是当今经济可持续发展的一个重要组成部分，它对社会经济的不断发展和人类生活质量的不断提高具有重要意义。正因为如此，绿色物流的实施不仅是企业的事情，而且还必须从政府约束的角度，对现有的物流体制强化管理。一些发达国家的政府非常重视制定政策法规，在宏观上对绿色物流进行管理和控制。尤其是要控制物流活动的污染发生源，物流活动的污染发生源主要表现在：运输工具的废气排放污染空气，流通加工的废水排放污染水质，一次性包装的丢弃污染环境，等等。因此，他们制定了诸如污染发生源、限制交通量、控制交通流等的相关政策和法规。国外的环保法规种类很多，有些规定相当具体、严厉，国际标准化组织制定的最新国际环境标志也已经颁布执行。尽管我国自 20 世纪 90 年代以来一直致力于环境污染方面的政策和法规的制定和颁布，但针对物流行业的还不是很多。制定和颁布这些环保政策或法规，既可以成为企业的压力，又可以为企业提供发展的机会，物流企业经营者进行分析研究，以便明确方向，克服障碍，推动绿色物流的顺利发展。

5. 加强对绿色物流人才的培养

绿色物流作为新生事物，对营运筹划人员和各专业人员的素质要求较高，因此，要实现绿色物流的目标，培养和造就一批熟悉绿色理论和实务的物流人才是当务之急。各相关大专院校和科研机构应有针对性地开展绿色物流人才的培养和训练计划，努力为绿色物流业输送更多合格人才；还可以通过调动企业、大学及科研机构相互合作的积极性，促进产学研的结合，使大学与科研机构的研究成果能转化为指导实践的基础，提升企业物流从业人员的理论业务水平。

实训

电子商务配送

实训目的

通过华软物流软件，掌握电子商务配送流程。

实训内容

商务订单制作，原材料采购，组织生产，配载配送，电子销售。

实训要求

掌握各个单元的操作步骤，熟悉电子商务配送流程。

实训课时

4 课时。

实训步骤

（1）商务订单制作。

（2）原材料采购。

(3) 组织生产。

(4) 配载配送。

(5) 电子销售。

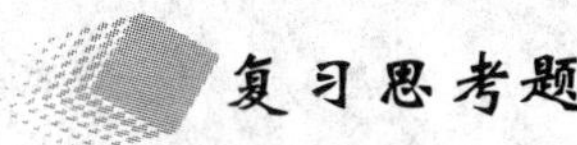

一、选择题

1.（　　）在配送方面发展得较为完善。

A. 南非　　B. 中国　　C. 新西兰　　D. 美国

2. 日本物流配送的特点有（　　）。

A. 分销渠道发达　　B. 信息化程度有限　　C. 大批量送货　　D. 区域范围狭小

3.（　　）指在经济合理的区域范围内，根据客户要求，对物品进行分拣、加工、包装、分割、组配等作业。

A. 协同配送　　B. 一般配送　　C. 共同配送　　D. 定时配送

4. 电子商务的类型有（　　）。

A. B2B　　B. B2C　　C. C2C　　D. A2C

二、判断题

1. 初期送货，是以单独企业为主体，为满足用户配送要求，出现了配送企业车辆利用率低，不同配送企业之间交错运输，交通紧张，事故频繁等许多方面不合理。（　　）

2. 分拨配送首先是由美国兴起的。（　　）

3. 提高车辆使用效益，减少城市交通拥挤和环境污染；通过共同配送，可以扩大经营范围，满足用户不断发展的多样化需求，使物流更加合理。实现共同配送，将带来良好的社会效益和经济效益。（　　）

4. B2B 模式指的是企业对企业，这是电子商务领域新出现的模式。（　　）

三、简答题

1. 共同配送的优势有哪些?

2. 试分析分拨配送的作用。

3. 试分析电子商务条件下配送的地位与作用。

一、选择题

1. D　2. A　3. C　4. ABC

二、判断题

1. √　2. ×　3. √　4. ×

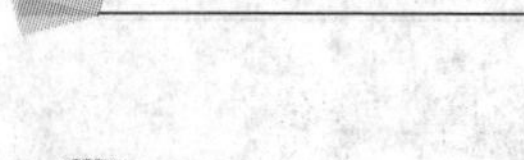

案例分析

绿色物流是未来趋势

这是一个人人都开始谈论全球经济衰退的年头。这是一个物流业对前景表示谨慎乐观，同时小心翼翼探求发展之道的年头这也是大企业越来越关注环保，担起自身社会责任的年代。在这样的时代，行业领军企业的生存之道尤为引人关注。

1. 这并不是艰难时世

“我相信在这次危机当中，中远物流能够平稳地度过，而且会取得一些新的发展机会。”对于未来，中国远洋物流有限公司（简称中远物流）依然乐观。叶伟龙表示，这次金融危机对整个物流行业来说有比较深刻的影响，主要体现在两个方面：一个是国内需求锐减，另一个是外贸骤降。物流需求的变化对所有物流公司都会造成影响，我们也不例外。但值得欣喜的是，虽然我们在欧洲和美洲市场受到较大冲击，但仍然保持赢利。在亚太地区，尤其是一些发展中国家，我们的业绩还明显好于过去几年。

不久前出台的《物流业调整和振兴规划》（以下简称《规划》）给金融危机冲击下的物流业带来新的希望。《规划》指出，力争在2009年改善物流企业经营困难的状况，保持产业的稳定发展。到2011年，培育一批具有国际竞争力的大型综合物流企业集团，初步建立起现代物流服务体系。面对金融危机，中远物流也在竭力克服不利于企业自身发展的因素，积极拓展新的市场领域。对正处于国际化发展轨道中的中远物流来说，其他物流企业在金融危机中遇到的困难，中远物流实际上都遇到了，至于如何更好地度过这次危机，我们将通过进一步降低运营成本，进一步开发市场，同时进一步加快国际化的发展来稳固我们在中国物流行业中的地位。中国物流市场很庞大，中远物流扩大市场份额的空间还比较大，我相信在这次危机中，中远物流能够平稳度过，而且会取得一些新的发展机会。”叶伟龙坚定地说道。

《规划》中，加快企业兼并重组，培育一批服务水平高、国际竞争力强的大型现代物流企业”一度让中小物流企业担心自身的发展，甚至有质疑的声音表示物流方案更多地体现十大物流企业的愿望，它们的目的无非是加强自己对行业的控制。当记者把这份质疑抛向叶伟龙的时候，他笑了笑，解释道：“我想这些中小物流企业的担心根本没有必要。因为中国物流业近几年已经不存在垄断，完全成为一个充分竞争、充分开放的市场。在某种程度上，一些小的物流企业拥有比大的物流企业更灵活的运营管理体制，这是大型物流企业难以具备的。中小物流企业有着自身的商业模式，在这次金融危机当中或者危机过去之后，中小物流企业仍然可以找到他们的市场和空间，尤其对一些规模不大但同时具有良好竞争能力的中小型物流企业来说，目前是一个很好的发展机会。即使一些特别小的物流企业也可以选择和一些大的物流企业进行战略合作来稳固自身经营，度过危机。至于对小的物流企业的收购兼并，这是摆在大型物流企业面前的一个课题，每个企业都有自己的需求，也会选择收购的对象和收购时机，中远物流目前还没有这个考虑。”

2. 绿色物流是未来趋势

"我们的大客户在物流投标当中都要求环境承诺。环保已经成为投标的一个门槛。"一项关于公路货运的研究表明，空气中有16%的二氧化碳气体是由汽车产生的。据估算，每排放一吨二氧化碳所带来的经济破坏约为85美元。物流离不开运输，作为二氧化碳的重要产地"，在不久的将来，物流企业为排放的二氧化碳付费可能会成为一种趋势。因此，在物流系统和物流活动的规划与决策中采用对环境污染最小的方案，也越来越受到物流企业和客户的关注。中远物流作为中远集团全球契约的首批履约单位。从产品责任、安全、环境等方面履行着对环境的责任和对社会的责任，促进环境和企业的和谐发展。目前在国内的家电物流、化工物流、核能物流领域，中远物流一直居于国内物流行业领先位置。目前中远物流主要成本之一就是燃油消耗，依靠技术优化流程来减少碳排放，不仅可以不用担心未来欧美的准入限制，还可以减少我们的燃油消耗。"在实际操作中，中远物流对尾气排放采取了很多措施，叶伟龙向记者娓娓道来。

(1) 对运输车辆进行技术改造，以减少尾气排放，符合国际较高的标准。

(2) 组织专业团队研究节能减排课题。中远物流去年和IBM公司合作，用半年多时间对中远物流所有车辆运输的路径、节点实行计算机模拟，目的是通过路径的优化，减少行驶里程，以降低尾气排放。目前中远物流在家用电器的物流网络就运用了这些数据软件和计算机模型，极大地降低了车辆的无效行驶里程，减少了尾气排放。预计可以帮助中远物流大幅降低整个物流网络的碳排放，由此带来的减排效果相当于每年新植217万平方米的阔叶林，这个项目的研究也得到国家和政府的全力支持。

(3) 对于一些高放射性危险物资的运输，中远物流都和原国家环保总局、核安全局进行密切的配合。在运输途中都严格按照国家核安全局的要求定时对车辆周边的大气进行跟踪和实时监测，以完全符合国际组织和中国有关部门对运输此类危险物品的环保要求。目前这些工作均已纳入中远物流常态的质量体系和环境体系之中。

(4) 对在特殊环境地区运行的车辆都进行过技术改造，比如在西藏地区操作青藏铁路项目时对运行车辆进行技术改造，以避免对当地独特的环境造成不良影响。

(5) 设立专业从事化学危险品运输、储存的下属企业，这些企业均建立与跨国公司同等标准的质量体系和环境保护体系，并在所有的运输和储存环节建立实时监控系统，以确保中远物流的操作不对所经路线的沿途环境造成影响。同时中远物流还建立了化学品物流业务的应急体系，可在意外事件发生的第一时间作出响应，最大限度地降低对环境的危害。

叶伟龙认为，环境保护是所有企业和行业都应当关注的，虽然物流业并不像一些大型的工业制造企业一样在制造生产的过程中有很多环节与环保相关，但物流企业作为一个融合多种产业模式的特殊行业，在一些环节仍然是和环境保护相关联的。目前中远物流的外资客户及国内大客户在物流招标当中都要求物流企业作出环境承诺，环保已经成为物流投标的一个门槛和未来发展趋势。

对《规划》中提出的包装、逆向物流、废弃物回收，叶伟龙表示：在国外，很多制造业包括电子消费品，都有强制性的废弃物回收要求，国外一些专业的物流公司承担着这样的责任和义务，通过专业的物流技术为制造业提供一些类似废弃物回收服务。目前在中国此类工作更多的是由制造企业自己承担，极少有物流公司提供这些方面的专项服务，我们很希望中国一些大型物流企业利用他们自身网络及操作优势为中国的制造业提供逆向物流服务。《规划》把这一类的服务列入鼓励和扶持体系当中，我们很希望在振兴产业政策的实施细则当中作出明确的阐述和引导。”

思考题：为什么说绿色物流是未来趋势？中远下一步应该如何走？

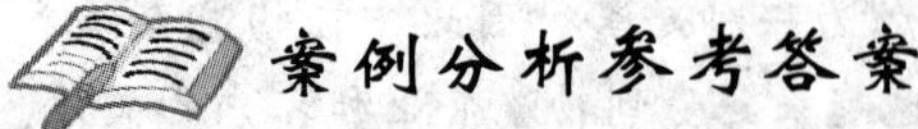

案例分析参考答案

参见本书 10.5 节绿色物流内容并结合案例进行分析。

参考文献

[1] 陈平. 物流配送管理实务[M]. 武汉：武汉理工大学出版社，2007.

[2] 宋杨. 运输与配送管理[M]. 大连：大连理工大学出版社，2006.

[3] 田红英. 物流配送管理[M]. 成都：四川大学出版社，2006.

[4] 杨振科. 现代物流与配送[M]. 北京：对外经济贸易大学出版社，2006.

[5] 高海晨. 连锁配送网络技术[M]. 北京：高等教育出版社，2008.

[6] 俞仲文，陈代芬. 物流配送技术与实务[M]. 北京：人民交通出版社，2002.

[7] 刘娜. 物流配送[M]. 北京：对外经济贸易大学出版社，2004.

[8] 郝大鹏. 第三方物流实务[M]. 武汉：武汉理工大学出版社，2007.

[9] 陈文若. 第三方物流[M]. 北京：对外经济贸易大学出版社，2004.

[10] 田宇. 第三方物流项目管理[M]. 广州：中山大学出版社，2006.

[11] 施李华. 物流战略[M]. 北京：对外经济贸易大学出版社，2004.

[12] 宋建阳，张良卫. 物流战略与规划[M]. 广州：华南理工大学出版社，2006.

[13] 李春生，戴旻. 人力资源管理学教程[M]. 北京：对外经济贸易大学出版社，2007.

[14] 魏新，刘苑，黄爱华. 人力资源管理概论[M]. 广州：华南理工大学出版社，2007.

[15] 李广义. 人力资源管理理论与方法研究[M]. 天津：天津大学出版社，2007.

[16] 王进，郭美娜. 运输管理实务[M]. 北京：电子工业出版社，2009.

[17] 周全申. 现代物流技术与装备实务[M]. 北京：中国物资出版社，2002.

[18] 李永生，郑文岭. 仓储与配送管理[M]. 北京：机械工业出版社，2006.

[19] 汝宜红. 现代物流[M]. 北京：清华大学出版社，2005.

[20] 连桂兰. 如何进行物流成本管理[M]. 北京：中国物资出版社，2005.

[21] 游战清，李苏剑. 无线射频识别技术(RFID)理论与运用[M]. 北京：电子工业出版社，2004.

[22] 张宗成. 现代物流信息化[M]. 广东：中山大学出版社，2001.

[23] 裴少峰. 现代物流技术学[M]. 广州：中山大学出版社，2001.

[24] 牛鱼龙. EDI 知识与应用[M]. 深圳：海天出版社，2005.

[25] 孙海. 物流信息技术[M]. 北京：人民交通出版社，2005.

[26] 江少文. 配送中心运营管理[M]. 北京：高等教育出版社，2006.

[27] 江少文. 现代仓储管理与实务[M]. 北京：中国铁道出版社，2006.

[28] 刘昌祺. 物流配送中心设计[M]. 北京：机械工业出版社，2002.

[29] 吴清一. 物流实务[M]. 北京：中国物资出版社，2003.

[30] 刘海燕，李宗平，叶怀珍. 物流配送中心选址模型[J]. 西南交通大学学报，2000，35(3).

[31] 曾钟钟，江志斌，许淑君. 物流公司配送绩效评价模型研究[J]. 工业工程与管理，2003，8(3).

[32] 马红燕，张光明，盛永祥. 评价物流企业绩效的效用理论方法[J]. 华东船舶工业学院学报，2003，17(6).